# 2016
# G20与中国

中国人民大学重阳金融研究院◎著

中信出版集团 · CHINACITICPRESS · 北京

图书在版编目（CIP）数据

2016：G20与中国 / 中国人民大学重阳金融研究院著；—北京：中信出版社，2016.2
ISBN 978-7-5086-5355-6

I. ① 2… II. ①中… III. ①国际经济合作组织－研究 IV. ①F116

中国版本图书馆CIP数据核字（2015）第157458号

2016：G20与中国

著　　者：中国人民大学重阳金融研究院
策划推广：中信出版社（China CITIC Press）
出版发行：中信出版集团股份有限公司
（北京市朝阳区惠新东街甲4号富盛大厦2座　邮编　100029）
（CITIC Publishing Group）
承 印 者：山东临沂新华印刷物流集团有限责任公司

开　　本：787mm×1092mm　1/16　　印　　张：29.75　　字　　数：450千字
版　　次：2016年2月第1版　　印　　次：2016年2月第1次印刷
广告经营许可证：京朝工商广字第8087号
书　　号：ISBN 978-7-5086-5355-6 / F · 3429
定　　价：65.00元

# 二十国集团成员国

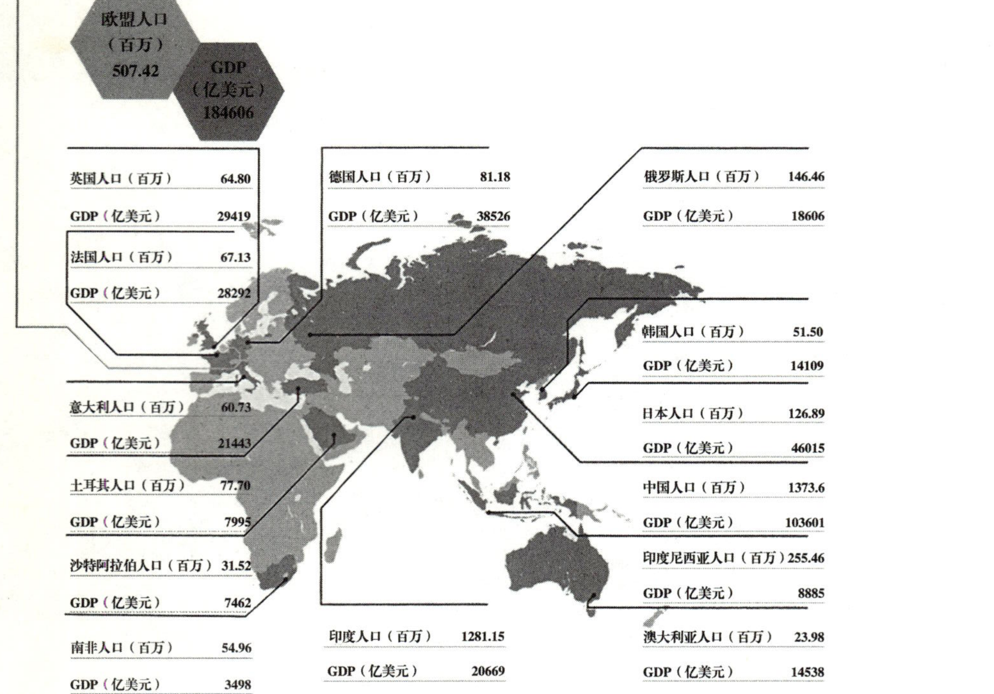


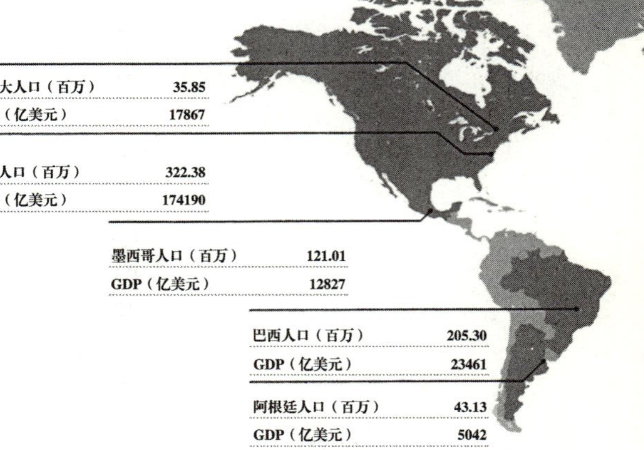


**数据说明：**

**人口数据来自各国统计局官方网站，多数为2015当年数据，少数为2014年数据；GDP数据来自世界银行2014年数据。**

**注：背景图根据中国地图出版社-GS（2010）6005号地图制作。**

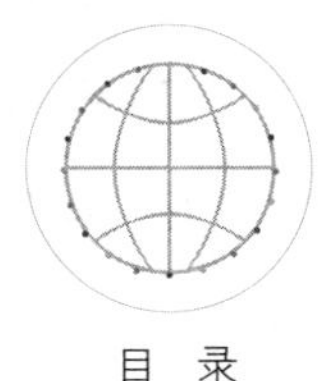

目 录

## 第三章 G20的机制建设



## 第四章 G20的使命：增长与合作



## 第五章 G20面对的国际形势



## 第六章 2016年G20峰会：中国时刻

# 总论

## 全球治理体系的“G20”时代

二十国集团（G20）是一个国际经济合作论坛。1999年9月25日，八国集团与其他12个重要经济体在美国首都华盛顿正式成立非正式对话机制，该机制旨在推动已工业化的发达国家和新兴市场国家之间就实质性经济金融议题进行开放、有建设性的讨论、研究和合作，以促进国际金融稳定和经济的持续增长。二十国集团成员涵盖面广、代表性强，GDP（国内生产总值）约占全球经济总量的90%，贸易额约占全球80%，人口约占全球的70%。2008年国际金融危机之后，G20正式被升级为领导人年度峰会机制，此后被明确定位为“全球经济治理的首要平台”。这意味着全球治理体系已经进入了“G20时代”。

形成这个全新的机制，经历了长达半个多世纪的历史变迁。“二战”结束后的70年来，全球经济、金融治理的基本框架一直属于战后初期形成的布雷顿森林体系，即包括七国集团（G7）、国际货币基金组织（IMF）和世界银行等均为布雷顿森林体系下的合作机制。而这些机制的突出特点就是代表着西方主要大国对全球治理的看法与行为方式。

20世纪80年代中期，G7在全球经济总量中的占比曾达80%以上，当时的G7有能力进行全球经济治理。此后，G7在全球经济总量占比呈现逐渐下降的趋势。在这样的背景下，全球经济治理的合作中如果没有像中国、俄罗斯、印度、巴西这样的金砖国家参与的话，必将是无效的。

到20世纪末，尤其是2008年金融危机之后，发展中国家与新兴市场国家在全球经济中的占比逐渐超过一半，并且持续上升。此时，原先的全球治理框架相对于世界经济的现实发展明显滞后了。因此，在世界经济现实发展需要的带动下，发达国家与新兴国家对话的机制需求日益迫切，G20机制应运而生。

2008年，美国华盛顿召开首次G20领导人峰会，共同商议危机应对方案。2009年，美国匹兹堡举行的G20领导人峰会提出了“强劲、可持续和平衡的增长框架”，为G20这一机制确立了持续推进的行动纲领。2014年，澳大利亚布里斯班举行的G20领导人峰会，行动纲领被发展为“综合增长战略”，并确定了“到2019年使G20整体GDP在现有预期轨道上再多增长2%”的目标。布里斯班峰会还建立了全球基础设施项目库和全球基础设施基金，这是为全球经济治理搭建的新的执行平台。

2015年，G20主办国土耳其提出“3I”，即包容性（Inclusiveness）、执行力（Implementation）和投资性增长（Investment for growth）作为实现增长目标的支柱，使G20的治理功能更为具体化、可操作化。

2016年，中国正式接棒G20峰会的主办权，将会议召开地点确定为美丽的旅游城市杭州，这是中国历史上首次领衔全球经济治理的顶层设计。对中国来讲，如何剖析全球经济的变局，把握增长点和风险点的方位，显得尤为重要。

首先，目前全球治理问题的深度和广度剧增。金融改革和经济治理依然是G20最为关切的问题。后金融危机时代，全球金融市场波动以及各经济体之间相关性日益紧密导致的政策效果负面外溢，对全球经济稳定的影响不断凸显，G20更加有必要推动金融系统的改革和治理，防范未来可能出现的系统性风险。G20想要成为更加有效、负责任、有影响力的机制还需要综合考虑全球格局当中的新变化和新问题，这是G20作为真正的顶层设计平台必须要面对的。同时，落实综合增长战略、实现G20承诺的增长目标是当前全球经济政策的主题。

其次，开放型经济的重要性日益凸现。当今世界，各地区、各国之间的联系已经达到了前所未有的紧密程度。在这样的背景下，各国应当培育全球大市场，反对贸易和投资保护主义，维护多边贸易体制，构建互利共赢的全球价值链。无论是发达经济体还是新兴经济体都应该以开放的姿态迎接新的全球性机遇和挑战，这符合正在形成的新的全球秩序的趋势。

最后，全球创新经济增长的方式日益迫切。在全球经济走出危机之后，我们还要防止全球经济走向平庸的泥沼。G20 正在为全球经济增长探索良方，创新的发展方式可以适应不同国家的国情，解决世界经济新形势下的问题。G20 要为这样的发展方式提供国际上的机制保障和支持，统筹中短期和中长期经济要素的关系，通过结构性改革提高生产率，以期推动新的产业革命形成。同时，确保政策有效执行也是G20 发挥影响力的重要途径。

G20 就是在面对上述使命过程中，把接力棒交到了中国手上。应该看到，中国完全有能力、有信心与国际社会一道，走出一条健康、可持续的发展道路。

2008~2014 年，中国贡献了约 39%的全球新增GDP。在国际金融体系表现出“脱实向虚”的倾向之时，中国实体经济的发展相对稳定，中国应对危机的重要经验之一就是金融发展必须服务于实体经济的需要。我们认为，金融服务于实体经济，实体经济与金融业共同发展，应该成为全球金融治理的核心价值。我们希望各方都能限制金融过度的虚拟化，确保资金流向实体经济部门，扩大生产，增加就业。同时努力推动国际新兴产业合作，积极培育世界经济新的增长点，充分依靠科技进步增强世界经济增长的内在动力，使全球经济走出危机，实现共同繁荣。

冷战结束后,“历史终结论”和“文明冲突论”一度成为西方治理思想主流。“历史终结论”认为，西方资本主义的政治、经济体系已成为“人类社会的最终形态”，西方理论界对国内治理的“无目标、多主体”主张，造成对金融衍生化发展趋势的放任，最终演化成 2008 年的金融危机。“文明冲突论”则认为，国际秩序中的主要矛盾已变成不同文明间的冲突，由此带来的政策后果是美国的“全球反恐战争”，美国自身陷入中东泥潭无法自拔，而它的一些对手却发展成今日“伊斯兰国”这样的组织形态，给全球治理带来更大挑战。国际金融危机爆发后，“历史终结论”和

“文明冲突论”都陷入困境，西方各国疲于国内事务“救急”，无力提出新的系统性的治理思想。

而中国完全有能力提出更加全面、均衡的全球治理思路。中国国内治理的“四个全面”总体思想，如果借鉴到全球治理上，就是统筹目标、手段、保障、主体四大要素，实现长期可持续发展。

作为2016年G20的主席国，中国需要为一系列重大问题提出解决方案，包括：探索实现强劲、可持续和平衡增长的新道路，进一步改革国际经济治理体系，完善全球基础设施，创新贸易与投资方式，实现更具包容性的发展等。这就需要在峰会的议题、组织和活动安排上都有创新。

首先，构建新的经济增长框架。G20要在历年峰会的基础之上提出整体性的、更具有可持续性的新的增长框架，以此应对低增长、高债务、高失业的全球难题，这既需要扎实的经济金融和国际政治理论作为基石，也需要有广泛的国际合作作为支撑。

其次，制定全球经济协调体系。真正有效的全球治理方案，决不仅仅是各国政策的集合，而是运用全面协调的战略，融合竞争与合作，能够产生综合效力的成果。这要求G20各成员国增进互信，深入了解，集思广益，这是一个“1+1大于2”的方案。

最后，完善多元治理合作机制。以G20为基础发展起来的B20（G20商业峰会，Business20）、T20（G20智库峰会，Think tank20）、C20（G20公民峰会，Civil society20）以及W20（G20妇女峰会，Women20）等为政府、企业、社会组织提供了良好的合作平台。G20需要常设的秘书处，这样才能使多元合作机制为G20提供更多、更全面、更合理的政策建议，以有力地促进全球治理机制更加扎实的发展。

本书共分六章和6个附录，总体结构大致可以看作前三章是G20的“介绍”，后三章是G20的“思考”。具体来说，第一章从“历史”的角度介绍了G20的前世今生，第二章则从“共识”的角度介绍G20的各项主要议程，第三章介绍G20的机制建设及其在全球治理体系中的作用。后三章“思考”部分中，第四章是对“全球经济治理”这个根本大背景的思考，第五章是对“G20的全球治理工作”的思考，第六章则是对“2016年G20与中国关系”的思考。为了增加全书的参考价值，我们还特别制作了6个附录，分别是G20各国国情、历届峰会公报、G20的政策承诺与落实情况、G20的组织架构、对G20一些专门术语的解释以及国际智库对2016年中国G20峰会的建议。

# 第一章

# G20的起源与作用

## 第一节　G20的诞生史

近代国际金融治理体系的建立、发展、变迁的脉络，无时无刻不与危机应对、风险防范、体系改革紧密相关。自20世纪以来，尤其是1929~1933年国际经济危机以后，危机倒逼改革、改革重塑体系的趋势与规律变得越来越明显。G20领导人峰会机制就是在金本位体系、布雷顿森林体系、G7领导机制之后出现，并因2008年国际金融危机而产生的国际金融治理新机制。

“二战”后的国际经济体系发端于1944年的布雷顿森林会议，这次会议需要解决的问题是如何为战后世界建立一个能够保持国际汇率稳定、实现货币可兑换并且满足多边贸易支付要求的国际货币体系。这次会议的结果是建立了以美元作为单一世界货币的“布雷顿森林体系”，这一体系的要点包括：以黄金锚定美元，以美元锚定其他货币，以此来安排各国货币与黄金的关系、固定汇率以及可兑换性等关系问题；建立两大国际金融机构——IMF和世界银行，为各国提供用于维持国际收支平衡的短期贷款和用于发展的长期贷款。这一体系从形式上回答了“怎样建立一个全球性的货币运行机制”问题，并且在建立之后的一些年解决了不少现实问题，从而成为战后全球经济体系的“底层架构”。

然而，这一体系存在着先天不足，即以一个国家的主权货币作为世界货币使用，必然存在发行国利益与全球共同利益的关系问题，并且金本位制也面临现实中黄金数量的制约。随着时间推移和多次危机的发生，布雷顿森林体系与全球经济现实需求之间的距离日益扩大。到了1973年春，美国由于无力支撑黄金与美元之间的固定比价，宣布关闭了黄金兑换窗口，国际货币体系出现动荡。而就在这一年10月，发生了第四次中东战争，中东国家宣布对西方实行石油禁运，1973~1974年西方世界出现了“二战”后最严重的经济衰退，通胀加剧，失业剧增，贸易保护主义抬头，西方主要大国领导人急于寻找平息危机的出路。1975年11月，法国巴黎召开了有六国（美国、日本、英国、德国、法国、意大利）首脑参加的峰会，1976年，加拿大也加入了这一峰会机制，形成了G7机制。在G7占据全球经济总量八成以上的历史时期，G7峰会是多国之间协调宏观经济、货币金融等方面政策最重要的机制。不过，G7只是西方国家之间的机制，随着发展中国家和新兴市场的崛起，世界对一个覆盖面更广、代表性更强的全球经济治理机制的需求日益迫切。2008年金融危机的爆发，冲击了所有西方国家，迫使西方不得不寻求发展中国家和新兴市场国家的支持以应对危机。2008年11月，首次G20首脑峰会召开，标志着当今世界首要经济和金融治理论坛的诞生。2016年，G20的主办国由中国担任，这将开创中国领衔全球治理议程的新历史。让我们从G20的起源、发展、演进历程开始，了解G20的方方面面，为2016年中国G20的到来做好准备。

## 一、G20诞生前的国际金融体系

1944年7月，44个国家经济特使在美国新罕布什尔州的布雷顿森林召开联合国货币金融会议，共同商讨“二战”后的世界贸易格局。当时提出的两大国际金融治理方案分别为，英国代表团提出的“凯恩斯计划”，和美国代表团推出的“怀特（财长助理）方案”。由于美国拥有全球2/3的黄金储备（1949年美国黄金储备一度高达世界黄金储备的73.4%）和强大的军事实力，会议决定最终采取“怀特方案”，并建立了以美元和黄金为基础的金汇兑本位制，即布雷顿森林体系。

该体系的实质是建立一种以美元为中心的国际货币体系，基本内容包括美元与黄金挂钩、国际货币基金会员国的货币与美元保持固定汇率（实行固定汇率制度）。换句话说，美元成了黄金的“等价物”（当时规定35美元一盎司的黄金官价），变成了世界货币、国际清算和各国储备货币。

这一体系在“二战”后发挥了重要作用。然而，由于美国是各国储备和贸易支付的单一货币，国际金融体系的高效与稳定运营越来越受到制约，美元本身也受到了巨大压力。1960年美国黄金储备下降到187亿美元，无法抵补210亿美元的流动债务，进而出现第一次美元危机。1968年美国黄金储备进一步下降到121亿美元，无法抵补当年331亿美元的流动债务，进而引发第二次美元危机。1971年，美国完全丧失了承担美元对外兑换黄金的能力，导致了1973年更严重的经济危机。

对于这些危机，美国被迫依靠加印纸币来弥补其财政赤字，这就造成了通货膨胀和美元过剩，布雷顿森林体系也变得混乱不堪。越来越多的人认识到，美国的单一货币和经济实力难以支撑各国储备和贸易需求，而美国出于一国利益考虑而设计和实施的相关货币政策，根本无法保证其他国家的利益，反而对他国造成了巨大伤害。

1975年，首次西方主要工业国家首脑会议的召开（最初为六国，1976年加拿大加入）标志着“富人俱乐部”的诞生及制度化。G7起初只商讨经贸协调的议题，渐渐地拓展到刺激增长措施、浮动汇率、通货膨胀、贸易自由化、能源、就业等问题，后来还开始讨论政治、安全、对一些国家实行制裁、应对武装冲突地区等。但是，G7多数政策还是从发达国家自身利益出发，而不是维护发展中国家利益或全球利益。

例如，1997年第24届G7会议，时任俄罗斯总统叶利钦正式参加会议，G7也变成G8。但是，由于当时俄罗斯经济实力不够，其GDP仅占世界1%（美国占26%），所以被排除在讨论全球经济及金融核心问题之外，不能参加七国财长会议，也没有资格签署内容广泛的经济声明。这进一步说明，G7是一个强国拥有话语权的发达国家俱乐部。

20世纪末，随着亚洲金融危机的爆发，G7意识到改革金融体系的必要性，在危机时建立一个包括新兴经济体国家在内的全球共同行动“紧密小组”和在国际社会推广G7达成的共识尤其重要。中国、印度等首先加入，渐渐地巴西、阿根廷、南非、印度尼西亚、沙特阿拉伯、土耳其、韩国、墨西哥等国也加入，演变成了一个“19国+欧盟”的20国沟通机制。1998年，G20国家双部长会议正式启动。

21世纪初，以中国、印度、俄罗斯、巴西等金砖国家（BRIC）为代表的新兴经济体崛起，G7/G8机制治理全球经济显得越来越力不从心。2008年国际金融危机爆发后，时任法国总统萨科齐率先提出召开G20首脑峰会，但先开G8。时任美国总统布什则提出了直接召开G20首脑峰会，并把会议从法国改到美国华盛顿，从此G20领导人年度会晤机制开始渐渐承担世界金融治理任务，一个与以往不同的体系正式开始运作。

对此，专家认识并不一致，有人说可以叫“布雷顿森林体系II”，有人则认为，这是G8政策推广的平台。但全球多数人希望G20不仅是救助2008年起源于西方的国际金融危机的工具与平台，更应成为新兴经济体国家以平等身份参与制定商讨国际金融政策的制度化平台，进而发挥全球经济金融治理的真正功效。

## 二、G20的诞生和迅速崛起

### （一）G20的初始阶段：非正式财长和央行行长会议

1999年12月16日，首届G20财长和央行行长会议在德国柏林召开，参加会议的成员有：美国、日本、德国、法国、英国、意大利、加拿大、俄罗斯、中国、阿根廷、澳大利亚、巴西、印度、印度尼西亚、墨西哥、沙特阿拉伯、南非、韩国、土耳其以及欧盟，此次会议标志G20的诞生。

成立之初，G20以非正式部长级会议的形式运行，会议明确强调，本集团的创立是为了在布雷顿森林体系框架内提供一个非正式对话的新机制，以扩大在具有系统重要性的经济体之间就核心经济、金融议题进行讨论并合作，以取得惠及所有人的稳定的、可持续的世界经济增长。那时的G20明确规定其只是IMF和世界银行框架内的一种机制，且所发布的联合公报也多是长期问题，同时没有严格规定为实现这些目标而需要的具体步骤。所以，G20并不太受关注，当时的G20仍然笼罩在G8的光芒下。

G20会议最初只由各国财长或各国中央银行行长参加，每年举行一次财长及央行行长会议，议题也主要关注财政、金融、经济等领域。1999~2007年的会议议题及地点详见表1–1。

**表1–1　1999~2007年G20会议议题及会议地点**

| 时间 | 地点 | 内容 |
| --- | --- | --- |
| 1999年12月 | 德国柏林 | 探讨全球区域经济和金融形势、国际金融体制改革方向等问题 |
| 2000年10月 | 加拿大蒙特利尔 | 探讨如何应对全球化的挑战和国际金融危机等问题 |
| 2001年11月 | 加拿大渥太华 | 探讨“9·11”事件对全球经济的影响，和G20在打击恐怖融资活动方面的作用 |
| 2002年11月 | 印度新德里 | 探讨如何防范与应对金融危机、打击恐怖主义融资、保持经济持续增长以及全球化等问题 |
| 2003年10月 | 墨西哥莫雷利亚 | 继续探讨上一次会议的议题，并围绕发展融资以及打击恐怖融资，全球化与国际发展、全球化与经济发展、金融机构建设等议题进行讨论 |
| 2004年11月 | 德国柏林 | 探讨当前宏观经济形势、金融部门机构建设、打击滥用国际金融体系、老龄化的挑战与移民、主权债务重组、布雷顿森林机构60年回顾、全球化背景下促进稳定与增长以及区域一体化等议题 |
| 2005年10月 | 中国北京 | 探讨加强全球合作、实现世界经济的平衡有序发展、布雷顿森林机构改革、发展融资、发展理念创新等议题 |
| 2006年11月 | 澳大利亚墨尔本 | 围绕“建设和维持繁荣”的主题，重点探讨当前世界经济形势和发展问题、能源与矿产、布雷顿森林机构改革等话题 |
| 2007年11月 | 南非开普敦 | 探讨如何稳定国际金融市场、如何改革IMF和WB（世界银行）等问题 |

## （二）G20的发展阶段

进入21世纪后，全球经济治理制度的改革逐步深入。2003年6月，G8邀请11个发展中国家参加了南北领导人非正式对话。2005年7月，中国、印度、巴西、南非和墨西哥作为新兴经济体代表参加G8峰会。鉴此，G8+5正式出现，并在随后的2006年圣彼得堡峰会、2007年海利根达姆峰会、2009年拉奎拉峰会以及2010年的马斯克卡峰会上得到延续。G8+5的出现表明G8实现了自身的进一步改革，但权力结构与既有制度的矛盾仍未能得到解决。新兴经济体在G8领导人会议上仍处于边缘地位，具体表现是全球经济治理制度的议程设置权仍掌握在西方国家手中。

2008年的全球金融危机推动了G8的发展。为应对金融危机，西方国家不得不倚重并求助于经济上富有活力的新兴经济体。2008年11月15日，G20在美国华盛顿举行了首届领导人金融市场和世界经济峰会，讨论全球金融与经济问题。从这次峰会开始，G20结束了成立最初几年的松散、非正式国际组织的状况，在协调各国政策、应对金融危机方面开始发挥实质性作用。2009年，G20决定2011年以后G20峰会要成为年度、制度化的讨论全球经济议题的论坛。2008~2015年G20首脑峰会详情见表1–2。

**表1–2 2008~2015年G20会议议题及会议地点**

| 时间 | 地点 | 内容 |
|---|---|---|
| 2008年11月 | 美国华盛顿 | 探讨金融危机的原因，提出加强合作、反对贸易保护 |
| 2009年4月 | 英国伦敦 | 同意向IMF和世界银行等机构提供总额1.1万亿美元资金；要求加强全球金融监管，对不合作“避税天堂”实施惩罚；成立金融稳定理事会（FSB）取代之前的金融稳定论坛 |
| 2009年9月 | 美国匹兹堡 | 向发展中国家分别转移5%和3%的IMF份额和世界银行份额；确保经济持续复苏，推动全球经济再平衡；抵制贸易保护主义；金融监管改革，限制金融高管薪酬；IMF改革与增资；汇率和储备货币问题 |
| 2010年6月 | 加拿大多伦多 | 要求发达经济体削减财政赤字；推动金融监管改革；提出“强劲、可持续和平衡的增长框架” |
| 2010年11月 | 韩国首尔 | 确认国际货币基金组织份额改革方案；建立全球金融安全网；在各国的发展能力和全球发展之间建立良性循环链的体制 |

（续表）

| 时间 | 地点 | 内容 |
|---|---|---|
| 2011 年 11 月 | 法国戛纳 | 欧洲国家的主权债务问题；重振经济增长；创造就业；维护金融稳定；促进社会融合和令全球化为人类需求服务 |
| 2012 年 6 月 | 墨西哥洛斯卡沃斯 | 创造高质量就业；向国际货币基金组织增资 4500 亿美元；改善金融市场运作，打破主权债务与银行债务之间的恶性循环；促进金融包容性；反对各种形式的贸易保护主义；加强粮食安全，控制商品价格波动；消除贫困，实现强劲、可持续、平衡的经济增长；加大反腐败力度等 |
| 2013 年 9 月 | 俄罗斯圣彼得堡 | 扩大投资和刺激全球经济复苏；经济“去海外化”和协调行动打击逃税；确保对基础设施和中小企业进行长期投资；尽快落实 2010 年国际货币基金组织份额和治理改革方案；加强在能源领域的合作，确保能源市场信息更加准确和公开；保护环境、应对气候变化 |
| 2014 年 11 月 | 澳大利亚布里斯班 | 到 2018 年前使 G20 整体 GDP 额外增长 2% 以上；制定“全面增长战略”；提出“全球基础设施倡议”，成立为期四年的全球基础设施中心，成立全球基础设施基金；降低青年失业率 |
| 2015 年 11 月 | 土耳其安塔利亚 | 包容和可持续发展；确保包容性增长，创造就业并使全社会共享增长红利；到 2025 年实现将 G20 各成员中最有可能被劳动力市场永久抛弃的年轻人比例降低 15% 的目标；为中小企业（SMEs）提供支持，促进知识共享；提出公共和社会资本合作（PPP）模式指南 |
| 2016 年 9 月 | 中国杭州 | 未召开 |

另外，除了最引人注目的领导人峰会之外，G20 已发展成为一个多层次的全球会议系统。具体来讲，G20 会议可分为四个层次以及内外两个体系。

四个层次分别是领导人峰会、协调人（Sherpa）会议、部长及副部长级会议和专家工作组会议。目前，G20 的部长及副部长级会议机制有 6 个，分别是财长和央行行长会议、劳工和就业部长会议、贸易部长会议、农业部长会议、发展问题部长会议和旅游部长会议。专家工作组有 9 个，分别是“强劲、平衡和可持续增长”框架工作组、投资与基础设施建设工作组、就业工作组、发展工作组、能源可持续问题工作组、反腐败工作组、私营部门工作组、金融包容性以及贸易工作组。

上述四个层次属于 G20 会议的内部体系。

此外，与 G20 相关的“民间”组织与论坛琳琅满目，可称为 G20 的外围体系。目前有 G20 商业峰会（B20，Business20）、G20 智库峰会（T20，Thinktank20）、G20 公民峰会（C20，Civil Society20）、G20 劳工峰会（L20，Labour20）、G20 青

年峰会（Y20，Youth20）、G20 妇女峰会（W20，Woman20）、G20 创新峰会（I20，Innovation 20）等。

当前，这些组织与论坛的影响力与日俱增，对G20 议程设置与运行规则产生至关重要的作用。例如，2014 年澳大利亚布里斯班G20 峰会后发布的《G20 领导人共同声明》中，其附录最后有专门一条“感谢B20、C20、L20、T20、Y20 等大力支持”，足见G20 外部体系力量的强大。

可以看出，自 2008 年全球金融危机以来，G20 自身不断发展、完善、丰富，发生了巨大变化，可归纳为两条：（1）在目的上从最初的危机应对向建立长效治理机制转变；（2）在议题上，从早期的金融危机应对、经济刺激和反对贸易保护主义等短期性问题，转向经济再平衡、增长和就业，以及国际金融架构改革等长期性问题，甚至开始涉及安全问题。

G20 成员方覆盖了全球经济的 90%、全球贸易的 80%、全球人口的 2/3，特别是新兴经济体国家的加入，使得G20 在危机时期起到了引领经济火车头的作用。G20 影响力不断扩大，人们普遍认为它是目前全球经济合作对话的最佳平台。G20 达成了联手刺激经济和扭转国际经济失衡的共识，并成功应对了 2008 全球金融危机。世界各国按照G20 决议，加强对本国金融机构的监管，各政府和非政府组织自觉比对G20 政策，修改制定自己的规则，主动为G20 献计献策。比如国际商会（ICC）专门成立了G20 顾问委员会和专家组，在G20 每次峰会之前或同时召开B20 峰会。又如，B20 专家小组特别制定了一个G20 计分卡，用以评估G20 决议执行效果。

G20 是到目前为止能让最多个主要经济体的首脑坐下来讨论危机及应对策略的对话机制，它的权威性决定了它是高效的决策机制。人们不希望它仅作为应付危机的权宜之计，而希望它能够变成一个长效的世界治理机制，成为一个新兴经济体与发达国家平等对话的平台，希望它成为全球化过程中敲定方案的决策者和处理全球发展疑难杂症的治理平台。

## 第二节　从全球经济秩序演化看G20

从G20的诞生史当中，我们可以了解到它的参与方和主要议题，也了解到它是“应对问题”的对话机制。而这一机制的历史意义以及为什么选择这些议题，还需要放在全球经济秩序演化史的大背景下来看。

以美元为中心的布雷顿森林体系于1944年建立，主要内容包括美元与黄金挂钩，其他国家货币与美元挂钩实行可调整的固定汇率等，同时还建立了IMF和世界银行两大金融机构。通过布雷顿森林体系，以美国为核心的世界政治经济秩序得以确立，并形成了金字塔形的国际秩序结构。在所有国际政治经济的交往过程中，美国都成为绕不开的重要环节。

但是，到20世纪60年代后期，布雷顿森林体系开始逐渐瓦解，而这都源于布雷顿森林体系自身无法克服的矛盾。各国为了发展国际贸易，必须用美元作为结算与储备货币，这样就会导致流出美国的货币在海外不断沉淀，对美国来说就会发生长期贸易逆差；而美元作为国际货币核心的前提是必须保持美元币值稳定与坚挺，这又要求美国必须是一个长期贸易顺差国。这就是常说的“特里芬难题”（Triffin Dilemma）。另外，美联储制定的货币政策从理论和现实来讲，都应反映美国自身的运营情况。但随着美元在全球范围的广泛使用，必然导致一国货币政策独立性与全球经济外延性的矛盾。这些都决定了布雷顿森林体系的不稳定性和垮台的必然性。与此同时，也意味着完全以美国为核心的世界政治经济秩序开始松动，美国需要其他发达国家共同参与到国际政治经济事务的管理中来，金字塔的塔尖开始被削平。

正是在这种背景之下，20世纪70年代中期在法国的倡议下，西方7个最大的工业化国家（美国、英国、法国、德国、日本、意大利和加拿大）成立了G7，G7是7国元首或政府首脑就共同关心的重大问题进行磋商的机制，它在维护西方发达国家的利益方面发挥了重要作用。该会议作为西方主要工业发达国家的首脑会议，旨在应对复杂多变的国际政治经济形势，从整体上协调共同和各自的政策，缓解内部矛盾，以维护成员国在世界经济和国际政治中的地位。但是，G7仍然是布雷顿森林体系下的全球治理机制，世界政治经济秩序没有得到改变，只是处于塔尖的发达工业国家各自关系的自我调整。G7国际治理秩序是建立在资本—生产—消费一体化的基础之上，发达工业国家既是资本的拥有者，也是工业品的主要生产者和消费者，而处于金字塔底的发展中国家或落后国家，则成为发达工业国家的资源提供地和产品倾销地。这样的国际政治经济秩序是不公正、不合理的，也由此造成了世界各个地区发展的不平衡。

另外，自20世纪60年代，世界性的产业转移浪潮席卷而来，发达国家的工业体系不断向发展中国家转移，尤其是以东亚国家和地区为代表的新兴国家。与此同时，后者也纷纷开启了工业化和现代化进程，其经济实力和综合国力都得到快速提升。在这种背景下，发达国家资本—生产—消费的结构被打破，发达国家变成了资本—消费国家，而新兴国家和发展中国家则成为资源—生产国家。发达国家为了维持庞大的消费，只能依靠虚拟经济不断创造利润，但是虚拟经济并不能创造价值，其存在必须依附于实体生产性经济。脱离了实体经济，虚拟经济就会变成无根之草，最终催生泡沫经济。2008年美国金融危机，以及随之而来的欧洲债务危机的根源即在于此。金融危机之后，发达国家的资本—消费结构已经基本被打破，以美国为核心的旧的金字塔形国际政治经济秩序已经开始瓦解，面对近期的经济衰退，发达国家已力不从心，必须借助新兴国家的力量来恢复和振兴全球经济。

2008年世界金融危机之后，在布雷顿森林体系的废墟之上建立起来的G20就是基于以上的变化而产生的，同时G20也是未来扁平结构的世界政治经济秩序的雏形。在这个扁平结构中，原来的发达国家已经不再独占中心的地位，而只是世界政治经济事务中重要的成员。新兴国家也已不再是全球经济链条上的附庸，已经占据重要环节。当今的世界政治经济秩序仍然处于变革调整之中，发达国家希望借助G20来维持旧有的世界政治经济秩序，新兴国家和发展中国家则希望以G20为历史契机，构建全新的国际政治经济秩序。就目前来看，G20仍然是一个过渡性的全球治理机制，虽然相较于旧有的治理机制有很大的突破，但仍未完全脱离布雷顿森林体系，因此构建新型的国际政治经济秩序还需更大的努力和决心。

## 一、G20：新型全球治理模式

G20作为国际经济合作首要论坛，成员涵盖面广，代表性强。该组织旨在推动已工业化的发达国家和新兴市场国家之间就实质性问题进行开放及有建设性的讨论和研究，以寻求合作并促进国际金融稳定和经济的持续增长。

与传统国际治理模式相比，G20表现出了许多新的特征，具体来讲体现在以下三个方面：一是权力结构从中心—外围到平行。传统国际秩序建立在强国基础之上，它们在国际政治经济事务中占据主导地位，与次发展国家形成一种中心—外围的权力结构，但随着新兴国家的不断发展，以及传统发达国家的相对衰落，中心—外围的权力结构已经难以为继，世界的秩序需要新兴国家的参与，并发挥重要的作用。而G20所构建的就是这样一种平行的权力结构；二是制度和规则从单一模式发展为竞争性模式。伴随着上述平行权力结构而来的，是国际话语权与规则制定权的分散，传统发达国家不再是规则和制度的主导者，而转变成重要的参与者，新兴国家也能参与其中，并发出不同的声音；三是从价值导向变为议题导向，决策机制也更加多元化、开放和包容。主要国家都可以参与到世界性事务的决策中来，西方发达国家一家独大的局面已经不复存在。新兴国家在IMF和世界银行中权重的相应提高也充分反映了这一点。

G20迅速兴起的原因是冷战结束之后，世界的多极化趋势不断增强，特别是日益崛起的新兴经济体在国际政治经济事务中扮演越来越重要的角色。在这样一个多极化的世界中，由传统强国主导的世界政治经济秩序，面临着极大的挑战。例如，在2008年金融危机之后，高赤字、高债务、高失业严重困扰西方经济，发达经济体与新兴经济体“双速复苏”局面日益凸显，新兴经济体承担着全球经济“引擎”和“稳定器”的作用。在过去几年中，新兴和发展中经济体在全球产出的总增长中占了将近2/3。G20作为国际对话和协商的平台，在协调各国的危机应对政策，防止全球经济陷入更深层次的衰退起到了重要作用，有力地提振了全球经济的信心，这也意味着G20新型全球治理机制真正走向前台。

G20作为当今世界经济合作的首要平台，是推动世界从危机中走出来的主要动力。从2008年第一届G20首脑会议召开以来，维持强劲、可持续和平衡的经济增长就是其首要任务，各成员国纷纷采取必要的政策措施，实施结构性改革，增强需求，支持全球经济增长和恢复信心。同时改革金融系统，确保所有的金融市场、产品和参与者都受到适当的管制和监督，构筑新金融监管框架，强化全球金融安全网，在为各国经济发展提供充足流动性的同时，降低金融系统的风险。在反对贸易保护主义、强化国际合作、促进全球贸易投资、应对气候变化挑战等方面，G20同样扮演着重要角色。更为重要的是，随着G20作用的凸显，新兴国家在国际社会中的作用越来越得到认可，其地位也有了很大的提升，以中国为代表的新兴国家成为世界经济发展的引擎，推动全球经济不断复苏。

G20虽然已经成为国际政治经济发展的中轴，但以它为基础的新的国际政治经济秩序还远未形成，特别是随着世界各国从金融危机中复苏的步伐快慢不一、利益诉求逐步分化，G20越来越难以就重大问题取得进展，“多极化”可能导致“无极化”。面对危机之后的新世界，G20 需要进一步探索自己的新角色，以G20 扁平结构为基础，尽快构建新的国际秩序。

## 二、G20的地位和面临的诸多挑战

G20 领导人峰会作为国际经济合作的主要论坛和全球经济金融治理的重要平台，它的出现和发展是全球经济治理改革的重要进展。

自 20 世纪 60 年代经济全球化加速发展以来，国际资本自由流动，产业国际转移，一些失去竞争力的制造业从发达国家向发展中国家转移，推动一些发展中国家的工业化和城市化。据国际货币基金《世界经济展望》数据，以新兴经济体为主体的发展中经济体对全球经济增长的贡献，已从 2008 年金融危机前的 30%，上升到 2010 年的 70%，它们在全球经济总量中占比也高达 47.8%，已成为世界经济增长的主导力量。2008 年爆发的国际金融危机以及随后的欧洲主权债务危机使人们认识到，单纯依靠发达国家的治理机制已无法继续有效运行，无法应对包括金融危机在内的全球性问题，这加速了全球经济治理机制的新一轮深刻变革。

尽管G20 已经成为全球经济治理和政策协调的主要平台，并已在世界经济发展和全球化推进等方面发挥了重要作用。但是，席卷全球的金融危机凸显了经济全球化的强势与全球经济调节的弱势并存这一经济治理矛盾，暴露出现有全球治理机制在应对全球性威胁和挑战方面仍存在严重缺失，依然面临诸多挑战：全球经济失衡问题长期难以解决，国际金融、货币及贸易体系改革任务艰巨，宏观经济政策协调难度加大，现有治理机制安排的代表性急需扩大、有效性亟待提高，明显阻碍发展中国家发展不公平、不合理因素大量存在，全球公共产品供给严重不足，经济安全问题日渐凸显，货币、财政、粮食、能源、气候等多重危机接踵而至，贸易保护主义威胁持续存在，贫富差距进一步扩大等。G20 应聚焦上述世界经济金融领域的重大、紧迫风险和挑战，协调经济政策，维护金融稳定，提振市场信心，促进经济增长。同时要继续推进国际货币金融体系改革，反对贸易和投资保护主义，关注南北发展不平衡等问题。

世界治理需要更多国家的参与，既需要分担各自应该承担的责任，也应该共同享受发展的成果，而现有全球经济治理机制还不能很好地适应世界经济持续健康发展的需要，变革已经迫在眉睫。G20 未来的角色，就是要建立一个新的世界政治经济秩序，充分容纳和吸收新兴国家和发展中国家，赋予它们规则制定的参与权和决策权，建立公平合理的国际经济体系和金融体系。

作为应对金融危机的产物，G20 已显示其治理危机的成效，各次峰会的顺利召开也证明了平等对话的力量。全球合作协同应对危机取得的成果，凸显了G20 发达国家与新兴经济体国家联合治理全球性问题的优势，同时各国领导人亲自参与对话也是G20 效率和权威的根本保证。世界对G20 充满期待，盼望在相当长的时期，G20 能成为更加有效的国际金融治理的最高级别论坛，并自觉地进行与时俱进的制度改革和创新。

## 第三节　G20峰会发展史：从2008年到2015年

G20峰会的发展历程，是2008年以来G20的发展乃至全球经济治理运行史的缩影。7年来，G20机制逐渐完善，议题也由最初的经济、金融领域向其他领域扩展。而在这一过程中，中国作为负责任大国积极参与G20事务，为国际经济、金融秩序的重建做出了重大贡献。本节我们回顾2008年到2015年历届G20峰会的召开背景、会议议题等，借此展现G20曲折的发展过程。

### 一、华盛顿峰会（2008年11月）：全球复苏和金融监管

雷曼兄弟公司于2008年9月15日倒闭，全球金融危机爆发。鉴此，时任美国总统乔治·W·布什倡导举行G20领导人峰会。这次峰会主要议题是金融监管，讨论了金融危机产生的原因，并共商促进全球经济发展的举措。同时也探讨了加强国际金融领域监管规范和推进金融体系改革等问题。与会代表在诸多领域达成共识并做出共同应对金融危机的承诺，如致力于推进布雷顿森林机构改革，以便使新兴

市场和发展中国家经济体，其中包括最贫穷国家，在国际金融组织中拥有更多话语权和代表权。

在2008年全球金融危机爆发之际，相对于主要发达国家，中国金融体系较为稳健，外汇储备（截至2008年底）高达2万亿美元，国内经济总量庞大。但同时，中国经济增长速度也在下降，股市暴跌、工厂倒闭、社会不稳定等因素在持续增加。针对这种情况，中国政府在积极采取大规模国内刺激计划的同时，也希望与国际社会一道共同应对此次危机。

在10月24日举行的亚欧首脑会议上，时任中国国家主席胡锦涛呼吁加强国际政策协调和国际合作，共同应对全球问题。他还指出，中国的经济增长有助于全球经济增长和金融稳定，中国将与G7各成员国及瑞士在货币政策方面协调行动。

## 二、伦敦峰会（2009年4月）：改革国际金融体系

G20第二次峰会于2009年4月1~2日在伦敦举行，许多人认为戈登·布朗承办伦敦峰会主要基于国内政治考虑而不是着眼于解决国际问题，他竭力使人们相信他能够调动重要国际资源应对金融危机。本次会议的主题是改革国际金融体系，这个主题突显了当时国际金融形势的严峻性和挑战性。源于主要发达国家的金融危机已经蔓延到全球的各个角落，没有哪个国家可以独善其身。而作为应对危机的一个重要措施就是改革日益不能适应全球化进程的国际金融体系。

此次峰会承诺巩固并改革国际金融组织，尤其是IMF。为了进一步加强IMF的作用，G20决定向其追加8500亿美元可用资金，这笔资金将用来为逆周期支出、银行资本补充、基础设施建设投资、贸易融资、国际收支平衡支付、新债替旧债等提供资金。另外此次峰会决定设立一个新的国际机构——金融稳定理事会（FSB）。其主要权责包括评估全球金融系统，监督各国金融体系改革，促进各国政府交换相关信息、加强合作，为跨境风险管理制订解决方案等。

关于国际金融组织改革，2009年3月中国人民银行行长周小川倡议扩大IMF特别提款权的使用，减轻对美元作为主要国际储备货币的依赖，该提议是中国公开推进全球治理机制改革的重大政策性举措。中国的这一公开倡议获得了成功，出席G20伦敦峰会的各国领导人同意将特别提款权提高2500亿美元，作为总额1.1万亿美元金融扶持计划的组成部分。同时G20将对这2500亿美元进行分配，虽说这次分配仍是在现有机制的基础上进行的，但这是IMF成立以来第三次分配特别提款权，第一次和第二次分别发生于1970~1972年和1979~1981年。

由于金融危机，全球各国政府的财政收入大幅度下滑，鉴此，G20十分重视跨国公司的逃税、避税问题。例如，法国总统萨科齐公开指出避税地是导致这场金融危机的主要原因，并称如本次会议不能对避税地采取强烈行动，他将退出本次会议。G7的大多数成员和澳大利亚总理陆克文认为避税地与各国领导人面临的严重的系统性问题无关。同时，戈登 · 布朗认为，避税地是导致财税收入减少的原因，但归根到底属于监管问题，他建议通过经济合作与发展组织违规国家名单方式解决避税地问题。G20的少数新兴成员反对采取强烈行动。针对避税地问题，中国政府积极游说，成功将香港和澳门排除在G20主导的避税地黑名单以外，维护了本国主权和发展本地金融中心的强烈愿望。

另外，在反对保护主义方面，中国和加拿大是最强有力的参与者，并且在这方面取得了重要进展。在气候变化方面，中国促成了“共同但有区别”的原则，且得到其他国家的认可，也促成了旨在促进“超越《京都议定书》”谈判的联合国论坛。

## 三、匹兹堡峰会（2009年9月）：国际金融改革、世界经济新秩序

G20第三次峰会于2009年9月24~25日在匹兹堡举行。在此次峰会上，G20领导人开展了广泛的议程讨论，包括经济、金融、发展、环境、能源效率、粮食安全等问题，此外还包括伊朗核扩散导致的政治安全问题。

另外，国际金融体系改革占据了此次峰会议程的主要部分。期间，针对IMF份额调整的谈判异常艰难。起初的方案遭到以巴西为代表的一些新兴国家的反对，认为调整力度不够。同时，保守的欧洲国家也不愿意主动放弃在IMF中的份额，但经过紧张磋商最终各国还是达成了妥协。G20《领导人声明》指出，应当顺应中国、印度、巴西等新兴国家经济实力增强的现实，代表权高于经济实力的国家须让出部分决策权给新兴国家，这主要涉及IMF至少5%的额度，及世界银行至少3%的投票权。

关于宏观经济政策，中国在匹兹堡峰会上改变此前在不平衡问题上所持的保留态度，同意建立“强劲、可持续和平衡增长框架”和促其正常运行的“相互评估程序”。匹兹堡峰会创建的这一框架为渐趋增长的全球经济打下了更为平衡的基础，一方面促使中国、德国和日本等重要经济大国提升国内需求和进口水平，另一方面促使美国人提高储蓄。

关于气候变化，大多数国家赞成采取行动，但中国表示反对，并认为这种谈判只能在联合国进行。直到9月24日午餐前，各国领导人仍在开会讨论，他们的私人代表仍在审查气候变化文件。美国领导人私人代表迈克尔·弗罗曼意识到无法继续讨论下去，建议舍弃草案中关于气候变化的长篇论述。因此，匹兹堡公报关于气候变化的文字仅有一小段，而且没有实质内容。

关于将G20建设为永久性首要论坛，弗罗曼询问巴西、中国、印度、墨西哥和南非领导人的私人代表，他们是愿意将G8附加若干特邀国家，还是愿意将G20作为未来的中心论坛，5国领导人的私人代表就上述询问交换了意见。巴西、中国和印度明确倾向于采用G20方式，墨西哥希望保持“G8附加5个特邀国家”的方式，因为墨西哥将自身视为“海利根达姆–拉奎拉进程”[①]的守护者。

2009年6月，首次金砖国家峰会在俄罗斯举行。金砖国家指巴西、俄罗斯、

① “海利根达姆对话进程”在2009年7月举行的G8拉奎拉峰会上发展为“海利根达姆–拉奎拉进程”；巴西、中国、印度、墨西哥和南非5国领导人曾与G8领导人举行会议，该会议被称为“G8附加5个特邀国家”会议。

印度和中国四个新兴经济体。在这四个国家中，只有一个国家（即俄罗斯）是G8成员国，另外三个国家不是G8成员，但都成为G20的成员国。

## 四、多伦多峰会（2010年6月）：推动世界经济全面复苏

G20第四次峰会于2010年6月26~27日在加拿大多伦多举行。2009年国际主要信用评级公司下调希腊主权债务等级，并引发希腊债务危机，接着2010年其他几个欧洲国家也纷纷陷入债务危机。鉴此，从一开始加拿大总理蒂芬·哈珀就将重心放在欧元危机上，即如何防止希腊债务危机更大范围的蔓延。除了金融领域，此次峰会也加大对发展议题的关注，譬如承诺在下次首尔峰会上建立一个发展工作组，并提出一个跨年度的发展议题行动计划，所以多伦多峰会也担负着促进全球经济“强劲、可持续及平衡增长”的重要历史使命。

加拿大得以承办第4次峰会得益于各国对下次峰会承办权进行的激烈争论，特别是中国对多伦多的支持起到了至关重要的作用。萨科齐希望承办2011年峰会，以便为其连任竞选造势。事实上，直到G20决定是否由法国承办2011年第五次峰会时，中国还没有同意由加拿大承办2010年第4次峰会。但是在最后环节，中国政府通过与美国、法国等国的积极协商和对未来峰会地点的综合考虑，同意支持多伦多承办第4次G20峰会。

G8峰会与G20峰会举办次序问题也是争论的焦点。澳大利亚、巴西和中国认为应首先召开G20峰会。澳大利亚，特别是那些与总理陆克文关系密切的澳大利亚人，对这个问题也尤为关心，并且可能比G20内的许多发展中国家更为敏感。澳大利亚和中国认为，如果在举行G20峰会前首先举行G8峰会，就会使人们感到G20峰会的议程和结果是由G8峰会确定的。

英国首相布朗提议推行完全不同于以往的全球统一的银行税，美国表示支持，日本持保留意见，加拿大是G7内唯一表示反对的成员国。另外，与G20内新兴成

员国（如中国、印度尼西亚）的立场一致，加拿大坚持认为这种一刀切式的银行税事实上并不适合所有国家，特别是新兴成员国不应缴纳这种银行税，因为这些国家的银行在金融危机中并没有遇到太大困难。印度未发生大的银行问题，所以非常支持加拿大的主张，认为某些国家急需整顿自身的银行系统，同时认为人们对银行的指责有些过分，并觉得没有必要过分管制银行，反对征收银行税。

墨西哥力主将气候变化问题纳入G20议程。中国赞同墨西哥总统卡尔德龙谈论即将于12月在坎昆举行的联合国气候变化大会，但中国反对在G20论坛上谈判气候变化问题。中国的一贯立场是G20作为全球首要经济合作论坛应主要讨论经济、金融问题。关于气候问题，各国应切实履行《京都议定书》，商谈应在现有的联合国框架内进行。另外，在G20多伦多峰会召开前，联合国秘书长潘基文主张将气候变化问题纳入该峰会议程，但在中国的倡议下，G20决定在首尔峰会后不再讨论气候变化问题，而将其交付联合国议决。

G20同意建立金融安全网工作组。韩国于2009年7月开始这项工作。韩国认为，1997~1998年的亚洲金融危机使受到冲击的国家意识到必须加强自我保护，基于这一认识，经过十多年的努力，韩国的外汇储备现已占本国GDP的30%，中国的外汇储备占本国GDP的50%。

诚然，这次欧元危机对应变能力较强的美国、日本和中国造成的直接威胁不像对G8内欧洲成员国造成的损失那样大，但G20对国际性金融震荡并不陌生，因为该集团本身就是1997~1999年的金融危机的产物。

自1999年以来，亚洲四个重要经济体——中国、印度、印度尼西亚和韩国——的国内生产总值已增长至原来的3倍。其中，增长幅度最大的中国，其国内生产总值1999年名列世界第7位,2006年名列第4位（超过意大利、法国和英国），2007年名列第3位（超过德国），2010年超过日本名列第2位。

由于新兴国家的迅速增长和经济实力的大大提升，使得G20的承诺更加可靠。非G8国家经济增长快，赤字和债务负担较低，普遍拥有巨额外汇储备，在这些因素的作用下，G20更像一个由平等成员组成的俱乐部，给外界以可信赖的形象。

在多伦多峰会的最后一天，胡锦涛主席发表讲话，提出了三个重要目标：第一个目标是将G20的宗旨从应对国际金融危机转向推进国际经济合作，他强调指出，必须妥善处理G20与其他国际组织的关系；第二个目标是建立公平、公正、包容、有序的国际金融新秩序，将影子银行体系纳入监管，制订全球统一的会计准则；第三个目标是推动多哈回合谈判取得全面、均衡的成果，建立开放自由的贸易体系。

## 五、首尔峰会（2010年11月）

首尔峰会召开的时候全球经济复苏进程仍然非常脆弱，发展的不平衡也进一步显现，同时不少国家出于刺激出口考虑的“货币战争”经久不散，有关各方就遏制经常账户赤字进行着激烈争论，所有这些问题都亟待解决。鉴此，各成员国为避免危机的进一步恶化，并尽早促使经济的复苏，进行了积极的合作，并主动同舟共济。例如，中国再次在人民币汇率和升值方面显示了较强的灵活性。G20财政部长于10月22~23日在韩国庆州召开会议，一致同意将着力解决根本性的经常账户赤字而不是单纯的汇率问题，强调债权国和债务国都有责任做出必要的调整而不是将责任归咎于某个国家，强调加强多边合作以促进共同利益的实现，而不赞成采取单边行动。

此次峰会上，一个主要挑战是将已经承诺的IMF至少5%的特别提款权份额从欧洲大陆传统强国转移到迅速崛起的亚洲新兴经济体，但是实现这一转变有赖于IMF各成员国立法机构的批准。尽管美国利用其在IMF中的主导地位积极游说，但欧洲各国最初并没有表现出要让步的迹象。这种零和博弈型的体制性变革往往会遇到国内不同政治势力的极力反对，尽管如此，各成员国财政部长仍在庆州会议上拟订了尊重重要成员国基本需要，且富有创造性、照顾到各方利益体的妥协方案，以提请各成员国领导人在首尔峰会上予以批准。这种方式避免了传统欧洲强国与中国、印度和巴西等新兴国家不欢而散的局面。

总体来讲，首尔峰会取得了巨大成功。G20领导人同意进行IMF份额改革第二阶段的改革任务，力争未来几年内在更大范围和更大程度上实现份额的自动分配。他们还同意《巴塞尔协议III》关于金融机构资本和流动资产比率的规定。另外，峰会后《首尔发展共识》达成并通过，其宗旨是通过G20治理机制促使全球化更好地服务于全人类。《首尔发展共识》承诺在关于发展和就业等25项问题上加强合作和沟通。最后，首尔峰会接受了韩国提出的建立金融安全网的倡议，这是应对全球金融危机的未雨绸缪之举，对于防范未来重大金融危机有着重要意义。

## 六、戛纳峰会（2011年11月）：应对欧债危机、促进全球经济增长、加强国际金融监管、促进社会保障和协调发展

G20第六次峰会于2011年11月3~4日在法国戛纳举行。当各国领导人到达戛纳之际，愈演愈烈的欧洲金融危机正处于最高峰，因此遏制这场危机就成为本次峰会的首要任务。这是一场金融和经济的双重危机，突出体现为西班牙、意大利和法国等国严重的赤字和债务问题，同时表现在美国处于赤字和债务的重压下，其信用等级也大幅下降。峰会东道主法国总统提出三个雄心勃勃的改革任务，即改革国际货币体系，加强对商品价格和供应的管理，完善全球治理机制。除此之外，峰会的议程也包括全球经济增长、不平衡发展、金融交易税等。

早在2010年8月22日，即多伦多峰会刚刚过去一个月之际，法国总统萨科齐就谈到了他为戛纳峰会拟定的首要任务。他提出的首要任务是改革国际货币体系，具体做法是：今后要更多地依靠IMF管理的特别提款权，改变将美元作为世界上唯一储备货币的做法，在美元基础上增加其他货币。法国建议将中国的人民币纳入特别提款权机制，尽管人民币尚不能自由兑换。美国和其他一些国家反对法国的这项建议。

另外，法国作为主办国将基础设施和粮食安全作为主要议题加入到日程中。首

尔峰会期间成立了基础设施投资高级别工作组，法国希望借助此工作组的资源，关注重点基础设施项目，并吸引公共机构和私营机构的资金。同时，法国计划促使更多的国际主要多边开发银行加强基础设施投资，但出于种种原因，戛纳峰会在这方面进展不大。另外法国作为传统农业大国，特别关注粮食安全，此次峰会期间也集中关注提高农业生产力和增加农业投资，以应对粮食短缺和价格过度波动等问题。

在戛纳峰会之前，G20 财政部长和中央银行行长于 2011 年 2 月 18~19 日在巴黎召开会议，旨在讨论各国面临的金融和经济挑战。作为一次技术性会议，这次会议在宏观经济方面取得了成功。例如，这次会议力促将财政整顿放在首位，这与发达经济体在多伦多峰会上做出的将其 2013 年财政赤字在国内生产总值中所占份额削减一半的承诺一脉相承。此外，这次会议既肯定了中国所倡导的“适当的货币政策”的必要性，也肯定了美国所希望的“提高汇率灵活性”，从而兼顾中美两国的各自利益诉求。

来自 G20 成员国的同行压力，加之国内游说和调整因素等影响，中国实行了人民币升值，并且中国政府致力于由出口拉动型增长转向内需推动型增长，通过提高最低工资加强社会保障覆盖网等。中国经济增长方式的调整，不仅有利于自身的可持续性发展，也将减少全球贸易的失衡问题。

此外，在戛纳峰会期间 G20 地位问题成为与会者争辩的焦点。有些学派认为，G20 是为应对 2008~2009 年金融和经济危机而形成的，随着危机程度的降低，加之主要大国未发挥应有的领导作用，G20 的必要性正渐趋消失。也有学派认为，戛纳峰会不可能失败，因为欧洲面临的问题太大，仅靠欧洲自身的力量是无法解决的，需要全球共同应对。比如中国数万亿美元的外汇储备将能够有效地稳定市场，缓解人们对欧洲债务的担心。

事实证明，戛纳峰会是一次成功的峰会，其成功在于对欧洲金融和经济危机的成功应对。在愈演愈烈的欧元危机蔓延到意大利之际，G20 调动来自各成员国和 IMF 的全球金融力量成功地阻遏了这场危机的蔓延，稳定了摇摇欲坠的市场。

## 七、洛斯卡沃斯峰会（2012年6月）：加强国际金融体系和就业、发展、贸易

G20 第七次峰会于 2012 年 6 月 18~19 日在墨西哥洛斯卡沃斯举行。首先，除美国和加拿大以外的各成员国决定共同向 IMF 出资成立金融扶持一揽子计划，又称“防火墙基金”。同时，坚定不移地及时执行既定的 IMF 份额改革。IMF 这次增资是首次在没有美国主导或参与下实现的，中国宣布向 IMF 增资 430 亿美元，占各成员国增资总额 4300 亿美元的 10%。从这可以看出来，中国能够并且愿意为救助欧洲提供金融支持，以遏制欧洲金融危机向全球蔓延。

中国曾在伦敦峰会上承诺提供 500 亿美元，占各成员国承诺提供总额 5000 亿美元的 10%，中国在本次峰会上承诺提供的金额和份额与其在伦敦峰会上的承诺提供的金额和份额相似。回顾 1997~2002 年间那场首先爆发于亚洲随后蔓延到全球的金融危机，欧洲各国最初犹豫观望，迟迟不肯对陷入困境的亚洲国家伸出援助之手，而今天在 G20 框架内，以中国为代表的亚洲国家和金砖国家及时向处于危机中的欧洲国家伸出了援助之手，遏制了这场危机向全球蔓延。

## 八、圣彼得堡峰会（2013年9月）：全球经济治理和经济、金融政策协调

在 2013 年 9 月的 G20 圣彼得堡峰会上，成员国都面临着一系列严峻的经济问题，比如美国经济虽已缓慢复苏，但持续徘徊于财政悬崖；无论是仍处于欧债危机的欧洲国家，还是刚刚恢复经济增长的日本，都面临着持续的债务问题；巴西和印度的经济增长速度急剧下降。在这种普遍不景气的背景下，中国经济仍保持强劲增长，成为引领全球经济走向强劲、可持续和平衡增长的火车头。中国以其强大的经

济实力对G20峰会议程的大多数事项做出了积极的贡献，这些事项包括：强劲、可持续和平衡增长框架；工作与就业；国际金融体制改革；加强金融监管；能源可持续利用；使发展服务于全人类；加强多边贸易；反腐败等。

中国要想通过G20机制充分发挥全球负责任大国的作用，需要加强圣彼得堡峰会主题的促进经济增长三要素，即高质量的就业和投资；有效监管；信任与透明性。中国还应妥善应对圣彼得堡峰会最后时刻关注的政治安全领域的重大全球性危机，即叙利亚使用化学武器和美国威胁采取军事行动的问题。由此看来，圣彼得堡峰会是对首次在世界舞台上公开亮相的中国新任国家主席习近平的一次考验。

峰会于星期四下午四点在康斯坦丁宫开幕，随后举行了经济发展工作会议。首先由俄罗斯总统普京讲话，他呼吁加强财政整顿和经济增长；接着IMF总裁克里斯蒂娜·拉加德讲话，她建议加强政策融合；随后中国国家主席习近平发表讲话，他强调指出中国是世界经济的组成部分，呼吁提高经济增长质量，促进各国经济相互增长。接着，加拿大总理哈珀、美国总统奥巴马和其他国家的领导人也先后讲话，敦促实行结构改革。

仅由各成员国领导人出席的会议晚宴在彼得夏宫举行。在奥巴马的坚持下，该会议主要讨论叙利亚问题。首先由联合国秘书长潘基文回顾了联合国对叙利亚的历次检查情况，接着，土耳其总理埃尔多安、美国总统奥巴马、法国总统奥朗德、加拿大总理哈珀和英国首相卡梅伦分别讲话，呼吁采取强有力的应对措施。随后，德国总理默克尔和意大利总理莱塔做了含糊其辞的发言。接着，巴西总统罗塞夫、印度总理辛格、日本首相安倍和南非总统祖马先后讲话，要求联合国授权采取行动。随后，习近平讲话说，G20不应讨论叙利亚问题，因为各成员国领导人为准备出席这次经济峰会花费了大量时间和精力，他是带着财政部长而不是外交部长出席这次峰会的。习近平强调指出，联合国是“世界上最权威、最可信的机构，其他任何机构在合法性和完美性上都不能与联合国相提并论。在叙利亚采取任何行动都必须遵守《联合国宪章》。”普京在结束会议晚宴的讲话中讲到，在联合国框架外采取行动是非法的，必将导致混乱。不过，普京和奥巴马在第二天本次峰会结束时进行了双边会谈，这次会谈和他们在随后一周内达成的协议都要求在当年内将叙利亚境内的所有化学武器全部收缴。

## 九、布里斯班峰会（2014年11月）：促进私营企业成长，增加全球经济抗冲击性和巩固全球体系

G20 第九次峰会于 2014 年 11 月 15~16 日在澳大利亚布里斯班举行。这是 G20 继 2010 年 11 月首尔峰会后再次在亚太地区举行峰会。澳大利亚在其新任总理托尼 · 阿博特的领导下对本次峰会进行了积极策划。本次峰会议决的事项被归结为三个类别：经济增长，包括基础设施、贸易竞争和就业；提升全球经济的韧性，包括金融改革、监管和税收；加强国际经济机构建设，特别是贸易和能源领域的机构建设。

6 月末在墨尔本举行的各成员国领导人私人代表会议上，中国表现出的合作方式更为具体，且在与美国就未来全球经济治理涉及的体制性问题进行的协商中共同发挥了积极作用。澳大利亚对本次峰会的主要贡献是经 G20 财政部长会议批准提议将未来 5 年全球经济增长率在预期水平的基础上再上调 2%，相当于增加约 2 万亿美元。澳大利亚的提议得到中国、美国、德国和加拿大的支持。在墨尔本会议上，一些成员国迟迟不肯做出必要的单边改革承诺，澳大利亚财政部长乔 · 霍基说，G20 在实现其预期目标的道路上仅仅走了一半的路程，但中国为实现该目标提出了强有力的措施。①

习近平参加了三个阶段的会议，并均作了重要发言，就推动世界经济增长、完善全球经济治理体系、维护能源安全等议题，向与会各方阐述了中国观点。习近平倡导做共促经济改革的发展伙伴，落实全面增长战略，推动世界经济从周期性复苏

① 见新加坡《今日报》2014 年 6 月 23 日刊载的文章《澳大利亚瞄准了 20 国集团增长目标的落后者》。

向可持续增长转变。同时，习近平强调，中国将继续保持经济增长势头，为推动世界经济增长做出更大贡献。另外，习近平建议二十国集团从以下几方面做出努力。第一，创新发展方式。各国要创新发展理念、政策、方式，特别是通过财税、金融、投资、竞争、贸易、就业等领域的结构改革，通过宏观经济政策和社会政策的结合，让创造财富的活力竞相迸发，让市场力量充分释放。第二，建设开放型世界经济。各国要维护多边贸易体制，构建互利共赢的全球价值链，培育全球大市场，反对贸易和投资保护主义，推动多哈回合谈判。第三，完善全球经济治理。各国要致力于建设公平公正、包容有序的国际金融体系，提高新兴市场国家和发展中国家代表性和发言权，确保各国在国际经济合作中权利平等、机会平等、规则平等。

在墨尔本举行的各成员国领导人私人代表会议上，中国和美国共同提出了“非书面”的全球能源治理10点建议。在其他问题上，中国也体现了更大的灵活性。关于逐渐取消化石燃料补贴问题，只有沙特阿拉伯加以抵制，俄罗斯给予了一些支持。关于促使G20确定2015年以后的千年发展目标，只有巴西强烈反对。由于东道国澳大利亚的反对，中国和其他一些国家未能将“包容性”增长的目标或原则纳入本次峰会公报。

## 十、土耳其峰会（2015年11月）

G20第十次峰会将于2015年11月15~16日在土耳其安塔利亚举行。土耳其希望本次峰会的议程比澳大利亚拟订的布里斯班峰会议程在内容上更为广泛，希望出席峰会的各成员国领导人具有全面的、相互连通的视野和能力，并重点讨论主要经济和金融问题。同时讨论影响G20国家自身且相互联系的全球政治问题，如全球问题、良好治理等。土耳其拟订的峰会议程既明确，又具有很强的延展性。

土耳其的政策重点首先是发展，旨在促进经济增长和全面发展，促进最不发达国家的发展，促进金融包容性和汇款增加，促进基础设施建设；其次是经济增长和就业战略，包括基础设施投资和贸易自由化；第三是能源，包括提高能源利用效率和促进全球能源稳定的全球能源机制，以及加强能源和大宗商品市场的透明性、各国市场的透明性和可预测性、能源供应的稳定性等。同时承诺逐步取消能源基础设施和化石燃料补贴。其他政策重点包括IMF改革和全球金融体系改革、税收信息的自动交换、通过金融行动特别工作组加强反腐败反洗钱工作等。

另外，土耳其希望组建一个由墨西哥、印度尼西亚、韩国、土耳其和澳大利亚组成的中等强国合作体，这些国家的共同特点是经济增长较快，位于不同的地区且分别是其所在地区的重要国家，土耳其希望将这些国家组织起来，以便更好地服务于G20。土耳其强调“走出去”的重要性，将非洲作为扩展影响的重点，以赢得人们对G20的信赖并提高G20的影响力。

G20的发展历程说明，应对全球性的经济治理问题，需要各成员方之间的诚意合作，而相互摩擦、拖延则会使得本就复杂的国际问题更加棘手。G20逐步从临时性的问题应对机制，发展成拥有增长目标和治理目标的全球深度合作平台，多边主义的扩展至关重要。

## 第四节　全球化进程中的G20

通过G20的发展史，可以了解G20做了什么。而了解G20起到了什么作用，则需要了解2008年之后的全球化新形势和新进程。

G20领导人论坛是及时解决重大经济问题的高端论坛。它既是一个管理经济全球化进程的工具，也是鼓励工业化国家与新兴市场国家之间交流的非正式场合。G20发挥更有效的作用，对保持后金融危机时代的可持续平衡增长尤其重要。因此，为了提高它的功效，与会国家应该对彼此的共同利益有更清晰的理解，同时必须对各自所做的承诺更加负责。G20作为一个庞大的、涵盖20个成员的非正式国际组织，应当把注意力放在成员间的共同点而不是各自分歧上。由于各国间的贸易和金融联系更加紧密，一国的发展将在更大程度上影响他国的发展。因此，国际的经济政策若能更加协调，无疑将惠及各国。探讨如何确保经济可持续平衡增长是G20的主要焦点。在一个经过改良的全球治理系统中，G20应聚焦它所扮演的方向盘角色，而其他国际组织如IMF和WTO（世界贸易组织）则专注于实施和更好地执行规则。

G20是一个探讨国际经济变革的特定场合，它的成员包括了工业化国家和新兴市场经济体。G20覆盖世界90%的GDP、80%的全球贸易和70%的人口。在过去几十年里，市场全球化造就了一批在世界经济中扮演重要角色的国家，它们需要被纳入到国际事务的决策中来。新兴市场国家地位的崛起十分明显和突出，比如它们的产出和贸易额在全球的占比越来越大。在国际金融危机后，新兴市场国家已经成为全球经济增长的主要动力。相比 G7 等其他一些组织，G20 更具代表性，因为前者只包括工业化国家，且这些国家在全球产出中的份额在不断下降。然而，G20 的这种代表性是以价值观和利益诉求的分歧为代价的，因为成员们拥有不同的政治和经济体制以及文化传统。因此，共识可能会更难达成，但是这对更完善的全球治理是不可或缺的。在 G20 的全球化进程中，几个关键问题需要引起人们的注意，包括世界贸易的进一步扩大，财政整顿压力下对经济增长的挑战，货币政策和金融市场改革的前景设计以及中国在世界经济中地位的日益上升。

## 一、G20与市场的开放

对外贸易自由化可以带来更高的产出和就业，但贸易保护主义的风险却在金融危机后有所增加。关税和非关税壁垒会导致全球福利的损失，因为这种资源配置的方式是次优的，更高程度的专业化分工所产生的比较优势并没有得到充分利用。在这种环境下，企业竞争和创新的动力遭到削弱，潜在产出只能在较低水平上得到提高。相比于金融危机之前的发展水平，净出口在承担工业化国家经济增长驱动力这一角色上的地位更加重要了。这可能会加大主要国家货币竞相贬值的风险，进而与世界经济一体化背道而驰。值得注意的是，贸易保护主义和货币的竞争性贬值并非拯救经济的正确工具，因为这些做法会损害其他国家的发展，而且也不能取代各经济体所实施的结构性改革。由于资本流动与发展中国家经济的现代化密切联系，保护主义做法将会造成破坏性竞争关系的出现。另外，各国政府可能会通过倾销手段来吸引投资。对此，G20 应当提供一个制定规则的平台。

G20 应加快推动各国市场的进一步开放和多哈回合贸易谈判的完成。但是这里存在一个很大的风险是，如果协商未果，多边贸易协定就会失去现实意义。近几十年区域性自贸区取得了较快发展，但是区域优惠贸易协定会导致各国商品和劳动力市场在很大程度上的分割，并且这些协定可能与WTO（世界贸易组织）非歧视原则不一致。尽管这些协定会促进成员国之间的贸易，但那些未被纳入协定的成员将会遭受与成员国贸易额下降带来的损失。此外，区域性协议中的相关规制将会成为国际供应链体系中企业的运营障碍，进而增加其成本和竞争力。

## 二、维持财政整顿时期的经济增长

金融危机期间，由于财政刺激计划的启动，公共财政赤字有所增加。政府帮助系统重要性银行的承诺无形中推高了主权债务的违约风险，债务占GDP比重在全球范围内急剧提升。如美国的这一指标达到了100%，希腊为150%，而高达250%的日本成为世界上该指标最高的国家之一。如果我们考虑人口老龄化的趋势，政府债务占GDP的比率预计将更糟糕。因为人口老龄化不仅意味各国潜在产出增长率的下降，也预示健康和养老体系等相关开支的上升。另外，债务负担并不仅限于工业化国家，一些新兴市场国家也面临相似的问题。例如，自金融危机以来，中国许多省份大幅攀升的负债水平将会对未来经济增长造成严重威胁。

据研究当债务占GDP比重在90%以下时，负债对经济整体的影响较小。如果负债率超过这一水平，经济增速的中位数将会下降一个百分点，平均增速将会下降更多。过度负债的时期往往会持续很久，平均会超过20年以上。这意味着由于债务负担而造成的产出累积下降将会非常大。虽然财务整顿和结构性改革对塑造竞争力和潜在产出增长十分重要，但是它们的短期效应将影响经济发展。由于长期决策不可避免地受到短期政策的影响，它们将会持续破坏经济可持续高增长的前景。财政紧缩政策已经加剧了经济衰退，特别是在欧元区南部的成员国。因此，现行政策承受着在较长时期内经济低速增长和高失业率（特别是年轻人的失业）的风险。

G20应当讨论如何平衡长期内财政整顿和短期内产出增长刺激政策的关系。调整将持续一段时间，大部分国家在此期间都要重新定义经济增长的来源。例如，对中国而言，不断上升的社会开支和可能偏高的利率水平将会引起经济向着更依赖消费带动增长的结构转型。相反，美国的消费将不再成为世界经济增长的主要来源。在一个协调框架下，盈余较多的国家应该为提振国内经济增长做更多努力。以德国为例，目前投资在德国经济中所占比重相对较小，所以提高企业投资水平可能会比较合适。反过来，那些财政赤字较大的国家应该努力采取措施提高本国在国际市场上的竞争力，例如提高出口水平。

## 三、货币政策和金融市场改革

政策性利率在金融危机中经历多次大幅削减，并已经迅速下探到比零更低的水平。有鉴于此，中央银行不得不采取一些非常规措施来进一步刺激经济。由于财政政策常常受困于较高的政府债务水平和财政整顿措施，因此在经济调整进程中，货币政策将比以往扮演着更为重要的角色。但是，非常规手段通常会导致基础货币的激增，进而带来长期内潜在通货膨胀的风险。例如，欧元区的货币乘数大约维持20%左右，低于金融危机之前的水平。如果这些非常规手段没有用合理方式进行冲销的话，货币供应回归正常水平时将会造成巨大的货币悬停效应。从一些政府的角度来看，更高的通货膨胀率可能被视为减轻实际债务负担的工具，但是扩张性货币政策会助推资产市场泡沫的重现，包括食品、石油和其他原材料价格的扭曲。另外，宽松货币政策在持续，工业化国家货币将会由于通货膨胀预期而出现贬值。同时，这也意味着新兴市场国家货币的升值，进而导致后者的价格竞争力受到削弱，以及面临在后发追赶过程中经济下滑的风险。低利率政策的退出和非常规货币政策应当谨慎践行，并注意各国央行之间的政策协调。

虽然中国在世界贸易中占据较大份额，但人民币在很大程度上没有得到充分使用。相比之下，美元或欧元在国际贸易中的使用程度，超出了这些国家在全球经济中所应占的份额。鉴于此，应当吸纳并鼓励更多使用新兴国家的货币，特别是来自亚洲国家的货币，进而反映全球经济中发展中国家持续不断变化的经济实力。但同时我们也应注意到，如果人民币完全可兑换，它将会成为国际投机资本的攻击目标。所以，各国需要在汇率方面进一步协调。另外，一般而言，汇率应该由市场因素来决定，而这些因素取决于经济运行的基本状况，其中最突出的就是产出增长率和通货膨胀率。各国应当避免为了使汇率趋向自认为有利于本国经济增长的水平而操纵货币。虽然贬值有助于在短期内促进出口，但它却损害了其他国家的利益。同时，从长期来讲，贬值也会延误结构性改革进程，进而影响该国经济的长期、可持续性发展。

危机期间，金融市场对实体经济发展的重要性显而易见。随着金融市场的高度国际化，各国需要有一套关于金融市场操作规则的统一全球框架。《巴塞尔协议III》提供了一个新的世界标准。在这一标准下，银行和银行系统将具备更有弹性的对抗冲击能力，并同时在微观和宏观监管层面得到进一步提升。比如在微观审慎监管即银行层面，它有助于增强单个金融机构在面临金融压力时期的韧性，而其中监管的重点在于资本充足率和流动性。宏观审慎层面则是处理银行业累积的系统性风险和这些风险的顺周期放大问题。随着银行更加资本化、更具流动性，对金融系统长期稳定性的信心将有所增强。另外，各国应该加强协调国家层面和区域层面的工作，比如在欧元区引入银行联盟，确保成员国监管机构与金融稳定委员会加强协调、沟通，以共同应对危机。

## 四、中国在G20中的地位日益增强

中国融入世界经济是当代经济史上最重要的事件之一。在过去二十多年里，中国保持着年均约10%的经济增长率。中国已经从一个封闭的农业国转型成世界上第二大经济体，按可比价计算，占全球GDP的份额超过了15%。中国也吸收了来自发达经济体超过10%的出口份额（2000年为5%）。同时，不少研究表明，就经济规模而言，中国将在不远的将来超过美国。

但是，中国制造业的成本优势在逐渐减少，如工人工资不断上涨。另外，随着中国的生产曲线抵达技术边界，从引进和吸收外国知识、技术带来的潜在红利将被逐渐耗尽。为了下一步转型成功，中国经济增长将会更多地以创新为基础，否则，中国将会陷入中等收入陷阱。

过去几十年中国经济的快速发展不仅大大促进了亚洲地区国家的经济增长，也加强了包括美国、欧洲等传统发达国家的发展，进而对全球经济的复苏、发展起到重要的正向作用。许多观察家认为，中国融入世界经济，避免了全球经济因为发生在工业化国家的危机而陷入全面衰退。但反过来讲，由于中国与世界经济的联系日益密切，2008年源于发达国家的全球金融危机对中国经济造成了很大的影响，也是目前中国经济下滑的一个主要原因。

自改革开放以来中国经济增长的奇迹是不可持续的，不可能再以每年两位数以上的速度增长。为了防止由于对工业化国家出口下降所带来的经济下滑，中国政府已经加大了对基础设施的投入。财政刺激措施包括通过庞大的国有银行体系释放信贷支持国内经济发展，特别是改善国有企业信贷条件。但是由于这些国企运转效率是较低的，投资往往导致许多领域的产能过剩，进而银行系统积累大量的坏账。除了银行体系，政府债务水平也会快速上升，特别是在省级层面。鉴此，中国需要在解除金融市场管制方面有所进展，包括让私人部门发挥更大作用，从而进一步支持经济转型，缓解金融风险过度在国有部门聚集。

G20成员方都是在全球经济中具有影响力的大经济体，在考虑自我发展和利益的同时，也要考虑全球的发展和利益。G20的崛起也说明国际金融体系不能缺少新兴经济体的参与，发展中国家在世界范围内被边缘化的时代已经逐步结束。中国一直积极参与G20事务，中国的政策一直是合作共赢。

近几年来新兴经济体对世界经济增长的贡献率一直在50%以上，危机时期甚至超过 70%。全球经济格局的改变，使 2016 年由中国这个发展中大国主办的G20峰会被赋予了新的期待。近年来，人民币用于跨境贸易支付并逐步实现可兑换，亚洲基础设施投资银行、金砖国家银行及丝路基金的建立等，都是中国为国际经济治理所付出努力的具体表现。2008 年的金融危机表明，以美元主导的国际货币体系存在巨大隐患与风险，实现后危机时代的国际经济与金融治理，需要像前世界银行行长佐利克论述G20 的意义时所说的"世界需要一种包容发达国家、新兴经济体和发展中国家的灵活高效的'新多边主义'"。

# 第二章
# G20的议程

## 第一节　G20的国际金融体系改革

了解G20的议程，才能了解G20做了什么工作。由于G20是为了应对金融危机而成立的机制，而金融危机的解决根本在于改革国际金融体系，因此，G20峰会一直把国际金融体系改革作为最主要工作之一，并取得了一系列进展。本节将梳理G20在国际金融机构改革、国际金融监管框架改革、国际金融监管措施改革以及应对金融机构“大而不能倒”问题等方面所做的工作。

### 一、国际金融机构改革

#### （一）IMF和世界银行

具体来讲，G20促进了IMF和世界银行的改革进程，同时也通过了创建金融稳定理事会的决议。以下回顾历届G20峰会在国际金融组织改革领域的进展情况。

在最早的2008年华盛顿峰会上，还未提及国际金融组织改革，G20要求成员国在保持金融可持续性发展政策的同时，积极利用财政措施刺激国内需求。同时，发达经济体应帮助新兴市场和发展中国家经济体在金融困难时期获得资金支持，包括流动性和项目支持，并强调IMF在应对危机方面的重要作用。G20鼓励世界银行和其他多边开发银行（MDB）全力支持全球开发计划，并欢迎世界银行在基础设施和贸易融资领域推出新措施，确保IMF、世界银行和其他多边开发银行具备充分的资源使其能够在防范危机中继续扮演重要角色。

从2009年的伦敦峰会开始，开始逐步涉及对国际主要金融组织改革的建议。如伦敦峰会共同宣言提到要将IMF的可用资金提高两倍，并利用IMF已经同意出售的黄金储备的所得资金，为最贫穷国家提供优惠融资支持。针对改革，公报强调国际合作的益处，提出一个更法治和高效IMF的重要性，以及IMF须在推进全球金融稳定以及均衡发展方面起关键作用。同时，宣言首次提出建立金融稳定理事会，并要求与IMF积极合作，对宏观经济和金融危机风险发出预警，进而采取必要行动应对危机。

在同一年的匹兹堡峰会上，G20宣布正式成立金融稳定理事会，这一决定具有重要意义。后来的事实证明，金融稳定理事会的确在金融稳定方面发挥了重要作用。G20还欢迎对IMF借贷机构的改革，包括建立创新的弹性信贷额度计划。针对IMF的改革，G20认为IMF需要保持一个基于份额的组织模式，份额的分配应当反映相关成员在全球经济中的相对权重，而这一权重由于新兴市场及发展中国家的快速增长已经发生了很大变化。因此，G20承诺将一部分份额向新兴市场及发展中国家转移，即把至少5%的IMF投票份额转移到代表性不足的国家。其他事务还包括IMF执行委员会组成、规模、委员会工作效率提高方式、IMF管理层在战略监督方面的参与等。另外，加强IMF雇员多元化问题也写入到了公报中。G20同时宣布已经兑现向IMF新借贷安排（NAB）注入5000亿美元的承诺，并表示要按照2008年4月达成的协议尽快执行IMF份额及发言权改革方案。针对世界银行改革，G20强调在世界银行内部引入动态机制的重要性，该机制反映了各国不断变化的经济权重和世行发展目标，使得发展中国家和转型中国家投票权至少增加3%，使这些过去利益得不到代表的国家能够有相应的发言权。在确保那些代表权过大的国家做出贡献的同时，保护较小国家的投票权也十分重要。G20呼吁世界银行在全球合作的问题上发挥领导作用，同意世界银行以及地区开发银行应当有足够的资金应对挑战并完成他们的任务。

在2010年的多伦多峰会上，G20在国际金融组织改革上取得较大进展，不仅核准世界银行股东通过的发言权改革方案，进而增加发展中国家和转型国家的投票权，还强调要确保各国批准IMF2008年份额和发言权改革以及新借款安排扩大方案。在同年首尔峰会，G20再一次强调要打造一个现代化的IMF，扩大新兴市场和发展中国家的代表权以反映世界经济的变化。2011年戛纳峰会，G20尽管没有对采取的措施进行详细描述，但仍然承诺“我们将迅速完全执行IMF的份额和管理改革”。此外，共同声明指出在金融稳定理事会取得成就的基础上，G20成员一致同意改革金融稳定理事会，以改善其协调能力，提高对金融监管议程的监督水平。具体改革内容包括赋予金融稳定理事会法人资格和加大其金融自治能力等。

关于IMF改革这一问题在2012年的洛斯卡沃斯峰会上有了进一步的发展，G20重申须兑现2010年份额及2012年IMF与世界银行年度会议达成一致的治理改革的承诺，致力于2013年1月前完成全面份额公式的审查，在2014年1月前完成下一次份额的全面审查。除此之外，宣言还对份额计算等细节方面做了补充。2013年G20提出急需批准2010年IMF份额与治理改革方案，就份额公式达成一致，并于2014年1月前完成第15轮份额总检查。这充分说明G20对于国际金融组织，特别是IMF改革的重视程度。这是基于公平性、效率性和责任性的考虑，并且综合新兴经济体和发展中国家的利益诉求做出的表态。

虽然几乎每一次G20峰会都对全球金融治理机构改革做出了明确指示，但在执行方面却似乎差强人意。2014年初，美国国会参众两院公布法案，拒绝负担IMF 2010年改革方案提及的新增出资份额。IMF改革方案无法顺利达成实质上也意味着G20全球金融治理机构改革最关键的一部分未能取得突破。尽管G20在最广泛意义上领导了全球金融治理机构的改革并取得了不少进展，但是面对美国国会不予批准的问题仍然颇感无奈。不过，在2014年4月召开的G20财长会议上，多国财长已经讨论绕过美国正式批准就能采取改革措施的可能性。措施之一就是提高新兴经济体的投票份额，削弱美国的投票权重，甚至采取拒绝扩大IMF特别提款权这种激进的做法。

### （二）多边开发银行融资

2009年G20首次提出支持多边开发银行大幅增加至少1000亿美元贷款，包括向低收入国家提供贷款，并确保多边开发银行的安全。G20欢迎多边开发银行充分利用资产负债表，敦促财长们考虑如何利用通知即缴的股本或自有资产等机制来增加多边开发银行的借贷额度。另外，宣言中提到“我们将采取一切力所能及的行动来促进和推动贸易及投资，我们将确保在未来两年中通过出口信贷、投资机构及多边开发银行提供至少2500亿美元的资金来支持贸易融资。我们还将要求我们的金融监管机构将必备资本中的可用弹性资金用于贸易融资”。在2010年的多伦多峰会上，G20宣布已落实匹兹堡峰会关于多边开发银行的承诺，并进一步完善多边开发银行的优惠贷款窗口，特别是支持大幅度增资国际开发协会和非洲开发基金。

在2012年洛斯卡沃斯峰会上G20要求财长和央行行长考虑如何让G20促进基础设施投资，如通过多边开发银行的资金和技术支持，进而确保基础设施项目的顺利开展。2013年G20继续在有关投融资领域中对多边开发银行进行关注，期待在当前工作的基础上，制定新的方式优化多边开发银行现有资源的使用，包括吸引私人部门资金和增强多边开发银行放贷能力等。另外，G20表示已经注意到多边开发银行在撬动基础设施投资融资，尤其是新兴市场和发展中经济体基础设施投资融资领域所做的工作。

随着新兴市场的崛起，多边开发银行的作用越来越受到重视。除了原有的多边开发银行在继续运作以外，新的多边开发银行的成立也为发展中国家经济发展带来巨大活力。2015 年 6 月 29 日，57 个国家代表在北京签署《亚洲基础设施投资银行协定》，预计亚投行将于 2015 年底正式成立。作为一个政府间性质的亚洲区域多边开发机构，亚投行将重点支持基础设施建设，旨在促进亚洲区域的建设互联互通化和经济一体化的进程，并且加强中国及其他亚洲国家和地区的合作。另外，2014 年，金砖国家发表《福塔莱萨宣言》，决定设立金砖国家新开发银行，并于 2015 年 7 月在中国上海正式成立。金砖银行主要资助金砖国家以及其他发展中国家的基础设施建设，这将促进金砖国家及其他发展中国家的发展。其他重要的多边开发银行还包括美洲开发银行、非洲开发银行等，这些银行在地区发展领域都发挥着重要作用。

### （三）G20金融专家小组及国际机构间合作

G20 每年在首脑峰会期间，都会发布共同宣言以表明对重大经济领域的决定。此外，在没有会议的时候也会根据需要成立工作小组，就一些重大问题进行评审和提出对策建议。这对于促进全球金融治理机构改革具有很重要的协调作用。这些 G20 金融专家小组可以充分吸收来自国际机构、各国政府、商业机构、非政府组织等多方的意见建议，从而为 G20 峰会的成功召开打下良好基础。例如，2009 年“莱切小组”承担了起草世界经济体系治理改革建议的工作，这份建议被呈交给 G20 成员国。起初，“莱切小组”只是将它的建议局限在加强经济和金融多边主义方面，但后来，小组考虑到 IMF 和世界银行的治理改革应当成为小组向前推进的一步，因此对这一部分也提出了中肯和切实可行的建议。

此外，国际机构间的合作对于全球金融治理机构改革也有重要意义。这一点从 2009 年 G20 峰会决定成立金融稳定理事会就可以看出。金融稳定理事会本身就是金融危机后一个重要的协调机构，协调一些金融稳定机构以及其他机构间的合作，进而促进全球金融稳定。这也在很大程度上推动了全球金融治理机构的改革与联系。金融稳定理事会位于国际清算银行（BIS）总部，得到后者在资源上的大力支持。

## 二、国际金融监管框架改革

在此轮金融危机爆发后，G20 历次峰会宣言均对加强金融监管提出原则性的监管倡议，大力支持成员国及国际监管组织提出政策建议，并推动建立微观审慎监管和宏观审慎监管相结合的全面金融监管框架。

### （一）巴塞尔协议银行监管框架

在国际金融监管框架中，巴塞尔委员会推动制定的《巴塞尔协议》是全球最具影响力的监管准则。1988 年 7 月，巴塞尔委员会正式出台《统一资本计量和资本标准的国际协议》(《巴塞尔协议I》)，标志着“十国集团”（G10）同意建立统一的国际银行业监管框架。由于《巴塞尔协议I》难以应对金融全球化和金融衍生品大爆炸暴露出来的市场风险和操作风险，2004 年 6 月，巴塞尔委员会发布《统一资本计量和资本标准的国际协议：修订框架》(《巴塞尔协议II》)，提出以最低资本充足率、监督检查和市场约束为主要内容的三大支柱。

2008 年爆发的金融危机对国际金融监管体系造成了巨大冲击。巴塞尔委员会为了建立有效的国际银行监管框架，在《巴塞尔协议II》的基础上，2010 年推出了更加严格的《巴塞尔协议III》，并于 2010 年 11 月G20 首尔峰会正式批准实施。《巴塞尔协议III》在金融监管框架设计上取得了积极成果，将既有的微观审慎监管与宏观审慎监管有机结合起来，增强抵抗风险能力，更好地维持金融体系的安全和稳定。

#### 1.《巴塞尔协议Ⅲ》微观审慎监管框架

《巴塞尔协议III》主要从资本、杠杆率、压力测试、流动性等方面进一步加强微观审慎监管。对资本的要求主要涉及提高资本质量、一致性和透明度，更加关注普通股，规定资本金的监管调整，实施更严格的披露要求。引入杠杆率的要求，控制银行体系过度积累杠杆率，采用简单、透明、无风险基础的杠杆率指标。压力测试指检验在极端市场条件下金融机构能否度过危机，对业务复杂的大型银行提出了稳健的压力测试实践和监管原则。流动性要求通过更加严格稳健的监管标准强化流动性储备，提出了流动性覆盖比率和净稳定融资比率两个流动性监管指标。

#### 2.《巴塞尔协议Ⅲ》宏观审慎监管框架

《巴塞尔协议III》主要从资本缓冲、系统重要性机构等两方面，建立了宏观审慎监管框架。《巴塞尔协议III》规定资本留存缓冲，要求在满足最低资本要求的同时，银行应持有额外的资本，以缓冲突然出现的风险。还规定了逆周期的资本缓冲，要求在经济上行信贷规模扩张时留足缓冲资本，在经济下行运用缓冲资本缓解银行面临的信贷压力，进而保证银行的信贷供应。加强对系统重要性机构的监管是宏观审慎健康框架的重要组成部分，提高资本和流动性的要求，减少倒闭的可能性；限制业务范围和规模，减少负外部性冲击；进行有限度的政府救助，减少公共资金的投入；防止“大而不倒”，维护市场公平竞争秩序。

### （二）G20的金融监管框架

几乎历次G20峰会都致力于加强金融监管框架的建设，强调全面金融监管理念，在加强微观审慎监管的基础上，构建宏观审慎监管框架。

2009年G20伦敦峰会认为不当的金融监管措施是导致金融危机的一个主要原

因。为了更好地支撑可持续性的全球增长和为企业及个人的需求服务，G20成员国推行更强有力的监管系统，并同意建立更具一致性、系统性的跨国合作，创立全球金融系统所需的、通过国际社会一致认可的高标准监管框架。

2009年G20匹兹堡峰会致力于就一些规则达成国际共识，进而提高银行资产质量，并缓和过高杠杆。这些规则成为新巴塞尔框架的组成部分，并直接反映在《巴塞尔协议III》中。另外，G20成员国对银行资产施行更高要求和更高标准，要求准备反周期效应缓冲资本，对风险产品以及资产负债表外行为加设更高的资本准入门槛。同时，增强的资本风险以及预估准备金要求，都将降低银行采取更富风险性行为的动机，也有利于建立一个能更好防范冲击的金融体系。支持引入杠杆率作为新巴塞尔框架的补充措施，所有主要G20国家都要在2011年前实行新巴塞尔框架。

2010年G20多伦多峰会认为强有力的监管框架是改革金融部门的重要因素。巴塞尔银行监管委员会在建立全球性的银行资本和流动性新机制方面取得的进展，将显著增强各国银行体系的抗风险能力。G20支持在首尔峰会时就新资本框架达成一致，并要求所有成员执行新的标准。但同时，为避免影响经济复苏并对市场产生干扰，上述标准将在一定期限内逐步实施，并争取于2012年底前全部到位。过渡期由金融稳定理事会和巴塞尔银行监管委员会共同开展的宏观经济影响评估确定。新标准的逐步实施要考虑到各国国情和起点的不同，各国在执行初期存在的差异应逐步缩小，最终执行全球统一的新标准。

2010年G20首尔峰会致力于构筑一个新的金融监管框架，其核心包括银行资本和流动性标准，以及改善监管和有效解决具有系统重要性金融机构问题的措施，并辅之以更有效的监督和审查。这一崭新框架将通过限制过去金融行业的过度行为和更好地服务于经济需要来确保金融体系具备更好的弹性。此外，还同意进一步修改宏观审慎的政策框架，在金融监管改革中更好地反映新兴市场经济体的利益。

2013年圣彼得堡峰会G20鼓励金融稳定理事会继续监测、分析并报告监管改革措施对新兴市场和发展中经济体的影响，作为其监测改革落实情况总体框架的一部分。支持巴塞尔银行业监管委员会近期有关风险加权资产监管一致性的报告，完善监管性资本比率的可比性，以及完成针对《巴塞尔协议III》框架下已同意的剩余组成部分的建议，即就国际协调一致的杠杆率和净稳定融资比率提出建议，并与各方同意的窗口期和程序相一致。

## 三、 国际金融监管措施改革

### （一）加强监管措施的力度

G20关于加强监管措施的力度主要集中在加强金融市场基础设施建设、完善反周期监管措施、增强透明性和责任性、促进金融市场诚信以及加强系统重要性金融机构监管等五方面。

加强金融市场基础设施建设意味着加快实施强有力措施，以国际一致和非歧视方式，提高对冲基金、信用评级机构、场外衍生品市场的透明度和监管力度。

建设高质量资本并减轻周期效应，作为新巴塞尔框架的组成部分，各国对银行资产施行更高要求以及更高质量的标准；引入杠杆率作为新巴塞尔框架的补充措施，和加强银行业监管和规范的关键措施。

提高复杂金融产品必需的透明性，确保公司财务状况完全和准确无误的公开。加强对金融机构在规范和监督方面失误的监管，避免国际金融陷入危险的脆弱境地。

保护个人消费者和投资者，支持利益诉求；扶持市场纪律，避免发生损害公众利益的行为；减少监管套利空间，预防滥用权利行为；支持竞争和发展，防范非法的市场操作和欺骗行为；紧跟市场创新步伐，规范金融市场行为；促进信息共享，披露相关金融风险信息。

建立一个包含有效处置手段、审慎监管要求、金融市场核心基础设施等内容在内的政策框架，以降低金融机构可能出现的道德风险。2011年G20戛纳峰会公布了全球系统重要性金融机构的初步名单，将对其执行更高的资本充足率要求，接受更严格的监管。2013 年 7 月金融稳定理事会公布了 9 家全球系统重要性保险机构。

### （二）扩大监管措施的适用范围

G20 关于扩大监管措施的适用范围主要体现在增加对信用评级公司和对冲基金等监督，加强金融稳定和实施国家一级监测措施，落实稳健的薪酬原则和标准等三方面内容。

2009 年 G20 伦敦峰会首次覆盖了对冲基金，也将信用评级机构涵盖在内，以确保这些机构能达到良好的国际行为标准，尤其是防止出现重大利益冲突。

G20 支持金融稳定理事会提出的加强金融稳定和实施严格的监测措施。G20 致力于及时商定政策，实施全面和一致的政策，支持一个稳定和一体化的全球金融体系，以防止未来危机发生。

G20 支持和赞同金融稳定理事会关于落实稳健的薪酬原则和标准，G20 国家将承诺以共识的方式落实这些原则和标准，将薪酬与长期的价值创造结合起来，不过度承担风险，并要求金融稳定理事会继续就此进行监测，以增加金融稳定。

### （三）加强监管措施的有效性

执行更强有力的新规则需要更有效的监督和监管。加强全球监管体系，谨慎监督和强化风险管理，确保所有金融市场、产品和参与者受到管理或者接受监督。强化对信用评级机构的监管，加强对国际行为准则的执行。在确保监管有效的同时，使监管体系在经济发展周期中更加有效率，确保创新并鼓励金融产品和服务的完善。此外，还要保证国家监管体系评估的透明。

G20 首脑峰会还明确了金融监管措施有效性的要求。金融监管需要能促进经济繁荣、体制完善和提高透明度，能抵御波及整个金融系统的风险，能缩小而非放大金融和经济周期，能降低经济对不适当的风险融资来源的依赖性，以及能阻止过度的高风险活动。在全球经济确认复苏后，能够采取措施改善银行系统中的资金质量和国际协调性。监管措施必须能阻止过度杠杆，并要求银行在经济良好时期也要储备充足的缓冲资金。

### （四）加强监管的国际合作

在2008年G20华盛顿峰会，各国政府承诺G20国家和区域性监管机构在遵循一致性原则基础上制定规章以及其他措施。2009年G20伦敦峰会取得了重要进展，提出确保在本国推行强有力监管系统的同时，还同意建立更加具有一致性和系统性的跨国合作，创立全球金融系统所需、国际社会一致认可的高标准监管框架。

监管机构应加强同金融市场所有层面的协调和合作，其中包括跨境资本流动。监管者和其他相关机构首先要在防范危机、加强管理和应对措施上加强合作。另外，提升金融监管国际合作水平和信息交换，并要求G20成员国鼓励遵守相关标准。

2013年G20圣彼得堡峰会承诺避免全球金融体系分割，彻底落实金融改革，继续在金融监管领域相互合作，并期待G20国家的财政部长、央行行长以及金融稳定理事会在2014年澳大利亚布里斯本峰会前取得进一步进展。

## 四、“大而不能倒”金融机构的应对体系

与以往经济和金融危机相比，在本次金融危机中，系统重要性金融机构成为系统性风险的制造者、传播者，以及金融危机的受害者。鉴于此，G20把加强系统性风险监管的关键点放在了建立针对“大而不能倒”金融机构的应对体系。

## （一）建立系统重要性金融机构的识别体系和评估标准

2009年9月，G20匹兹堡峰会提出监管系统重要性金融机构，出台国际统一、企业特定的意外事件解决方案，并要求2010年底达成跨境协议和确定系统重要性金融机构。2009年10月，IMF、国际清算银行以及金融稳定理事会共同发布《对G20各国央行行长和财政部长报告：系统重要性机构、市场和工具的评估指南》，对系统重要性定义、总体原则、评估方法和指标等首次进行了比较完整的阐述。

2010年6月，G20多伦多峰会再次提出处理和解决系统重要性机构问题，要求金融稳定理事会于2011年首尔峰会前讨论并确定有效处置系统重要性金融机构的具体政策建议。2010年10月和12月，巴塞尔银行监管委员会公布了详细的系统重要性金融机构的评价指标体系，其中规模指标为基础指标，可替代指标和内部关联指标为辅助指标，并且运用连续测算法和区段测算法进行评估。

2011年7月，巴塞尔银行监管委员会发布了《全球系统重要性银行：评估方法以及额外的吸收损失要求的征求意见》，旨在建立依据银行规模、相互关联性、可替代性、全球业务活动和复杂性等为基础的定量指标，以及便利监管的定性方法，并对系统重要性银行进行分级。2011年11月，G20戛纳峰会同意采取综合性措施，金融稳定理事会公布了全球系统重要性金融机构的初步名单。2013年9月，G20圣彼得堡峰会公布了全球系统重要性保险机构的初步名单，并要求金融稳定理事会在与国际证监会组织和其他相关标准制定机构协商的基础上，于2013年底前制定识别全球系统重要性非银行非保险金融机构的方法。

## （二）增强对系统重要性金融机构的监管强度和有效性

2011年11月，金融稳定理事会提出《加强系统重要性金融机构监管的强度和有效性》，目的在于降低系统重要性金融机构风险，以及开展更广泛的金融机构监管。同月，巴塞尔银行业监督委员会在《全球系统重要性银行：评估方法以及额外的吸收损失要求的暂行规定》中针对全球系统重要性银行提出更高的吸收损失能力的要求。此后，金融稳定理事会发布了《降低系统重要性金融机构道德风险问题的报告》，包括建立有效的处置机制和程序、增强损失吸收能力、加大监管强度和力度、完善金融基础设施建设等监管措施。

2011年11月,G20戛纳峰会批准实施《针对系统重要性金融机构的政策措施》，将全球系统重要性金融机构纳入一个新的国际决议体系，接受更严格的监管，从2016年开始执行更高的资本充足率要求。2012年6月，G20洛斯卡沃斯峰会承诺加强对系统性重要金融机构监督的力度和效果，并要求金融稳定理事会在2012年11月G20财长和央行行长会议汇报取得的进展和成果。2013年9月，G20圣彼得堡峰会，要求按照各国均同意的时间表落实《巴塞尔协议III》。另外，将采取必要的改革措施，确保可能引发系统性问题的所有金融部门完全落实金融稳定理事会的《有效处置机制的关键要素》，还将采取必要措施消除影响跨境处置的障碍，以及保证监管机构具备有效的监管职能、充足的资源和独立性。此次峰会呼吁金融稳定理事会在与标准制定机构协商的基础上，评估全球系统重要性金融机构在倒闭时吸收损失的能力，并在2014年底前制定相关建议。

此外，以G20为代表的国际组织还致力于建立有效恢复和处置程序，提高监管当局提前干预的权利和能力，以及加强国际监管合作，进而解决“大而不能倒”问题。

## 五、 透明的国际评估和同行审议机制

完善、透明的国际评估和同行审议机制，有助于确保世界各国金融部门的发展。为了进一步加强国际金融标准的遵守、实施和监管，建设跨部门和地区公平的竞争环境，促进金融稳定，2009年4月G20伦敦峰会正式引入透明的国际评估和

同行审议机制。2010年6月G20多伦多峰会承诺开展国际评估和同行审议，并明确透明的国际评估和同行审议作为国际金融监管的四大支柱之一。2013年9月G20圣彼得堡峰会公报称，欢迎制定自愿参与同行审议的办法，同时发起成员国主导的同行审议，并鼓励各国广泛参与，以增加国别政策的透明度和可信度。

历次G20峰会都非常支持建设透明的国际评估和同行审议机制。第一，支持通过IMF、世界银行开展的金融部门评估规划以及金融稳定理事会实施的同行审议，对各国金融体系进行有力、透明、独立的国际评估和同行审议。第二，金融稳定理事会在制定国际金融监管政策和标准时，协调不同标准制定机构，通过专题审议和国别审议确保对各国金融部门改革进程的问责，推进建立公平竞争环境。第三，呼吁金融稳定理事会确保并扩大同非G20成员的外围活动，以体现金融体系的全球特征。第四，支持金融稳定理事会开展专题同行评估，以加强不同国家落实金融和监管政策的一致性，并评估各国取得预期目标的有效性。

2014年1月，金融稳定理事会发布了《同行审议手册》，把同行审议的类型分为专题审议和国别审议，包括优先、准备、咨询、评估和后续行动等五个不同的连续阶段。认为同行审议具有五大目标：监管信息交换、监督其他金融领域的政策；接收同行对这些政策有效实施的反馈；评估金融稳定理事会成员国关于维护金融稳定、保持金融部门开放和透明、执行国际金融标准的承诺；对金融领域进行有效监管；评估国际金融标准的有效性。同时，提出了被广泛接受原则、互补原则、透明原则、衔接原则、及时原则、比例原则等六大同行评审原则。

迄今为止，金融稳定理事会在专题审议方面，完成了对薪酬制度、风险披露实践、住房按揭发行和承销实践、存款保险制度、风险管理、处置机制、信用机构评级、系统重要性金融机构的监管框架和方法、减少依赖信用评级机构评级等领域的专题审议。在国别审议方面，完成了对意大利、墨西哥、西班牙、澳大利亚、加拿大、瑞士、南非、英国、中国、美国、印度尼西亚、德国等国的审议。

## 六、 全球金融安全网议程

2010年G20多伦多峰会首次提出全球金融安全网议程，“我们注意到，需通过国家、地区和多边努力，应对资本流动波动性和金融脆弱性，以防范危机蔓延。我们责成G20财长和央行行长依据正向激励原则，就如何加强全球金融安全网提出政策建议，并提交首尔峰会讨论。为配合这些努力，我们也要求IMF加快审查其贷款工具，以便进一步对其适当改革。同时，应强化IMF监督职能，重点监督可能存在的系统性风险和脆弱性。我们的目标是建立一个更加稳定和更富韧性的国际货币体系。”

全球金融安全网是对那些尽管遵循合理的经济和财政政策却面临资本流量快速减少的国家，提供全球流动性的一套安排。全球金融安全网支持的范围很广，包括外汇储备（一国积累的国际储备，在困难时期可以对冲外汇风险）、双边协议（例如两个中央银行之间签署的互换额度协议，其中一个国家的货币坚挺，另一个国家的货币面临抛售压力）、地区贷款机制（包括亚洲、欧洲和拉丁美洲等的贷款机制）、多边安全合作（以IMF为核心）等。

各国寻求双边或多边的金融安全合作以应对流动性困难成为自亚洲金融危机以及全球金融危机之后的重大议程和关注点：

第一，在双边合作中，货币互换应运而生。由于在货币互换中，远期汇率在互换交易中被锁定，交易双方便不再承担汇率变动的风险。并且，货币互换使交易主体有机会利用其在不同货币市场的比较优势，降低融资成本、锁定汇率风险、优化资产负债结构。不仅如此，由于央行可以通过彼此间货币互换，直接将合作国货币注入本国市场中，便起到了快速增加全球金融体系流动性的作用。各国央行利用货币互换可以迅速提高联合干预的能力。

2008年次贷危机使国际市场的流动性一度处于极为紧张的状态。在美联储和欧洲央行等采取的“量化宽松”操作中，出现大量货币互换的身影。在各国央行采取超常规干预行动但却未见显著效果的情势下，美联储率先发动了主要央行间的货币互换操作。2007 年 11 月，美联储公开市场委员会宣布，先后与欧洲央行、瑞士国民银行、澳大利亚储备银行、巴西央行、加拿大央行、丹麦国民银行、英格兰银行、欧洲央行、日本银行、韩国银行、墨西哥央行、新西兰储备银行、挪威银行、新加坡货币局、瑞典中央银行、瑞士国民银行等 16 家央行签署了美元互换协议，承诺向海外美元市场提供美元流动性。

随着危机的加深，以美元为核心的国际货币体系的内在矛盾一再暴露。2009 年 4 月 6 日，美联储与英国央行、欧洲央行、日本央行和瑞士央行联合宣布了一项新的货币互换协议：四家央行将分别为美联储提供最高达 300 亿英镑、800 亿欧元、10 万亿日元和 400 亿瑞士法郎的本币流动性。这不仅改变了以取得美元为目的的单向货币流动传统，而且使主要发达经济体的货币供给机制内在地连为一体。

第二，多边安全合作是构成全球金融安全网的主要核心力量。2013 年 G20 圣彼得堡峰会宣言重申建立高效全球金融安全网的重要性，并对在洛斯卡沃斯峰会上较多国家承诺向 IMF 增加临时可用资金 4610 亿美元表示支持，大多数资金均已通过双边借款或票据购买协议提供给了 IMF。这一广泛的合作不仅显示了国际社会决心加强 IMF 在危机预防和危机处置中的作用，而且为维护全球金融稳定做出了贡献。

中日韩与东盟 10 国于 2012 年 7 月 17 日宣布，《清迈协议》修订版于当日正式生效，货币互换资金规模将从 1200 亿美元倍增至 2400 亿美元。各成员国均将注资额提高了一倍，中国和日本出资最多，均为 768 亿美元，再加上韩国，三国的注资额占总额的 80%。至此，一张东盟地区为应对流动性问题而编制的区域金融安全网络已初步成型。

随后，2013 年 10 月 31 日，美联储、欧洲央行、瑞士央行、英国央行、加拿大央行和日本央行等全球六大央行同时宣布，它们将把现有的临时性双边流动性互换协议转换成长期协议。值得关注的是，任何当事央行都可在自己司法辖区内以另外五种货币中的任何一种提供流动性。这意味着，在主要发达经济体之间，一个长期、多边、多币种储备货币网络已经成型。

在构建全球金融安全网的进程中，IMF扮演着核心角色，其主要目的是连接IMF贷款体系和区域金融安全网络（如亚洲、欧洲等贷款机制和互换约定），以避免国家因短期资本流动问题而陷入延期偿付危机。

## 七、衍生品市场的监管措施

金融危机爆发以前，场外衍生品市场在缺乏监管的情况下取得了快速发展。鉴于在2008年的次贷危机中，衍生品市场起到了推波助澜的作用，美国、欧盟和其他国家纷纷开始重视，并着手对衍生品和场外市场实施严格监管，主要集中在以下两个方面。

### （一）引入交易所衍生品监管制度

一是推动产品标准化。目前约有60%~75%的场外利率衍生品合约能够标准化，进而降低衍生品不必要的复杂性，便于风险管理。

二是提高市场透明度。金融危机期间，由于大多数衍生品在低透明的市场中交易，投资者难以确定其内在价值，因此提高市场透明度成为场外衍生品市场监管改革的重要目标之一。这不仅有利于监管机构评估市场风险，而且可以提高市场运行效率。其中，建立和使用交易登记机构（Trade Repository）已成为提升交易透明度的重要手段，这也为场外衍生品交易的清算提供了市场基础建设的支持。

三是促进集中清算化并发挥资本金的作用。G20峰会在2009年匹兹堡宣布和场外交易（Over the Counter，简称OTC）市场相关的要求，他们指出，到2012年底所有的标准OTC合约必须在交易所或者电子交易平台进行交易，并且在中央清算平台进行清算。同时强调非标准化的OTC合约如果不在中央对手方（Central Counterparty，简称CCP）进行清算，必须符合一个更高的资本要求。

## （二）加强全球金融监管合作

G20华盛顿峰会后的公告提出“加强国际合作，要求国家和地区监管机构在制定监管规则时保持一致性，在监管跨界资本流动时加强相互协作，监管机构应优先考虑在危机预防、管理和解决领域的合作”。在G20墨西哥洛斯卡沃斯领导人峰会上，各国领导人再次明确了“健全针对场外衍生品市场监管的国际合作”的政策主张。

G20领导人在2013年圣彼得堡宣言中指出：“所有主要辖区都已经部分或全部地建立了必要的框架，实现衍生品在交易所或电子平台进行交易、集中清算和报告”。尽管在宣言中G20领导人对衍生品市场的监督持积极态度，但实际情况并不乐观。金融稳定理事会在2014年4月8日《OTC衍生品改革第七次进展报告》中指出，到2014年底，有6个辖区的中央清算平台将会正式启用，3个辖区正在实施中央清算相关要求，另外4个辖区正在为搭建中央清算平台做相关咨询和筹备工作。报告还指出，CCP目前在大多数国家未被通过，阻碍了集中结算全球化进程，尤其是那些有大量多边交易的成员国，市场参与者在这些国家进行交易会遇到诸多壁垒。

对于外汇市场产品，美国和欧盟的政策制定者采取了不同的监管方式。欧盟正在考虑对非清算的外汇远期和掉期交易收取交易保证金，美国则表示对类似产品不收取交易保证金。另外，在美国，非金融类的终端用户要向银行类对手方提供保证金，而欧洲则无此规则。

美国和欧盟要求不论交易规模大小及衍生品应用的范围，所有的金融公司均需对衍生品交易进行清算，对风险非常低的金融企业也不例外。基于清算成本的考虑，澳大利亚、巴西、加拿大和新加坡正考虑对小型金融公司豁免清算，尤其是对那些使用衍生品来规避信用风险敞口的公司进行豁免。

## 八、 信用评级机构

信用评级机构的评级结果（如著名的三大机构：标准普尔、穆迪、惠誉），会直接影响金融市场各类产品的定价。同时他们对国家主权债务的评级则直接影响该国的国际融资能力。在金融危机发生之前，这三大评级机构给许多“有毒证券”做出了“AAA”评级。

鉴于信用评级机构在金融危机中的负面作用，G20 华盛顿峰会、伦敦峰会、多伦多峰会、洛斯卡沃斯峰会和圣彼得堡峰会均要求加强监管并呼吁其提高透明度。

2010 年 10 月，金融稳定理事会发布了《减少对信用评级机构评级依赖的原则》，要求标准制定者和监管机构在法律法规中减少对CRA（Credit Rating Agency，信用评级机构）评级结果的依赖，市场参与者需要建立自己的风险管理体系。同时，金融稳定理事会要求标准制定者和主管机关采取后续措施，将这些原则转化为具体的政策行动；并要求它们在此过程中既要考虑到产品、市场参与者和司法管辖区的特殊情况，又要保持足够的国际统一性，以防监管套利。

## 九、 影子银行

影子银行体系（Shadow Banking System），指那些作为“非银行”运营的金融机构和融资安排，尤其包括划归传统银行业务范畴之外的资产证券市场，又称“平行银行体系”。影子银行体系的组成机构包括投资银行、对冲基金、货币市场基金、按揭贷款公司、私人资金池（Private Pools of Capital）和结构性投资实体（Structured Investment Vehicle）等其他信用中介业务。近几十年以来，这些机构已成为国际金融市场的重要参与者，并且是包括综合担保债务凭证和信用违约掉期（Credit Default Swap）在内的衍生品的主要交易商。

在2008年金融危机中，非银行机构将“长期的、有风险的且流动性相对较差的资产（如次级贷款）”包装为金融衍生品，例如次级债券、担保债务权证，经信用评级机构评级后，卖给投资者。影子银行体系为次级贷款者和市场富余资金搭建了桥梁，成为次级贷款者融资的主要中间媒介。然而影子银行游离于现有的监管体系之外，累积了相当大的金融风险。

在危机之后的去杠杆化过程中，影子银行体系的规模有所萎缩，但仍对金融市场有着重要影响。金融稳定理事会在2013年11月发布的《2013全球影子银行监控报告》中显示：G20成员国内，影子银行的资产在2012年中增加了5万亿美元，总计71.2万亿美元，占GDP的117%，低于2007年的占比125%，但相对于2011年增加了6个百分点，自2008年以来，影子银行体系在金融中介机构总资产中所占的份额一直处于23%~27%。

为此，G20对圣彼得堡峰会上为“影子银行体系”制定的监管建议取得的进展表示欢迎，一方面表明认可非银行金融中介提供银行以外的渠道投放信贷以支持经济的积极作用，另一方面也在降低影子银行潜在的系统性风险上迈出重要一步。值得注意的是，影子银行总资产的平均加权增长速度从2011年的0.6%迅速增长到2012年的8.1%。其中，中国以42%增长速度最为突出。

## 十、 会计准则

G20伦敦峰会呼吁会计准则制定机构尽快与监管机构进行合作，改进资产估值和准备金标准，完成一套高质量的全球会计准则。匹兹堡峰会和多伦多峰会再次强调实现统一的、全球性会计标准的重要性。圣彼得堡峰会各国领导人强调，推动会计准则趋同，以增强金融体系风险抵御能力，并且他们还敦促国际会计准则理事会（International Accounting Standards Board，简称IASB）和美国财务会计准则委员会（Financial Accounting Standards Board，简称FASB）在2013年底前完成余下的主要工作。

国际会计准则理事会和美国财务会计准则委员会2006年达成了合作备忘录，双方均赞成会计准则短期和长期项目的趋同。另外，2008年此备忘录也有更新。2012年底，他们基本上完成了备忘录中短期项目的趋同，其中包括企业合并、撤销承认、合并报表、公允价值测算方式、离职员工福利、财务报表等其他综合收入和投资实体相关的会计准则。在长期趋同项目中，金融票据，租赁方式以及收入确认的相关会计准则依然存在差异。

虽然在过去的几年间，表外证券化资产、加强信贷风险和金融资产交易披露的会计处理方法取得了很大进展，并且包括欧盟在内的100多个国家已经实行了国际财务报告准则（International Financial Reporting Standards，简称为IFRS），但是全球会计准则的趋同化依然存在四个主要问题。第一，全球范围内国际财务报告准则的适用性和适用范围还存在着不一致的地方，影响了可比性和透明性；第二，一些主要经济体还未采用国际财务报告准则会计标准，如美国和日本；第三，国际财务报告准则和美国通用会计准则（Generally Accepted Accounting Principles，简称GAAP）之间存在着明显差别；第四，国际财务报告准则制定委员会并没有参与到各国的会计标准的细节设置。

## 第二节　G20的发展议程

尽管G20的诞生是为了应对金融危机，但从一开始就关注发展问题。在2008年华盛顿峰会上，G20就表示关注危机对发展中国家产生的影响，特别是关注最易受损害的国家。G20重申千年发展目标的重要性，并表示这是已经实施的发展援助承诺，将力促发达国家和新兴经济体都来承担与自己能力和在全球经济发展中扮演角色相适应的义务。

### 一、G20发展议题的演进

2009年伦敦峰会公报提及“确保所有经济体公平而持续地复苏”，阐述了对于发展的重视，这是发展议题在G20峰会中首次得到体现。G20重申其在千年发展目标会议上做出的历史性承诺，将致力于履行成员国各自的官方发展援助（Official Development Assistance，简称ODA）承诺，其中包括促进贸易援助、债务减免及在格伦伊格斯（Gleneagles）会议上做出的承诺，特别是对撒哈拉以南非洲国家的承诺。另外，决定提供500亿美元以支持低收入国家的社会保障、促进贸易和安全发展，使最贫穷国家能获得社会保障所需的资源，其中包括向食品安全投资和自愿向世界银行的《脆弱性框架计划》——该计划包括基础设施危机基金和社会快速响应基金——提供双边捐款。呼吁IMF拿出切实计划借助新的收入模式为最贫穷国家提供60亿美元、形式灵活的特惠贷款。同意对《偿债能力架构》的灵活性进行再评估。

2009年匹兹堡峰会指出，超过40亿的人口缺乏教育，并且资金和技术不足，无法融入全球经济，G20各成员国必须共同努力制定政策和机构改革，以加快缩小发展中国家、新兴经济体和发达经济体之间生活水准和生产力水平的差距。G20表示已经意识到金融危机的到来加剧了一些人遭受贫困和饥饿的程度，承诺展开合作，使贫困人口能够获得食物、燃料等。这些都体现G20对于解决贫穷、饥饿等发展问题的重视。

2011年首尔峰会的《增长共享的首尔发展共识》是G20做出的一项承诺。G20在宣言公报中表示，决定与其他发展中国家尤其是低收入国家携手，帮助他们提高生产能力，实现和最大化其增长潜能，从而为全球重新平衡做出贡献。《增长共享的首尔发展共识》补充了实现“千年发展目标”的承诺，专注于在《关于发展的未来数年行动目标》所概述的具体措施，以期给人们的生活带来切实的、重大的改变，尤其是改善发展中国家的基础设施。《金融包容行动计划》《金融包容全球合作计划》以及具有弹性的《中小企业金融框架》都将具有提高贫困家庭和中小企业享受金融服务及扩张机遇的能力。《增长共享的首尔发展共识》涉及的发展援助从2011年起逐步开始实施。具体而言，G20发展议题工作小组为帮助最贫困国家创造工作岗位，首先在马拉维、贝宁、孟加拉国实施工作培训战略项目，同时也支援非洲和亚洲地区国家基础设施建设。

2011年戛纳峰会公报的“应对发展挑战”章节侧重于发展问题。G20表示已经认识到经济冲击对脆弱国家的影响，G20应当致力于确保更具包容性、更稳健的经济增长。公报中提到，“我们认识到基础设施的欠缺严重阻碍了众多发展中国家的经济增长潜能，对非洲国家尤其如此，我们支持联合国全球可持续发展高级别小组和多边开发银行提出的倡议。”为了实现联合国千年发展目标，G20强调发达国家兑现其发展援助承诺的重要作用。新兴经济体将启动或扩大对其他发展中国家的援助水平。G20也同意，从长期来看，需要寻找更多资金来源以应对发展需求和气候变化。

2012年洛斯卡沃斯峰会后的宣言在“迎接发展的挑战”一章中声明G20对于发展问题的重视。消除贫困和实现强劲、包容性、可持续和平衡增长仍然是G20发展议程的核心目标。G20重申对发展中国家的承诺，特别是低收入国家，并支持他们在实施国家推动政策中必要的优先次序，特别是千年发展目标规定的目标。这里特意强调的“优先次序”可以说是对发展中国家做出的一定的照顾，以发展所需作为一切政策考虑的要务。洛斯卡沃斯峰会还要求密切关注食品安全、基础设施和包容性绿色增长三个方面，并对首尔的行动计划取得的进展表示赞赏。另外，峰会认为基础设施投资是经济持续增长，减少贫困，创造就业机会的关键。这一点是前几次峰会较少提到的。作为补充，G20公报还表示私营部门投资也很重要，鼓励多边开发银行要继续支持“行动计划”。G20欢迎在发展中国家的大中城市发展城市轨道交通基础设施项目的最佳实践报告，并支持后续行动发展工作小组的报告。最后，G20重申向全球发展伙伴的承诺，致力于“千年发展目标”，并欢迎为此做出贡献。

2013年圣彼得堡峰会上，G20对于发展问题做了非常明确的指示，希望在包括粮食安全、基础设施、普惠金融、人力资源开发、包容性绿色增长以及国内资源动员等几个方面取得重要突破。需要特别指出的是，圣彼得堡宣言中欢迎G20发展承诺问责报告，这份报告体现了通过2010年发展跨年度行动计划以来取得的进展。该报告表明G20的许多发展承诺已经落实，并总结有关经验。问责评估报告强调继续进行监督，明确需推进的领域，寻找机会和改进G20发展议程的重要性。这一举措可以说弥补了G20过去的空白，承诺不再仅仅是峰会上开出的空头支票，完善了G20的机制功能。本着这种精神，《圣彼得堡发展展望》得以批准。文件阐明了G20的核心优先领域、新倡议和落实的承诺。在2010年《共享增长的首尔发展共识》基础上，《圣彼得堡发展展望》规划了未来工作的框架。G20要求发展工作组聚焦在核心领域的切实行动，包括粮食安全、普惠金融和侨汇、基础设施、人力资源开发、国内资源动员，以期在布里斯班峰会取得具体成果。

2013 年的G20 峰会还非常重视与联合国在发展问题上的协调合作。G20 欢迎自 2000 年以来落实千年发展目标取得的实质进展，特别是消除极度贫困和促进发展方面的成功。但是，不同国家和地区实现千年发展目标的前景大不相同，国际社会还应当继续承诺加快实现千年发展目标，特别是通过落实发展议程和重点关注强劲、可持续、普惠和有韧性的增长。G20 表示支持联合国正在进行的 2015 后发展议程制定进程，并且承诺积极参与这一进程，以及关于新框架方向、关键原则和内容的讨论，为按时完成这一进程做出贡献。G20 也欢迎联合国大会开放工作组和政府间可持续发展融资专家委员会正在进行的工作。在千年宣言、2012 年联合国可持续发展大会（里约+20）成果文件《我们憧憬的未来》、第四届联合国最不发达国家大会和《伊斯坦布尔宣言》行动计划及其他经济、社会和环境领域的联合国大会和峰会成果基础上，G20 强调包括国际发展合作在内的共同行动的重要性。在圣彼得堡峰会上，G20 呼吁在考虑各国国情和发展水平、尊重各国政策和优先领域的前提下，就整体性的 2015 年后发展议程达成共识，包括简洁、可实施、可衡量的目标，关注消除极度贫困、推动发展和平衡可持续发展的环境，做出承诺保证G20 在 2015 年后的活动与新的发展框架相协调。特别耐人寻味的是，在有关发展这一章节的最后，宣言涉及了确认G20 成员对最低收入国家提供“免关税、免份额”市场准入方面的承诺。

## 二、G20涉及发展的几大议题

### （一）粮食安全

2013 年的圣彼得堡峰会在发展议程中提到几个主要问题，首要问题就是粮食安全。G20在公告中提到粮食安全和营养在发展议程中处于最优先的地位。G20意识到农业领域为进一步减少饥饿和营养不良正在进行的努力，通过加强G20内协调，进一步明确和落实推动可持续生产和提高生产力的有效行动，通过营养保障政策及健全社会保障体系增加脆弱人群的粮食安全，并以低收入国家为重点。G20支持在不扭曲世界贸易前提下，在世界贸易组织框架下讨论合理的粮食安全问题，包括保护脆弱人群、有针对性的政策。农业市场需要被更密切的关注，农业市场信息系统正在提高市场信息透明度，但仍需进一步落实。宣言重申落实所有G20承诺和现有倡议的决心，包括2011年通过的粮食价格波动性和农业行动计划。

G20在粮食安全问题上具有采取多边行动的空间和潜力，可以采取的行动包括向符合条件的发展中国家提供额外资源，扩大在农业和粮食安全领域的援助规模；保证尽快提供这些额外基金；通过统一的全球机制有效利用捐款，有针对性地围绕国家和区域计划提高捐助；通过限制平行规划和优先实施已经在国内到位的项目来加强国家在援助进程中的主导作用。至今，在G20的倡议和支持下，有关粮食安全的多边行动取得了令人瞩目的成绩。全球农业和粮食安全计划（Global Agriculture and Food Security Program，简称GAFSP）正是应2009年匹兹堡峰会提出的要求启动的。迄今为止，这一计划得到的捐助资金包括9亿美元的承诺款项和来自澳大利亚、加拿大、爱尔兰、韩国、西班牙和美国以及盖茨基金会的2.64亿美元捐款。

### （二）基础设施

基础设施的完善对于发展中国家具有非常重要的意义。圣彼得堡峰会上就基础设施建设这一问题提出要完成非洲基础设施项目准备机制评估。世界银行和亚洲开发银行等多边开发银行也有相应的计划推荐基础设施建设。在2012年的洛斯卡沃斯峰会的公报中，所有G20成员国都提出结构性改革的承诺，来加强并支持全球需求，增加就业机会，并促进全球再平衡和增长潜力。这些措施包括通过产品市场的改革提高竞争力，通过房地产部门、劳动力市场的改革以提高就业，加强社会安全网，推进税制改革，提高基础设施投资，促进各国包容性绿色增长和可持续发展等。G20 要求财长和央行行长考虑如何促进基础设施投资，并确保提供足够的资金用于基础设施项目。

《增长共享的首尔发展共识》就特别提到通过改善发展中国家的基础设施给人们的生活带来切实的、重大的改变。在后危机时代的发展议程中，G20 需要注意基础设施建设与可持续发展的紧密结合。针对公共和私人部门基础设施融资和发达国家向发展中国家提供技术资金这样的问题，G20 应该积极采取措施，充分利用世界银行和各级多边开发银行，达到绿色增长目的。

### （三）普惠金融

普惠金融对于发展的重要性越来越得到重视。早在 2009 年，G20 领导人在匹兹堡峰会上就做出了“改善贫穷者的金融服务”和“改善贫困人口享受金融服务”的承诺。发展普惠金融，需要应对金融扩展的全球性挑战。金融扩展包括对服务水平低下或服务缺失的地区提供金融服务的范围、质量和有效性。对此G20 专门创立了金融扩展专家组，提供技术上的支持。G20 也成立了全球普惠金融合作伙伴组织，积极推动构建全球层面的普惠金融指标，制订中小企业融资问题最佳范例的资助框架等。另外，共计九条的“金融扩展创新原则”在 2010 年的多伦多G20 峰会上被批准。在具体的实施过程中，金融扩展对于手段的灵活性、有效性有很高的要求，需要克服地理限制、价格高昂、资料欠缺等诸多问题。在推动普惠金融这一点上，很多发展中国家G20 成员很快落实到国家层面上。比如印度和墨西哥都为完成定量的金融扩展目标投入了巨大努力。

另外，2013 年圣彼得堡峰会在发展议程中也提到，通过全球伙伴关系加强与G20 财金渠道协调，以加强金融包容性，继续推动将全球平均侨汇汇款成本降低

5%的目标。加强对贫困人口的金融教育和消费者保护，促进中小企业融资，以促进增长、就业和减贫。与国际金融公司共同建立女性金融服务中心等。

### （四）人力资源开发

在2013年的圣彼得堡峰会上，G20决定启动就业技能全球公私知识分享平台，制定低收入国家就业技能国家行动计划，以及技能标准数据库。《圣彼得堡发展展望》在峰会上得到批准，规划了未来的工作框架。人力资源开发作为核心领域被列入展望中。人力资源开发在以往的G20峰会上甚少被提及，而在圣彼得堡峰会上这一问题在发展议程中有所强调，代表着G20整体在发展观念上的一些改变。同时，也能看出主办方俄罗斯在发展议题上做足了功课，覆盖了比较全面的发展内容。

## 第三节　G20的贸易议程

贸易问题牵扯到各国的核心利益，一向是G20会议的重要议题。本节回顾2008年华盛顿峰会以来所涉及的贸易内容，以及G20在反贸易保护主义领域取得的成绩与面临的挑战。

### 一、历届G20峰会涉及贸易的内容

早在2008年华盛顿峰会宣言中，G20就提到在金融不稳定时期反对贸易保护主义至关重要。当时，G20提到在未来12个月将反对抬高投资或货物及服务贸易新壁垒，反对设置出口新限定或实施有违世界贸易组织规定的措施来刺激出口。另外，将努力在年内达成协议，使得世界贸易组织多哈发展议程（Doha Development Agenda，简称DDA）尽快结束。会后的峰会公告这样指出："我们将指示我们的贸易部长实现这一目标，推进最终协议的达成。"

2009年伦敦峰会公报中，G20用很长的篇幅提出反对保护主义和促进全球贸

易及投资，包括不得针对投资或商品及服务贸易设置新的障碍，不对出口施加新的限制，不得推行违背世贸组织规则的措施来刺激出口等。此外，对于这些已经采取以上措施的成员国，G20要求成员国立即采取行动纠正，并且将此承诺的期限延长至2010年底。另外，G20继续积极促进多哈发展议程的完成。

2010年多伦多峰会宣言用了一个章节反对贸易保护主义。全球经济危机导致七十多年来最严重的贸易萎缩，但G20成员选择了继续保持市场开放，把握贸易和投资所带来的机遇。G20成员国决定将自己的承诺延长三年至2013年底，包括：不提高投资和贸易（包括货物、服务）壁垒，不设置新壁垒，不设置新的出口限制，不执行违反世界贸易组织规则的出口刺激措施。同时，G20成员国还承诺一旦违反上述措施将予以纠正，将努力把各自国内政策举措，包括财政政策、扶持金融部门的行动等，对贸易和投资造成的负面影响降至最低。G20还要求世贸组织、经合组织、联合国贸发会议继续根据各自职责监督形势发展，每个季度公开报告上述承诺落实情况。

2011年戛纳峰会强调了多边贸易体系对于避免保护主义和关门主义的重要性，并表示支持多哈发展议程的尽快结束。多哈发展议程的停滞不前已经受到了G20的关注。2012年的洛斯卡沃斯峰会重申了坚决抵制一切新贸易保护措施的立场，包括新的出口限制或与WTO原则相违背的出口刺激措施。峰会公报指出，“我们支持世界贸易组织、经合组织和联合国对于贸易和投资的监管工作，并鼓励他们加强在这些领域的工作以达成他们的使命”。

2013年圣彼得堡峰会，G20同样在宣言中把大篇幅用在贸易方面。其中提到要将不采取新贸易保护主义措施的承诺延长至2016年底，以促成多哈谈判的成功。同时，G20呼吁所有世贸组织成员体现必要的灵活性以弥合现有差距。这一说法主要是针对发达国家与发展中国家在有关贸易条款中的争执进行的调和。此外，在这次峰会的宣言中，强调了透明度是多边贸易体制的基石，并提到如何提升区域贸易协定中透明度的具体举措。支持贸易透明度倡议，该倡议是非洲开发银行、国际贸易中心、贸发会议和世界银行合作的产物，该倡议为公开使用贸易政策数据和分析系统、识别新的贸易机会并促进贸易流动提供了条件。G20还表示同样欢迎世贸组织建立的贸易信息一体化网站。

## 二、全球价值链与国际贸易

全球价值链是G20近年来关注的一个重要问题。“全球价值链”指当商品的产品设计、原材料提供、中间品生产与组装、成品销售、回收等所有生产环节在全球范围内分工后形成的覆盖世界各国各地区的庞大生产网络。iPhone是如今全球价值链中的典型产品。

在2012年的洛斯卡沃斯峰会宣言中，G20认可贸易部长们在巴亚尔塔港对于世界贸易价值链条做出的讨论，确认了他们在培育经济增长、就业和发展方面的责任，并强调需要加强发展中国家在全球贸易价值链条中的参与度。G20希望WTO、经合组织和联合国能有更多深入的相关讨论，呼吁他们加快研究全球价值链条，包括价值链条与贸易、投资流向、就业创造的关系等，以更好地了解G20的集体行动会如何影响成员国各自和其他国家，同时要求在圣彼得堡峰会时做出报告。

2013年的圣彼得堡峰会对全球价值链条有了进一步的发展，比2012年的洛斯卡沃斯峰会宣言更加详细和全面。圣彼得堡峰会宣言中表示已经认识到全球价值链的迅速扩展，及其重要影响。鉴于此，G20欢迎经合组织、世贸组织和联合国贸发会议在全球价值链问题上所做的工作，邀请上述组织了解政府观点并继续研究全球价值链的影响，特别是全球价值链对贸易、经济增长、发展、创造就业的影响和价值增值的分布情况。对参与全球价值链过程中遇到的机遇和挑战进行识别并完善贸易增值统计办法，帮助有关国家制定合适的政策并从全球价值链中获益。G20呼吁经合组织与世贸组织、贸发会议合作，在2014年上半年发表报告。

## 三、G20反贸易保护议程的成果与挑战

历届G20峰会都反对各种形式的贸易保护主义，尽管大多数时候都具有时效性，G20成员国也都针对反贸易保护主义做出了承诺。G20配合WTO开展了多项贸易领域的合作，敦促各成员国制定相应的政策，努力将对贸易的负面影响降到最低。G20一直对发展中国家和发达国家在贸易领域的分歧进行协调，努力平衡双方的不同利益诉求。2010年国际商会（The International Chamber of Commerce，简称ICC）的一份研究报告显示，在此前的两年，所有G20国家都推行了贸易保护主义措施。截至2009年9月，G20各国共推行了172项相关措施，另有大量措施处于“即将实施中”。另外一个衡量G20在反贸易保护议程上取得突破的标准就是多哈发展议程是否在G20的监督和敦促下取得了进步。多哈发展议程至今仍未能走出僵局。如果以美国、欧盟、日本等为代表的发达国家不能同以印度、巴西、中国、南非等为代表的发展中国家在农业等方面达成一致，多哈发展议程将持续目前的情形。目前来看，G20作为一个对话机制更多集中于在首脑级的治理框架，很难真正解决如多哈议程谈判中所涉及的具体问题。

## 第四节　G20的投融资议程

20 世纪 90 年代以来，国际资本流动速度加快，国际投融资踊跃，推动了世界经济的快速增长。鉴于此，G20 峰会对国际投融资问题日益关注。在 2013 年的 G20 圣彼得堡峰会上，投融资问题更是首次被单列为议题进行讨论，并就长期投资融资，特别是基础设施投融资等议题达成了共识。

### 一、当前国际投融资的两大特点

投融资议题之所以在 G20 峰会上受到广泛关注，与当前活跃的国际投融资环境以及新背景下国际资本的流动趋势密不可分。在这种新形势和背景下，国际投融资环境呈现出一些新趋势。G20 投融资议题的设立，正是对准了国际投融资环境的以下两个特点：

其一，全球资本流动规模不断扩大，但 2008 年金融危机之后出现波动，国际投融资活动收缩。从全球国际收支中金融项目余额占全球名义 GDP 的比重来看，20

世纪90年代以来，全球资本流动规模不断扩大，国际投融资的活动趋于活跃。金融项目余额占全球名义GDP比重从1991年的0.7%上升至2011年的2.8%。但是受2008年全球金融危机的影响，全球资本流动出现波动，特别是在当前世界经济复苏乏力的形势下，全球资本流动总规模出现继续收缩态势。据IMF预测，2013年全球资本流动总规模为1.35万亿美元，同比下降5.32%。这可能是因为在欧洲主权债务危机后世界经济复苏基础仍不稳固的背景下，众多不确定因素（如美国财政悬崖问题、塞浦路斯危机等）影响了投资者信心。因此在当前国际金融新环境下，如何规范国际投融资行为，引导和发展全球资本，是当今国际金融治理下的重要议题。

其二，发达经济体虽仍为外国直接投资（Foreign Direct Investment，简称FDI）的主要来源，但新兴经济体的地位日益重要。2012年全球外国直接投资来源结构中，发达经济体仍为主要流入和流出国。美国仍然是最大的接受国，其次是英国、法国、加拿大和荷兰。欧盟是外国直接投资流入量最大的地区，几乎占发达国家总流入量的2/3。同时发达国家流出量更是达到16920亿美元，外国直接投资流出量居前20位的经济体中有18个为发达国家和地区。而发展中国家的外国直接投资在2007年也创下新高，达到5000亿美元，比2006年上涨21%。同时，得益于母国跨国公司的海外扩张，发展中国家作为外国直接投资来源的重要性继续增加，流出量亦创下2530亿美元的新高。由此可见，随着新兴经济体在国际投融资活动中逐渐占据重要的地位，新兴经济体和发达经济体在国际投融资领域的竞争也将广泛展开。

## 二、G20圣彼得堡峰会力推投融资议题的原因

2013年9月圣彼得堡G20峰会首次将投融资问题列入大会议题。早在2013年7月的莫斯科财长和央行行长会议上，投融资即被列入议题。随后在9月的圣彼得

堡峰会上，投融资成为峰会的重要讨论议题，20国领导人在其相关问题上达成共识。俄罗斯如此重视投融资问题，并力推有关议题，有其背后的利益原因和特别用意。

首先，国际资本的大规模流动影响俄罗斯金融市场的稳定性。国际资本的大规模流动对俄罗斯金融市场的稳定产生很大冲击，并埋下金融危机的隐患。2008年俄罗斯金融危机的发展就与国际资本流动高度相关。危机爆发之前，俄罗斯银行自有资本、资产都得到较大扩张，尤其是国际资本的注入大大支撑了银行业的发展。但是，在负债结构中，由于中、长期负债不足，短期和超短期资金配置占主要地位的状况没有根本改变，这种资产负债结构也隐含了俄罗斯银行业的脆弱性。2008年全球性金融危机引发全球流动性紧缩，外国投资者撤离在俄罗斯金融机构的资金或大规模抛售俄罗斯卢布资产，同时外国信贷机构也关闭对俄罗斯银行的贷款渠道，这造成俄罗斯非常严重的银行体系的流动性危机。另一方面，外资撤离的规模和速度随着油价下跌和全球危机深化而不断放大和加快，俄罗斯金融危机也因国内私有部门的过度借债而加剧，俄罗斯国内出现投资者信心危机，俄罗斯的债市、股市、汇市以及商业银行体系均发生危机并进而引发实体经济的严重亏损。最终，危机致使俄罗斯金融领域损失近万亿美元资金。

其次，以投资项名义进行的非法金融活动在俄罗斯非常猖獗。近年来，俄罗斯非法金融活动猖獗，虚假交易数量和规模高涨。据俄罗斯央行数据显示，2012年，有541亿美元私人资本净流出，其中380亿美元涉嫌虚假交易，占私人资本净流出总量的70%以上，而这一系列的非法资金转移主要以投资项为名义进行，通过资本账户交易方式流出。此外，有130亿美元“问题资金”通过经常账户交易方式流出，致使2012年涉嫌虚假交易资金流出总额达到510亿美元，高于央行年初490亿美元的估算。

由此可见，俄罗斯不仅面临着国际资本对国内金融市场稳定性冲击的问题，也面临着以投资项为名义进行的非法金融活动的问题。所以，俄罗斯亟待国际社会推出一个新的机制以引导国际资本，规范投融资行为，从而降低国际资本对于国内金融市场的不利冲击，并打击非法金融行为。这促成俄罗斯在担任G20轮值主席国期间顺势推出投融资议题。

## 三、国际投资准则的制定

### （一）国际投资准则制定的必要性

无论是当前国际投融资环境使然，还是作为2013年轮值主席国俄罗斯的有意推动，投融资问题都是当前国际金融治理的重要议题。问题在于，虽然当前国际投融资已超过贸易，成为组织国际化生产、服务于国外市场的重要方式，但是有关国际投融资的法律制度相对滞后，至今仍无一个全面的具有法律约束力的国际多边投资框架。相比之下，贸易和金融领域已经分别建立了以WTO为核心的国际贸易体制和以IMF为核心的国际金融体制。所以，构建统一的国际投资准则，推出多边的投资框架，进而形成完善的国际投融资体制，乃是当前国际金融发展的必然要求。

### （二）国际投资准则制定的多边视野

金融危机后世界经济格局发生显著变化。国际投融资体制的架构，特别是国际投资准则和多边投资框架的发展，也呈现出从双边化转向跨区域、多边化的发展路径。从目前来看，虽然双边投资协定在数量上仍占据国际投资协定的主导地位，但就谈判内容和标准而言，区域和跨区域多边谈判的重要性则显著增加。特别是目前展开的跨太平洋伙伴关系协议（Trans-Pacific Partnership Agreement，简称TPP）、跨大西洋贸易投资伙伴关系（Transatlantic Trade and Investment Partnership，简称TTIP）、《服务贸易协定》（Trade in Service Agreement，简称TISA）、区域全面经济伙伴关系（Regional Comprehensive Economic Partnership，简称RCEP）谈判均呈现出多边化的特征。这一系列的跨区域、多边谈判为全球投资规则制定提供了一种阶段性跨进的基础，有助于创建更为连贯、可控和一致性的国际投资政策框架，最终的目标指向了构建一个综合性、多边直接投资协定。

### （三）国际投资准则制定的G20角色

构建统一的国际投资准则和综合性的多边投资框架并非易事。经济合作与发展组织的多边投资协定（Multilateral Agreement on Investment，简称MAI）失败，以及危机后WTO框架下的多边谈判停滞不前，为国际投资准则和多边投资框架的发展多边路径增添变数。但是随着投融资议题在圣彼得堡峰会上获得G20的关注，基于G20框架的国际投融资体制将具有广阔的发展前景。特别是G20提出了全球经济和G20强劲、可持续和平衡增长框架，如何利用投融资助力增长战略的实现，从而促进全球经济有力复苏，成了国际社会共同关注的问题。在这一问题上，各国已经就长期投融资的高级原则达成了共识，并已开始着手制定和落实一系列集体和国别措施以推动长期投融资的发展。

## 第五节　G20的基础设施建设议程

基础设施作为社会生产与居民生活的物质基础，是一国经济发展的必备条件。有效率的基础设施建设和投资可以促进经济增长，提升生产力，并产生正面联动效应，包括改善市场准入、创造就业和带动制造业增长等。而基础设施建设工作的不到位，常年困扰着许多发展中经济体，并成为阻碍其经济增长的主要障碍之一。

在2014年的G20峰会上，G20提出了在未来五年将国内生产总值额外提升2%的目标。在此前召开的亚太经济合作组织（Asia-Pacific Economic Cooperation，简称APEC）领导人非正式会议上通过的北京纲领中也提到，APEC成员将致力于加快改革和创新步伐，探索新兴增长领域，巩固亚太地区全球经济增长引擎地位。作为新增长战略的一部分，无论是G20还是APEC成员经济体，都极其关注基础设施投资对拉动经济增长的作用。

中国作为世界最大的发展中国家，在基础设施建设与发展方面具有极大的发展潜力。整体来看，我国包括电力热力、公共交通、公共事业等在内的基础设施建设工作正在稳步推进。2004年到2013年基础设施建设投资总额由21054.5亿元增加到了102661亿元，年均增速19.25%。特别是在2008年金融危机之后，基础设施建设的投入力度进一步加大。以 2013 年为例，我国基础设施投资总额占固定资产投资总额的 23%，占国民生产总值的 17.46%，对经济增长贡献很大。因此，在金融危机后全球经济增速放缓的大背景下，推进基础设施建设工作，充分激发出基础设施对于促进整体经济发展的巨大潜力，是我国保持经济平稳快速发展的重要经验，也为世界其他国家实现 2% 额外经济增长提供了一条可资借鉴的道路。

传统上财政资金是基础设施建设的主要资金来源，但现实的普遍情况是，金融危机之后，发达经济体面临财政赤字和政府去杠杆化的压力，发展中经济体的财政体系并不能满足未来基础设施建设的资金需求，同时现有金融体系也无法为此提供足够支持。因此，引入新的资金来源，创新融资渠道，是解决基础设施建设资金紧缺问题的有效方式，也是 2% 额外增长目标能够顺利实现的关键所在。

## 一、全球基础设施建设的融资需求和资金缺口

### （一）全球基础设施建设的融资需求

在国际合作不断深化、经济体间贸易壁垒逐渐消除的大背景下，全球的市场运行效率得到了大幅度提高。发达国家的资本存量投放到新兴市场，获得了更加丰厚的回报。发展中国家的劳动力资本被更充分地利用，促进了就业、加快了经济的转型升级。2014 年，G20 成员经济体的 GDP 达到 59.75 万亿美元，较 1995 年增长 141%。

但是，在这些向好的数据背后，与全球经济的高速发展不匹配的是新兴经济体的基础设施水平相对滞后，与发达国家存在很大差距。以中国为例，从 2014 年 IMF 的统计数据来看，我国基础设施评分为 4.66，仅列世界第 46 位。

据亚洲开发银行的研究估计，到 2020 年以前，仅仅是亚洲和大洋洲的 30 个发展中经济体，为了满足经济发展、城镇化、减贫等需要，每年用于基础设施投资

将高达7500多亿美元。在未来10年，亚洲发展中国家平均每年需要在基础设施建设上投入9500亿美元，加上发达国家的需求，每年基础设施总需求将达到2万亿美元。

### （二）全球基础设施建设的资金缺口

现有的基础设施建设融资渠道，可归纳为以下三大类：政府财政资金支持，公开金融市场融资，国际组织贷款与援助。但对于大部分发展中经济体，上述三大融资渠道都在一定程度上存在着“阻塞、不畅”的现象，这在一定程度上导致了整体基础设施建设状况相对落后的现状。

就政府财政资金支持而言，在全球金融危机以后，不论是发达经济体还是发展中经济体，财政资金都受到了更大的约束，无法满足日益庞大的基础设施投资需求。对于发展中经济体，由于其政府筹资能力一般较弱，政府资金的缺口将更大。

就公开金融市场融资而言，基础设施项目也并不容易像一般投资项目那样从金融市场获得资金。由于基础设施项目投资规模相对庞大，投资周期较长并且大多具有公益性，项目风险较大，因此对于私营部门缺乏吸引力。在金融市场比较落后、私营部门投资资金不足的发展中经济体中，基础设施项目更难以从金融市场融资。

在经济欠发达地区，除政府和金融市场以外，国际开发机构，尤其是多边国际组织的贷款援助是各经济体基础设施投资的另一个重要资金来源，具有成本低、风险小的绝对优势。但这一机制目前也存在严重问题。一方面，这些多边国际组织的投资规模有限，将项目与资金进行匹配往往需要付出较大的遍寻成本。另一方面，这些国际组织还存在着管理成本高、反应较为迟缓等问题，项目时常因迟迟得不到有效的资金支持而不得不宣告“夭折”。

根据标准普尔公司的估算，未来全球基础设施投资缺口将达到每年5000亿美元左右。在如此巨大的基建资金缺口背景下，发展中经济体（包括中国在内）急需一种创新性的融资方式，以引入新的资金来源，促进基础设施投资，进而解决当下基础设施建设资金紧缺问题。

## 二、推广政府和社会资本合作，促进基础设施投资

政府和社会资本合作制（Public-Private Partnership，简称PPP）是目前有效解决基础设施融资难题途径之一。PPP有广义与狭义两个方面的含义。狭义上讲，政府和社会资本合作制是指政府部门全程参与基础设施的开发和运作，与私营部门密切合作的机制；广义上讲，PPP泛指所有的政府部门与私营部门的合作，其中政府部门可以不参与项目的实际开发和运作。

狭义PPP的运作模式可概括为：即项目所在地政府与私人投资者进行合作，建立项目公司（Special Purpose Vehicle，简称SPV），然后从本国金融机构融资，参与主体基本限于国别内部。公共部门和私人部门合作参与了项目开发的整个过程，政府可能也有资本金投入。在整个项目实现过程中，公司双方形成了一个契约共同体，以最大程度实现风险共担、利益共享。

PPP作为一种创新型的共同融资方式，其最大的优点在于能够充分利用政府和公司双方的比较优势，使社会整体的效用函数在有限资源约束的条件下得到最大化的实现。2013年中国人民大学校长陈雨露曾就内涵式城镇化过程中的融资问题创新进行了探讨，认为以PPP等创新方式进行融资能够盘活社会资本，增加城镇化建设中的资金来源和渠道。具体而言，政府以国家政权为依托，在信贷市场上，有着绝对的成本优势。而私营企业，经过市场竞争的筛选与淘汰，在生产技术与管理模式上有着更加丰富的经验。PPP将政府、私营部门的各自优势充分结合起来，在大幅度减轻政府财政压力的同时，提高企业项目建设质量和运营效率，进而促进整体社会的生产与就业。

与此同时，PPP模式能够带来更合理的风险管理模式。由于基础设施建设往往

具有公共品属性，其建设周期长、资金回收周期慢、建设消耗成本巨大，就像一副重担常年压在政府的肩头。据中国国家统计局数据，2013财年，地方政府基础设施建设相关支出占整体财政支出的74.5%。PPP风险共担、利益共享机制的引入，能够有效地化解基础设施建设风险高度集中的现状。在给予私营公司长期的特许经营权和收益权的同时，政府和私营部门共同承担风险，并吸收私营部门的技能、经验和技术，实现互利共赢，使社会基础环境得到大幅度改善。

中国目前正在大力推广PPP模式。2013年，财政部部长楼继伟在一次关于PPP的专题报告中，对PPP在国家治理现代化、让市场在资源配置中发挥决定性作用、转变政府职能、建设现代财政体制和促进城镇化健康发展等方面的作用给予了高度期待。进入2014年，财政系统组织多次官方PPP培训，住建部和财政部结合财政体制改革开始准备有关指导意见，地方政府积极上报PPP试点项目，国家发展改革委员会也启动特许经营立法工作，财政部还专门成立PPP中心。这些举措将有助于PPP模式在中国基础设施建设中的快速推进。

## 三、创新型多边PPP模式

在考虑全球层面问题时，还应注意到，拘泥于单个经济体的传统PPP模式，尚存有两个需要解决的本质性问题。受一国经济发展阶段的限制，发展相对落后的国家往往很难依靠自身的力量创造出一批风险收益结构有吸引力的、经济可行并且便于操作的基础设施投资项目及相关金融产品。同时因受到发展中国家金融市场运行机制不完善的约束，该国金融市场中往往缺乏一个可以克服资本流动障碍、减轻政府财政风险暴露的资金供应链条。因此，在保留传统PPP优势及运作原理的基础上，应将视野推广到国际合作，倡导新型政府和社会资本合作制。

目前倡导的新型PPP是一种基于国际合作的PPP模式，兼顾传统PPP模式的优点，有助于实现区域内互联互通的合作潜力。相对于传统PPP模式，新型PPP模式的主要创新在于PPP的运行半径由过去大多数情况下的单一经济体内延伸到区域经济体之间。其中，基础设施投资项目所在地政府作为公共部门，但私人部门由原来的境内项目投资者、设计者、建造商和运营商，拓展为遵循市场化原则的多边合作参与主体，包括来自多个经济体的投资者、经营者以及资金供给来源，而“合作”则体现在公共部门和扩展的私人部门共同参与项目的开发、管理和融资。

新型PPP模式下存在“一库一池”两个特别的机制设计。“一库”是指通过建立“项目库”（Project Library）进行项目的发起和匹配私人部门投资者。其设计思路是：地区合作经济体共同出资建立一个专门用于本地区基础设施投资项目开发的“PPP中心”，由PPP中心和每一个有基础设施投资需求的经济体政府建立合作关系，派出专家指导项目的开发，为项目公司成立注入原始资本，或引导私人投资者进入，和项目所在地政府共担风险、共享收益，汇总各经济体的项目，并协助项目公司从全球金融体系获得融资，为项目开展匹配最合适的建造商和运营商。

“一池”是指建立“资金池”（Fund Pool），为基础设施项目公司提供融资来源。为满足资金缺口，项目库中的项目除了从现有金融机构和国际资本市场融资外，还需组建PPP模式下的自有资金池，资金来源由参与合作的成员经济体政府的自愿认缴，以及主权财富基金、私人部门机构投资者等投资，形成一支基础设施投资互助基金。基金由专业团队管理，参照国际金融组织的架构相对独立运作。目前，亚洲基础设施银行就能够发挥“资金池”的作用。

新型PPP模式不以营利为目的，但追求效率导向，遵循市场化原则运作，使得基础设施投资的资金来源多元化。通过该模式，能促进全球经济体充分合作，发挥自身的比较优势，以寻找各国新的经济增长点，并实现实体经济额外增长2%的既定目标。

随着G20机制的不断发展完善，G20所涉及的议题愈来愈广，以2014年在澳大利亚布里斯班举行的G20峰会公报为例，所涉及的议题至少涉及全球增长、宏观政策协调、金融治理、就业、基础设施、贸易、投融资、发展、税收、反腐败、能源与能效、气候变化、人道主义等，实际上细细罗列的话，还远不止这些。这说明

G20是一个合作日益深广的机制。当然，G20对不同议题所讨论的篇幅并不相同，而是有所侧重。本章所介绍的，是G20最为重点、着墨最多同时也是涵盖最广的几个领域。本章所未能介绍到的其他领域，后续章节中将会在相关内容中予以涉猎。

**附表 2–1　2004—2013 年中国基础设施建设基本数据**

（单位：亿元）

| 年份 | 电力、热力、燃气及水生产、供应业 | 交通运输仓储、邮政业 | 水利、环境和公共设施管理业 | 教育 | 卫生和社会工作 | 基础设施建设投资总（前5列之和） | 固定资产投资完成额 | 国内生产总值 |
|---|---|---|---|---|---|---|---|---|
| 2004 | 5795.10 | 7646.20 | 5071.70 | 2024.80 | 516.70 | 21054.50 | 70477.43 | 159878.34 |
| 2005 | 7554.40 | 9614.00 | 6274.30 | 2209.20 | 661.80 | 26313.70 | 88773.61 | 184937.37 |
| 2006 | 8585.70 | 12138.10 | 8152.70 | 2270.20 | 769.00 | 31915.70 | 109998.16 | 216314.43 |
| 2007 | 9467.60 | 14154.00 | 10154.30 | 2375.60 | 885.00 | 37036.50 | 137323.94 | 265810.31 |
| 2008 | 10997.20 | 17024.40 | 13534.30 | 2523.80 | 1155.60 | 45235.30 | 172828.40 | 314045.43 |
| 2009 | 14434.60 | 24974.70 | 19874.40 | 3521.20 | 1858.60 | 64663.50 | 224598.77 | 340902.81 |
| 2010 | 15679.70 | 30074.50 | 24827.60 | 4033.60 | 2119.00 | 76734.40 | 278121.85 | 401512.80 |
| 2011 | 14659.70 | 28291.70 | 24523.10 | 3894.60 | 2330.30 | 73699.40 | 311485.13 | 473104.05 |
| 2012 | 16672.70 | 31444.90 | 29621.60 | 4613.00 | 2617.10 | 84969.30 | 374694.74 | 519470.10 |
| 2013 | 19634.70 | 36790.10 | 37663.90 | 5433.00 | 3139.30 | 102661.00 | 446294.09 | 568845.21 |

数据来源：《中国统计年鉴》

**附表 2–2　经通货膨胀调整后的 2004—2013 年中国基础设施建设相关指标增长率**

（单位：%）

| 年份 | 电力、热力、燃气及水生产、供应业 | 交通运输仓储、邮政业 | 水利、环境和公共设施管理业 | 教育 | 卫生和社会工作 | 基础设施建设投资总额 | 固定资产投资完成额 | 国内生产总值 |
|---|---|---|---|---|---|---|---|---|
| 2004 | 40.77 | 17.01 | 11.81 | 16.62 | 22.55 | 21.39 | 22.08 | 17.71 |
| 2005 | 28.05 | 23.51 | 21.52 | 7.18 | 25.82 | 22.77 | 23.73 | 15.67 |
| 2006 | 11.96 | 24.38 | 28.01 | 1.23 | 14.47 | 19.49 | 22.07 | 16.97 |
| 2007 | 5.22 | 11.27 | 18.85 | –0.15 | 9.81 | 10.73 | 19.13 | 22.88 |
| 2008 | 9.69 | 13.59 | 25.87 | 0.33 | 23.31 | 15.34 | 18.85 | 18.15 |

（续表）

| 年份 | 电力、热力、燃气及水生产、供应业 | 交通运输仓储、邮政业 | 水利、环境和公共设施管理业 | 教育 | 卫生和社会工作 | 基础设施建设投资总额 | 固定资产投资完成额 | 国内生产总值 |
|---|---|---|---|---|---|---|---|---|
| 2009 | 32.19 | 47.74 | 47.89 | 40.51 | 61.98 | 43.97 | 30.88 | 8.55 |
| 2010 | 5.16 | 16.58 | 20.94 | 10.90 | 10.37 | 14.88 | 19.88 | 17.78 |
| 2011 | –11.29 | –10.74 | –6.28 | –8.39 | 4.35 | –8.87 | 6.27 | 17.83 |
| 2012 | 10.85 | 8.33 | 17.73 | 15.44 | 9.46 | 12.37 | 17.24 | 9.80 |
| 2013 | 14.78 | 14.03 | 23.92 | 14.79 | 16.91 | 17.75 | 16.08 | 9.50 |

注：上述指标（除国内生产总值增长率）原始净值经通货膨胀调整（CPI，1985年=100），所用CPI数据来自中经网统计数据库；其他相关数据来自《中国统计年鉴》。

### 附表 2–3　G20 成员经济体基础设施差距

| 成员经济体 | | 人均GDP（2014，美元） | | 人均GDP（2013，美元） | | 基础设施（2014） | | 基础设施（2013） | |
|---|---|---|---|---|---|---|---|---|---|
| | | 数值 | 排名 | 数值 | 排名 | 评分 | 排名 | 评分 | 排名 |
| 东亚 | 中国 | 7 89.00 • | 80 | 6 958.91 | 85 | 4.66 | 46 | 4.51 | 48 |
| | 日本 | 3 631.74 | 27 | 38 632.96 | 25 | 6.13 | 6 | 6.03 | 9 |
| | 韩国 | 2 801.72 | 32 | 25 975.24 | 31 | 5.74 | 14 | 5.85 | 11 |
| 东南亚 | 印度尼西亚 | 3 533.53 • | 118 | 3 689.13 • | 114 | 4.37 | 56 | 4.17 | 61 |
| 南亚 | 印度 | 1 626.98 • | 145 | 1 508.16 | 147 | 3.58 | 87 | 3.65 | 85 |
| 西亚 | 沙特阿拉伯 | 24 454.02 • | 34 | 24 815.93 • | 33 | 5.19 | 30 | 5.18 | 31 |
| 欧洲 | 英国 | 45 653.41 | 19 | 41 819.99 | 22 | 6.01 | 10 | 6.12 | 8 |
| | 法国 | 44 538.15 | 20 | 44 103.94 | 21 | 6.03 | 8 | 6.21 | 4 |
| | 德国 | 47 589.97 • | 18 | 46 199.63 | 18 | 6.09 | 7 | 6.24 | 3 |
| | 意大利 | 35 823.22 | 28 | 35 814.81 | 28 | 5.43 | 26 | 5.35 | 25 |
| 大洋洲 | 澳大利亚 | 51 306.67 • | 13 | 50 499.80 | 14 | 5.60 | 20 | 5.60 | 18 |
| 北美洲 | 美国 | 54 596.65 | 10 | 52 939.10 | 10 | 5.82 | 12 | 5.77 | 15 |
| | 加拿大 | 50 397.86 • | 15 | 52 392.73 | 11 | 5.74 | 15 | 5.80 | 12 |
| | 墨西哥 | 10 714.83 | 66 | 10 661.18 | 65 | 4.19 | 65 | 4.14 | 64 |

（续表）

| 成员经济体 | | 人均GDP（2014，美元） | | 人均GDP（2013，美元） | | 基础设施（2014） | | 基础设施（2013） | |
|---|---|---|---|---|---|---|---|---|---|
| | | 数值 | 排名 | 数值 | 排名 | 评分 | 排名 | 评分 | 排名 |
| 南美洲 | 阿根廷 | 12 873.16• | 59 | 14 992.20• | 52 | 3.54 | 89 | 3.52 | 89 |
| | 巴西 | 11 604.47 | 61 | 11 893.71 | 61 | 3.98 | 76 | 4.02 | 71 |
| 非洲 | 南非 | 6 482.75 | 87 | 6 889.70 | 86 | 4.29 | 60 | 4.13 | 66 |
| 欧亚 | 俄罗斯 | 12 925.96• | 58 | 14 468.58 | 53 | 4.82 | 39 | 4.61 | 45 |
| | 土耳其 | 10 482.14• | 68 | 10 806.88 | 63 | 4.55 | 51 | 4.45 | 49 |

注：人均GDP数据来源于国际货币基金组织的世界经济展望（WEO）数据库；
基础设施评分数据来自世界经济论坛《2014—2015年全球竞争力报告》；
由于相关数据缺失，没有包含G20经济体成员中的欧盟；
•代表预测值

# 第三章
# G20的机制建设

## 第一节　全球治理结构重组视角中的G20

G20如何运行、具有什么样的体制机制？这实际上是一个不断演变的问题。随着国际形势日新月异的发展，G20也只有不断加强自身建设，才能更好地肩负起革故鼎新，开拓进取的重任。放在全球治理结构重组的大背景下看，当前，G20体制机制的发展完善有以下五个方面的趋势：

一是议行合一的权威性。包括程序严密、规制合法，常设化、轮值化、透明化，预警机制和救助机制完善。议行统一、运转高效、令行禁止、表率性强。

二是影响广泛的代表性。除了重视G20中新兴经济体国家的意见，G20还日益注意听取非G20国家的声音，特别是发展中国家的诉求。

三是利益共享的普惠性。地球村成员都是利益相关国家，每个国家都有权分享世界经济增长的红利，实现包容性发展的目的，即普惠民众。

四是防患未然的前瞻性。危机倒逼改革使G20应运而生。避免危机、阻止风险蔓延是G20正在不断加强的能力。

五是双脑并用的创意性。G20正在试图充分发挥全球智库的力量，调动国际政府和非政府组织及各国智库的力量，为G20做顶层设计及微观政策建议，以保证

G20的关注焦点始终是当下世界的主要矛盾。

## 一、国际治理改革的主要方向

种种迹象表明，过去的全球治理体系已经过时，不能与时俱进，现在迫切需要构建新的国际秩序。例如，虽然联合国在维护世界和平，缓和国际紧张局势，解决地区冲突，协调国际经济关系，促进世界各国经济、科学、文化的合作与交流等方面，都发挥了积极的作用，但是随着时代的快速发展，联合国已适应不了时代的需求，其弊端也在逐渐暴露。鉴于此，全球治理机制改革已经迫在眉睫，而改革大致有以下几个方向：

一是通过G20平台，扩大“南北”合作。把发达国家的资金、技术与发展中国家的工业化、城市化结合起来，创造出巨大的市场需求，拉动全球经济增长，创造就业机会，从而实现发达国家和发展中国家的双赢。

二是加强G20框架下的国际经济政策协调。主要发达经济体应承担责任，通过结构性改革解决其自身在增长、就业和贸易失衡等方面的问题。与此同时，新兴经济体也应该勇于承担责任，发挥更大作用。

三是推动G20框架下的国际货币体系改革。推动国际储备货币体系朝着币值稳定、供应有序、总量可调的方向发展，继续完善国际金融监管框架，加强对对冲基金、场外衍生品和信用评级机构监管，深化治理结构改革，提高发展中国家在国际金融机构中的代表性和发言权。

四是促进国际投资自由化和便利化。WTO等国际组织应敦促各国履行投资开放政策的承诺，制定统一的投资政策和投资审查标准。各国产业政策应与投资政策协调一致，互相配合、互为补充，共同促进投资发展，制定统一的“企业社会责任标准”，积极出台新一轮全球投资政策。

五是促进国际贸易自由化和便利化。完善多边贸易体制主攻方向，增强WTO

的凝聚力和吸引力是未来全球贸易治理改革的重要目标。区域贸易协定是多边贸易体系的补充，应完善区域贸易协定审查标准，提高审查效率，完善区域贸易协定与多边贸易体制的规则衔接机制，促进两者协调发展。

六是推动全球减贫和发展。发达国家应尽快实现官方发展援助占其国民收入0.7%的承诺目标，进一步向发展中国家增加援助，更多支持新兴经济体和发展中国家改善教育和社会保障，帮助其提高消费，降低储蓄率。

## 二、地区间自贸区的兴起和壮大

自贸区的壮大是全球治理关系改革进程中不可或缺的一部分。由于全球范围内的自由贸易协议，如多哈进程，迟迟不能通过，使得各国开始关注双边或区域合作机制。在这种情况下，国与国之间为了促进经济发展，加强经济合作，纷纷着手建立各种自贸区和联盟。以下为较具代表性的自贸区和联盟。

### （一）欧盟

欧洲联盟（以下简称欧盟）是根据1992年签署的《马斯特里赫特条约》（也称《欧洲联盟条约》）所建立的国际组织，现拥有28个会员国，正式官方语言24种。规范欧盟的条约经过多次修订，目前欧盟的运作方式依照《里斯本条约》。政治上所有成员国均为民主国家，经济上为世界上第一大经济实体（其中德国、法国、意大利、英国为G8成员国），军事上绝大多数欧盟成员国为北大西洋公约组织成员。

作为世界最富足的地区，欧盟的国民生产总值高达17.3万亿美元，超过了美国。全球人均国民生产总值最高的国家也在欧洲，其中卢森堡、挪威、爱尔兰和丹麦分别位居第一、第四、第六和第七位。

## （二）东盟

东南亚国家联盟（以下简称东盟）的前身是由马来西亚、菲律宾和泰国于1961年7月31日在曼谷成立的东南亚联盟。东盟成立于1967年，当时正处于冷战时期，而东南亚地区则是冷战的“热点”。东盟成立的目标就是为了提升区域国家的自主能力，加强自身的集体安全合作，以平衡超级大国对该地区的控制，以最大限度地维护自身的安全与繁荣。冷战结束后，东盟才从最初的区域性政治联盟，逐步向经济一体化的目标迈进。东盟的宗旨和目标是本着平等与合作精神，共同促进本地区的经济增长、社会进步和文化发展，为建立一个繁荣、和平的东南亚国家共同体奠定基础，以促进本地区的和平与稳定。

如今的东盟在政治上，不仅始终以平等、协作精神保持成员国间和平相处的状态，还逐步形成了以东盟为中心的一系列区域合作机制，通过东盟与中日韩（10+3）合作、东亚峰会、东盟地区论坛等机制保持与亚洲、美洲和欧洲主要大国的合作，以实现整个地区的和平、稳定、发展与繁荣。东盟不仅促进了东盟各国的发展，而且大幅提升了东南亚地区的国际地位。

## （三）北美自贸协定

北美自由贸易区（North American Free Trade Area，简称NAFTA）由美国、加拿大和墨西哥三国组成。1992年8月12日，三国就《北美自由贸易协定》达成一致意见，并于同年12月17日由三国领导人分别在各自国家正式签署。1994年1月1日，协定正式生效，北美自由贸易区宣布成立。三个会员国遵守彼此的协定及规定，如国民待遇、最惠国待遇及程序上的透明化，借以消除贸易障碍。自由贸易区内的国家货物可以互相流通并减免关税，而贸易区以外的国家则仍然维持原关税及壁垒。墨西哥因加入北美自由贸易区出口至美国受惠最大。

自1994年墨西哥、美国和加拿大签署了北美自由贸易协定后，北美地区内贸易首度超过1.1万亿，年增长15.3%。2008年这三国间贸易增长6.5%，2009年下降24.1%，2010年恢复增长24.4%。北美自贸区拥有4.6亿人口，国内生产总值高达17万亿美元。

美国总统奥巴马希望在其执政期间，能够把美国的出口额从2009年翻倍到2015年的3.14万亿美元。在这种情况下，美国对墨西哥的出口额大幅增长，2011年增长340亿美元，达到近2000亿美元。2009~2011年美国对墨西哥出口平均每年增长24%，高于其18.4%的对外出口平均增长率。墨美双边贸易额也占北美自贸协定三国总贸易额的43%。

### （四）中日韩自由贸易区

中日韩自由贸易区是在中日韩领导人会议上提出来的构想，成员包括中国、日本、韩国。目的是为了逐步消除三国之间的关税壁垒，加强贸易、投资、金融、货币交流等。

中日韩建立自由贸易区意味着什么？2011年，中日分别成为世界第二大和第三大经济体。作为东亚最核心的三个经济体，中、日、韩的GDP占东亚地区GDP总量的75%。中日韩自贸区将是一个拥有15.2亿消费者、GDP总量达到12.3万亿美元、占世界GDP总量19.6%的巨大经济圈。在全球范围内，它的贸易规模仅次于欧盟和美国。

### （五）中国—东盟自由贸易区

2010年1月1日，中国与东盟十国组建的自由贸易区（以下简称自贸区）正式全面启动。自贸区建成后，东盟和中国的贸易量占到世界贸易总额的13%，成为一个涵盖11个国家、19亿人口、GDP达6万亿美元的巨大经济体，是目前世界人口最多的自贸区，也是发展中国家间最大的自贸区。

东盟和中国的自贸区自建立以来取得了不少成就，已经可以与欧盟自贸区、北美自贸区相提并论。另外，从2010年1月1日开始，中国和东盟形成“10+1”自由贸易区之后，中国和这个地区的自由贸易量达到7000个商品无关税，中国对东盟国家的贸易本来是平均商品9%的税率，现在减低到平均只有0.1%的税率，在未来5~8年的期间里自贸区内将完全零关税。

## 三、作为全球经济合作首要论坛的G20

2009年的匹兹堡峰会将G20确立为国际经济合作首要论坛，而G20作用的发挥很大部分来自于它的运作模式。比如，协调人和财金渠道“双轨”筹备机制确保其运作效率，一系列部长级、副部长级和工作组级定期会晤，使其能准确、及时地覆盖各方关注的焦点问题，领导人峰会使其能够达成有实质内容的成果，各成员轮流担任主席国则有利于不同地域、不同发展程度的国家将自身特点融入G20，使其不断充实和完善。

另外，G20提出的治理原则也反映了各国的需求，符合国际社会共同利益，有利于世界经济的长远发展。其具体治理原则包括：加强多边贸易；加强金融监管；加强反腐败斗争；促进金融市场诚信；加强国际合作；改革国际金融机构；加强透明度和问责制。

不可否认，G20机制正在深刻地改变着全球治理机制。首先，改变了G8在全球治理中的作用。G8成立之初，其目的是协调各国经济政策。随着国际形势变化，G8从经济论坛逐步转变为政治经济论坛，关注问题也越来越具有全球性和综合性。自20世纪90年代中期以来，G8全球治理能力开始下降。特别是2008年的国际金融危机，加速了全球治理机制变革，促使G20走向历史舞台。G20框架更多地强调各国对世界经济可持续发展的共同责任，体现了全球治理从G8主导向发达国家和发展中国家共同主导的转变。2009年9月，匹兹堡G20峰会确定新兴市场和发展中国家在IMF中份额至少增加5%，在世界银行中投票权至少增加3%。这些改革措施开始打破长期以G8为代表的发达国家控制全球治理的不合理格局。

其次，改变了G8对国际经济秩序的影响。在国际经济合作方面，自20世纪90年代开始，全球性经济问题大多在G8内部进行讨论和决策，讨论议题代表了发达国家立场，发展中国家利益未能充分反映。进入21世纪以来，新兴经济体集体崛起促使G20成为国际经济合作主要平台，提升了发展中国家在构建全球经济秩序中的话语权，推动了国际金融体系改革。在全球经济决策方面，G8时代新兴国家仅以观察员身份列席G8会议，没有决策权，而G20突破了西方发展经济学的“中心—外围”理论。在G20机制内，以金砖国家为代表的“外围”国家开始与以G8为首的“中心”国家共同讨论全球问题，使得世界经济的决策权朝着均衡方向发展。

最后，围绕G20在全球经济治理中的作用问题，出现了两种不同观点。有人认为，G20表面上是集体领导世界经济，实际上集团内部矛盾分歧难以调和，是对世界经济发展前景的共同弃权，国际经济合作主要论坛名不副实。也有人认为，G20在现有的国际经济治理机制中最具代表性，将持续占据全球经济治理论坛的中心位置。从目前G20机制发展的现状来看，可能两种观点的折中方案更符合现实情况。

## 第二节　如何加强G20组织机制建设

多边经济组织是全球治理的根本基础，在全球化中发挥重要作用。要取得成效，多边经济组织的合法性必须得到各方的承认。反过来，这也要求它们的治理结构体现出各经济体相对权重的变化，特别是要反映出新兴市场经济体的崛起。此外，在确保这些经济组织具有代表性的同时，也要保证决策的有效性和及时性，尽量避免造成国际政治谈判僵局。

G20 做出的承诺中许多都是长期性的，不会在一年后或者一次峰会后得到实现，因此G20 必须证明其将如何兑现承诺。而这其中，国际组织的作用将非常重要。因为国际经济组织在监测经济体表现、组织深入谈判和制定政策中发挥关键作用，这些也都是有效开展全球经济治理的核心。鉴于此，G20 必须加强国际经济组织的建设，并确保国际多边组织适应全球变化并发挥作用。

## 一、全球经济一体化

金融危机的发展再次表明了金融市场之间的紧密关联。例如，跨国银行的债权已经由1990年的6万亿美元升至2008年的30余万亿美元，占全球GDP份额的比重超过250%。一方面，国际资本流动的快速增长对全球经济的发展带来了诸多好处，如国际储蓄和投资分配得到改善。但同时，这种流动具有极大的不稳定性，容易导致金融冲击并在国际快速蔓延。全球危机表明，经济体之间的联系和一国政策对其他国家的影响必须得到更多的重视。

全球经济一体化的另一个表现是全球价值链的出现和发展。今天典型的制造企业依赖至少35家来自世界各地的承包商，对于汽车和飞机制造商而言，这一数字更高。全球价值链已成为世界贸易的显著特征。各国生产的日益分散化凸显了开放贸易和投资体制的重要性，而限制性的保护壁垒不仅会冲击外国供应商，也会影响国内生产商，因为现在商品已经不再是完全由一国制造，而是“世界制造”，对待贸易政策的方式必须加以改变。重商主义者认为出口有利进口有害，因此只有换得他国市场才能批准外企在本国市场的准入，显然这种观点已经过时。国内企业应提高生产力、竞争力和增加出口机会，增加可信赖的进口商品和服务。

另外，当今世界，企业经营日趋国际化，生产流程分布范围广，而且越来越多地通过互联网提供货物和服务。一个司法管辖区域确定其征税权变得日益困难，而企业也越来越容易在低税率管辖区申报利润，因此国际税法需要进行调整，以适应变化的全球市场。

## 二、全球经济一体化需要有效的国际经济组织

没有一个国家能够独自有效地应对全球经济一体化程度日益提高带来的挑战。

单个国家发现很难再忽视其他国家的政策，也越来越难以制定全球范围内经营的企业法律。因此，开展有效的国际合作变得越来越重要。世界需要像G20这样的论坛形成有效的政治经济领导力，并促进更大的经济合作。然而，G20不是一个组织，没有常设秘书处。它实质上是具有系统重要性的经济体领导人会面的一个论坛。其主要优势在于领导人们能够形成处理紧迫全球经济问题的决议，成员国也会承诺制定使本国与其他国家都受益的国家政策。即使这样，G20也需要有效的国际组织来推进其承诺和实现其既定目标。

全球经济一体化需要建立有效的多边经济组织。国际经济组织对于实现经济增长和金融稳定重要性的认识体现在1944年建立的布雷顿森林体系，其包括IMF和世界银行。在贸易领域，始于1948年的《关税与贸易总协定》在1985年被世贸组织所取代。为了加强金融市场在国际方面的合作、监管，G20于2009年发起成立了金融稳定理事会。另外，尽管OECD（经济合作发展组织）是国际税收领域的核心机构，国际能源署（International Energy Agency，简称IEA）是能源治理的主要机构，但在税收和能源领域至今还没有成立专门的国际组织。

如果这些组织想继续存在并发挥积极、高效作用就必须做出相应改变。但是，改革国际组织需要尽量争取所有成员国的同意，所以过程往往十分曲折。例如，G20努力推动IMF和世界银行的改革，尝试改变这些组织的份额和股权安排，以更好地体现新兴经济体的快速崛起。但是由于美国国会的原因，2010年同意进行的IMF治理改革一揽子方案一直不能实施。所以，G20要继续并加大力度确保国际组织的高效运行。G20成员国在布里斯班就遵循和履行他们的承诺所采取的行动，有助于增强G20的可信度，增强国际组织的声望和效力。

## 三、提高国际组织的监督作用

IMF与OECD的核心活动是监督成员国的经济。具体来讲，IMF工作人员持续监测成员国经济，每年到访成员国，并与主管部门讨论成员国经济的表现情况，了解是否存在国内和全球金融稳定风险，并就调整政策提升成员国经济提出建议。OECD还对成员国经济进行调查和监督。另外，IMF还监测全球和地区的经济走势，并分析成员国政策对全球经济的溢出效应。在全球化的今天，一个国家的行动会对其他国家产生显著影响，所以有效的经济监督很重要。

影响IMF有效监督的一个因素就是许多国家，特别是新兴市场和发展中国家的担忧，而这主要源于他们在IMF的份额和治理安排中的代表性不足。许多国家认为，IMF的监督存在偏见，即偏袒那些较大的发达国家，即该组织的主要股东。正如前面提到的，G20已经同意改革IMF的份额和治理结构，但现在却受到了美国国会的阻挠。这些改革非常重要，但所提议的从发达国家转移到新兴市场和发展中国家的份额比例并不大，仅有3个百分点。不过，受阻的改革方案只是未来更大改变的部分内容。改革的内容之一是审议确定份额分配比例使用的公式，并加快下次一般性审核份额的速度。预计这会导致更大的份额转移到新兴市场。改革涉及的其他重要方面包括IMF执行委员会成员全部由选举产生，欧洲同意放弃其在该委员会的两个席位，将其让给发展中国家等。

IMF改革进程被拖延，不仅令人沮丧，也损害了IMF和G20的可信度。尽管G20应继续向美国施压促成改革提案在国会获得通过，但是，G20不能因为美国继续拖延而就此“卡住”。G20应采取主动，确保未能推进治理改革不会影响到IMF的运行，尤其要保证该组织的监督公正，不偏袒任何国家和群体。

## 四、改进金融稳定理事会的治理安排

自2008年金融危机以来，加强金融部门监管已成为G20关注的重点。G20于2009年将金融稳定论坛改为金融稳定理事会，增加了成员国数量，将所有G20国家都纳入进来，并批准扩大秘书处的规模。金融稳定理事会目前已经实施了多项广泛的监管改革，举行了一系列区域性磋商论坛。

G20财长会议表示，2014年的工作重点是在布里斯班峰会上完成四个关键方面的金融监管改革，即建立弹性金融机构（通过《巴塞尔协议III》），杜绝“大而不能倒”的现象，消除影子银行风险，加强衍生市场的安全。鉴于2008年金融危机以来监管改革的规模，监管机构和金融部门都强烈希望本次峰会能够倡导巩固以往或既有改革，而不是扩大或推出新的改革方案。

G20在2014年的工作重点是促成金融稳定理事会在布里斯班峰会期间完成重要监管改革的核心设计。另外，作为《巴塞尔协议III》的内容之一，资本和流动性要求实施时间上的多年跨度。金融机构“大而不能倒”的问题可以减少，不会根除。例如，澳大利亚储备银行前副行长史蒂芬·格伦维尔（Stephen Grenville）也指出，国际社会面对的挑战是在降低“大而不能倒”的事后成本和最大化降低事前成本之间达成折中平衡，而不是完全消除“大而不能倒”的现象。

考虑到改进国际金融监管标准以及实施这些标准是一项长期任务，G20应重点加强金融稳定理事会的治理与运行。为此，金融稳定理事会可以考虑改善国家代表名额的分配。目前，G20中的大国在金融稳定理事会全会上有3个代表人员，其他国家仅有2个或1个代表人员。不少国家对这一安排颇有微词。正如金融稳定理事会主席所指出的，审议代表名额的目的是建立相互信心和信任。因此，金融稳定理事会的一项重要任务就是确保其治理和代表性等事宜真正有助于构建信心和信任。

除了改善金融稳定理事会代表名额的分配之外，G20还应重点改进金融稳定理事会和金融标准制定机构的工作方式。例如，G20已提出采用高层次指导原则，包括改进拟定新标准咨询方法。G20还建议这些原则可以基于以下需求：对新的监管措施明确授权；针对提议的监管措施实行强制性的成本—效益分析；在监管措施实施前评估其难易程度；考虑替代措施，如给予监管机构更大的自由裁量权等。G20还明确表示改进安排时需要考虑新兴市场的需求。正如G20所指出的，“国际监管机构应充分考虑处于不同发展阶段的金融体制，或者在设计新的全球规则时具有不同的特点，这一点很重要”。

作为增强金融稳定理事会作用的内容之一，G20需要改进金融监管，包括明确其与金融稳定理事会的关系。具体来讲，尽管金融稳定理事会的重点是设定新监管措施的细节、采纳措施和监督实施进程的时间表，但是G20应处理高层次议题，例如制定新标准的优先程度如何，监管措施可能带来的金融体制结构变化，金融稳定和促进经济增长实现平衡的进程，以及是否有意外结果。

## 五、建立新机制处理国际税务问题

打击逃税和避税是G20的重要议程之一，特别是解决税基侵蚀和利润转移（Base Erosion and Profit Shifting，简称BEPS）问题——即跨国公司将利润向低税率和零税率管辖区转移的能力。2013年7月，应G20的要求，OECD发布了15点行动计划，重点是解决税基侵蚀和利润转移问题。OECD还公布了到2014年9月之前完成数项工作的时间表，其他相关工作将在2015年9月前完成。

尽管OECD发布解决税基侵蚀和利润转移行动计划是一项非常重要的举措，而且G20在保持打击避税政治势头中具有关键作用，但这是一个持续性的复杂问题，面临着国际税法与快速变化的全球环境同步发展的挑战，这也导致对一些国际税务基本原则的质疑。这一问题不会随着OECD税基侵蚀和利润转移报告时间表的完成而得到解决。税基侵蚀和利润转移计划可以被视作处理国际税收问题的治理安排发生根本性变化的开始。

IMF近来指出，“解决国际税收外溢的机制框架很脆弱。随着税收外溢的强度和普遍性越来越明显，包容性的、较为集中的国际税收合作方式日益增多”。OECD一直在提供国际税务问题的专业知识，其工作重点是制定双边税收协定和避免滥用定价转移的标准。税基侵蚀和利润转移行动计划已经超出了OECD成员国的范围，因此作为OECD和G20的共同倡议进行推介。可以预测，在税基侵蚀和利润转移行动计划现有时间表完成之时，即到2015年9月15日，这项国际税务问题将不能仅以OECD为中心的方式去处理，而应包括更多的国家和地区。

尽管非OECD的G20成员国像OECD成员国一样在平等基础上参与税基侵蚀和利润转移计划，发展中国家还是表达了他们不能直接参与谈判的担心。正如IMF在其报告中指出“发展中国家受到税基侵蚀负面影响的程度高于发达经济体，发展中国家受到的税基溢出效应最大。与OECD国家相比，发展中国家的其他税率溢出是后者的2~3倍，统计差异非常显著。溢出造成的直接收入损失也是最大的”。

## 六、加强WTO的作用

贸易自由化应成为G20增长议程的核心。作为认可贸易对增长重要性的体现，G20国家领导人应为多边贸易体系和WTO未来的发展提供战略指导。WTO的监管、争端解决机制及其管理工作对国际贸易的管理至关重要。但是，WTO在推动多边贸易自由化领域尚未有重大突破。比如，多边贸易自由化多哈发展议程谈判在拖延了12年后，才于2013年12月达成了首个自由化协议。但是，这仅仅涵盖了多哈发展议程众多问题中的一小部分。多哈发展议程谈判的漫长使得贸易自由化更多地通过双边和地区贸易来实现。目前有人担心，超大区域贸易协议，如TPP和TTIP，将使贸易规则越来越条块化，并有一些不公平现象的发生。因为，这些区域性贸易协议通常具有歧视性，这将对非成员国的发展中国家构成歧视。

作为全球经济合作的主要论坛，G20必须面对多边贸易体系的未来，这就包括处理好WTO的未来。2013年12月在印尼巴厘岛达成的WTO协议是一个可喜的发展。如果在巴厘岛没有达成协议，WTO作为贸易自由化论坛的可信度将会严重受损。但是，仅仅有巴厘岛协议并不足以给多边贸易体制带来生机。WTO总干事罗伯托·阿泽维多（Roberto Azevêdo）曾表示，WTO必须在2014年底前证明其拥有未来。他说，贸易谈判代表充分利用在2013年12月取得的有限成功，设计出多边贸易体系工作方案，这一点非常重要。

G20国家领导人可以在全球贸易自由化和增强WTO作用中发挥重要作用。在布里斯班峰会上，G20应承诺取消金融危机以来采取的贸易保护措施。正如主办国澳大利亚的G20轮值主席所指出的，全球贸易保护措施正在增加。G20应不仅要求降低关税，并承诺取消国际组织确定的非关税壁垒。同时，G20还应要求WTO监测和报告消除这些贸易保护措施的进展情况，并承诺在下一次领导人峰会上讨论这些报告。此外，G20成员国还应承诺尽早实施巴厘贸易便利化协议。

提高WTO监测G20成员国贸易自由化进展中的地位，将有助于提升WTO的声誉。不仅如此，G20还应更进一步，为WTO的未来设定战略方向。有了G20成员国领导人的支持，贸易部长们应承诺加快实现多哈议程后的以发展为中心的目标，确定结束多哈发展回合的具体目标，继而能够考虑后多哈世界的发展。关于后多哈世界，谈判应避免重复多哈议程的老路，不要设置太高目标和太大范围，结果是“所有的问题达成一致意味着以前什么都没有达成”。谈判应针对具体领域，允许达成“诸边协议”，允许世贸组织成员国选择加入某项协议。

## 七、加强国际能源治理

国际能源治理并没有与全球经济的变化保持同步，特别是没有及时反映出石油生产国与消费国关系的变化。截至2014年，“全球能源治理体制”还处于条块化，分散而复杂，缺乏应对新能源问题的灵活性，不能充分体现主要新兴市场和发达国家的需求。要从当前状态向建立适合应对21世纪挑战的能源治理框架发展，世界主要能源生产国与消费国领导人就必须达成共识。

能源治理机构，如国际能源署和石油输出国组织（Organization of Petroleum Exporting Countries，简称OPEC），原本分别由世界主要石油进口国和出口国组成。但是，由于全球能源市场的变化和挑战，它们的机构授权范围和相应成员资格越来越发生偏离。这些挑战包括：受人口和经济转型驱动，非OECD成员国能源需求大幅增加；主要石油天然气进口国成为出口国；主要出口国能源消费量超过一些进口国；随着许多小的能源国家市场影响力的增加，它们开始干扰传统能源供需渠道。除此之外，其他相关因素和风险包括：工业化、发电和电力分配模式的改变；能源定价的波动；能源部门的技术创新，其中最典型的是再生能源发电技术成本的降低，以及新手段使得以前难以开发的页岩气、煤层气和致密气得到开发利用。

基于目前没有任何一家汇集所有重要能源国家的组织，国际能源署的作用可以提升，进而授权其解决全球能源挑战。但是，要做到这一点，必须吸纳更多新兴市场。另外，它必须放弃只有OECD国家才能成为国际能源署成员的标准。

G20能够积极推动国际能源治理结构的变化和发展。G20的优势是它汇聚了主要经济体的领导人，有能力为解决紧迫的全球经济问题做出政治表态和决心。增强全球能源治理应成为G20国家领导人议程上的议题之一。然而，尽管G20目前的工作计划中确实有一些能源议题，但却没有针对增强全球能源治理的具体议题。

## 第三节　特别提款权改革：G20提供的新框架

作为G20国际金融改革进程的核心——国际金融机构改革，成败关键之一就在于特别提款权改革。特别提款权（special drawing right，简称SDR），IMF在1969年7月28日对《国际货币基金协定》进行第一次修订中创设的，它既不是黄金，也不是真正意义上的货币，而是一种成员国在基金组织开设的账面资产或记账资产，也是按照各成员国在该基金组织缴纳份额所占的比重分配给成员国的一种使用资金的权利。2009年中国人民银行行长周小川在G20伦敦峰会之前，公开呼吁要对国际货币体系进行实质性改革，其中就包括发挥特别提款权作为国际储备货币的职能。2015年，国际社会面临着特别提款权五年一度的份额调整，中国也在积极谋求人民币加入特别提款权的货币篮子，围绕特别提款权的改革也就成为当今国际金融和货币体系重建，以及2015年G20系列会议的重要内容。

## 一、特别提款权的功能与特点

20世纪60年代中期，普遍存在的流动性不足问题一直困扰着国际货币体系，国际储备的增长始终无法满足国际贸易发展的需要。由于不断爆发的美元危机让人们对美元同黄金间的可兑换性产生怀疑，对美元的信心严重不足，许多国家不愿意继续增加其国际储备。但是另一方面，美国持续的贸易逆差又必定导致其他国家的国际储备不断增长。这一矛盾始终无法很好解决。因此，从20世纪60年代中后期起，改革第二次世界大战后建立的布雷顿森林体系被提上了议事日程。

美英方面认为，为了维护美元、英镑日益衰落的地位，防止黄金储备进一步流失，补偿美元、英镑、黄金的不足才能适应世界贸易发展的需要。而包括法国、德国在内的西欧六国则认为，这一问题并不是国际流通手段不足所致，而是“美元泛滥”的结果。因此强烈要求美国消除国际收支逆差，并极力反对新的储备货币的建立，相反他们主张建立一种以黄金为基础的储备货币单位来代替美元与英镑。1964年4月，比利时提出了一种折中方案：增加各国向基金组织的自动提款权，而不是另创新储备货币来解决可能出现的国际流通手段不足的问题，基金组织中的G10采纳了这一接近于美、英的比利时方案，并在1967年9月基金组织年会上获得通过。1968年3月，G10（十国集团）提出了特别提款权的正式方案，但由于法国拒绝签字而被搁置起来。美元危机迫使美国政府宣布美元停止兑换黄金后，美元再也不能独立作为国际储备货币。而此时其他国家的货币又都不具备作为国际储备货币的条件。这样就出现了一种危机，若不能增加国际储备货币或国际流通手段，就会影响世界贸易的发展。于是，提供补充的储备货币或流通手段就成了基金组织最紧迫的任务。因此，基金组织在1969年的年会上正式通过了G10提出的储备货币方案，修订后的《国际货币基金组织协定》正式生效。1970年1月1日，IMF第一次向成员国分配了特别提款权，它是在国际金融创新不断出现之前，且国际流动性出现短缺的背景下产生的。

发达国家当时创立特别提款权，主要是希望通过使用特别提款权的相关业务和交易来缓解美元单方面承担国际储备货币所面临的压力。它有多个方面的优势：

首先是能减少利率风险和信用风险。特别提款权作为超主权储备货币，其币值是通过货币篮子的方法确定的，因此其具有相对稳定的币值。当前特别提款权货币篮子中共有四种货币：美元，欧元，英镑，日元。这四种货币的发行国和地区都有强大的经济和政治作为保障，并且可以自由的兑换成其他货币，特别提款权通过四种货币的加权得出的平价能最大程度地保持稳定。而IMF还会根据世界经济发展的形势不断地调整货币篮子以及各种货币的比重，因此即使其中的一种货币出现大幅度的震荡依然可以通过调整该货币比重甚至剔出篮子的方法保持特别提款权的购买力。而同样由于特别提款权的利率也是通过货币篮子的加权得到，因此也减少了利率风险。

此外，特别提款权作为储备货币可以减少储备货币的信用风险和非系统风险。特别提款权的分配是一种永久性的分配，是对世界储备的永久性增加，成员国不必偿还，相对于通过国际资本市场借贷得到的储备而言不存在信用风险。除非IMF理事会85%会员投票撤销，否则会员国不必担心因偿还导致的危机。

其次，由于特别提款权是由IMF创造的，其成本几乎为零。而且如果一国所持有的特别提款权和其份额相同，该国与IMF之间就不存在利息收支，而国际市场上借贷得到的资本需要支付一定的利息才能获得，并且具有很大的不确定性。

再次，它有利于管理全球货币的流动性。特别提款权由IMF统一监管发放，能在最大程度上保证公平性以及监管的有效性。通过特别提款权，基金组织可以更好地管理全球流动性，增强IMF的危机防范和处理能力。而通过IMF发放特别提款权可以更直接有效地支援发展中国家的经济发展。

新诞生的特别提款权是对美元作为核心储备货币的一种补充，它具有如下几个基本特点：

第一，特别提款权具有超主权货币的特质。它既没有黄金的内在价值，也不像英镑、美元那样有作为一国主权货币流通的历史，它是特定经济条件下通过国际谈判以国际条约的形式诞生的，由IMF统一管理。特别提款权具有一种超越主权，与主权国家相脱离，并能保持币值长期稳定的作用。各基金成员国可以请求基金组织将其持有的特别提款权兑换成可以自由使用的货币，还可以根据各自所持有的特别提款权的份额申请基金组织提供贷款援助。这种特质保证了特别提款权具有自身的优越性，它不会受到主权国家经济政策的影响，不会因为经济不景气而减少。

第二，特别提款权实质上是成员国在基金组织中使用资金的权利。特别提款权的设立主要是为了应对国际流动资金不足问题，它是一种账面储备资产和记账单位。特别提款权不具有真实货币的属性，但是可以作为兑换主权货币的职能，也就是说，特别提款权已经与主权货币相挂钩，在一定程度上具有了货币的特性。但是归根结底，特别提款权实质上是代表了成员国对IMF资金使用的权利。

特别提款权是各基金成员国在基金组织特别提款权账户下享有的对其自有储备资产的提款权，它不同于基金成员国对基金组织一般资源账户下享有的借贷性提款权。基金成员国使用特别提款权除应符合《基金协定》要求的国际支付目的，不受其他条件限制，其提款无须偿还，并且基金成员国对于其在基金组织特别提款权账户下分配拥有的特别提款权资产有获得利息收益的权利。

第三，特别提款权具备国际清偿能力。特别提款权是由基金组织根据国际清偿能力的需要而发行的，并由基金成员国集体监督管理的一种国际储备资产。当某一基金成员国发生国际收支逆差时，可以动用特别提款权，把它转让给另一基金成员国，换取可兑换货币，弥补逆差，并且可直接用特别提款权偿还基金组织的贷款。特别提款权作为一种储备资产，是没有任何物质基础的记账单位，虽创设时也规定含金量，但实际上不像黄金具有内在价值，同时也不像美元等储备货币有一国的政治和经济实力为后盾。它主要用于弥补基金成员国国际收支逆差或者偿还基金组织的贷款，任何私人和企业均不得持有和使用，也不能用于贸易或非贸易支付，更不能用它兑换黄金。它不受任何一国政策的影响而贬值，因此是一种比较稳定的储备资产。

## 二、特别提款权的定价方式与分配制度

根据IMF的规定，特别提款权在发行之初定价为0.888671克黄金，与美元等价，同时由于其与黄金固定比价，也被称为“纸黄金”。但是随着美元在1971年贬值，特别提款权对美元的比价也上升到了1.08571，布雷顿森林体系崩溃以后，比价再次上升到1.20635。以后由于美元汇率自由浮动，为保证特别提款权的相对稳定，1974年7月1日，IMF决定用一篮子货币来确定特别提款权的价值。最初入选特别提款权货币篮的币种有16个，包括美元、英镑、日元、法国法郎、联邦德国马克、意大利里拉、加拿大元、荷兰盾、比利时法郎、瑞典克朗、挪威克朗、丹麦克朗、西班牙比塞塔、奥地利先令、南非兰特和澳大利亚元。在此期间，IMF曾经在1976年对货币篮进行了微调，以沙特里亚尔和伊朗里亚尔替代丹麦克朗和南非兰特，微调后的货币篮一直沿用至1980年12月31日。从1981年1月1日开始，IMF为简化计算、稳定币值，决定将货币篮中的货币由16种减少至5种，这5种货币分别是美元、日元、英镑、德国马克和法国法郎。2001年评估调整周期内由于欧元的诞生，特别提款权货币篮币种进一步缩减为4种货币，即美元、日元、欧元和英镑。货币篮中货币数量减少为4种货币可以简化特别提款权价值的计算，使其作为国际储备资产的吸引力进一步提高。这也使得国际金融机构甚至私人交易方更愿意以特别提款权作为国际金融经济交易的计价单位。由于货币篮所含货币均为可自由使用的货币，因此出于流动性的考虑，各国政府也比较愿意将特别提款权作为国际储备。目前特别提款权的总量为2040亿，占IMF成员国央行储备总资产的比例大约为3%。

从1986年1月1日起，IMF执行董事会决定以5年为一个周期对特别提款权货币篮定值进行评估（年份尾数逢0和5进行评估和检查，逢1和6则实施新的评估结果），评估内容主要为决定特别提款权货币篮中的币种及各币种在货币篮中所占的权重。IMF关于特别提款权权重的最近一次调整在2010年，美元的权重由

2005 年审查确定的 44% 下降至 41.9%，欧元的权重由 34% 上升为 37.4%，英镑的权重由 11% 上升至 11.3%，日元的权重由 11% 下降至 9.4%。表 3–1 为 1981 年以来特别提款权货币篮子中各货币权重的变化：

**表 3–1　1981 年以来特别提款权货币篮子中各货币权重的变化**

（单位：百分比）

| | 1981~1985 | 1986~1990 | 1992~1995 | 1996~2000 | 2001~2005 | 2006~2010 | 2010~2015 |
|---|---|---|---|---|---|---|---|
| 美元 | 42 | 42 | 40 | 39 | 45 | 44 | 41.9 |
| 欧元 | — | — | — | — | 29 | 34 | 37.4 |
| 德国马克 | 19 | 19 | 21 | 21 | — | — | — |
| 法国法郎 | 13 | 12 | 11 | 11 | — | — | — |
| 日元 | 13 | 15 | 17 | 18 | 15 | 11 | 9.4 |
| 英镑 | 13 | 12 | 11 | 11 | 11 | 11 | 11.3 |

由于美元在国际储备和贸易中的重要地位，它的占比基本保持稳定于 40% 以上。欧元由于其在国际贸易中地位的逐步提升，权重逐期提高。日元权重维持下降趋势，英镑权重基本维持稳定。

在确定了货币篮子以后，特别提款权的价值就根据货币篮子中各种货币的汇率来确定，并用对美元的价格表示出来。由于各国货币汇率处于浮动之中，因此特别提款权的价格也在不断变化，IMF 每天会公布特别提款权的价值，而特别提款权的利率也是通过篮子货币的利率进行加权平均得到的。

IMF 以提升特别提款权作为国际储备资产的吸引力为基本诉求，遵从调整的基本原则对特别提款权定值方法进行评估和调整。根据调整的基本原则，特别提款权以国际交易中使用的主要货币表示的价值量要保持稳定，且货币篮中的币种要能够代表在国际交易中广泛使用的货币。除了这一基本原则，特别提款权货币篮中的币种权重需要能够反映该货币在国际贸易和国际金融体系中的相对重要性，货币篮中的币种要保持相对稳定，特别提款权的定价方法要具有持续性。

对于特别提款权货币篮币种的选择，需与世界主要货币重要性的变化相联系，针对具体币种的选择标准，IMF规定如下：（1）选择商品和贸易额在过去5年中最大的几个国家或地区；（2）该国货币需要被IMF认定为可自由使用的货币。如果IMF以原有货币篮以外的新货币取代已有货币，则该新入选货币的发行国在国际贸易量上至少应超过被取代货币贸易量的1%。对于货币“可自由使用”的标准，IMF规定该货币需要在国际交易（主要指商品和服务贸易结算）中被广泛使用，且该货币交易量在主要的外汇交易市场中较大。需要注意的是，根据IMF的原则，“可自由使用”主要强调在实际国际交易中的使用情况，而非要求该货币必须汇率完全浮动或可完全自由兑换。

对于特别提款权货币篮中各币种的权重来说，主要由两个因素决定：首先是过去5年内该货币被IMF其他成员国作为外汇储备所持有的总量；其次是该国或地区商品和服务的贸易量。在每个评估期，均要对权重进行重新计算和调整。具体权重决定的定量公式如下所示：

第$i$种货币$T$期在货币篮中的权重为：

$$w_{i,t}=\frac{\sum_{t=T-6}^{T-1}X_{i,t}+R_{i,t}}{\sum_{i=1}^{N}\sum_{t=T-6}^{T-1}X_{i,t}+R_{i,t}}$$

其中$X_{i,\ t}$为第$t$年商品和服务贸易量，$R_{i,\ t}$为第$t$年末被其他国家持有的第$i$种货币的官方储备量。货币权重可以转化为特别提款权的等价货币量：

$$\alpha_{i,t}=\frac{w_{i,t}E_{SDR,Q4(T)}^{\$}}{E_{i,Q4(T)}^{\$}}=w_{i,t}E_{SDR,Q4(T)}^{i}$$

其中$Eij$，$Q4$（T）为在第$T$年的第四季度，第$i$和第$j$种货币的汇率。

特别提款权的等量美元价值为：

$$E_{SDR,t(T)}^{S}=\sum_{i=1}^{N}\alpha_{i,T}E_{i,t}^{S}$$

根据《基金组织协定》的规定，IMF可以按成员国在基金组织份额的比例向其分配特别提款权。这种分配向每个成员国提供了一项无条件且无成本的国际储备资产，该资产既不获取利息，也不支付利息。然而，如果一个成员国的特别提款权持有量超过其分配量，该国就根据超出部分的数量获取利息；相反，如果一国持有的特别提款权少于分配量，该国就根据不足部分的数额支付利息。从特别提款权的分配方式看主要有两种。第一种是周期性的普遍分配方式，即IMF根据世界经济发展的现状每隔5年决定是否进行新的特别提款权的分配。此规定赋予IMF一定的灵活性，可以根据国际储备和国际经济形势的变化做出及时的调整，在一个基本期结束后决定是否增加或维持原先的特别提款权的水平。第二种是特殊的一次性分配方式，分配需要得到特别提款权参与国85%以上的赞成票。

特别提款权的普遍分配必须以补充现有储备资产的全球长期需要为基础。截至目前，特别提款权共进行了三次普遍分配，第一次分配总额为93亿特别提款权，在1970~1972年间按年拨付。第二次分配为121亿特别提款权，在1979~1981年间按年拨付。这两次分配累计特别提款权分配达到214亿特别提款权。为了减轻金融危机影响，2009年8月28日进行了1612亿特别提款权的第三次特别提款权分配。在此之后，《基金组织协定》的第四次修订于2009年8月10日生效。根据这次修订，基金组织进行了特别提款权的一次性特殊分配，数额为215亿特别提款权。第四次修订旨在使基金组织所有成员国能在公平基础上参与特别提款权体系，从而纠正1981年后加入基金组织的国家（占现有基金组织成员国数量的1/5以上）在2009年以前从未获得过特别提款权分配的问题。2009年进行的特别提款权普遍分配和特殊分配合起来使特别提款权分配累计总额达到约2040亿特别提款权。

## 三、特别提款权的功能缺陷及改革前景

在1969年特别提款权发放之初，IMF期望通过特别提款权解决全球流动性问题，并在国际储备、国际收支等方面推动特别提款权的使用，发挥超主权货币在国际货币体系中的作用。然而，随着前两次一般性分配以后，由于全球流动性改善，特别提款权的发放暂停了30余年，直到2009年才开始第三次发放。特别提款权在国际储备中的增长远远落后于其他部分的增长，重要程度自然也不断下降。这种现象表明特别提款权的制度中还存在很多的问题，造成特别提款权不能普遍被全球接受。

第一，特别提款权本身缺乏信用。作为人类历史上出现的两大货币种类，类似于黄金的商品货币本身具有足够的价值，因此可以执行货币职能。而信用货币是由国家政权统一发行的，国家一般信誉较高，并且有财政收入等作为保障，因此信用货币可以得到流通使用，并且其价值和其发行者的信用正相关。由于特别提款权本质上是信用货币，但是又不如其他主权货币那样拥有主权支撑，因此持有特别提款权的价值仅仅依靠IMF的信用作为保障，而IMF的国际地位并不足以支撑一个庞大的储备货币程度的特别提款权规模，而且由于投票机制中发达国家的份额远远超过发展中国家，导致IMF政策受到发达国家的主导，因此各国对特别提款权依然保有谨慎的态度。

第二，货币篮子种类不够完善。特别提款权的货币篮子依然不够完善，货币种类较少。由于欧元区的建立，欧元取代了马克和法郎，将货币篮子的种类进一步降低到了4种，这对于多极化发展的世界经济，尤其是发展中国家突飞猛进的现状来说是不够的。在特别提款权发行之初，曾经依靠16种货币组成货币篮子定值，这种方式后来因为计算复杂被放弃，但是仅仅4种主权货币并未改变主权货币作为储备资产的局面，而其中美元比重依旧过大，美元的强势地位依然会威胁到其他国家的储备安全。

第三，特别提款权的发行难以满足要求。特别提款权设立之后只进行了三次一般性发行，这三次发行的特别提款权远远少于国际储备的增长，并且是根据成员国在IMF的份额进行了分配。这样原本最需要特别提款权的发展中国家并未得到特别提款权，国际清偿能力依然不足。而发展中国家对于增加特别提款权发行的诉求屡屡遭到发达国家拒绝，理由是全球流动性已经可以满足需要。但事实是国际流动性是依靠发达国家的货币输出提高的，特别提款权的发行停滞导致其在国际储备中的比重越来越小，过小的规模导致特别提款权不具有储备资产应有的规模效益，这种情况违背了当初发行特别提款权时平等、合理、效率的初衷。

第四，特别提款权的使用范围较窄。由于《货币基金组织协定》将特别提款权的使用限定在了成员国与IMF以及成员国之间的记账、清算以及贷款上，因此特别提款权的适用范围过于狭窄，无法在国际金融活动中直接支付使用，且私人经济活动不可以使用特别提款权进行支付，在大宗商品交易中的定价功能也有限，这就导致了特别提款权无法像其他储备货币那样得到推广，需求量过低。

总而言之，可以看到特别提款权具有作为超主权货币成为主要储备货币的潜力，但是其自身的诸多问题以及外部干扰导致特别提款权远远低于其发行之初所能达到的预期目标。

美国金融危机的爆发再一次反映出当前国际货币体系的内在缺陷与系统性风险，也表明依赖一国主权货币作为储备资产这种不对称性的国际货币体系存在巨大的不稳定性，而特别提款权则为终结这种不对称性和不稳定性提供了一种可能。但是从目前的情况看，利用特别提款权直接取代主权信用货币（如美元）的条件是不成熟的，如何处理特别提款权与主权信用货币的关系，如何对特别提款权进行合理改革成为完善当前国际货币体系的重大课题。

2009 年 3 月下旬，中国人民银行行长周小川在中国人民银行的官方网站发表的文章《关于改革国际货币体系的思考》为深化特别提款权的改革，改进现有国际货币体系提供了新的思路。文中指出："创造一种与主权国家脱钩、并能保持币值长期稳定的国际储备货币，从而避免主权信用货币作为储备货币的内在缺陷，是国际货币体系改革的理想目标。基金组织于1969年创设了特别提款权（下称SDR），以缓解主权货币作为储备货币的内在风险。遗憾的是由于分配机制和使用范围上的限制，SDR的作用至今没有能够得到充分发挥。但SDR的存在为国际货币体系改革提供了一线希望。”总体来说，从特别提款权视角对国际货币体系进行改革有以下几种途径：

第一，拓宽特别提款权的使用范围，增加其影响力。只有拓宽特别提款权的使用范围，才能真正满足各国对国际储备货币的需求。因此应当建立起特别提款权与其他货币之间的清算关系。改变当前特别提款权只能用于政府或国际组织之间国际结算的现状，使其能成为国际贸易和金融交易公认的支付手段。积极推动在国际贸易、大宗商品定价、投资和企业记账中使用特别提款权计价。不仅有利于加强特别提款权的作用，也能有效减少因使用主权储备货币计价而造成的资产价格波动和相关风险；积极推动创立特别提款权计值的资产，增强其吸引力。基金组织正在研究特别提款权计值的有价证券，如果推行将是一个好的开端。

第二，改革特别提款权的货币篮子，推动特别提款权分配改革。特别提款权的货币篮子中仅有美元、日元、英镑和欧元四种货币，这对于多极化发展，尤其是第三世界国家迅速崛起的当今社会已经不适用，应该增加货币篮子的种类与代表性，吸纳更多的货币进入货币篮子，扩大特别提款权在发展中国家的影响力。推动特别提款权的分配改革，将特别提款权的分配更多地集中于对特别提款权有较高需求的发展中国家和第三世界国家。在至今为止所做出的三次分配中，发达国家都是主角，而急需外汇的第三世界国家仅仅在第三次分配才得到很少的一部分，这就造成了特别提款权的分配失去了意义，违背了按需分配的本意，也造成了发展中国家对特别提款权和IMF的成见。同时现今诸多国家面临主权债务问题，也急需特别提款权进行国际支付。

第三，发展替代账户，完善特别提款权与主权货币的兑换机制。在《关于改革国际货币体系的思考》中，周小川还提出：“IMF可考虑按市场化模式形成开放式基金，将成员国以现有储备货币积累的储备集中管理，设定以SDR计值的基金单位，允许各投资者使用现有储备货币自由认购，需要时再赎回所需的储备货币，既推动了SDR计值资产的发展，也部分实现了对现有储备货币全球流动性的调控，甚至可以作为增加SDR发行、逐步替换现有储备货币的基础。”文中的这种开放式基金，实际上就是特别提款权替代账户。

特别提款权替代账户是在20世纪70年代初提出的，当时的情形是美元危机频繁爆发，以美元作为单一储备资产的国际货币体系被证明存在着极大的不稳定性，因此在布雷顿森林体系崩溃之后，各国央行希望将储备资产多样化以降低汇率风险，但是由于德国和日本在当时限制各自货币的国际化，使得这一愿望落空。在这种情况下，IMF提出特别提款权替代账户，是指用各国所持有的主权货币储备资产与基金组织的特别提款权进行置换，以解决各国储备资产多样化问题，并同时推动特别提款权发展。替代账户的本质是一种开放式的基金，而这种基金中包含着四种替代关系：第一种是美元与特别提款权的替代，这是替代账户的核心机制，通过替代账户各国将持有的美元资产替换成为特别提款权份额，这些份额可以用于国际清算和支付；第二种替代是用长期债券替代短期债券，由于各国储备中持有的多数是短期债券，IMF将其替换成为收益较高的长期债券，提高收益率也是提升特别提款权替代账户吸引力的手段；第三种替代是IMF将成员国资产的货币结构从美元占主导替代为多元化结构；第四种替代则是债务债权关系的替代，IMF代替美国成为各国的债务人，并成为美国的债权人，如图3–1。

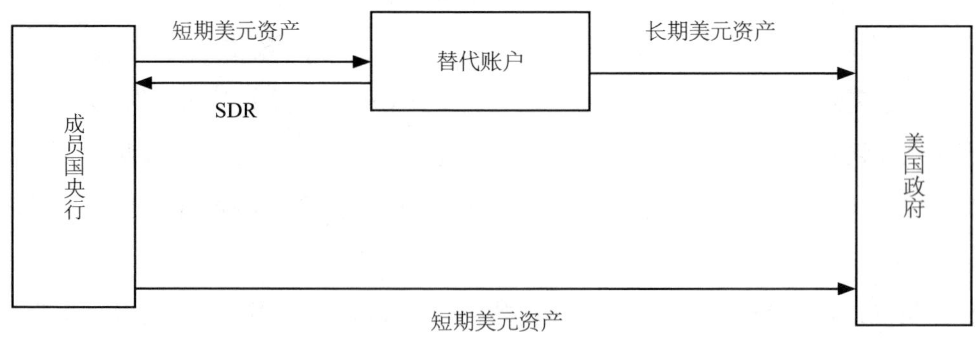


**图3–1　替代账户**

经过数次的提议与否决以后，现在的替代账户计划已经得到了很大程度上的完善，替代账户机制除了可以继承特别提款权的优势之外，还具特别提款权本身不具有的许多优势。替代账户机制使得分配更加具有自主性，各国可以根据自身的条件与需求决定存入多少的美元外汇储备以换取特别提款权进行国际结算，因此更具有灵活性和效率，实现供需平衡。替代账户有利于集中管理外汇储备。IMF建立的资产池统一管理各国储存的外汇储备，存入的资产与发行的特别提款权价值相等。由于特别提款权与美元的对应关系，特别提款权的发行需要有相等价值的美元资产作为储备，可以防止储备货币发行国的货币政策对国际市场造成不利影响，能够约束储备货币的发行，进而对国际市场上的通货膨胀进行遏制。

综上所述，针对特别提款权的改革势在必行，但是短期内想要完成超主权货币体系，推动特别提款权替代账户代替美元成为储备货币是无法完成的任务，因此可以循序渐进地推动特别提款权的使用，逐步推进特别提款权的扩大化。当时机真正成熟时，可以在特别提款权的基础上建立世界超主权货币，逐步改革IMF机制，增大发展中国家话语权，建立替代账户，积极推动特别提款权的扩大使用。

## 第四节　G20与联合国“2015年后”议程的合作

对于多边主义来讲，2015 是非常重要的一年。这一年将陆续举行由世界各国领导人亲自出席的四次大型会议，即：7 月在埃塞俄比亚首都亚的斯亚贝巴举行的联合国第三次发展筹资国际会议；9 月在纽约举行的联合国峰会；12 月在巴黎举行的新一轮全球气候条约谈判大会；12 月底在内罗毕举行的 WTO 第 10 次部长级会议。

金融危机推动G20 成为全球首屈一指的经济治理论坛。在危机中，G20 成员国采取果断、有效措施成功应对了金融危机。在危机后G20 积极着手处理多项重要事务，包括那些被搁置的事务。同时，G20 成员国都面临着全球经济复苏进程缓慢、危机导致国内需求下降的问题。G20 需要与其他国家一道共同探索全球解决方案，以及其在国际新秩序中的作用。

具体到“2015 年后”议程，G20 可以利用其在多边体系内独特的比较优势，在促成全球性协议达成的过程中发挥重要作用。首先，G20 提供了一个各国国家元首和政府首脑定期会晤的机制，由于拥有足够强的政治可信度，所以可以较快地达成协议；其次，由于G20 成员国不仅包括发达国家，也包括新兴国家，所以能够更好地反映全球经济力量的变化，进而促进达成多边协议。

第三章

G20的机制建设

## 一、多边主义的重要推动力量

联合国千年发展目标是联合国全体191个成员国一致通过的一项旨在将全球贫困水平在2015年之前降低一半的行动计划，2000年9月，联合国首脑会议上189个国家签署《千年发展宣言》，正式做出此项承诺。另一个非常关键的文件是《蒙特雷共识》。2002年3月， 为期5天的联合国发展筹资国际会议在墨西哥北部城市蒙特雷落下帷幕。各国国家元首和政府首脑就国际发展筹资达成共识，即《蒙特雷共识》。总体来讲，《千年发展宣言》规划了成员国应该完成的目标和意愿，而《蒙特雷共识》主要用来确定为实现以上目标所需资金的来源。

2000年之后的世界格局发生了显著变化，支持千年发展目标的协议也已经过时。随着千年发展目标在2015年期满，各国政府纷纷开始参与制定下一个发展议程的谈判。过去15年来，发展中国家实力迅速壮大，其中一些已经跻身世界富裕国家之林。世界银行预测，至2015年末，全球资本的一半，共计158万亿美元（以2010年的美元计算），将为发展中国家持有。

未来的发展存在巨大的变化。有些挑战如贫穷和饥饿仍将持续，并将继续成为议程的核心问题。然而，由于全球化速度的加快，发展议程正更多地聚焦于全球公共事务，如卫生、环境等。另外，发展议程也越来越侧重可持续发展，如发展不平衡问题等。日益严重的不平等、金融动荡、暴力循环等都对世界各国的应对能力提出了重大挑战。

发展筹资讨论反映出地缘政治变化带来的不确定性。官方发展援助仍然是一些国家的重要资本流动方式，特别是对于那些无法吸引和借助其他资金来源的国家（如最不发达国家）而言。但是，越来越多地国家正在尝试通过其他渠道筹集降低贫困的资金，如基金会、多边金融组织等。尽管如此，《蒙特雷共识》仍然适用。依靠《蒙特雷共识》有助于调动所需资源，实现发展中国家的发展议程。

发展筹资仍需解决诸多关键问题。如官方发展援助怎样才能筹集更多资金，并发挥更好的效果？如何才能向最不发达国家或地区调配更多资源（包括打击非法流动和避税行为）？所谓的创新融资有何作用？支持中等收入国家发展的机制是什么？中等收入国家的责任包含哪些？发展中国家如何才能更全面地融入全球金融和贸易体系？如何应对气候融资？

总之，2015 年后的议程将是全球最紧迫挑战的一个缩影。因此，作为覆盖全球 90% 经济总量、80% 全球贸易额和 70% 人口的 G20，其参与将显得尤为重要。

## 二、G20与“2015年后”发展议程

幸运的是，G20 已经对 2015 年后的发展议程表示支持。在 2013 年《圣彼得堡宣言》中，G20 领导人强调他们“支持联合国为制定 2015 年后发展议程所做的努力”并“承诺积极参与这一过程，参与新框架及其主要原则和思路的方向探讨，有效促进这一过程及时完成。”《圣彼得堡宣言》还呼吁制定一个统一的“2015 年后”发展议程：“制定简洁、可实施和可测量的目标，同时考虑到不同国家的实际情况和发展水平，尊重国家政策和重点问题，并专注于两大问题，一是消除极端贫困、促进发展，二是实现环境、经济和社会可持续发展方面的平衡。”

G20 的几个不同集团，即金砖五国、G7 和 MIKTA（墨西哥、印度尼西亚、韩国、土耳其和澳大利亚），也纷纷表态支持“2015 年后”发展议程。但是，我们也需要注意这些支持声明侧重不同的重点和角度，所以进行一次全体讨论将是明确 G20 能够从哪些领域具体推进的必要步骤。

### （一）发展筹资问题

“2015 年后”发展议程和发展筹资将通过联合国政府间进行谈判，G20 可以通

过促进领导人对筹资问题的关注，帮助取得相关成果。另外，G20在金融领域的成果将有利于筹资问题的解决。

G20承诺在几个发展重点上采取行动：通过鼓励以适宜的条件吸引私营部门向发展中国家投资，并增加针对发展中国家基础设施投资的融资；确保发展中国家能够受益于G20改善国际税收制度的努力，包括打击税基侵蚀和利润转移行为，同时增进税务机关之间的信息共享；协助发展中国家推广规范金融服务的使用，并采取行动降低转账汇款至发展中国家的成本。

至2015年7月联合国发展筹资会议召开，G20需要采取行动（包括集体行动、成员国单独行动）以及与诸如世界银行等国际组织合作，努力实现其成员国在筹资问题上的承诺。另外，通过专注若干当前的重点问题，制定一套长期实施计划，有效补充最终的发展筹资协议。

### （二）基础设施融资

在基础设施融资方面，虽然仍需要对多边机制解决基础设施融资的能力进行评估，但是G20已经发布了多篇报告，为提高基础设施融资的可行性提供了重要参考建议。另外，2014年7月正式成立的金砖国家新开发银行（简称金砖银行）与2015年底将启动的亚洲基础设施投资银行（简称亚投行）将会在填补发展中国家大型基础设施项目资金缺口方面发挥重要作用。

风险是构成投资壁垒、阻碍发展的一个主要问题，因此，获得全面、正确的风险信息，如国别风险，将会极大推动国际基础设施投资。另外，由于G20成员国是当今主要多边开发银行的重要参与者，G20应鼓励后者在从事基础设施投资时，加强相关风险保障机制，尽量规避非系统性风险。此外，G20可以积极拓宽融资渠道，以支持基建投资，如可以考虑从主权财富基金、养老基金等大型机构中获取更多资金。

基础设施是一个全球性的重要问题，不仅发展中国家需要进行大规模的基础设施投资，诸多发达国家，如美国、英国等也都迫切需要更新本国落后的基础设施，如铁路、通信等。当然目前基建投资对于发展中国家来讲更为重要，因为他们急需通过基建投资来实现经济的提升。

当前，中等收入国家面临双重挑战，一方面要解决贫困问题，另一方面要实现可持续的经济发展。随着城市化进程的加快，它们需要筹集大笔资金满足电力、水及其基础设施发展的需要。麦肯锡顾问公司指出，为满足2030年需要，印度仍然需要重建国内70%的基础设施。另外，中等收入国家应主要发展低碳、可持续的基础设施。这些投资需要大量前期资金，而官方发展援助或国内资源远远不能满足这一需求。所以诸多其他方式，如非优惠贷款、双边出口信贷、外国直接投资、商业债务、技术合作等在很大程度上便利了发展中国家的筹资需求。

## （三）非法资金流动

通过减少非法资金流动和避税行为治理腐败，能够显著提高发展中国家的融资实力。虽说这一问题不是《蒙特雷共识》的构成部分，但是越来越多的证据表明，非法资金流动的规模庞大对发展中国家的危害极大。据预测每年约有556亿美元的非法资金从非洲流出，而这些资金本可以用于当地的经济发展，减少贫困等领域。

G20在《洛斯卡沃斯宣言》中称："在税收领域，我们重申我们的承诺，要加强透明度和信息的全面交流。我们对全球论坛所报道的进展情况表示欢迎，并敦促所有国家完全遵照标准，落实审查过程中明确的建议……我们重申，必须防止税基侵蚀和利润转移行为，我们将继续关注OECD在此领域进行的工作。"

2003年金融行动特别工作组共制订了13个合作计划，用于侦查和打击非法资金流动。美国的《多德–弗兰克法案》、2012年10月颁布的英国反洗钱新规定、2013年八国集团倡议，以及2012金融行动特别工作组的建议都有利地打击了非法资金的国际流动，助力于最大限度地使发展中国家受益，并促进其经济的发展。

“2015年后”议程的一个风险是由于议程涉及面广、条款多，可能会增加成员国之间达不成协议的概率，特别是在关键领域，如气候、贸易等更容易产生激烈的讨论。鉴于此，确保相关国家之间的彼此对话、坦诚沟通显得尤为重要。另外，由于G20领导人峰会的级别非常高，这将有利于通过领导人的政治承诺来实现相关目标。此外,G20会晤的主题侧重于金融和经济，这也都将直接或间接对“2015年后”议程产生重要的积极影响。

# 第五节　G20机制面临的挑战及应对

## 一、G20 面临的挑战

### （一）治理体系

IMF改革遇挫暴露出完善全球治理体系所面临的障碍。2014 年 4 月 11~12 日在华盛顿举行的G20 财政部长和央行行长春季会议上，IMF 份额和治理改革方案陷入僵局。会后发布的公报称：“我们（G20 财政部长和央行行长们）对早在 2010 年已达成的IMF 份额和治理改革再次被拖延深感失望。我们重申份额作为IMF 基础制度的重要性。落实 2010 版IMF 改革方案仍是我们的最优先事项。我们敦促美国尽早批准该改革方案，这样才能保证一个强大而资源充沛的IMF。如果到今年年底美国还不批准该方案，我们将要求IMF 启动备选方案，届时我们将与IMF 货币与金融委员会讨论制定备选方案及日程表。”

在G20 会议公报中如此措辞明确谴责一个成员国是前所未有的，并且受到谴责的是会议举办国美国。这次美国不是在谴责别人，而是被别人联合谴责。早在2010年，IMF各成员国业已达成一致，宣布把IMF的贷款能力增加一倍，达到7330亿美元左右，同时提高新兴经济体的份额。2010年的G20首尔峰会也批准了该方案。根据该方案，发达经济体的份额将由目前的57.9%降至55.3%，其中美国由16.75%下调至16.5%，欧盟由30.9%份额降至29.4%，同时，欧洲国家拥有的董事席位将由9个减少为7个，腾出的2个席位将重新分配。而发展中国家份额则由42.1%上升至44.7%，其中中国的份额将从目前的3.72%升至6.39%，成为仅次于美国、日本的第三大份额国，投票权也将从目前的3.65%升至6.07%。然而，IMF的规则规定，批准任何决议都需要85%的多数同意，而占16.75%投票权的美国事实上拥有"一票否决权"。美国国会由于两党斗争，未能在IMF改革问题上达成一致，导致该改革方案搁浅。

IMF改革搁浅实际上使得G20承诺的与国际金融机构改革相关的大部分后续改革都无法进行，这也暴露出G20机制缺乏执行能力。在这样的治理体系中，像美国这样的大国拖延或拒绝执行决议，就会导致G20无法正常运作。

## （二）治理能力

2010年多伦多峰会以来，G20的首要任务被明确为推进"强劲、可持续的平衡增长框架"。然而2014年的有关进展实际上对G20落实这一框架的能力提出了挑战。

2014年2月，在澳大利亚悉尼举行的G20财政部长与央行行长会议上，与会成员承诺，争取在未来五年内将G20整体的GDP在现有预期轨道基础上提高至少2%。而在4月的G20财政部长与央行行长华盛顿会议上，则要求G20各成员在9月提交各自的综合增长战略（Comprehensive Growth Strategies），并要求各方要确保在11月的布里斯班G20领导人峰会上正式提出各自的全面增长战略。"加快增长

2个百分点”与“综合增长战略”具有明确的数字目标和政策体系。然而，这种明确的目标实际上对G20的治理能力提出了巨大的挑战。正如本次会议与会代表何伟文所指出的：G20目前仅有各国财政与货币政策的协调，然而靠财政与货币政策协调无法实现“加快增长2个百分点”的目标。

G20的治理能力目前仅限于对各国财政、货币政策、金融监管等事务的协调，然而却设定了难度极高的全面增长目标。在缺乏国际统一的全面经济政策协同，并且没有一个综合财政、货币与产业在内理论框架指导的情况下，G20提出的治理目标实现的可能性越来越小。

### （三）地缘政治

G20的定位是“国际经济合作的首要论坛”，因此不愿意主动涉及地缘政治议题，然而国际局势的发展却使得G20机制夹杂了地缘政治的博弈。

2014年3月24日，G7就克里米亚加入俄罗斯一事在荷兰海牙召开紧急会议，决定不出席原定于6月在俄罗斯索契举行的G8领导人峰会，改为夏季在布鲁塞尔举行G7领导人会议。由此俄罗斯的G8成员资格遭到“暂停”。此后，美国、欧盟与日本都出台了针对俄罗斯的制裁措施，俄罗斯也开展了反制裁行动，使得双方的裂痕不断扩大，甚至引发了“新冷战”担忧。

目前乌克兰形势依然严峻，G7与俄罗斯之间的分歧也看不到弥合的希望。类似G8的分裂会在G20上演吗？由于G20的领域被限定在经济合作方面，因此G20发生类似G8的分裂风险要小得多，但这一事件也给G20敲响了警钟。G20成员方之间的整合机制远比G8弱，仅以各成员方自愿出席为主，议程的推进也需要各方一致同意，因此G7与俄罗斯之间的争吵如果出现在G20领导人峰会上，将会造成严重影响。

地缘政治虽然是G20的外部因素，但却是影响国与国之间关系的最重要的元素，它会使G20的结构变得相当脆弱。乌克兰危机暴露了这种脆弱性，而解决这一问题需要的是G20机制的结构改革。

## 二、G20在国际秩序中的“身份困境”

G20在治理体系与治理能力方面面临的挑战，源自G20机制的“针对性”。目前，欧美经济显示出“复苏”的迹象，G20所针对的金融危机议题不再紧迫，“针对性”机制面临尴尬。这种尴尬实际上提出一个根本性的问题，即G20在国际秩序中如何合理定位。通过与G7机制进行对比，可以更加清楚地看到G20的治理体系面临的“身份困境”。

### （一）“责任分担机制”还是“平等参与机制”

究其起源，G20来自G7的扩大化，G20效仿G7的工作模式，并遵循G7的行为理念。可以说，G20的组建是由G7发起，邀请哪些国家或国家组织参与G20也出自G7的选择。

追溯G7的理念，可以发现G7是一种责任分担机制。20世纪70年代初，发生了一系列对全球政治经济体系造成冲击的重大事件，其中包括美元与黄金脱钩、固定汇率制瓦解、石油禁运危机、滞涨等，这一系列事件导致“传统的国际合作机制已无力协调西方主要大国间的分歧，也不能培育出他们采取共同行动的责任感”。在接二连三危机的冲击下，作为资本主义世界霸主的美国无力单独应对，于是经法国倡导，逐渐产生了大国分担责任的G7机制。

2008年金融危机之后，经G7邀集而成立G20峰会机制。从秩序扩展的视角来看， G20应属G7“责任分担”范围的扩大。然而从新兴市场经济体尤其是发展中国家角度来看，G20是前所未有的参与全球治理的机会，他们会把G20当作一个平等参与的平台。

G20属于“责任分担机制”还是“平等参与机制”？若严格按照“责任分担机制”要求，G20应该实体化，成员固定，拥有像G7一样多的国际权力，建立一个金字塔状的层级治理体系，并且逐渐制度化、官僚化，使治理体系的职能远远大于领导人峰会。若严格按照“平等参与机制”要求，各方应有平等的参与权利，成员可按一定规则加入，决议应该通过投票来决定。

“责任分担机制”还是“平等参与机制”实际上是G20面临的最根本问题，它决定着G20在国际秩序中处在什么地位、由哪些成员构成、可以发挥多大作用等基本结构问题，也决定着G20未来发展与改革的方向。

### （二）全面框架还是有限框架

G20的官方定位是“国际经济合作的首要论坛”，而这实际上是一个受限制的定位。G20是由19个经济总量大、人口众多的国家加上欧盟所构成的国际机制，为什么不能讨论比“经济”更广的主题、发挥比“论坛”更大的作用呢？

与G7相比，G20代表性更强，覆盖世界大多数人口和GDP总量，但就其组织结构和功能来说，与G7相比只能算“简化版”，在全球治理中所能发挥的作用有限。而全球治理体系缺少一个具有广泛代表性的最高论坛。

从制度设计来看，联合国是个模拟国家政府的框架，其下设的组织机构涵盖全球治理的大部分领域，如IMF、WTO、国际法院等。联合国的工作人员是国际公务员，并不属于任何主权国家的政府。而联合国之外，G7构成一个“跨政府网络”（transnational network）框架，包括四个层次：第一层是领导人峰会；第二层是领导人私人代表联系机制；第三层是部长联席会议机制，G7成员国半数以上的内阁官员定期会晤，包括财政部长、外交部长、央行行长、发展部长、教育部长、劳动部长、能源部长等，与领导人峰会各自独立；第四层包括80多个专业组织或工作组。G20从制度角度看与G7类似，而与联合国则不同。但目前G20成员国之间的“跨政府网络”松散，仅少数领域建立了常规协调机制，与联合国体系尚未建立完善的功能互动互补机制。

G7的“全面框架”与G20的“有限框架”决定了两者在能力上的区别。可以认为，这种设计使G20无法发挥更大的作用，进而也无法就超出经济合作范围的议题采取行动。框架简单造成G20机制相当松散，执行力不强，具有“散架”的隐患。当前，新兴市场经济体和发展中国家占全球GDP总量已近50%，世界迫切需要一个G7之外的跨政府网络，然而G20的结构设计却使其无力成为全球性的跨政府网络。

### （三）长效体系还是临时体系

从全球治理的需要来看，G20应该成为长效体系，但G20目前的框架只是临时体系。G20诞生之初是临时召集的会议，此后，2009年在美国匹兹堡举行的第三次G20领导人峰会上，关于G20机制做出了“我们希望20国首脑峰会今后每年召开”的表述，但这一措辞明显不具有约束力。2011年在法国戛纳举行的第六次G20领导人峰会上，做出了对2012~2015年的主席国以及2015后主席国产生机制的安排，这比2009年匹兹堡峰会有了更明确的长效性，但也未消除G20峰会的“临时”性质。

G20作为一个治理体系应该包括哪些成员？实际上除了G7的邀请之外，并无明确标准。与G7相比，G20成员间关系也不够密切。G7能够成为一个稳定的长效体系，除了制度原因，文化因素也不容忽视。而G20相比G7，文化更加多元，更需要探寻基于不同文化基础之上的共同价值观。

在决定G20未来发展方向之年，在什么基础上建立G20的长效机制成为一个重大问题。由于G7在这个问题上与G20其他成员存在不同观点，共识难以达成，因此G20创建长效体系还需要通过更高的政治智慧来解决。

## 三、全球治理体系的“功能危机”

G20被定位为“国际经济合作的首要论坛”，理论上表明G20应该在全球经济治理体系中具有“顶层设计机制”的地位，包括国际金融体制改革在内的各类全球性经济治理改革都要由G20来推动。事实上G20 6年来也一直在进行这方面的努力，然而如今却面临在IMF改革遇阻事态中几乎束手无策，针对“额外增长2个百分点”目标缺乏制约手段的困境。全球治理目标如何完成关系到全球治理能力危机的体现。

### （一）货币治理还是金融治理

G20的出现源于应对金融危机，逻辑上其议程应针对金融危机的根源。金融危机的根源在国际货币体系之中还是国际金融体系（包括金融机构、金融市场与金融监管）之中？显然在国际货币体系之中。然而G20的议程实际上却针对国际金融体系改革而非国际货币体系改革。

2008年在华盛顿举行的第一次G20领导人峰会公报中，阐述所要应对的问题时称“导致当前形势主要因素是不一致和不够协调的宏观经济政策，不充分的结构改革，这阻碍了全球宏观经济可持续发展，造成过高风险，最终引发严重的市场混乱”。显然这里把国际金融市场混乱作为需要面对的首要问题。而随后这份公报提出的解决问题的措施却是向金融机构注入流动性以增强其资本、加强市场监管和改革国际金融机构。在G20后续的几届峰会中，尽管提出的措施越来越详细、复杂，但却可以说没有超出金融市场改革范畴。

国际金融市场混乱的根源在于国际货币体系。在全球货币储备量中，美元占有约60.9%的份额，欧元占有约24.5%的份额。美国和欧元区货币当局制定货币政策时只需根据国内经济形势，而对于美国和欧元区之外的广大非关键货币国家来说，货币当局不仅需要根据国内经济形势来确定其利率和货币政策，还要同时根据对外平衡的状况，运用同样的工具来制定和实施适当的汇率政策。然而对内和对外的这两套政策，在目标和手段上常常相互冲突。并且，关键国家还会对非关键货币国家的货币政策特别是汇率政策指手画脚，并尽可能地向这些国家和地区转移经济波动和金融风险。

对于包括中国在内的工业品出口国来说，既要进口原材料，又要进口零部件，工业制成品则销往美国、欧洲及世界其他地区。在这环环相扣的全球价值链中，有着美元、欧元、日元等多种货币计价。在这样的全球经济结构中，便存在着广泛的套利交易机制，这形成了汇率波动与国际金融市场动荡的根源。

中国人民大学重阳金融研究院（简称人大重阳）研究发现，在金融危机条件下，几种货币在模仿美元的世界货币架构，自建全球性金融基础设施。但它们只具有世界货币的部分特点，并不是真正的世界货币，故可以称为“次全球货币体系”。几种“次全球货币”与美元之间相互博弈的多元格局已开始兴起。这样重大的国际经济格局变动，完全在G20的议程设置之外。这凸显出全球治理能力的最根本问题，即没有任何机制可以面对最重要的货币治理问题，仅有的最高论坛G20的能力设置局限于金融市场治理。

### （二）全球治理还是区域治理

G20理应是一个全球治理机制。然而实际上，G20议程的大多数都是发达经济体关心的议题，而对发展中经济体关心的基础设施投资、发展等议题着墨甚少。究其原因，G20实际上更像是一个“G7+12”（欧盟算在G7内）对话机制，G7内部关系紧密，治理体系完备，具有高度有效的治理能力，而G7之外成员方像是在各自与G7对话，相互之间联系松散，缺乏治理能力所需的基础架构。

准确地说，G20当中除G7之外，还包括金砖五国和MIKTA等国家集团，不过他们之间治理关系的紧密程度远远不能与G7相比，并且金砖国家成员与MIKTA成员之间的治理联系就只能通过类似IMF这样的间接渠道。

这种局面导致G20实际能够执行的治理半径只在G7内部或G7与某个国家或国家集团之间。这就使得G20虽有全球治理体系之名，但治理能力只是区域治理体系水平。

当今全球治理中存在的一大悖论是：不同的国家集团都在讨论全球治理话题，然而却还没有形成一个高效的、能解决核心难题的全球治理体系。以2014年7月15日金砖国家首脑峰会发布的《福塔莱萨宣言》为例，其中表达了对G20各主要议程如全面增长战略、“额外增长2%”目标及IMF改革的支持，也表达了对乌克兰、叙利亚、伊拉克地缘政治形势以及非洲多个国家局势的关注及建议。而在6月5日的G7布鲁塞尔峰会宣言中，也能见到类似的关切，并且在大部分条款当中立场并无实质性差别。然而，这两份关注话题相同、立场并不相左的声明，却显然不存在合二为一的可能。

由此可见，G20原本应能成为整合不同国家及国家间组织的利益诉求的最有效平台，但这个平台并没有被充分地打造和利用。相反，由于各方之间的猜忌隔阂，导致这个堪称具有全球治理体系潜力的机制陷入困境。

G20提出的治理目标广泛而深远，包括实现全球范围的可持续增长、就业增加、改革国际金融架构、建立资金流动监测网络，甚至包括反腐败和应对气候变化等。然而就治理手段而言，G20是各国政府间的非正式磋商机制，建立了年会机制的只有领导人峰会、财政部长和央行行长会议以及劳动部长会议，缺乏治理面的深度和广度，并且对于谈成的目标如何落实缺乏执行机制与监督措施。

治理目标与治理手段之间的严重不匹配造成G20的治理能力缺乏，难以推进落实所承诺的目标。有效的治理离不开设计方、实施方、监督方与资金供给机制。从G20的现实来看，提供了很多治理目标设计，但实施方案通常付之阙如，监督机制与资金供给机制都缺乏常规手段，多依赖临时方案。

此外，G20提出的治理目标中，大部分带有“防御性”性质，即关于“如果发生危机”的预防措施或应急建议，这也是在缺乏执行机制下仅能采取的建议。而即便这样带有防御性的治理目标，也往往按照类似“我们呼吁各成员检查国内税法如何造成税基侵蚀和利润转移，保证国际和国内税收法规不允许或不鼓励跨国公司人为向低税率辖区转移利润”的句法写成，仅能算作缺乏实施主体、无法监督的建议。

对于全球治理而言，治理手段难以支撑治理目标。如果不能实现G7与新兴市场经济体的有效治理合作，全球治理框架将面临分裂的危险。

## 四、中国是延续G20机制有效性的关键力量

金融危机7年来，G20机制对全球经济走出动荡、重返增长之路做出了巨大贡献。其中，从2008~2013年的5年间，中国一国贡献了全球总GDP增长量的37.6%，起到了全球经济“火车头”的作用。事实证明，建立G20机制并使中国参与全球经济治理合作当中，对全球经济的复苏意义重大。

### （一）倡导“大金融”的理论及其金融价值观

7年来G20的工作使全球金融危机得到控制，并走上了复苏之路，然而这只是旧的增长方式得到恢复，全球经济依然没有走上强劲、可持续的新型增长之路。要想实现联合国设定的“后2015年”全球发展目标，就必须跳出旧的增长观念窠臼，

把全球金融体系与全球实体经济视为一个有机的整体，重新审视全球增长政策，这就需要“大金融” 理念及其金融价值观。“大金融”是宏观金融理论和微观金融理论的系统整合，将金融和实体经济视为一个统一的整体，促使金融发展和“国家禀赋”的有机结合。

——金融服务实体经济。中国在G20平台中是新兴工业国家的代表，在金融危机背景下因实体经济稳定发展成为全球增长的“火车头”。中国可以大力倡导“金融服务于实体经济”，并使之成为G20的核心价值。没有核心价值，任何组织都难以持久。G20各方应限制金融过度虚拟化，确保资金流向实体经济部门，扩大生产，增加就业。大力推动国际新兴产业合作，积极培育世界经济新的增长点，充分释放科技进步推动经济增长的内在动力。

——各国应享有共同发展权。在全球价值链时代，任何一个国家都无法实现单独发展，任何区域贸易小集团效果也不可能长久。中国应该倡导“共同发展权”概念，从法理高度否定人为妨碍全球财富源泉充分涌流的政策取向，让每个国家发展都能同其他国家增长形成联动，相互带来正面而非负面的外溢效应，使各国能够充分发挥比较优势，共同优化全球经济资源配置，实现互利共赢的发展。

——金融发展应与“全球生态文明”相结合。目前全球议程中的环境问题被“碳减排”遮蔽，“碳减排”关注的实际上是生产过程造成的环境负担，而消费过程造成的环境负担却被忽略。我们认为，在全球价值链时代，全球生产中心与消费中心并不重合。“东亚生产、西方消费”格局是全球价值链主要图景，片面强调生产过程造成的环境负担而无视过度消费所消耗的资源是不公平的。与人类生活密切相关的生态系统如大气层是全球的，因此生态环境的保护需要从全球高度来看待。生态文明是从哲学高度辩证看待人类文明与自然环境关系的思想体系，系统认识从生产到消费的人类行为与环境之间的关系，才有可能真正找到人与环境可持续发展之路。在生产与消费中心分离的全球价值链时代，只有从全球治理入手才能实现全球生态文明。而金融作为全球价值链的连接机制，需要为全球生态文明做出贡献。设计公正合理的消费品“资源足迹”补偿机制，环境问题才有可能真正找到解决途径。

## （二）发展“大合作”的G20治理体系

G20应站在全球顶层设计的高度，开展广泛合作，建立全面覆盖、深入基层的跨政府合作网络，使经济增长能够真正普惠化，让全球共享发展成果。

——建立全面的治理框架。G20广泛涉及全球各个领域事务，需要建立与之相适应的全面治理框架。中国主办G20峰会，应根据国际关系的当代新变化，建立一个涵盖参与方、合作方、对话方的系统性框架，广泛包容从官方、国际组织、跨国公司到民间的各个层次关系，主动创造平台，形成多层次外交新格局。从部长层开始，完善和深化跨政府协调机制，设置更多的例行或特别部长会议机制，如经济部长、贸易部长、教育部长、住房与城市发展部长、能源部长、文化部长等。发展G20在民间层次的对话网络，在现有的T20、B20、C20、Y20之外，创建由大学校长参加的University 20（U20）以及金融领袖参加的Finance 20（F20）等例会机制。

——完善“可变几何学”（variable geometry）的治理结构。“可变几何学”原则，即按不同议题邀请“利益攸关方”参与讨论于2009年成为G20的正式机制。当前G20已建立了与相关国家、国际组织对话的渠道。中国可以进一步发展“可变几何学”治理结构，把与经济治理有关的各类双边或多边对话纳入G20框架中，例如中美战略与经济对话、中等强国对话等。这样一方面可以建立“G7+12”之外的治理结构，另一方面也可以在不改变“一致同意规则”的条件下使G20行为规则更加灵活高效。

——建立基础设施投资的G-PPP（G20-PPP或Global- PPP）机制。参考中国人民大学在2014年APEC第三轮高官会上发布的《通过公私合作制，促进亚太地区基础设施投资》报告中提出的“A-PPP”（APEC-Public Private Partnership，简称A-PPP）模式，可以设想建立G-PPP机制，即一个可以纳入公共和私人投资的资金池以及一个项目库，用于G20乃至全球的基础设施建设投资，解决基础设施建设因主要依赖政府而造成的资金缺口问题。

### （三）推进“大治理”的G20议程框架

——改革国际货币体系。以美元为世界货币的国际货币体系与全球实体经济发展日益脱节，这是金融危机与动荡的根源。早在2009年初，中国人民银行行长周小川就提出过《关于改革国际货币体系的思考》，认为国际储备货币要避免主权货币的内在缺陷才可能保证全球金融稳定。G20中现有的国际金融治理改革思路只涉及监管方式层面，而要建设稳定、抗风险的国际货币体系，靠治标不治本的修补是不行的。中国应研究如何以适当方式提出国际货币体系改革议程。

——推动G20机制化，将其建成服务于全球实体经济的金融合作平台。G20到目前为止仍体现出强烈的“临时性磋商机制”性质：欠缺实体化、约束性和执行力。应推动G20从应对国际金融危机的临时性机制转向促进国际经济合作的主要平台，从临时性论坛转为常设国际机构。为此，G20应考虑设秘书处，以加强各方宏观经济政策、财政政策与金融监管政策相互协调。应该出台G20机制化的路线图和时间表，实现机构化、职能化，这有利于G20的作用从协同刺激转向协调增长、从短期应急转向长效治理、从被动应对转向主动谋划。在全球经济更加一体化、相互交织影响更加深化的后金融危机时代，G20作为全球金融治理体系中最顶层的制度设计平台，势必需要加强实体化和可操作性建设。

# 第四章

# G20的使命：增长与合作

## 第一节　重振全球经济的努力与若干结构性难题

使全球经济重回强劲、可持续增长轨道，并加深多国之间的经济治理合作，是G20的使命所在。而G20落实这种使命，操作层面上的基础是2008年金融危机发生以后，美国、欧盟、日本等发达国家和经济体为应对席卷全球的金融危机，摆脱国内经济衰退，普遍采取的以量化宽松和紧缩财政为主要内容的经济刺激政策，这些试图使其自身避免经济陷入深度衰退和通货紧缩的风险，同时却也产生了一定外溢效应和长期后果。此外，全球经济要想市场重回强劲、可持续增长轨道的目标，还要面对若干结构性难题的挑战。

### 一、重振全球经济的举措

#### （一）美国：量化宽松货币政策及扭曲操作

2008年金融危机以后，美国经济复苏缓慢、失业率较高，金融机构出现流动性危机。由于高水平政府债务的约束，扩张性财政政策空间有限；同时，由于联邦基准利率已经降至接近零的水平，传统货币政策失效。此时，美联储开始寻求使用具有强烈行政性色彩的量化宽松货币政策。2008 年 11 月，美联储宣布购买由房地美、房利美和联邦住宅贷款银行发行的 1000 亿美元债券及其担保的 5000 亿美元资产支持证券，标志着美联储首次使用量化宽松货币政策。

经过第一轮量化宽松货币政策，美国经济避免了大幅跌落，却出现了通货紧缩的风险。考虑到美国经济复苏基础并不牢固，对刺激消费和增加就业效果也不明显，再加上欧债危机的发生，美联储在 2010 年 11 月正式推出第二轮量化宽松货币政策。要求在 2011 年 6 月底前购买 6000 亿美元美国长期国债，对持有到期的国债实施展期，维持 0~0. 25%联邦基金利率区间不变。

第二轮量化宽松货币政策使货币泡沫越来越大，出现了非常明显的流动性溢出，却没有让美国经济有明显的起色，失业率仍然维持在高位，欧债危机持续发酵。2011 年 9 月美联储开始进行卖短买长的扭曲操作，要求在 2012 年 6 月底前购买 6~30 年期的 4000 亿美元国债，并在同期出售同等规模的 3 年期或更短期的国债。

在经过前两轮的量化宽松以及扭曲操作之后，美国经济离真正意义上的复苏还相差甚远，失业率虽然有所下降，却仍有大量长期失业者放弃寻找工作。为了促进投资和消费支出，进而刺激经济增长，2012 年 9 月，美联储宣布实施第三轮量化宽松政策。决定每月购买 400 亿美元的抵押贷款支持证券，同时执行扭曲操作到 2012 年底，延长 0~0.25%的联邦基金利率至 2015 年年中。

在第三轮量化宽松刚刚实施 3 个月后，2012 年 12 月，美联储推出了第四轮的量化宽松货币政策，每月购买 450 亿美元的国债，以替代即将过期的扭曲操作，至此美联储的每月资产采购额已经达到 850 亿美元，并表示只要失业率高于 6.5%，低利率的政策就不会改变。随着美国经济回暖、就业转好，美联储 2013 年 12 月宣布从 2014 年 1 月开始，购买美国国债和抵押贷款支持证券的规模各缩减 50 亿美元，迈出了量化宽松退出的第一步。在 2014 年 7 月，美联储决定于 2014 年 10 月结束资产购买计划，彻底退出量化宽松货币政策。此后，出现了美元升值趋势和美联储加息预期。

### （二）欧盟：以财政刺激为主要内容的危机治理措施

2008 年全球金融危机蔓延至欧洲。欧元区成员国丧失了独立的货币政策手段，为了应对危机造成的经济衰退，欧盟及其成员国采取了以财政刺激为主要内容的治理危机的政策措施。

第一阶段：大规模经济刺激计划。全球金融危机蔓延至欧洲，对欧洲各国经济产生不利影响并不断恶化。2008 年 11 月，欧盟委员会推出《欧盟经济复苏计划》，同意立即采取 2000 亿欧元的财政刺激措施，试图依靠扩大财政支出，推动需求扩张，刺激经济增长。这一计划是第一阶段欧盟出台的最重要的经济刺激措施，此后也出台了一系列有针对性的扩大财政支出的措施。

第二阶段：援助主权债务国家，遏制欧债危机蔓延。大规模的经济刺激计划加大了财政负担，产生了偿付能力风险，希腊、爱尔兰、葡萄牙、西班牙以及意大利等国先后陷入主权债务危机。欧盟在 2010 年 5 月建立了为期三年的 7500 亿欧元的欧洲救援机制，其中包括 4400 亿欧元的金融稳定基金、欧洲“紧急事项基金”拨付的 600 亿欧元贷款以及 IMF 承诺提供的 2500 亿欧元贷款。为了防止危机的进一步扩散，2011 年 10 月，欧盟峰会决定将 4400 亿欧元的金融稳定基金规模扩大至 1 万亿欧元。欧盟金融稳定基金的建立，暂时避免了主权债务违约，稳定了欧洲金融市场。

为了应对欧债危机长期化的趋势，建立长期救援机制，2011 年 3 月，欧盟峰会决定建立欧洲稳定机制，将从 2013 年 7 月替代欧洲金融稳定基金成为长期救援机制。为了保障重债国获得更多的援助资金，2011 年 12 月欧盟决定将欧洲稳定机制提前至 2012 年 7 月实施。本机制按照欧元区各国向欧洲央行的股本比例出资，对陷入危机的成员国提供融资资金。欧洲稳定机制稳定了欧洲金融市场，提升经济增长信心，并促进了欧盟财政一体化。

第三阶段：提高经济治理能力。欧债危机的爆发和升级，彻底暴露了欧盟在经济及财政治理方面的不足。为了弥补欧元区体制存在的严重缺陷，欧盟开始强化财政纪律，进行经济及财政治理改革。2012 年 3 月，欧盟 25 国（不包括英国、捷克）在布鲁塞尔签订《欧盟经济货币联盟稳定、协调和治理公约》，简称“欧盟财政契约”。其中，规定了财政赤字的自动惩罚条例，欧洲法院有权对结构性赤字超过国内生产总值 0.5%的国家进行惩处，并规定最高罚金不得超过该国国内生产总值的 0.1%。2012 年 12 月，欧盟冬季峰会同意欧洲央行负责欧元区银行业监管，迈出了建立银行联盟的第一步，致力于打破欧元区银行业危机和政府主权债务危机之间的链条，彻底解决欧元区体制存在的严重缺陷。

## （三）日本：激进的宽松货币政策

2008 年全球性金融危机爆发以后，日本经济的衰退程度远远超过全球主要发达经济体的水平。随着金融危机愈演愈烈，2010 年 10 月，日本央行认识到本国经济和物价的下行风险不断加大，海外经济体的经济增长放缓以及由于日元升值引发企业的经济景气感受弱化，都对日本经济造成了不良影响，日本央行开始实施宽松的货币政策。由于 2011 年日本发生大地震、核泄漏事故、欧债危机持续发酵、全球经济下行以及中日关系恶化等负面冲击接踵而至，导致日本经济复苏艰难，量化宽松货币政策呈现出综合性发展的趋势。

2010 年 10 月，日本央行将无抵押隔夜拆借率下调至 0~0.1%，实施事实上的零利率货币政策。2013 年 1 月，日本央行宣布引入“价格稳定目标”，将其设定为消费者物价指数同比增长 2%。实施“资产购置计划”，购买诸如国债、商业票据、公司债券、交易型开放式指数基金以及日本房地产投资信托基金等金融资产，为市场提供流动性。2013 年第一季度，得益于消费者支出增长和出口攀升的带动，日本经济增速远远超出了此前的市场预测，日本政府通过大规模刺激措施来提振经济的举措已经开始见效，日本央行的宽松货币政策显然也正在发挥积极效用。

日本央行从 2013 年 4 月开始采取更加激进的货币政策，宽松货币政策进入一个数量和质量并重的时期。日本央行表示将会用两年左右的时间，完成年初提出的 CPI 同比增长 2%的价格稳定目标。日本央行在两年内会将基础货币量、日本国债以及交易所交易基金等扩大一倍，同时，日本央行持有的国债平均到期期限将延长一倍多。日本央行的资产负债表的负债与净资产总额项目将由 2012 年底的 158 万亿日元增加到 2014 年底的 290 万亿日元。

然而，日本经济的一些痼疾迟迟没有好转，私人部门投资意愿不足，实体企业借贷需求有限，银行体系货币创造愿望也不强烈，从而造成量化宽松对实体经济影响有限。普通民众的工资没有增加，因此对居民消费刺激效果不明显，难以达到消费拉动经济增长的目的。

2015 年，随着被称为“安倍三支箭”的量化宽松、财政刺激与结构性改革迟迟不见成效，“安倍经济学”已被认为失败。

## 二、 发达经济体面临的结构性问题

### （一）美国：全球占比下降、贫富差距与财政悬崖

“二战”以后以美元为中心的国际货币体系，确定了美国全球经济的霸主地位。“冷战”结束后，随着东西方对峙的结束，以美国为代表的西方发达国家主动推进经济自由化和全球一体化。掌握先进技术的西方发达国家，位于全球价值链的核心位置，成为最大的受益者。然而，新兴市场国家凭借后发优势，利用廉价的劳动力和丰富的自然资源，在全球经济体系中拥有较强的竞争力，发展和推进了国民经济

建设，对美国经济霸权构成了挑战。

如图 4–1 所示，1960~2012 年美国 GDP 占全球比重呈现周期性衰减趋势，三次大起大落，每次波峰值和波谷值都在逐次递减，反映了美国经济霸权的绝对衰退与美国国力不断削弱的趋势。即使在美国国力鼎盛时期，也没有遏制住美国在全球经济霸权地位的动摇及衰退的趋势。虽然在危机时美国可以通过宽松货币政策，向债权国转嫁自身的债务负担，但这种转嫁机制的作用也在不断衰减，如图所示，美国经济在每次波峰过后，下滑的速度越来越快。

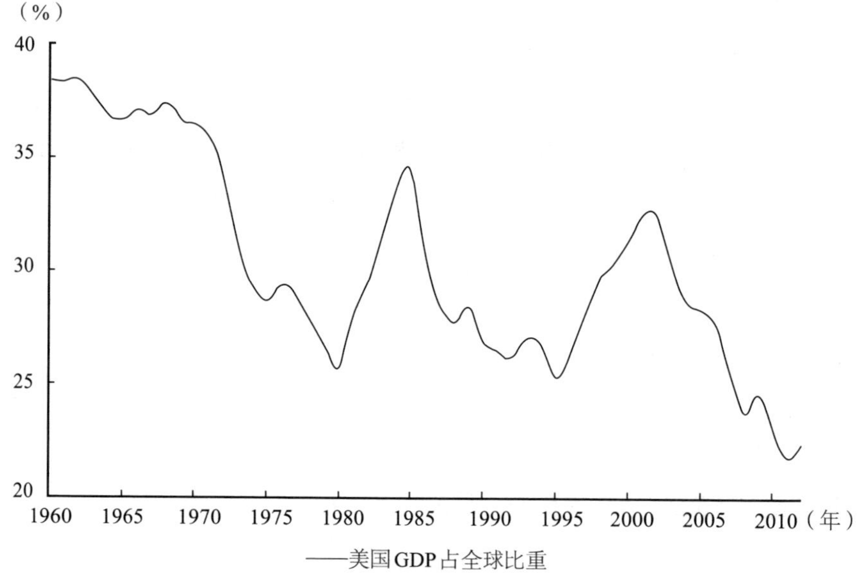


**图 4–1　1960~2012 年美国 GDP 占全球比重**

数据来源：世界银行及作者计算

美国的贫富差距日益严重的问题，让“美国梦”黯然失色。如图 4–2 所示，美国自大萧条以来，贫富差距呈现扩大的趋势，现在已经超越了历史最高点。从 20 世纪 70 年代中后期，美国高收入群体的收入比重急剧上升，相对应的最低收入人群收入开始下降。虽然 21 世纪初的互联网泡沫以及 2008 年的金融危机让最高收入人群的收入受到严重打击，但很快得到恢复。2012 年最高 10% 的收入人群拥有 48.16% 的收入份额，占据全部人口收入的近一半。

美国贫富差距问题背后有多方面的深层次原因，诸如经济增长乏力，虚拟经济与实体经济发展失衡，不公平的现行税收制度以及富人对美国政治的深刻影响都是贫富差距扩大的重要原因，但解决这些问题并不是一蹴而就的。

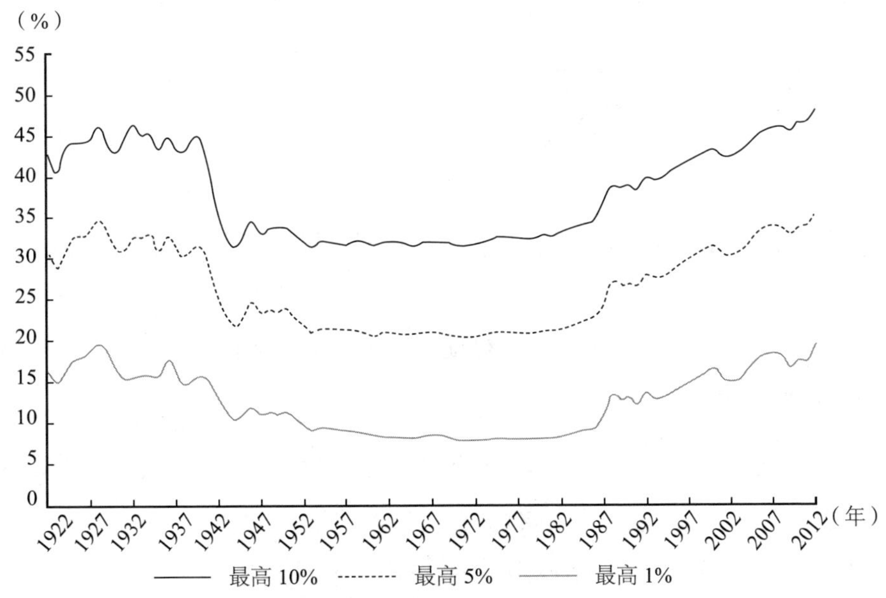


**图 4–2　美国最高 10%、5%、1% 的人口收入占总收入的比重**

数据来源：全球高收入群体数据库，http：//topincomes.g-mond.parisschoolofeconomics.eu/

2012 年末至 2013 年初，美国总统奥巴马竞选总统连任后，面临“财政悬崖”的严峻挑战，这成为美国经济至关重要的核心问题。美国面临的财政困境之所以称为“财政悬崖”，是因为减税和税收优惠期已满、自动减赤机制触发、美国政府债务再次触及债务上限三大问题同时出现在 2013 年 1 月 1 日。实际上，美国所面临的“财政悬崖”是其长期财政失衡积累的必然后果，也是美国财政赤字以及国家债务过度膨胀必然面临的风险。如图 4–3 所示，美国联邦政府债务占 GDP 的比重已经达到“二战”以来的最高水平。

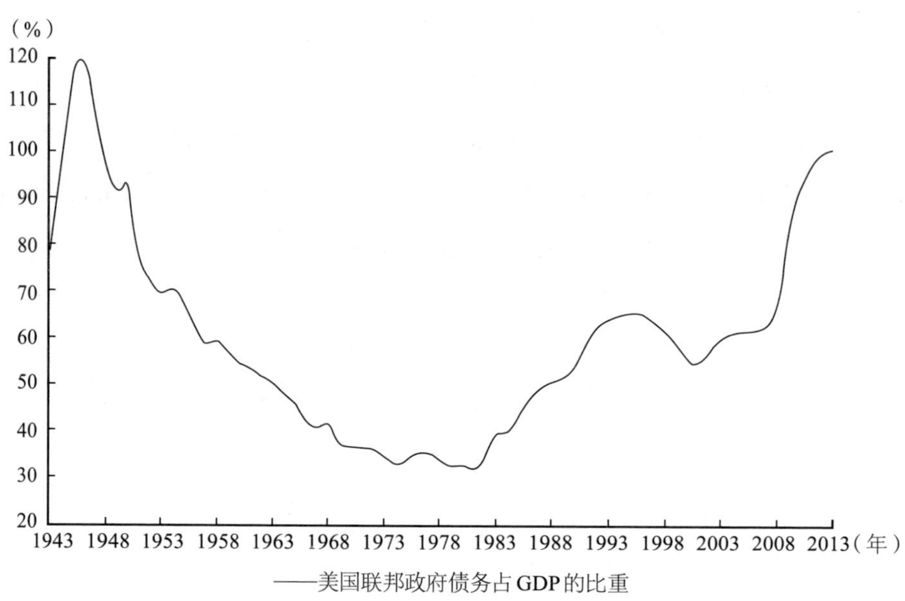


**图 4–3　美国联邦政府债务占GDP的比重**

数据来源：中国经济数据库（CEIC）

目前，“财政悬崖”虽然初步获得解决，但根据达成的协议提高了美国各收入阶层家庭的平均税率，居民的可支配收入将大幅下滑，挤压美国政府恢复经济增长的政策空间，不可避免地将对美国经济复苏产生不利影响。要想解决美国的巨额财政赤字问题，必须转变美国低储蓄和高负债的经济发展模式，发展实体经济和重振制造业以及优化财政收入和支出结构，但是这些解决问题的方法并不是一朝一夕就能够发挥作用的，需要长期的经济与财政改革努力。

## （二）欧盟：社会危机与欧元区体制

高福利国家普遍存在经济竞争力下降、失业率居高不下、财政赤字严重以及社会福利难以为继的一系列经济和社会问题。“二战”以后，“从摇篮到坟墓”的高福利制度在欧洲广泛建立和完善，有利于保障社会公平、缓解社会矛盾。但有些国家福利水平与经济发展并不匹配，比如欧债危机的最初爆发地希腊。希腊是一个发展水平较低的欧洲小国，却不顾自身经济条件，盲目大搞高福利政策，政府财政赤字急剧增加，成为欧债危机爆发的导火索。

高福利的社会保障制度让很多欧洲人，尤其是年轻人非常现实地选择失业。如图 4–4 所示，在欧元区国家，失业率一直在 10% 上下波动，长期失业者占总失业人数的比重也一直在 40%~50% 之间徘徊，意味着高失业率是由于在失业群体中存在大量长期失业者，高福利保障了这些长期失业人员的基本生活。此外，欧洲青年失业率长期以来也高于其他发达经济体，2013 年 6 月欧盟启动了旨在解决青年失业问题的“青年保障计划”，但仍然没有出现积极的效果。高福利政策、经济不景气、紧缩性的财政政策以及对青年群体就业的忽视，是欧洲年轻人失业问题的根本性原因。

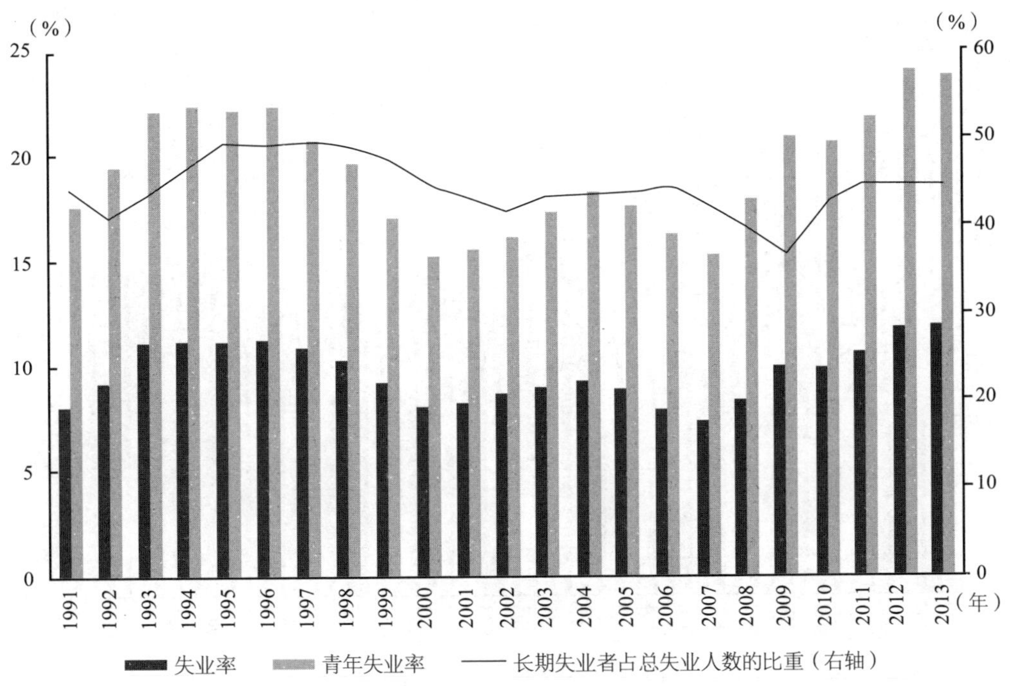


**图 4–4　欧元区失业情况**

数据来源：中国经济数据库、世界银行及作者计算欧盟面临“二战”以后“婴儿潮”一代人步入老年，人口老龄化日益严重，从20世纪末开始，大多数欧盟国家进入老龄化社会。如图4–5所示，1960~2013年，欧盟老龄化人口增加近一倍，老年人口从10.2%上升到19.1%；0~14岁人口比重由25%下滑到15.3%；15~64岁人口比重在1988年达到最高水平67.5%，随后下滑至65.6%。随着老龄化社会的到来，劳动力对经济的贡献程度不断下降，而且用于老年人社会保障的财政支出快速增长，最终政府举债导致财政赤字持续飙升。如表4–1所示，此次爆发主权债务危机的欧洲五国（希腊、爱尔兰、葡萄牙、西班牙以及意大利），都面临中央政府负债规模过高的问题。除西班牙外，其他四国中央政府总债务/GDP、中央政府净债务/GDP都远高于欧元区总体水平，总债务和净债务都高于本国国内生产总值。

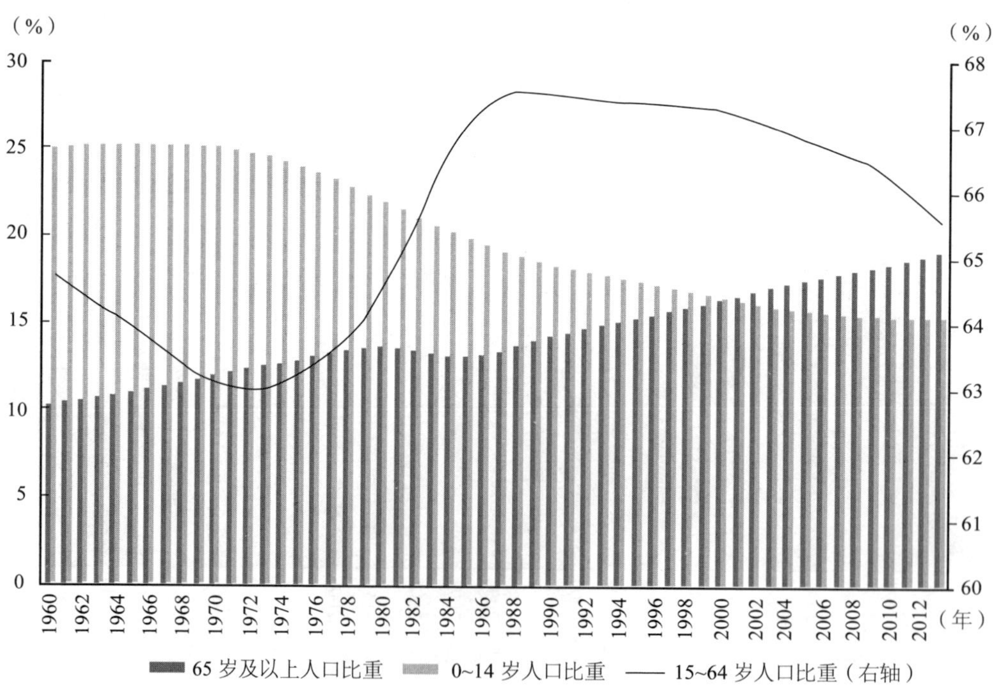


**图4–5 欧元区人口年龄结构**

数据来源：世界银行

表 4–1 欧洲国家中央政府总债务及净债务占GDP比重

| 平均 | 2006 年 | 2007 年 | 2008 年 | 2009 年 | 2010 年 | 2011 年 | 2012 年 | 2013 年 | 2014 年 | 2015 年 |
|---|---|---|---|---|---|---|---|---|---|---|
| 中央政府总债务占GDP的比重（%） | | | | | | | | | | |
| 欧元区 | 68.7 | 66.4 | 70.3 | 80.1 | 85.7 | 88.1 | 92.8 | 95.2 | 95.6 | 94.5 |
| 希腊 | 107.5 | 107.2 | 112.9 | 129.7 | 148.3 | 170.3 | 157.2 | 173.8 | 174.7 | 171.3 |
| 爱尔兰 | 24.6 | 24.9 | 44.2 | 64.4 | 91.2 | 104.1 | 117.4 | 122.8 | 123.7 | 122.7 |
| 意大利 | 106.3 | 103.3 | 106.1 | 116.4 | 119.3 | 120.7 | 127 | 132.5 | 134.5 | 133.1 |
| 葡萄牙 | 63.7 | 68.4 | 71.7 | 83.7 | 94 | 108.2 | 124.1 | 128.8 | 126.7 | 124.8 |
| 西班牙 | 39.7 | 36.3 | 40.2 | 54 | 61.7 | 70.5 | 85.9 | 93.9 | 98.8 | 102 |
| 中央政府净债务占GDP的比重（%） | | | | | | | | | | |
| 欧元区 | 54.2 | 51.9 | 54.1 | 60.2 | 64.3 | 66.5 | 70.2 | 72.4 | 73.2 | 72.6 |
| 希腊 | 107.5 | 107.2 | 112.9 | 129.7 | 148.3 | 170.3 | 153.5 | 168.5 | 169.3 | 166.9 |
| 爱尔兰 | 11.5 | 10.5 | 21.2 | 38.6 | 70.4 | 85.1 | 92.8 | 100.3 | 103.5 | 103.4 |
| 意大利 | 89.6 | 87.1 | 89.3 | 97.9 | 100 | 102.5 | 106.1 | 110.7 | 112.4 | 111.2 |
| 葡萄牙 | 58.6 | 63.7 | 67.5 | 79.7 | 89.6 | 97.8 | 114 | 118.4 | 119.9 | 119.2 |
| 西班牙 | 30.7 | 26.7 | 30.8 | 24.7 | 33.2 | 39.7 | 52.7 | 60.4 | 65.7 | 69.4 |

数据来源：国际货币基金组织（IMF）、财政监测

欧盟各国出现的高福利、高失业率、高人口老龄化、高财政赤字“四高”问题，彼此互相交织在一起，导致欧洲面临深刻的社会经济结构失衡问题。欧盟国家只有放弃高福利的社会保障制度、激活经济增长活力、避免实体经济空心化、发展复合经济增长模式，才能够解决潜藏的社会风险和危机。

此外，欧元区体制存在严重缺陷。欧元区内部各国统一的货币政策与分散的财政政策之间存在矛盾，也就是说欧元区各国实行统一的货币政策，但财政政策是以各国的经济状况为基础由本国自行确定，没有能够平衡和管理欧盟整体经济的财政机构，导致各国经济无法进行有效调节，这也是欧洲债务危机形成的重要原因。此外，欧元区在设计上并没有充分考虑退出机制，个别成员国出现问题后，只能通过欧盟内部协商解决，往往争论不休，不能够及时解决问题。2011 年 12 月欧盟峰会通过一项财政协议，为欧洲迈向财政联盟的实质性步伐。但是，这次峰会并没有解决欧洲边缘国家缺乏竞争力的问题，设定的自动削减超额赤字机制，会造成债务比

率超过 60%的国家陷入经济负循环，阻碍经济复苏。

### （三）日本：人口萎缩、公共债务与能源危机

人口萎缩对日本社会经济产生深远的不良影响。日本总务省数据显示，截至 2013 年底，日本总人口数量为 1.26 亿，日本老龄人口占总人口比重为 25.0%，人口老龄化比例全球最高。如图 4–6 所示，1960~2012 年，日本人口老龄化由 5.7%上升至 24.4%，14 岁以下儿童比重由 30.2%下降到 13.1%，15~64 岁的人口比重也由最高点近 70%下降到 62.5%，呈现“老龄少子化”趋势。

“老龄少子化”是日本经济持续低迷的重要原因，致使社会投资和消费需求下

**图 4–6　日本人口年龄结构**

数据来源：世界银行

降，从而导致社会总需求的不足。由于日本人口老龄化加剧，劳动力供给减少，社会劳动生产率下降压力增大，难以支撑日本经济社会的发展。而且老龄人口过多，使得日本政府社会养老支出居高不下，政府大量举债。随着人口老龄化加剧，日本政府债务问题将面临难以承受之重。中青年劳动力的减少，不利于技术技能的传承，会对产品研发和创新造成负面影响。

20世纪90年代日本房地产泡沫破裂以后，日本为了打破经济长期低迷的局面、消除通货紧缩的风险，长期实施扩张性的财政政策，出现巨额的财政负债和赤字，成为全球负债率最高的发达国家。2006~2013年，日本中央政府总债务及净债务占GDP比重急剧上升，其中，总债务占GDP比重由186.0%上升至243.2%，净债务占GDP比重由81.0%上升至134.1%。日本政府大规模举债的深层原因有三个，分别是严重的人口老龄化、长期的高福利政策以及低水平的社会整体税收。此外，实体经济增长停滞，使得财政税收收入减少，进一步加剧了财政困难。

由于日本财政政策摇摆不定，损害了公众预期，破坏了政府公信力。2012年5月英国评级机构惠誉将以日元计价的日本国债信用评级由AA$^{-}$下调至A$^{+}$。虽然，日本在短期内不会爆发主权债务危机，但从长期来看，日本仍面临出现债务危机的可能性。日本经济长期增长乏力、国民消化债务的空间有限、长期贸易顺差的结束等，都有可能导致日本爆发债务危机。

日本能源战略艰难调整，核电面临考验。大力发展核电是日本能源战略的重要组成部分。如图4–7所示，1998年，日本核能发电量占总发电量的32.9%，在福岛核危机发生前的2010年，核电比例为26%，核能发电在日本电力生产中，一直占据着举足轻重的地位。2011年的日本大地震引发的福岛核危机，日本民众反应激烈，动摇了日本继续发展核能的信心，日本政府开始进行去核化。

日本去核化将导致日本经产省2010年6月制定的《能源战略计划》的能源战略目标难以实现，加剧了对石油、天然气等化石燃料的依赖程度。福岛核危机发生以后，日本几乎关闭了所有的核电站，电力供给难以满足经济发展的需要。为了弥补因核电站关闭造成的电力不足，日本加大了石油、天然气、煤炭等化石燃料的进口量。如果日本电力短缺形成长期化趋势，一定会导致日本电价的上涨，日本企业生产成本上升，严重制约日本经济的复苏。

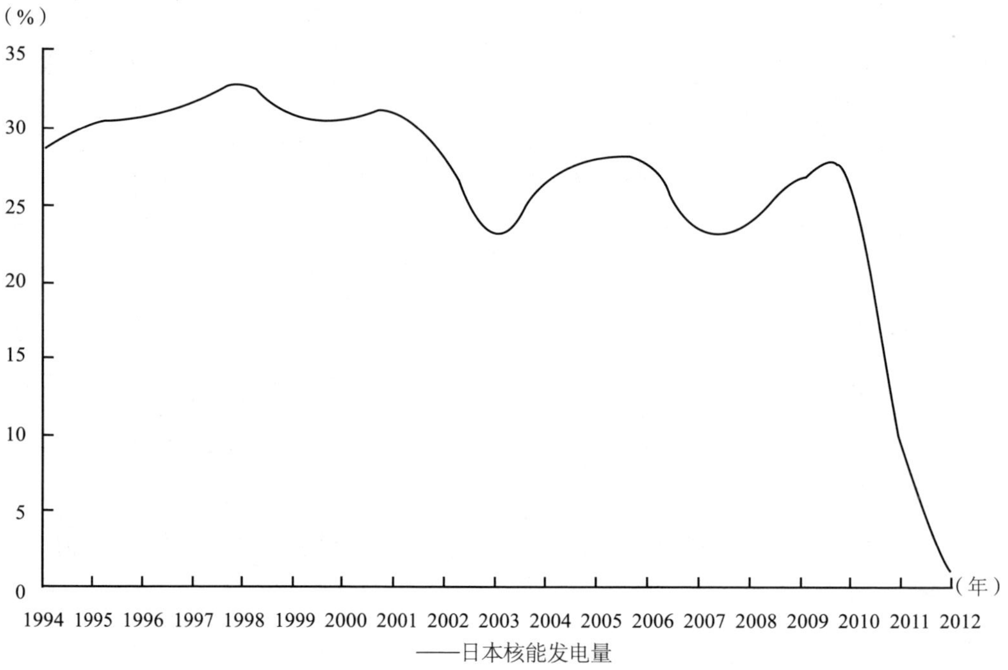


**图 4–7　1994~2012 年日本核能发电量情况**

数据来源：世界银行

## 第二节　G20对全球经济增长的新贡献

G20 通过 7 年的努力，使全球经济在通往强劲、可持续增长轨道的道路上，有了基础和大方向。如何看清这种努力的成效？既然G20 是处在全球各区域经济中心位置的经济体在一起开会的机制，就需要从经济地理学说起。

经济增长起源于人们对更好生活的向往、对更多消费选择的追求甚至为实现世代相传的目标而进行的经济活动。为此，人们努力提高生产率，以达到增加个人收入的目的。显然，经济增长过程总是伴随着经济结构的变化。新产品发明出来，就会将旧产品排挤出市场。生产率的提高促进了资源节约技术的应用。全球价值链永远在变化，只有比较优势一如既往地决定着市场竞争的成败。一个国家的经济增长可因其采取的政策而得到促进，而其采取的政策总是首先作用于当地的经济活动参与者。经济增长的基础性因素至少包括教育、公平的税收机制、市场友好型政府、开放的市场等。

全球竞争也促进了不同地区间的共同增长。德国经济学家杜能（Johann Heinrich von Thünen）在 1826 年提出“同心圆模型”，其原理是：“将经济活动的地理分布视为以中心区为圆心的若干同心圆，中心区是经济活动集中并形成规模经济的地方，其拥挤成本也相应增加。”（拥挤成本是指因经济活动集中而增加的成本，例如，在北京王府井大街开一家超市的费用远远高于在县城开一家同样超市的费用）。离中心越远，经济活动就越少，收入就越低。欧洲著名的工业中心——德国北莱茵-威斯特伐利亚州的鲁尔区就是“同心圆模型”经常列举的“收入椎体”的历史实例：曾经在整个欧洲大陆上，鲁尔区人均收入最高。若将鲁尔区视为同心圆的中心，鲁尔区以外的地点，无论在哪个方向，其人均收入均低于鲁尔区，并且离鲁尔区越远，其人均收入就越低。随着时间的推移，世界或区域中心也在变化。

经济增长的因素很多，其中的重要因素是人力资本，其重要程度并不亚于包括基础设施在内的实际资本。人力资本为个人赋予了能力，使其能够获得技能和经验，创制出新的产品和新的生产方法。在全球范围内，两种资本都是稀缺的，其稀缺程度因国家和地区而异。中心区是人力资本和实际资本聚集的地方，比边缘区充裕；边缘区的资本边际效率较高，有利于吸引人力资本和实际资本，但这只是理论上的说法，而事实上，资本通常向上游流动，例如，资本并没有从美国流向低收入国家，而是恰恰相反。

研究美国（中间区）和发展中国家（边缘区）的情况就可以得知发生上述现象的原因。在美国，人们储蓄低，注重眼前的舒适，较少考虑长远，投资（以及消费）很高；而在低收入国家，与中心区距离相同的不同地点之间的资本边际效率差异是由当地经济政策或体制性因素的差异所导致的。这种差异在微观层面和宏观层面都会产生一定的影响。如当地经济政策有缺陷，则“收入锥体”凹陷，人均收入低于其有可能达到的水平。当地未能吸引足够的资本（包括人力资本和实际资本）弥补上述差距。由此可以看出，一个地区（或国家）的经济政策是竞争环境下的经济政策。各地竞相吸引稀缺的流动性生产要素，以提高本地非流动性要素参与经济活动的机会。他们吸引的资本越多，当地的就业机会和经济增长就越大。

为创建可持续增长的基础，经济政策必须能够快速、灵活地应对商品和服务市场的新挑战，必须允许熊彼特行为模式的采用，必须以良好的投资回报为指向。在2014年布里斯班峰会的成果中，这些要求已被纳入《布里斯班行动计划》和

“综合增长战略”。

从全球视角来看，大国的政策有时会出现妨碍其他国家经济增长的效果，这被称为“负面外溢效应”。因此有必要寻求一种恰当的政策促进全球经济整体增长，使“这个星球上的任何地方”都能分享经济增长的成果。除各国政府需制定恰当的经济政策外，G20 也应发挥自身的作用。

G20 的第一大任务是促进全球经济增长，从G20 的成果文件来看，其倡导的两项政策原则是：有利于经济增长的措施应予采取，不利于经济增长的措施应予避免或摒弃。首先，G20 各成员国应避免不利于全球经济增长的措施和行为。较为重要的措施有：避免在外汇市场上采取“以邻为壑”的政策；避免采取提高关税和境内保护主义等贸易保护主义做法。其次，G20 各成员国可采取措施直接积极地促进本国经济增长。这些措施包括国内结构改革、稳健的货币政策和可持续的财政预算。最后，应采取措施促进核心国际组织的进一步改革，推动世界贸易组织进一步加强国际贸易自由化。许多国家的经济亟待进行结构改革，这不仅可促进本国经济增长，还可促进G20 内新兴市场国家和低收入国家对发展中国家货物的需求。更为重要的是，它们可作为蓝图发挥作用，并鼓励发展中国家加以仿效。G20 通过各成员国相互承诺并执行改革成功地做到了这一点。

G20 的第二个任务是保持货币稳定。进入 21 世纪之后，全球总体通货膨胀率一直处于历史上的较低水平，尽管各国中央银行的资产负债表在急剧扩大。许多发展中国家和转型国家通过名义锚的方式固定了本国货币相对于美元的汇率。它们当中的大多数但并非全部国家实现了本国金融市场的稳定。以往的经验表明，这种稳定是与经济增长相互关联的。

第三，G20 应一如既往地在国际货币基金组织和世界银行改革中发挥积极作用，并与金砖国家开发银行、亚洲基础设施投资银行等新兴国际金融机构建立积极的关系。

最后，G20 一直在加强贸易自由化，包括推进巴黎会议成果实现。

另一方面，有些措施应予避免或防止负面外溢效应。欧元区和美国的货币政策都是针对当地问题的，但往往会给其他国家造成问题。如美国和欧元区长期实行量化宽松政策，新兴经济体（如中国和巴西）将要承担严重的后果，如大规模资本内流且有突然停止的危险，有可能加剧通货膨胀，或引发利率暴涨。因此，该政策可能有事与愿违的后果，因而是危险的。原因有三：首先，该政策导致双边关系紧张和本国市场扭曲；其次，因国际溢出效应，其他国家也可能深受其害；最后，该政策有可能导致许多国家货币竞相贬值，从而造成负面影响，其他国家可能做出提高贸易壁垒等反应。因此国际经济环境可能会受到严重损害。“以邻为壑”的政策往往会导致“自食其果”。

从根本上说，经济增长是一种自下而上的现象。每个人的愿望和梦想推动着国家的经济增长。恰当的经济政策和措施可促进经济增长，反之则阻碍其增长。政策问题宜在国家层面上而不是全球层面上解决，这意味着G20对各成员国经济增长速度的影响是有限的，对全球经济增长的影响更为有限。

然而，G20能够并且应当利用这种有限的影响。我们认为“2014年G20经济增长及其韧性议程”确实在促进全球经济增长，本书论述了这个问题并进一步指出，G20的上述议程只有在各成员国的国内政策与其相衔接的情形下才能发挥应有的作用。因此，各成员国应大力加强经济供应环节，确保国际贸易在世贸组织框架内进行，同时进行必要的体制改革，提高税收政策的效能和效率，促进投资，打击腐败。G20各成员国应商定底线，切实认识到上述改革的必要性并在本国加以落实；达成世贸组织协定是G20对全球经济增长的实际贡献。

## 第三节 “额外增长2%”的新目标

在全球金融危机的背景下，越来越有必要进行多边国际合作与协调。在此背景之下，G20 作为一个危机管理机构应运而生，并奋力带领全球经济走出危机，回到正常发展轨道。G20 有能力在世界主要经济体之间就急需的政策合作与协调搭建合适的框架。此过程中，G20 迅速形成了一个论坛，积极讨论全球经济政策议题，促使各国达成共识。在本质上，G20 本身即显现出自己就是全球经济治理的首要论坛。作为全新的全球经济治理中心，G20 一直是一个应对宏观经济危机的高效机构。然而，G20 仍须证明，自身有能力掌舵全球经济，使之走上强有力而持续和稳定的发展道路。

尽管如今已是金融危机发生以来的第六年，各国经济依然处在恢复之中。虽然我们在诸如美国和日本的一些发达国家身上，看到了经济回暖的迹象，但全球整体经济发展在速度和规模上依然步履维艰。金融危机对全球经济带来的严峻影响仍在持续，就业问题依然是各国面临的挑战性课题，在全部经济合作与发展成员国地区失业人口在 2015 年达到 4600 万，相比危机前多出 1125 万。不平等的问题也在许多国家和地区增多，并成为政治、经济发展的阻碍因素。一直以来，许多国家饱受高额财政赤字困扰，而这一状况将由于人口老龄化和气候变化带来的损失所引发的长期困扰而继续恶化。此外，金融危机对这些国家带来的毁灭性的打击之后引发的政府、机关和市场失信则更是不言而喻。

2014 年的G20 峰会提出“在未来 5 年内G20 整体GDP在现有预期轨道基础上多增长 2%”的宏伟目标。然而，当前G20 为实现此目标而实施的措施还远远不够。经济发展疲软，结构失衡，经济刺激方案和发达经济体实行的宽松货币政策，都存在一系列问题。此外，一旦各国将宽松货币政策作为全球经济复苏的支撑，收益将会显著递减。假如 20 国集团想要在 2018 年前成功实现额外 2%的经济增长目标，那么就需要采取新的措施，必须保持宏观经济政策不动摇，并关注世界经济发展过程中的周期性弱点问题。此外，必须更多地注重体制改革，从而逐步恢复危机前的经济增长潜力。据经济合作与发展组织预测，相比危机前，经合组织成员国和地区在危机期间的经济发展潜在产出降低了约 3.25%。

2014 年 2 月，在一份提交给G20 财长和央行行长的报告中，经合组织、国际货币基金组织以及世界银行认为，通过缩小当前政策与更有利于经济发展的结构性政策之间的差距，就能够实现更快的经济增长。该报告指出，当前的增长趋势，与通过实行更加强有力但切合实际的、基于最佳国际经验的政策所达到的理想状况之间存在巨大差距。该报告还指出，G20 各国结构性政策的不同会造成其完全不同的经济发展状况，而这一结构性政策可以通过调整，以更好地服务于经济发展。

经合组织已经指出，若干关键性领域的生产力发展受结构性改革的影响最为深刻。这些领域包括：竞争、贸易、就业、全球价值链以及投资（尤其是基础设施方面的投资）。然而，仅仅注重发展生产力还不够，如想得到长期持续发展还需增强包容性。因此，G20 国家应改为注重促进包容性增长的结构性改革。为实现包容性增长，我们需要刺激劳动力市场结构性改革，以提高就业率，使更多的个体加入劳动力市场，关注弱势群体，增加人员培训投入。G20 综合考虑所有这些因素，就能设计出即高效又全面的经济发展战略，实现使各国经济发展强健、持续、稳定和包容的目标。

本节将概述一系列政策和措施，G20国家可将其吸收、利用，并植入自身发展战略，以确保其增长率为2%的整体经济发展目标。

## 生产力发展

生产力是经济保持长期发展的主要驱动力之一。在危机发生之前，生产力发展已开始大范围放缓，若该现象持续不变，它将使全球经济陷入一个缓慢发展的时期。尽管生产力总是随着经济活动的发展而不断起伏，但疲软的生产力发展也在一定程度上反映了支持性政策环境的缺乏。从中期来看，为发展生产力，须在促进全球价值链发展，激发更灵活的企业竞争等方面取得进步，并激发创新。为此，须对竞争、贸易和投资等关键性领域进行结构性改革。

## 竞争

有效的竞争机制不仅能提高生产力发展水平，还能带来更多的投资和就业机会。竞争机制能以两种不同方式促进生产力发展：（1）通过缩小价格与成本之间的差距，增加产出并提高消费者盈余；（2）激励企业努力创新，促使其追赶技术前沿，同时引导资源更多的分配至生产活动领域。

然而，产品市场规定的限制和低效政策会对竞争产生负面影响。现今，许多市场的竞争为诸多规定所阻碍，以至于损害了消费者、中间产品使用者以及新型创新企业的利益。成本高昂且程序复杂的管理性措施使新的企业望而却步，而政策执行过程中的漏洞却妨碍了竞争。管理性障碍包括：市场准入障碍，例如授予专属权——由于成熟经济和新兴经济中都设有行业准入限制，服务业的竞争压力尤其小；对公司竞争能力发展的限制，例如调整企业设定价格的能力或提供补贴但限制创新的做法；以及减少对供应商参与市场竞争的鼓励措施等。

合理的规定和政策能产生巨大效应。一份关于G20国家如何才能实现经济发展增长2%的宏伟目标的评估指出，产品市场改革具有能为经济发展做出最大贡献的潜力。经合组织预计，通过改革减少10%的产品市场管制有可能使GDP增长率长期保持1%~1.5%。一些政府实行了许多重要举措，以减少对产品市场的管理性障碍，而另一些政府则一直不愿或未能施行改革而导致收效甚微。

促进市场竞争并最终推动生产力发展的主要政策手段有三个。第一，推广市场管理规则，鼓励而不是禁止可行而高效的市场竞争。法规可通过防止诈骗，保护消费者以及保证身体健康和安全来维护市场完整。然而，在产品标准、管理一致性以及降低监管异质性所导致的费用等方面，需要进行国际管理合作。第二，依据最佳业务实践制定竞争法，并由员工齐全、有法定资格且独立的竞争主管机构通过适当的制裁等措施付诸持续执行。这些政策能确保鼓励竞争的市场管理规则能够发挥出期望的竞争作用。第三，对国内竞争有加强作用的贸易和国际投资政策。贸易及投资政策的开放性增加了国内市场竞争，而许多贸易和投资方面的摩擦则来自于严格的本土规则以及不同国家间在法规和标准方面的差异。

竞争政策还需要相应范围的行动。这包括在处理受影响的企业和消费者的私人强制情况时，拥有足够范围内的能力、调查力量、制裁、补救措施以及实际的选择。此外，还需要对横向协议、纵向协议、行政决策以及排他行为进行明确的引导和一致的执行。最后，为确保调查的完整性，相关部门必须独立决策、负有责任并按章办事。该部门还需要是竞争的倡导者，并有责任推进放宽管制和贸易自由化，为有效的竞争减少阻力和障碍，将政府对市场不必要的干涉最小化。

最后还有重要的一点，G20可能还需要考虑关于竞争政策的国际合作。竞争执法合作确实处于关键时期：竞争执法部门数量由1990年的不足20个增至现今的120个；目前国际兼并交易数是1990年的三倍，且在未来还很可能出现更多的国际兼并交易。一些国际联合企业不断出现并参与其中。中国和印度正逐渐成为竞争执法的主要国家，并越来越多地就类似问题与其发达国家的经济贸易伙伴合作。然而，合作形式依然以双方合作为主，合作和合并在竞争法中对于制定统一的商业环境管理规定至关重要。就此而论，G20 可通过为国际竞争执法合作设计方法，做出巨大贡献。

## 贸易

在更广范围内的可提高生产力（尤其是在全球价值链领域）的结构性改革中，贸易是另一个重要支柱。通过经合组织和世贸组织发布的增值贸易数据库，我们发现，现今的全球价值链反映了 21 世纪的成果，并能为处于不同发展阶段的所有国家参与国际贸易和提高生产力提供可能性机制。该数据库还显示，G20 国家的出口中有 30%~60% 为自身或他国的进口产品。此外，G20 国家的出口产品（增值产品）中，服务类占到 42%；其他国家的这一数据达到 50%。就此而言，很明显，全球价值链正在决定生产、贸易和外商投资模式等方面变得越来越具影响力，并要求我们参与全球贸易时有一个成熟的模式转变。过分依赖进口进一步凸显了贸易保护主义不利己的后果和增加最具竞争力的投入的必要性，包括增加对进口产品的投入。现今世界，商品的生产被分割，并多次跨越国界，贸易保护主义带来的成本被放大。对当今全球价值链的分析正强力地证明贸易保护主义的毒害性以及为什么应该舍弃占主导性地位的重商主义。

然而，一系列因素抑制了高效的全球价值链流程，并进而给贸易带来了巨大的成本。首先，低效的海关和边境流程给进出边境进行贸易的贸易商增加了不必要的费用。经合组织估计，每降低与跨境贸易相关费用的 1%，将产生约 400 亿美元的效益。其次，针对中间产品的贸易保护措施增加了贸易商的生产成本，并降低了国家在出口市场的竞争力。此外，针对国外中间商品和服务的限制性采购政策同样对一国在地域和全球供应链的地位产生不利影响。再次，诸如道路、港口、机场等基础设施的质量以及与该设施相关的流程效率会极大地影响全球价值链。随着及时交货的新规范的出现，产品交货每耽误一天所造成的损失相当于1%甚至更多的关税。基础设施建设对于促使发展中国家参与全球价值链也是一项重要的因素。

世贸组织《巴厘岛贸易便利化协议》能通过降低不必要的费用，加快贸易速度和最小化不确定因素等方式帮助各国参与全球价值链。经合组织制定了一整套贸易便利化指南，指出了行动区域，并评估了改革的潜在影响。该分析说明，便利化措施能使所有国家（无论是出口国和进口国中的任何一方或是双方）从中受益，使其在全球价值链中更好地投入生产，进行整合。很明显，贸易便利化带来的经济效益非常可观。因此，G20国家必须明确自身的领导地位，推进实施世贸组织贸易便利化协议，并朝着有利的方向发展，实现既得效益。

降低重要关税同样是积极参与全球价值链的重要举措。除实行多边关税降低政策外，G20国家尤其是发展中国家应全力确保贸易协议的实施。贸易协议的实施对于支持全球价值链以及未来贸易增长至关重要。在全球贸易尚未恢复到危机前水准的背景下，多数正在协商的贸易协议是重拾全球经济发展信心有利而至关重要的第一步。通过参与贸易协议，各国能尽量减少当前存在的贸易壁垒。贸易协议的扩散实施还能在危机发生后协助坚定实施针对贸易保护主义的措施，鼓励G20国家逐渐取消现行贸易保护措施。此举将激发贸易活动发展，促其更好地发展。

尽管对于增加新的贸易机会而言，消除贸易壁垒确实是很好的出发点，但全球价值链还需要高效的服务。考虑到服务效率在该行业中确保全球价值链合理运行中的重要作用，提升服务业效率显得至关重要。为此，经合组织制定了服务贸易限制指数，全球主要服务提供商可据此衡量自身的表现，以寻求机会更好地进行运作。一个重要的方面就是提升服务管理水平，这对于提高生产力至关重要。此外，在国家层面上进行服务改革是多方面而不是单方面的，因各国对国外服务提供商的依赖程度不同，服务改革将带来更多的效益。

基础设施建设也是促使G20成员尤其是发展中国家参与全球价值链的关键。因此，政府在提高公共基础设施政策效用的同时，同样须投入资金进行基础设施建设。同时更为重要的是，所有国家要从全球价值链中真正获得效益，对人员技能的结构性改革和投资必不可少。

总之，参与全球价值链要求不同利益相关方之间的高水平合作，包括企业、政府、民间团体以及国际的合作，以确保所有合作障碍被最小化甚至消除。不断对该领域进行结构性改革将促使各国获得全球价值链相关的效益，充分挖掘其发展潜力。

## 投资

通过创新或资本积累进行的投资是促进生产力发展的第三大驱动力。特别是国外的直接投资对于一国经济尤为重要，因为该投资流向的是其产出最多的地方。该投资还能带来技术迁移和增加竞争等好处。在组织和最优化全球价值链方面，国外直接投资也扮演着重要角色。

然而，全球金融危机发生以来，投资一直处于低迷状态。2013 年，全球国外直接投资增加量仅为 1.3 万亿美元，这一数字为历史最低，仅相当于 2007 年同期水平的 30%。国际兼并和收购活动也仅停留在 2007 年的水平以下。若当前下降趋势延续，该数据在 2014 年继续下跌 20%。事实上，自危机发生以来，许多经合组织成员国不断报告其对内和对外投资的萎缩，这一趋势堪忧。

各国政府应立即采取措施，消除不必要的投资壁垒，遏制住此下降势头。自 2008 年以来，应 G20 领导人要求，经合组织同联合国贸易暨发展会议一直在 G20 国家中施行新的贸易保护主义控制措施和贸易自由化措施。我们的评估表明，尽管在 G20 国家的投资举措正朝着贸易自由化的方向发展，但进展缓慢。经合组织国外直接投资限制指数显示，面对隐性贸易保护主义措施以及诸如基础设施建设等相对保守领域，投资仍然容易受到风险威胁。

面对这一背景，各国政府须通力合作，消除贸易保护主义措施，创建公平的投资环境，提供明确、可预见的相关规定，让投资者自由竞争、投资和创新。政府还须着力宣传国际投资环境的分裂性。投资政策要保持连续性，初始阶段的宽泛性协议应明确核心原则，确保达成的所有区域性贸易协定符合多边系统要求。

通过解除机构融资限制，尤其是基础设施建设方面的限制，增加长期性融资的前景广阔。据经合组织统计，截至2030年，未偿付全球基础设施建设投资成本累计将达到约71万亿美元。这一点对于当前环境尤为重要。当前形势下，受财政赤字和新的严格而谨慎的规定影响下萎缩的银行贷款影响，政府投资不断减少。在过去20年，用于基础设施建设投资的公众资本骤减。公众固定投资在GDP中的平均比例由4%以上降至约3%。

然而，更令人担忧的是，私营部门似乎并不愿意填补这一缺口。2010~2012年，仅有8%的国外直接投资流入经合组织成员国，进入基础设施建设领域，而2007~2009年同期数据为10%。此外，这一减少并不是由于资金缺乏。2012年，机构投资者持有并控制超过80万亿美元的资产，而其中仅有少于1%的资产被投入基础设施建设领域。其主要原因应归咎于投资者所面临的诸多障碍，如监管障碍，包括复杂的评估和核算标准、所有权限制、诸多国家有关基础设施建设项目的非上市投资限制或直接投资的限制等。

为鼓励机构投资和更宽泛的投资，须落实相应的方针及激励性框架。为此，应在若干关键领域进行结构性改革。首先，须消除不合时宜的监管障碍，通过鼓励更优秀的银行业务示范，发展合适的融资工具，推进稳定的监管环境，深化长期投资私人融资条款。其次，必须消除国外直接投资限制，确保为政府和个人投资者提供公平的竞争环境。再次，应通过提高公司关系处理能力，增加多边发展银行资源和增加公众领域完成项目的能力等方式增加公共投资供应。最后，为确保投资项目收益良好，可通过发展用户收费机制，提高基础设施交付能力和更有利的监管和竞争总条件等方式，改善当前条件。

经合组织在投资领域能力突出，在实行国际层面的改革中，特别是在以下方面做出了贡献：《经合组织资本流动自由化法典》《经合组织关于国际投资和多国企业宣言》《二十国集团/经合组织关于机构投资者长期投融资的高级原则》以及《经合组织私营部门参与基础设施建设投资规范》。以上所有文件均可用于国际经济政策参考。

## 劳动力市场参与及就业

劳动力市场参与及就业率也是推动长期发展的重要驱动力，因此更加强有力的结构性改革应促使劳动力市场在创造就业机会和提高劳动力市场参与程度等方面提高效率。这在人口趋势不利，即大多数G20国家内发生的可用劳动力资源减少的人口老龄化状况下显得尤为重要。

大多数G20国家均面临着人口老龄化的问题，通过影响深远的结构性改革能弥补这些国家存在的巨大劳动力市场参与缺口。

危机时期，急需强调就业尤其是长期就业问题，否则将存在永久性风险。激活政策可改变就业状况，促使失业者回到就业岗位，将长期失业者维持在劳动力市场。该政策包括提供求职援助和就业培训。向该项目分配的资源应予以调节，从而为陡增的领取救济者合理分配资源。经合组织统计显示，根据各国国情，将用于求职援助和培训的费用增加至GDP的0.1%~0.3%时，可降低失业率（或提高就业率）1个百分点。激活政策将使所有G20国家的弱势群体受益，该群体包括妇女、青少年以及老年劳动力。若该政策得以合理、明确实施，激活政策将在短期和中期内获得高额回报。

年轻人应可从该方案中获得明确的回报：仅经合组织成员国地区，就有接近800万年轻人处于失业或失学状态（所谓的“啃老族”）。年轻人尤其是那些技能水平较低的年轻人受危机影响最大。能降低处于失业或失学状态的年轻人比例的举措包括：延长中等教育年限，例如，英国、部分澳大利亚和美国的州以及加拿大的一些省延长了义务教育阶段年限；加强职业培训系统（包括学徒制和在职培训等），辅助学校进行工作前的过渡工作，例如，德国采用的课堂教学与工作实习相结合双重教学系统；学徒培训认证；旨在增加参与职业培训系统设计与管理的私人群体数量的方案，比如，印度的《国家提高技能政策》，该政策围绕公私关系建立，以加强行业参与技能。

此外，须努力增加女性劳动力市场参与。据经合组织统计，15~64 周岁的男性中有四分之三就业人口，而女性的这一数据只有 57%（墨西哥和意大利低于 50%）。性别差异导致的劳动力参与率变化不一，加拿大的这一数据低至 7%，印度和沙特阿拉伯却高达 50% 以上。总之，发展生产力进而调动劳动力，增加劳动力中女性比例并利用她们增加的受教育程度等措施都能促进世界范围内的经济发展。因此，须提高劳动力市场女性参与率，以确保她们能完全融入劳动力市场，特别是在她们不仅做兼职工作、低收入工作、低生产率工作，有时（特别是在新兴经济体）甚至是做不正当工作的情况下。经合组织为 G20 国家所做的模拟实验特别强调了 2015 年前若将劳动力市场参与率的性别差异降低 25% 对劳动力人口规模的影响。这一目标的实现将在 2025 年为 G20 国家的劳动力市场带来额外的 1.17 亿女性人口。值得注意的是，在许多 G20 国家这将极大缓解预计的未来数十年内尤其是人口老龄化引发的劳动力减少的状况。鉴于历史趋势，我们相信，2025 年将性别差异引发的劳动力参与率降低 25% 并在 2040 年降低 50% 的目标将在许多 G20 国家变得切实可行。

## 包容性增长

尽管所有以上阐述的因素，包括竞争、贸易、投资、劳动力市场改革等都大大促进了经济发展，但均未能促使经济增长更具包容性，即在长期内获得持续稳定的经济增长。包容性增长旨在提高生活水平，并在社会群体中更均匀地分配经济发展的社会成果。经济危机期间，不公平程度也进一步拉大。不公平程度的加剧变得多元化（不仅体现在收入方面，也体现在机会方面），近年来这一现象严重阻碍了经济发展，并将在长远范围内影响经济发展前景。

考虑到不公平现象的多元化性质，我们应精心制定一个全面的政策策略，以强调快速膨胀且频繁出现的不公平现象。经合组织一直在制定一种“包容性增长”战略，以取代传统的以GDP为中心的经济发展模式。作为此战略的一部分，经合组织还制定了四大支柱包容性增长战略，从而通过分析关键领域的根本原因，解释不断膨胀的收入差距问题。除税收（尤其是许多国家的个人所得税可以增加）和资金转移（大多数以最脆弱部分为目标）之外，该包容性增长战略着重分析就业、教育以及公众服务提升。

最大的挑战在于为人们创造更多具备良好就业前景的工作和真正的机遇，以使其远离贫困。特别是为所有人提供更多更好的工作，以减少随意、劣质工作，增加劳动力市场女性参与率（如上所述）。经合组织就就业中的性别差异问题指出，高的劳动力市场女性参与率能缓解贫富差距，尤其是当女性有能力参与全职工作时。

人力资本投资是关键。危机发生之前的数十年，平均教育年限的延长抵消了三分之二的工资差距增长，而平均教育年限的延长是受技术进步和严峻就业形势的双重影响。人力资本投资不仅须从幼年时期抓起，还须一直持续贯穿义务教育时期和工作时期，并施以足够的鼓励措施，鼓励劳动者及受雇者进行技能投资。发放奖学金不失为在低收入群体中鼓励接受教育的有效途径。技能更高的劳动力资源将有助于缓解工资两极化，增加就业和促进社会稳定。据经合组织国际学生评估项目分析，优良的教育系统注重于扶助最弱势的学生，并能缓解教育成果的不公平现象，打破学生表现与其社会经济背景的联系。

有关自由开放的及高质量的公共服务条款，如教育、健康和家庭关怀等，都很重要，尤其是在G20国家中通过现金再分配的能力比较弱的国家。在发展中国家，医疗卫生服务须着重提供关键服务；发达经济体须在包括财政紧缩时期内着重关照贫穷群体。发达经济体需要提高社会保障的效率和效力，发展中国家则须继续建立健全的社会保障系统。附带条件的现金转移也显示其有助于改善贫困状态。

为确保以更加公平的方式分配经济发展成果，提升税收和福利系统应有范围限制。在很多国家，最高收入群体占社会总收入份额的增长意味着，该群体相比之前有了更强的缴税能力。

最后，在劳动力和产品市场实施结构性改革时，一个重要的因素在于确定该改革对于不同收入群体的分配影响。为此，经合组织将在其关于结构性改革的分析中进行介绍。

综合所有因素，G20 国家可以通过综合经济增长战略，实现“额外 2%”的增长目标，同时，确保在中长期时间内保持经济的包容性、持续性发展。除包容性发展之外，经济增长战略还应当利用各种不同的可用政策杠杆，提高策略执行效率，并最终达成经济发展目标。如果说制定全面、完整的经济发展策略很重要，那么施行这一策略也同等重要。成功制定并施行这些经济发展策略将证明G20 不仅是一个高效的危机管理主体，还是一个真正高效的全球经济治理论坛；G20 国家的公民将受益于更加灵活和更具包容性的经济发展途径。

## 第四节　全球增长与互联互通

最根本的，通往强劲、可持续增长轨道还是要加深全球各经济体之间的互联互通，这样才能实现贸易与投资便利化，为经济增长打好基础。与2008年的经济危机相似，20世纪90年代末爆发于东亚和拉丁美洲新兴市场经济体的经济危机也曾对发达国家的经济造成严重威胁。经济危机的威胁要求全球治理体系和治理能力与时俱进，在这种情况下，一个由发达国家和新兴经济体组成的G20应运而生。

直到2008年，G20的主要议程仍是危机预防。为此，G20各成员国的财政部长和中央银行行长多次召开会议。自2008年危机以来，G20各成员国领导人一直坚持定期召开会议，最初一年两次，自2011年起改为一年一次。

在2009年4月伦敦G20峰会上，G20领导人呼吁集体行动应对全球危机："现代世界经济面临最大的危机，这场危机自我们上次会晤以来一直在加深，严重影响着各国人民的生活，所有国家必须团结起来，共同应对这场危机。全球性危机需要全球性的解决方案"。

考虑到全球经济严重失衡，G20的作用不应局限于危机管理。此外，还需要建立更有效的政策协调机制，以确保全球化和全球范围内的相互依存性不断深化。因此，G20 平台必须有一个长远目标。长期以来，G20 关注的主要是与全球金融机制有关的问题；在新的形势下，G20 必须扩大关注范围，将经济增长和未来一段时间内消除实体经济障碍应遵循的战略纳入其议程。

2014 年布里斯班G20 峰会为未来 5 年设定了“额外 2%”的全球经济增长目标。为实现这个目标，G20 决策者现已积极着手制定未来经济增长议程和战略。为促进全球经济增长，各成员国需要确定并执行有助于促进全球经济增长的共同措施；但也应当看到，G20 各成员国产量和出口恢复的情况各不相同。

从图 4–8 可以看出，一些发达国家，包括大多数欧洲国家、加拿大和日本，自 2008 年危机以来，始终未能恢复其生产和出口水平；而一些发展中国家，包括中国和印度，经济发展和增长相当稳定。

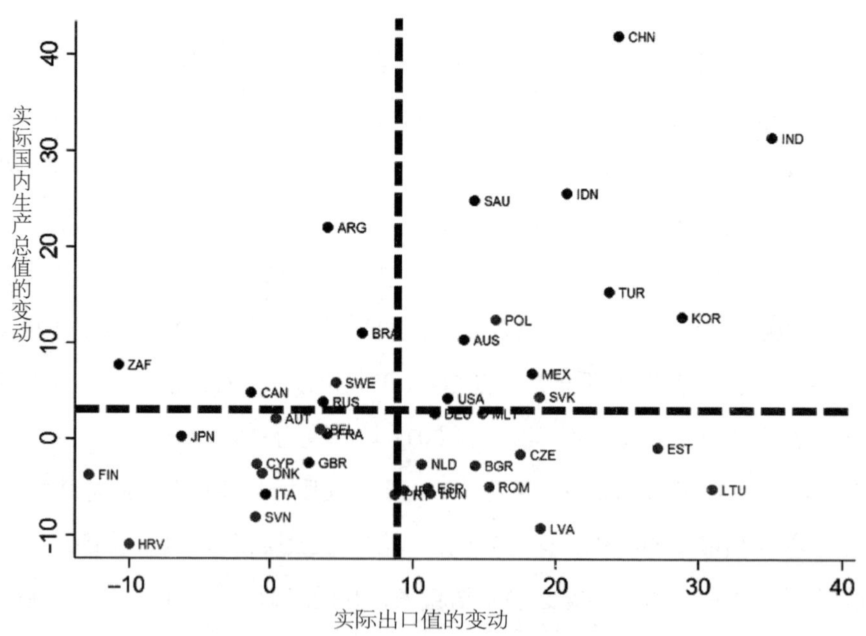


**图 4–8　G20 各成员国产量和出口情况**

资料来源：经济学人情报部，土耳其经济政策研究基金会给出的计算结果

此外，G20 各成员国的生产能力各不相同。从图 4–9 可以看出，G20 的某些经济体，如中国、德国和美国，能够生产多种产品和稀有产品；而另外一些国家，如澳大利亚和阿根廷，能够生产的产品种类不多，且仅能生产普通产品。

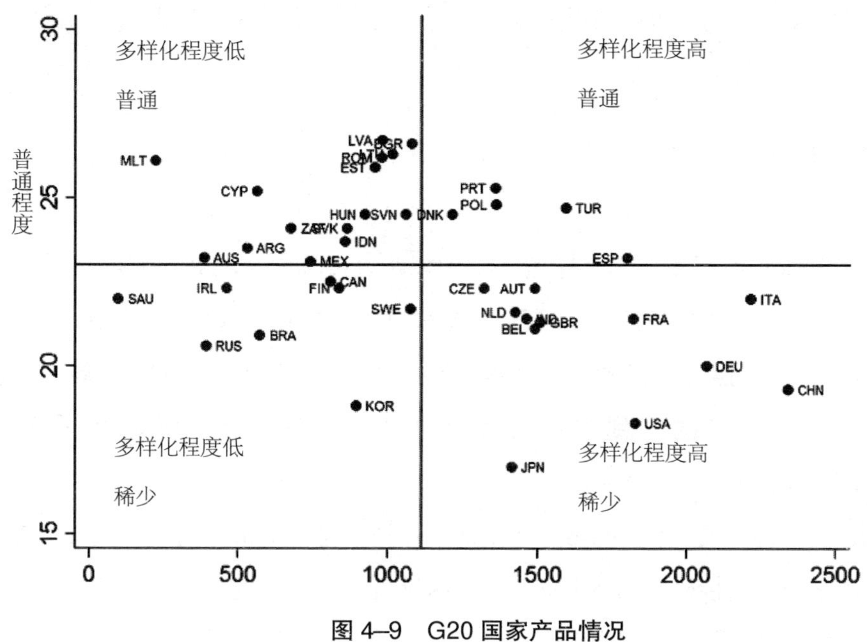


**图 4–9　G20 国家产品情况**

数据来源：BACI 数据库，土耳其经济政策研究基金会给出的计算结果

由于 G20 各成员国的工作重点各不相同，很难将各种不同的政策融合在一起，因此，找到能够适用于 G20 各成员国的综合经济增长战略并不是一个轻而易举的任务。不过，G20 各经济体可利用它们之间日趋密切的连接作为共同采取行动的重要工具。

## 一、加强G20各经济体之间联系的重要性

增进 G20 各成员国日趋密切的连接对 G20 的未来有着至关重要的作用。这里所说的连接是指交通运输网络、路线以及能源路径和电信基础设施的扩展，即“互

联互通”。“互联互通”可通过多种方式促进贸易和经济增长。例如，完备的基础设施可提高商品和服务的流通效率和效益。完善的交通通信服务有助于供应链的形成和发展，也有助于促进贸易和私人直接投资。加强G20各成员国的互联互通有助于促进各领域的发展，同时也有助于全球经济增长预期结果的最终实现。

## 连接与贸易

G20必须适应不断变化的全球贸易结构。新兴市场国家和其他发展中国家提高了它们在全球贸易中的份额。全球贸易趋势是指发展中国家在全球贸易中的份额增加，发达国家的份额相应下降。从1980年到2011年，发展中国家在世界出口总额中所占的比例从34%增长到47%，在世界进口总额中所占的比例从29%增长到42%（见《2013年世界贸易报告》）。

然而，贸易途径发展相对缓慢，不能满足新兴的全球经济结构的要求。发展中国家经济体之间的连接程度仍然很低，这意味着现有的贸易途径不能适应贸易重心从传统经济强国转移到新兴市场。

**表4–2　各成员国之间的贸易互补性**

| | 阿根廷 | 巴西 | 中国 | 印度 | 印度尼西亚 | 墨西哥 | 俄罗斯 | 南非 | 沙特阿拉伯 | 土耳其 |
|---|---|---|---|---|---|---|---|---|---|---|
| 阿根廷 | 26.0 | 35.0 | 26.1 | 24.1 | 30.8 | 25.2 | 27.2 | 32.0 | 26.4 | 31.8 |
| 巴西 | 35.9 | 31.9 | 43.4 | 30.7 | 39.8 | 28.3 | 32.3 | 41.8 | 33.3 | 38.1 |
| 中国 | 44.7 | 45.4 | 33.0 | 30.5 | 40.0 | 55.9 | 52.1 | 43.6 | 39.2 | 38.9 |
| 印度 | 35.1 | 38.8 | 27.7 | 31.2 | 49.6 | 35.6 | 37.7 | 39.1 | 36.3 | 42.4 |
| 印度尼西亚 | 28.2 | 36.3 | 31.6 | 35.3 | 30.2 | 26.8 | 27.4 | 36.9 | 22.9 | 37.7 |
| 墨西哥 | 52.8 | 45.3 | 42.3 | 42.9 | 38.7 | 48.1 | 45.5 | 58.6 | 39.7 | 45.4 |
| 俄罗斯 | 15.3 | 30.4 | 29.1 | 45.3 | 36.5 | 17.3 | 6.5 | 32.7 | 117 | 33.2 |
| 南非 | 27.9 | 27.2 | 27.2 | 37.7 | 24.3 | 23.7 | 26.8 | 32.9 | 30.4 | 29.7 |
| 沙特阿拉伯 | 5.1 | 15.3 | 18.2 | 30.8 | 16.7 | 9.1 | 0.1 | 22.4 | 0.0 | 17.2 |
| 土耳其 | 38.8 | 35.7 | 22.8 | 23.0 | 34.5 | 35.9 | 45.3 | 38.5 | 43.0 | 42.3 |

（续表）

| | 澳大利亚 | 加拿大 | 欧盟 | 法国 | 德国 | 意大利 | 日本 | 韩国 | 英国 | 美国 |
|---|---|---|---|---|---|---|---|---|---|---|
| 阿根廷 | 32.8 | 34.9 | 32.8 | 30.9 | 31.5 | 30.8 | 27.2 | 24.7 | 35.7 | 27.2 |
| 巴西 | 37.2 | 36.9 | 41.5 | 37.2 | 37.7 | 40.0 | 36.3 | 35.7 | 36.9 | 37.1 |
| 中国 | 53.0 | 49.7 | 54.3 | 52.5 | 56.5 | 46.4 | 50.0 | 39.6 | 51.8 | 60.6 |
| 印度 | 39.2 | 34.3 | 43.5 | 40.6 | 37.4 | 40.5 | 33.4 | 31.5 | 40.6 | 38.8 |
| 印度尼西亚 | 38.1 | 35.5 | 43.7 | 41.2 | 41.1 | 42.0 | 52.7 | 42.8 | 43.0 | 41.3 |
| 墨西哥 | 59.4 | 65.5 | 55.5 | 50.5 | 52.9 | 51.9 | 49.1 | 44.6 | 55.0 | 67.9 |
| 俄罗斯 | 23.4 | 20.1 | 31.8 | 25.3 | 25.6 | 35.0 | 37.3 | 43.2 | 25.0 | 32.8 |
| 南非 | 29.5 | 31.9 | 31.4 | 27.5 | 30.5 | 29.7 | 28.9 | 27.7 | 35.3 | 25.5 |
| 沙特阿拉伯 | 14.9 | 9.9 | 17.3 | 12.4 | 8.4 | 16.6 | 23.7 | 26.9 | 11.8 | 21.5 |
| 土耳其 | 45.9 | 45.5 | 48.3 | 49.0 | 47.0 | 42.8 | 30.7 | 26.4 | 48.5 | 41.2 |
| | 阿根廷 | 巴西 | 中国 | 印度 | 印度尼西亚 | 墨西哥 | 俄罗斯 | 南非 | 沙特阿拉伯 | 土耳其 |
| 澳大利亚 | 13.6 | 24.2 | 31.3 | 28.6 | 22.4 | 15.2 | 16.1 | 27.6 | 18.8 | 28.2 |
| 加拿大 | 44.7 | 54.4 | 50.4 | 52.5 | 44.9 | 43.3 | 39.8 | 59.8 | 44.7 | 51.6 |
| 欧盟 | 59.9 | 59.1 | 45.3 | 43.1 | 59.4 | 70.9 | 73.4 | 57.3 | 59.3 | 72.3 |
| 法国 | 60.7 | 58.4 | 38.3 | 34.1 | 50.8 | 57.0 | 61.0 | 52.8 | 55.7 | 60.5 |
| 德国 | 69.5 | 55.5 | 47.5 | 37.3 | 51.3 | 65.3 | 72.9 | 59.3 | 52.9 | 52.5 |
| 意大利 | 55.1 | 55.1 | 35.2 | 33.4 | 48.5 | 55.0 | 55.4 | 52.6 | 52.8 | 55.1 |
| 日本 | 57.5 | 58.0 | 57.4 | 34.4 | 48.5 | 50.6 | 47.5 | 45.4 | 46.2 | 45.5 |
| 韩国 | 50.0 | 55.3 | 59.1 | 32.7 | 50.8 | 53.1 | 42.0 | 43.7 | 37.8 | 47.4 |
| 英国 | 55.0 | 57.5 | 45.4 | 44.5 | 53.5 | 57.1 | 57.5 | 57.0 | 51.7 | 52.5 |
| 美国 | 53.9 | 59.3 | 58.1 | 42.5 | 57.3 | 73.9 | 59.2 | 51.4 | 57.5 | 52.7 |
| | 阿根廷 | 巴西 | 中国 | 印度 | 印度尼西亚 | 墨西哥 | 俄罗斯 | 南非 | 沙特阿拉伯 | 土耳其 |
| 澳大利亚 | 23.4 | 24.3 | 25.3 | 22.5 | 24.0 | 25.6 | 39.2 | 34.3 | 25.7 | 20.5 |
| 加拿大 | 55.2 | 60.5 | 59.4 | 54.9 | 56.7 | 58.4 | 54.8 | 54.6 | 58.7 | 67.7 |
| 欧盟 | 75.5 | 78.3 | 100.0 | 99.3 | 38.3 | 90.3 | 55.4 | 51.5 | 84.7 | 71.5 |
| 法国 | 58.9 | 53.8 | 73.5 | 75.6 | 71.2 | 54.9 | 42.7 | 40.0 | 58.8 | 54.5 |
| 德国 | 71.3 | 75.4 | 79.6 | 78.2 | 79.9 | 59.1 | 44.7 | 45.2 | 71.5 | 64.0 |
| 意大利 | 61.8 | 62.5 | 68.8 | 69.8 | 65.0 | 60.2 | 40.6 | 39.9 | 55.8 | 54.4 |
| 日本 | 48.9 | 53.1 | 50.3 | 45.3 | 55.7 | 45.4 | 36.8 | 55.9 | 44.5 | 49.5 |
| 韩国 | 47.0 | 43.3 | 50.2 | 42.1 | 45.5 | 40.9 | 35.8 | 47.4 | 42.6 | 44.0 |
| 英国 | 73.4 | 72.5 | 79.5 | 75.7 | 71.2 | 55.2 | 52.7 | 51.2 | 77.5 | 68.6 |
| 美国 | 66.4 | 74.8 | 72.6 | 69.9 | 71.4 | 59.2 | 54.5 | 56.5 | 58.5 | 63.5 |

表 4–2 显示发达国家之间的平均贸易互补性指数为 58，新兴市场国家之间的平均贸易互补性指数仅为 32。因此，发展中国家经济体之间连接程度低也意味着它们之间的贸易互补程度低，这会阻碍全球经济增长。

此外，连接是促进经济增长和就业的重要手段。世界经济论坛最近的一项研究表明，与当今颇为风行的消除关税手段相比，加强连接更能有效降低贸易成本。此项研究结果表明，如果每个国家开展两个连接项目，即“边境管理与运输”和“电信基础设施及有关服务”，即使它们只能做到世界上典范国家的一半，全球合计国内生产总值也能增长 2.6 万亿美元（4.7%），出口也将增长 1.6 万亿美元（14.5%）。

另一方面，多边贸易便利化协议的主要关注点是取消关税，该举措将使全球合计国内生产总值增长 0.4 万亿美元（0.7%），出口增长 1.1 万亿美元（10.1%）

## 连接与消除差距

作为一个更具包容性的组织，G20 将加强连接视为促进共同发展的重要手段，因为G20 各成员国之间以及G20 成员国与非成员国之间在与外界连接方面的差距是巨大的。

用联合国贸易和发展会议的海运运输连接性指数表示的G20 各成员国连接水平，如表 4–3 所示。G20 各成员国之间的差异是显著的，例如，中国的指数水平是印度尼西亚的 6 倍。除中国外，海运连接性指数高的国家均为G20 内的发达国家，但有些发达国家（如加拿大和澳大利亚）的海运连接性指数也很低。加强连接将惠及G20 内的最不发达国家，有助于加强包容性，也可用作再平衡工具。尤其是G20 内的非G7 成员国。

表 4–3　海运运输连接性指数

| 高度海运连接性 Connectivity（> 70） | | 中度海运连接性 Connectivity（40–70） | | 低度海运连接性 Connectivity（< 40） | |
|---|---|---|---|---|---|
| 中国 | 157.5 | 意大利 | 67.3 | 加拿大 | 38.4 |
| 韩国 | 100.4 | 日本 | 65.7 | 俄罗斯联邦 | 38.2 |
| 美国 | 92.8 | 沙特阿拉伯 | 59.7 | 巴西 | 36.9 |
| 德国 | 88.6 | 土耳其 | 52.1 | 阿根廷 | 33.5 |
| 英国 | 87.7 | 印度 | 44.4 | 澳大利亚 | 29.9 |
| 法国 | 74.9 | 南非 | 43.0 | 印度尼西亚 | 27.4 |
| | | 墨西哥 | 41.8 | | |

资料来源：联合国贸易和发展会议

此外，G20 成员国在连接性方面优于非成员国。G20 各成员国的平均海运运输连接性指数为 62.1，远远高于非成员国（119 个国家，欧盟除外）的平均海运运输连接性指数 15.7。因此，发展中国家和最不发达国家比 G20 各成员国更有可能受益于连接性的改善。同时，G20 成员国，尤其是非 G7 成员国，有可能成为将贫弱的发展中国家与全球经济连接起来的枢纽。这有助于加强作为全球经济治理机制的 G20 的可信度和合法性。

## 连接性与中小型企业发展

加强连接有助于将不同国家纳入全球一体化进程，也有助于将中小型企业纳入全球经济一体化轨道。中小型企业是国民经济的组成部分和重要的就业渠道，但相对于大型企业，中小型企业在与外界连接方面遇到的问题更多，而且往往被排除在出口市场和全球/区域供应链之外。因此，消除贸易领域中的连接不畅问题有助于促进中小型企业参与全球市场。

### 加强连接与建设和平

加强连接是建设和平的重要途径。连接国与国之间的每一条道路或管道，都有助于加强它们在经济上的相互依存性并促进当地的稳定。也就是说，加强经济一体化本身就是一种强有力的冲突解决机制。

## 二、怎样加强互联互通

众所周知，加强不同国家间的连接并不是那么轻而易举的，这涉及不同国家间的政策协调和规划，还涉及对基础设施的大规模投资。

此外，加强不同国家间的连接不仅涉及硬件问题，还涉及软件问题。必须加强机制连接和海关协调，改善行政程序，达成过境协定（如，国际道路运输方面的公约等），简化审批环节。还应建立物流管理和服务机制，保证投资的有效运作。

加强连接意味着大规模投资于交通运输设施和开辟新的交通运输通道。海运投资和开辟新的航线是一个重大问题。根据联合国贸易和发展会议进行的调查，在被调查的国家中，有157个国家［仅占班轮往返对数（157×156对）的17.7%］有直接的班轮往来。可以说，在这方面仍有很大的改进余地。

此外，改善公路、铁路和物流一体化系统有助于加强不同国家间的连接。已经启动的区域性项目包括振兴古丝绸之路（穿过中亚，连接中国和欧洲），在东南亚和南美洲建设新的公路和铁路（前者如新加坡至昆明的铁路线，后者如南美洲区域性基础设施一体化项目）。

不过，交通运输设施建设并非加强不同国家间相互连接的唯一手段。能源通道、石油和天然气管道、输电线路（如德国“沙漠技术”项目），甚至输水管道等都是有助于促进区域经济一体化的重要投资项目。

新兴市场国家之间连接程度和它们在互联网治理机制中的代表权与它们在全球互联网经济中日益增长的份额是不相称的。据波士顿咨询集团调查显示，G20 的互联网经济总量为 2.3 万亿美元，占 G20 国民经济收入总额的 4.2%。G20 中的新兴经济体有 8 亿互联网用户，超过 G20 中所有发达国家的互联网用户总和。互联网经济的迅速兴起引发了人们对基础设施投资和治理领域许多问题的讨论，包括对数据中心和电缆投资、跨境数据流动监管、个人数据保护和网络安全问题的讨论。

## 三、G20应怎样加强不同国家间的相互连接

G20 能够并且应当解决不同国家间的相互连接问题，这需要全球政策协调和集体行动。G20 应加强不同国家间的机制连接，在这方面的首要任务之一是确定并敦促其成员国遵守有关标准。鉴于 G20 各成员国均为世界上的重要经济体并被视为所在地区的领导者，它们能够在消除重要瓶颈方面发挥重要的作用。

G20 可偕同国际组织在基础设施项目的开发、评估和次序安排方面发挥重要作用。客观的技术可行性评估对于说服私方投资和融资有至关重要的作用。此外，在能力建设和技术经验交流方面加强协调可加快不同国家间相互连接的步伐。G20 可加强各成员国履行其承诺的责任心，支持各成员国政府部门之间加强协调。

G20 将在建立和协调区域发展基金方面发挥主导作用。在这方面，G20 应根据各区域性项目之间的互补程度做出优先安排，增强私方的信心，促进他们对项目融资的参与。

新型跨境公私合作模式的发展有助于主权国家应对融资方面的困难。G20 峰会可领导跨境公私合作模式的发展并制订跨境公私合作应遵循的准则，以激励私人投资者（开发者）承担此类复杂项目。

# 第五章
# G20面对的国际形势

## 第一节　金融衍生品大爆炸及其治理之难

自20世纪70年代起，新自由主义浪潮以及金融国际化开始影响各国政府，以自由化为核心的金融制度改革席卷全球各国，奠定了各国金融自由化的制度基础。1986年，英国撒切尔政府主导了被称为“金融大爆炸”的改革；1999年，美国通过了以金融业混业经营为主要内容的《金融服务现代化法案》，从法律上为金融业爆炸式发展打开了大门。互联网及信息技术的革命性发展，也使得金融机构有了发挥“毁灭性创新”能力的工具，各种金融衍生品和金融创新如雨后春笋般层出不穷地涌现。

据统计，当前全球仅场外金融衍生品的合约规模就达到650万亿美元以上，相当于全球一年GDP总量的近10倍，堪称世界经济头上的“悬湖”。金融衍生品是一把“双刃剑”，被称为“金融市场中的野兽”和“20世纪最具争议性的金融创新”。一方面，金融衍生品是现代金融创新和发展的重要动力。适度发展金融衍生品，可以活跃金融市场，提高金融市场的配置效率，对金融服务水平和竞争力的提高起到关键作用。另一方面，金融衍生品过度创新会导致系统性风险积累。20世纪90年代以来的历次金融动荡、金融危机中，金融衍生品都在推波助澜，导致风险在金融体系中疯狂肆虐。防范金融衍生品引发的系统性风险，尤其在2008年全球金融危机之后，成为全球金融治理的重要组成部分。

当前对金融衍生品的监管主要集中在一国之内，依靠各国政府立法和监管对衍生品交易进行功能性治理，并不能形成对交易主体的强有力约束。金融衍生品不断推陈出新，组合方式复杂多变，往往进行高杠杆操作，各种风险交织在一起，增加了风险计量、决策和监管的难度。金融衍生品具有国际性的特点，大多数交易都是跨市场跨国进行，浮动汇率制助长了利用衍生品进行频繁、巨额的投机行为，加剧了国际金融市场的动荡。随着金融自由化和金融全球化进程的深入发展，大量资本在全球范围内迅速流动，大大增强了各国金融市场和国民经济的互联程度，金融衍生品引发的系统性风险不再局限于一国之内。

金融衍生品交易经过 40 多年的发展，传统的监管机制难以对其进行有效的治理。各国政府已经充分认识到金融衍生品所蕴含的巨大风险，积极寻求对衍生品市场监管的国际合作，不断加大全球金融治理的力度、广度和深度。

## 一、“金融海啸”何以波及全球

2000 年互联网泡沫破裂，美国经济从繁荣陷入衰退，次年的“9 · 11”恐怖袭击事件加重了经济衰退的风险。在缺乏有效的投资对象的情况下，美国政府采取压低利率的措施鼓励投资和消费。此后长期宽松的扩张性政策，尤其是货币政策，极大地刺激了房地产市场的虚假繁荣。2004 年后，迫于国内外经济形势的需要，美联储从 2004 年 6 月到 2007 年底连续 17 次提高联邦基金利率，利率的提高刺破了房地产市场泡沫，次贷危机随之发生。

次贷危机的爆发符合“信贷膨胀—泡沫破裂—债务拖欠”的经典三段论，处在债务链条关键环节的金融机构首先遭受了巨大的冲击，随后在政府政策和市场心理反转等因素的共同影响下，以高杠杆运作的金融机构深入开展“去杠杆化”，却紧缩了美国的国内投资和消费需求，对美国金融体系和实体经济造成了巨大伤害。但次贷危机并没有局限在美国国内，危机随之扩散到其他国家，成为席卷全球的金融危机。

虽然以金融衍生品为代表的金融创新并不是此轮金融危机爆发的根本原因，但是它在“金融海啸”波及全球的过程中，发挥了至关重要的加速器和放大器作用。全球化和金融自由化使得金融衍生品引发的系统性风险超越了国界的限制，加速了危机的扩散速度和蔓延范围；而多变复杂的高杠杆操作大大加深了危机的破坏程度。此轮危机爆发之突然、传播之快速、影响之广泛、持续时间之长久，远远超出了人们的想象。

此外，在布雷顿森林体系崩溃以后，全球经济形成了新的美元环流轨迹。美国通过扩张的货币政策，大量发行美元维持贸易赤字，支撑美国的高负债和高消费，维持美国经济的发展；其他对美国存在大量贸易顺差的国家，在向美国回流美元的同时，持续不断的贸易顺差也带动了本国经济的增长。再加上美国放任美元贬值，直接导致美元的全球流动性泛滥。次贷危机的发生，让国外对美元的信心急剧下降，沿着美元环流的反方向，危机传染到其他国家。这也是“金融海啸”蔓延至全球的重要原因。

## 二、过度衍生化与金融治理之难

美国次贷危机引发全球金融市场剧烈动荡，全球金融危机对实体经济的巨大冲击成为各国共同面临的严峻挑战。而反思危机成因，可以认为，信贷产品衍生化、信用评级机制以及金融市场混业经营模式等存在问题以外，西方国家特别是美国的货币政策也与危机发生密切相关。并且，西方发达国家在长期宽松货币政策的刺激下，经济“金融化”与金融“衍生化”的程度过高，已经成为2008以来的金融危机的主要特征之一。

2007年美国次贷危机风险暴露之后，美国众多银行及其他金融机构在次级房贷抵押市场的巨额敞口，使其面临成百上千亿美元的潜在损失，最终导致金融机构在日常业务经营中出现严重流动性短缺问题。在这种情况下，美联储首先采取了一系列传统货币政策来应对，从 2008 年 9~12 月连续降低联邦基金利率及一级（折现）贷款利率累计达 100 个基点。如果从传统的货币政策传导机制理论来看，央行基准利率的大幅下调应该可以帮助银行以更低的成本获得日常经营所需的流动性，从而促进银行进一步通过传统方式以发行短期债务和提供定期贷款业务来盈利。但是，由于危机时期的金融机构对信贷风险特别是交易对手不履约风险的恐惧，以及资产证券化产品价值缩水导致金融机构对自身资产负债表状况的不确定性，所以联邦基金利率的调整无法缓解金融机构的流动性危机问题，自然也就无法传导到实体经济层面上。此时，传统的货币政策传导机制面临失灵的挑战。

在这样的情况下，美联储退出了流动性直接投放工具，希望通过流动性直接投放渠道增加金融机构的流动性，进而推动投资并带动实体经济发展，从而实现货币政策传导机制的效果。而作为中央银行的美联储直接投放流动性，则为货币政策与金融危机之间的关系进一步增加了复杂性，从而也使得金融危机在 7 年后实际上仍在更深层次上产生长期后果，增加金融治理难度。

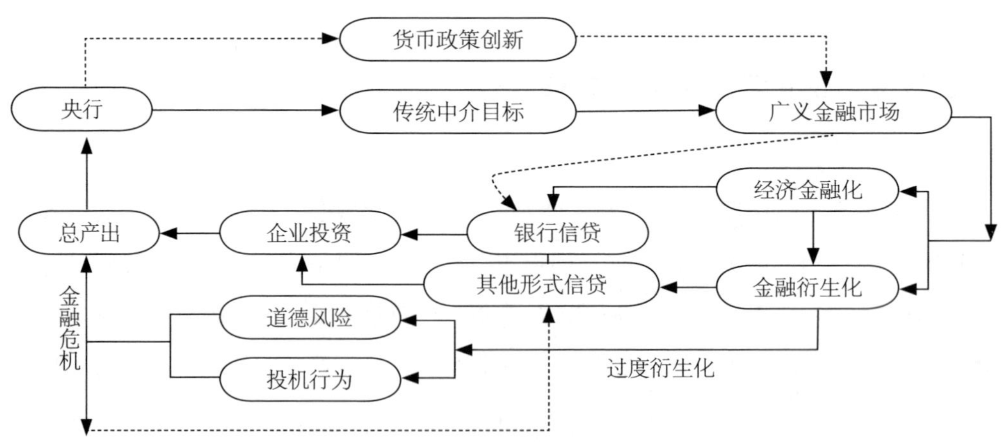


**图 5–1　广义金融市场传导渠道**

图片来源：张成思：《货币政策传导机制研究新前沿——全球新型金融危机视角下的理论述评》，《国际经济评论》2010 年第 5 期

图 5–1 显示出，在整个传导渠道中还涉及金融衍生化与经济金融化过度引发投机行为可能会导致金融危机爆发。金融危机如果出现，则会通过市场机制反作用于银行信贷和其他信贷业务，进而形成对实体经济的负面冲击等一系列相关问题。此时，中央银行仅仅调整传统的中介目标将不足以应对金融危机对实体经济的冲击。

当代的金融市场，涉及诸多主体，传导渠道不断复杂化、快速化，当货币政策长期处于过度宽松状态时，金融市场衍生化就会出现爆炸式发展，导致过度投机行动蔓延。另外，实行长期低利率政策，也会刺激金融市场衍生产品的发展。而在金融衍生交易链条中，金融产品会被不断以新的组合方式“打包”转售，都会将风险向下游无限转移。当金融市场上部分资产价格出现大幅度盘整时，金融衍生交易链条底端的低信用等级交易者就会出现破产，多米诺骨牌效应最终回摧毁金融市场上的众多过度衍生交易链条，使金融市场面临“滚雪球”式蔓延的大危机。

经济金融化、金融衍生化的发展以及新的传导渠道与金融政策环境，使金融治理难度日益增加，并且越来越需要国际合作来参与治理，这也反过来促进着金融市场的全球化。在这样的时代条件下，各国主权货币之间的竞争将决定全球经济的未来走向。

## 第二节　国际货币进入“多元竞争”时代

### 一、美元霸权困境与全球金融治理危机

#### （一）布雷顿森林体系与“特里芬悖论”

第二次世界大战前后，帝国主义国家之间的经济实力发生了巨大的变化。英法两国的经济遭到了很大的破坏，经济力量空前衰落，西欧的实力逐渐衰弱，而此时美国的经济实力日渐膨胀。美国企图取代英国，建立以美元为中心的国际货币体系。1944 年 7 月，44 个国家的代表在美国的新罕布什尔州布雷顿森林举行国际货币基金会议，讨论建立战后国际货币体系问题。会议结束时，通过了《联合国家货币金融会议最后决议书》以及两个附件，即《国际货币基金组织协定》和《国际复兴开发银行协定》，总称《布雷顿森林协定》。1945 年 12 月 27 日，国际货币基金组织和世界银行成立，总部都设在华盛顿。至此，布雷顿森林体系宣告形成。

布雷顿森林体系建立了一个以美元为中心的世界货币体系，其主要内容包括

两点：第一，美元与黄金挂钩；第二，其他国家货币与美元挂钩，即同美元保持固定汇率关系。布雷顿森林体系搭起的平台包括了世界银行和国际货币基金组织（IMF），要求世界各国以美元为储备货币。因此，各国为了发展国际贸易，就必须用美元作为结算手段与货币储备。这样做，就会导致美国的美元流出，在海外不断沉积，对美国来说，就会发生长期贸易逆差。而美元作为国际核心货币的前提，是必须保持美国币值的稳定，这就又要求美国必须是一个长期贸易顺差国。这两个要求互相矛盾，因此构成了“特里芬悖论”。在布雷顿森林体系发生了“特里芬悖论”的情况下，美元已难以继续承担国际储备货币的职能，因此要求改革国际货币基金组织已成为G20的目标之一。

美元霸权当前的根本困境在于，随着国际贸易的发展，美元已不可能给各国提供足够的国际支付能力。一个国家的货币，无力承担国际储备货币。因此，G20机制已成为推进国际货币体系改革的重要平台。

### （二）“石油美元”“欧洲美元”与美元的全球秩序

布雷顿森林体系本身是一种制度安排，制度的安排并不会让人们由此将美元作为世界货币来使用。那么美元是通过什么途径来真正被当作世界货币使用的呢？这里极具代表性的有“石油美元”“欧洲美元”等。

“石油美元”：世界上石油的主产区在中东。1974年，中东国家生产的石油与美国曾经签署协议，其中包括了石油只能用美元来买，而如果用其他货币来买则无效。石油在现代化的社会中是不可缺少的必需品，衣服、食物、交通等全部都与石油有关，包括所有的化肥都是石油制品。由于和石油绑定在了一起，美元就必须作为世界货币来使用了。

“欧洲美元”：在“二战”结束之后，1947年6月的马歇尔计划中，除苏联及其东欧盟国以及西班牙外的16个欧洲国家向美国提出了一个互助和自助的计划，作为与美国财政援助相对应的方案。12 月 19 日，杜鲁门政府以欧洲经济合作委员会总报告为基础，向国会提出“经济合作法案”。法案规定，美国将在 15 个月内向欧洲提供 68 亿美元赞助，并保证在以后的 3 年中每年给予援助款项。这使欧洲地区拥有了大量的美元。此后，1957 年伦敦的欧洲债券市场建立，从此产生了在伦敦交易以美元计价的债券，美元便逐渐地流通起来。随后海外美元便对欧洲美元的需求日益扩大，最终导致美元三分之二在海外，三分之一在美国本土。

由于当前“石油美元”与“欧洲美元”都面临强烈挑战，所以全球金融治理面临着严重的危机。因此，全球金融治理面临着大的危机，这是 G20 所要面对的根本问题。

### （三）美元霸权进入下行通道

美元既是国内货币又是国际主导货币，美元霸权的两重性包含着内在冲突。美国霸权利益与全球经济一体化的冲突隐含着经济上的风险。美国货币政策优先目标在国内经济稳定与国际货币体系稳定之间陷入两难困境。这一矛盾在实践中即表现为美元作为国际储备的供给与世界对美元信心之间的不可调和的矛盾，即“特里芬困境”。美元主导下的国际货币体系要保持清偿能力，美国的对外贸易就必须为逆差；但长期逆差，必然动摇美元的信心。作为世界货币，美元的币值必须大体上保持稳定，否则必将引起国际货币体系的动荡。美国逃避国际责任、滥用美元的特权地位，则必然动摇美元的信用基础。因此，美元作为储备资产，具有所有霸权货币先天的不稳定性。

布雷顿森林体系制度对美元霸权带来了真正的挑战。美元通过与黄金脱钩成为不受制约的信用货币。美元取代了黄金，摆脱了黄金的束缚，直接成为世界财富的代表。由于国际贸易对核心货币的依赖，世界不得不继续接受美元。美元在汇率波动不定的国际环境中成为其他货币防范风险、稳定汇率的中心货币。但在自由开放的金融条件下，美元失去了绝对垄断地位，失去了制度保障，在激烈的国际竞争中必定霸权地位衰微。石油与美元关联是世界经济的基础之一，石油交易采用欧元会成为动摇美元统治的一个因素。因为担心美元贬值输入通胀，以沙特为代表的海湾阿拉伯国家合作委员会（海合会）成员正在考虑本币与美元脱钩。东亚国家和石油输出国减持美元，也没有足够的金融工具可供投资。目前多数国家的货币实际上仍与美元挂钩，石油、原料及黄金等仍以美元计价。但美元价值既没有黄金支持，又没有经济作后盾，只依靠军事力量和地缘政治因素支撑，从根本上决定了美元独大的格局不能长久。

2009 年 4 月的G20 峰会上，中国和俄罗斯要求建立超主权货币来取代美元的世界储备货币地位，稳定本国外汇储备，要求改革世界金融体系，重建世界金融新秩序，从而打响了撼动美元霸权的第一枪。

霸权货币体制具有内在的脆弱性。美国经济的衰落及美国滥用美元的优势地位正在导致美元的衰落，而欧元崛起与亚洲货币走强正在分割美元的储备货币地位。

## 二、欧元对美元的挑战

### （一）欧元区诞生对跨大西洋秩序的挑战

1994 年 1 月，作为欧洲中央银行准备机构的欧洲货币机构正式成立。1995 年 12 月，欧洲联盟成员国首脑会议正式确定欧元为欧盟的单一货币，从 1999 年开始，欧元开始正式投入使用，欧洲中央银行体系将制定和执行统一的货币政策，欧洲货币联盟宣告成立。

相比美国，欧元区不仅同样拥有庞大的经济规模、良好的经济基础、一体化的金融市场等优势，而且近年来较好地解决了国际收支问题，这些都促使欧元对美元持续升值，欧元资产持有者的财富在大幅增加，从而有利于吸引其他国家和地区增持欧元及欧元资产。2004年11月底，俄罗斯和印度尼西亚中央银行的官员宣布其银行减少外汇储备中的美元比例。2005年国际货币基金组织的统计结果称，在65家中央银行中，有将近70%增加了外汇储备中持有的欧元，52%减少了外汇储备中的美元资产。

欧元的诞生，扩大和强化了欧盟中央的权力，提高了欧元区国家间的相互依赖性，加强了欧元区国家民众对欧盟的认同感。这对跨大西洋秩序产生了极大的挑战。欧元的产生对国际货币体系的现有机制产生了冲击，对美元在国际货币体系中的主导地位提出了挑战。通过制定执行统一的货币政策和建立统一的欧洲市场，欧元作为国际货币的作用不断地在加强，欧洲中央银行的政策行为将具有更大的国际含义。欧元的使用加深了欧元区国家人民的集体认同感。统一货币的流通方便了欧洲乃至全球民众在欧元区内各国的支付活动。欧元所形成的区域效应推动了欧元区国家之间的经济融合，使他们能够切实感受到欧洲一体化带来的好处，欧元国际地位的确立，提升了欧盟在国际经济和政治事务中的发言权。

### （二）全球货币秩序“一山难容二虎”

在欧元诞生之前，世界货币秩序是美元一家独大的格局，在1998年全球总的贸易结算量中，美元大约占到90%。美元之所以占到90%，是因为别的货币比例都很小。在欧元诞生之前，欧洲每一个国家都有自己的一种货币，因此没有强烈的直接竞争力。欧元产生后到现在，全球近两年的外汇储备构成为：美元60%，欧元27%左右。

国际储备货币格局的变化意味着部分美元储备向欧元储备转换，美元的供给和欧元的需求将会发生较大幅度的增加。

欧元诞生后，石油出口国鉴于自身的进出口结构，不断要求增加欧元作为石油交易的计价货币。在石油交易结算中，委内瑞拉、俄罗斯、伊朗都试图通过欧元进行石油交易。美国通过海湾战争攻打伊拉克背后的意图是维持美元霸权地位。2000年11月，伊拉克政府将石油销售改用欧元计价和结算：伊朗政府在2006年3月成立了全球首个以欧元计价的石油交易所，并且已将85%的石油交易用非美元计算，70%的石油收入转为非美元货币；委内瑞拉总统查韦斯2006年5月表示支持伊朗的做法，并考虑仿效伊朗，此前委内瑞拉已经用石油和12个拉美国家建立了易货贸易机制；到目前为止，伊朗和俄罗斯的石油交易完全接受了欧元。欧元对油价将有重大的影响。欧元区比美国进口更多的石油用于消费，这意味着，欧元将要比美元更多地流入那些并不只用美元标价石油的石油输出国组织（OPEC）国家。OPEC也经常讨论用欧元标价石油，这就要求石油进口国将储备欧元而不是现在使用的美元以用于石油进口。

在面对欧元的挑战和石油交易中欧元可作为结算货币使用的进程中，全球经济秩序是内在不稳定的，美元作为世界货币的运行机制已经无法维持下去。全球货币治理结构无法容纳两个主要货币。从国际货币基金组织、世界银行的架构到国际结算都是按美元来安排的，如果出现了另外一种货币，双方就面临“零和博弈”的问题，不可能成为一个互利双赢的关系。

## 三、人民币国际化与全球货币竞争

### （一）货币多极化趋势中的人民币国际化

在管理汇率和国际流动性的国际货币体系中，美元一直发挥着至关重要的作用，并因此成为国际汇兑的基础。现在的流动性中，美元占去了半壁江山，欧元占到26%，瑞士法郎、日元和人民币加起来占国际流动性的另外24%左右。

英镑在19世纪到20世纪40年代的金本位时代充当世界货币，随后被美元取代。美元作为全球中心地位的世界货币持续到1971年8月15日。其时美国未能履行其黄金可兑换义务，与黄金脱钩，布雷顿森林体系瓦解，美元地位削弱。虽然与黄金脱钩失去了依靠，美元却凭借其在对外资产中的价值赢得了国际信誉。因为美元具备成为基础货币的前提条件：币值稳定并能为国际收支体系提供充裕的流动性。

就美元而言，美国在20世纪90年代后半期沦为对外债务国，美元体制失去了币值稳定的第一个靠山。其后美元对其他主要货币不断贬值，却仍源源不断地流向全世界，这种不稳定的状态一直在持续。而近来围绕美国债务上限及其后果的辩论，以及与之相关的美国信用评级下调，更增加了人们对美元将失去稳定的流动性这第二个靠山的担忧。欧元产生后，欧元在国际储备货币、国际结算以及国际资本市场中的地位也在不断加强，在国际金融市场和确保汇率稳定中发挥着重要的作用。欧元的出现成为国际货币体系中能与美元相抗衡的一种重要货币。

2008年，随着由美国引发金融危机对国际社会的影响，各国对以美元为主的国际资本体系存在的诸多弊端深感忧虑，以中国为代表的新兴国家着力推进一种新型的国际货币体系，以防止类似金融危机再给各个国家带来或加重本国的经济困难。根据央行发布的信息进行统计，目前与中国人民银行签署货币互换协议的国家、地区央行及货币当局共有20个，截至2013年10月末，央行先后与其他央行及货币当局签署了总计28127亿元的双边本币互换协议（包含续签情况）。其中亚太地区包括韩国、中国香港、马来西亚、印度尼西亚、蒙古国、新加坡、新西兰、乌兹别克斯坦、哈萨克斯坦、泰国、巴基斯坦、阿联酋、澳大利亚；欧洲地区包括白俄罗斯、土耳其、冰岛、乌克兰、英国；美洲地区包括阿根廷和巴西。目前已在中国香港、伦敦、新加坡和法兰克福建立了离岸人民币中心。这些中心促进了中国大陆以外人民币的存入、兑换和投资。旧金山也正在竞争成为北美第一个人民币离岸中心。

## （二）中国崛起与全球金融治理体系改革

在G20中，中国扮演着越来越重要的角色。新兴大国的崛起，不仅正在改变全球政治经济权力格局，也对西方主导的全球治理体系的合法性提出挑战。中国作为新兴大国的重要一员，加强了对新兴大国的外交力度，携手稳步地推进全球治理体系改革。在新兴大国中，中国的地位十分独特。一方面，中国具有庞大的人口基数，人均GDP在六大新兴大国中排名倒数；另一方面，中国经济连续30年高速增长，经济规模十分庞大，对世界经济影响力和贡献率巨大。

近年来，特别是自2008年全球金融危机以来，中国在多个场合提出了改进全球治理体系，包括加强国际金融监管合作，完善金融监管体系；推动国际金融组织改革，改革国际金融组织决策层产生机制，提高发展中国家在国际金融组织中的代表性和发言权；改善国际货币体系，稳步推进国际货币体系多元化。

全球金融治理改革，从根本上讲，是推动IMF的改革和世界银行改革，这也是G20发起的实质性根本改革。美、欧及新兴发展中国家三大力量之间相互制衡，各方依据自身利益和议题的不同，采取临时组合、菜单式合作的态势已经建立。中国是新兴发展中力量中的重要成员。从中国的立场看，积极参与，维护自身利益，体现自身价值，同时着眼长远，积极发挥引导作用，推动业已成为“国际经济合作的主要平台”的G20建章立制，使新兴市场和发展中国家话语权不断提高，无疑最符合中国的国家利益，也最有利于加快建立公平、公正、包容、有序的国际金融新秩序。

## 第三节　IMF改革的曲折与国际博弈

2008 年金融危机爆发后，国际社会纷纷指出要改革当前国际金融体系，其主要内容是改变美国在 IMF（国际货币基金组织）等国际金融机构中一家独大的地位，改变现有国际金融治理架构。美国作为现有国际金融秩序的主导者和最大受益者，出于对自身利益的维护，对改革方案一直持暧昧、消极甚至抵制的态度，阻碍国际金融体系的改革进程。

IMF 作为布雷顿森林体系下的产物，其制度安排必然维护以美国为首的西方发达资本主义国家的利益，其最突出的特征之一是美国拥有事实上的一票否决权。但近年来中国与其他新兴经济体快速崛起，在发达国家经济发展处于疲软状态时成为拉动全球经济增长的重要引擎，广大新兴市场和发展中国家在世界经济金融领域发挥的作用越来越突出，但在 IMF 中却依然处于边缘化的地位，这与发展中国家对全球经济做出贡献的程度不符，因而提高新兴市场和发展中国家在 IMF 的话语权，是 IMF 面对当今国际金融力量对比变化必然要进行的变革。

# 一、美国对IMF改革的阻碍

## （一）美国多个政府机构反对IMF进行大规模改革

在2008年的G20峰会上，美国前总统布什认为当前金融体系仍然是促进生产的“最好制度”，表示美国的立场是支持IMF和世界银行进行有限改革，扩大发展中国家在这两个机构中的投票权和代表性。对于当时即将结束任期的布什政府而言，最重要的就是处理金融危机，美国希望各国采取协调行动，获得国际社会帮助以渡过难关，美国不甘心放弃领导地位，因而美国对欧盟提出的“全面改革全球金融体系”计划兴趣索然。

继任的奥巴马政府对2010年提出的IMF改革计划曾明确表示认同，对于推动改革进程也表示出了积极的态度，曾多次敦促国会尽快通过IMF份额的改革和治理方案。但在2013年3月11日，奥巴马关于将650亿美元的IMF救助基金变为永久性基金的提案，又一次遭到了美国国会的拒绝，IMF改革方案的实施再次被搁置。IMF改革在某种意义上成为美国民主党与共和党竞争的筹码。通过IMF改革让白宫及民主党获得广泛赞誉是共和党不愿看到的局面，在当前美国大幅缩减财政预算、不断突破债务上限的背景下，民主党也不愿付出过多的政治成本来促成改革提案在国会的通过。两党在IMF改革事件中的根本利益是一致的，因而奥巴马并不会为了推进改革而与国会中的共和党发生大的争执。

IMF现行的机制对美国是有利的，如果进行改革将会削弱美国对IMF的影响力，也会影响美国国内预算，因此，美国国会拒绝支持IMF改革方案。共和党则认为用数十亿美元的国家税收来接济那些经济上陷入困境的国家，是有损美国国家主权的做法。

### （二）美国国会多次否决2010年IMF治理与份额改革方案

2010 年 12 月，IMF 理事会批准了关于 IMF 治理和份额改革的方案，如果这项计划最终可以获得通过，IMF 总份额将增加 100%，中国、印度、巴西、俄罗斯将进入成员国份额前十名，中国也将成为 IMF 第三大股东。此外，欧洲将转移两名执行董事席位给发展中国家。按照 2010 年改革方案，美国只需要向 IMF 增加 650 亿美元，对美国而言并不存在明显的财政压力，且美国的投票权也仅是从 16.75% 下降到 16.5%，依然拥有“一票否决权”。

2010 年 IMF 改革方案并不会损害美国核心利益，但在美国国会依然屡屡受挫，至今没有被纳入国会批准的法案中。IMF 在 2014 年 G20 布里斯班峰会公报中明确表示，“落实 2010 年 IMF 改革方案仍然是我们最首要的任务，敦促美国批准上述改革方案”。

2014 年 1 月 13 日，美国参众两院就如何使用 1.012 万亿美元预算的支出分配达成协议，规划了联邦政府截至 2014 年 9 月 30 日的财政开支，消除了这 8 个半月期间政府关门的威胁，但此次协议拒绝根据 IMF2010 年改革案负担新增出资份额。这意味着，在 2010 年就已制定完成的 IMF 改革案再度被搁置。2014 年 3 月 26 日，IMF 改革方案在美国国会上进行“冲关”，但依旧以失败告终。2014 年 12 月美国国会勉强通过了 1 万亿美元的综合拨款方案，支撑美国政府运行至 2015 年 9 月，但 IMF 改革方案依然没有进入国会批准的拨款法案中。

最新统计显示，占 IMF 投票权 79.54% 的 162 个成员国已经同意了改革方案，根据《IMF 协定》，治理改革方案生效的条件是得到五分之三的成员国和占 IMF 投票权 85% 以上的支持，由于美国目前的投票权占 16.75%，具有实际上的一票否决权，直接导致治理改革方案无法达到生效的要求。份额改革生效的条件是首先要治理改革方案生效，其次要获得不少于 IMF 总份额数 70% 的成员国支持。但由于美国的一票否决权，再多数的成员国同意也无济于事。尽管已经达到了份额改革生效

第二个条件的要求，但由于治理改革方案生效是份额改革生效的前提，因而这两项改革都因为美国国会拒绝批准方案而停滞不前。

美国国会一直对IMF改革持有消极态度，表面上是美国民主党与共和党竞争导致的，但从深层次考虑，新兴经济体在IMF份额的增加，反映出这些国家在国际金融体系中话语权提升的趋势，这是作为现有国际金融体系的主导者和最大受益者的美国不愿看到的局面，维持现有的金融体系和金融秩序是美国的基本原则。美国国会拒绝IMF的改革方案，主要是由于该改革方案会降低美国在IMF的份额与投票权。其次，随着美国国内经济形势的好转，IMF改革在美国国会议程中的地位已经改变。在金融危机爆发之初，美国迫切需要得到来自新兴经济体的支持，因而表示愿意支持IMF改革，扩大新兴经济体的话语权和影响力。如今，美国经济重新获得了成长动力，此时不再有强烈的动力推进IMF改革，仅仅希望对现有的体系进行小修小补来维持美国在金融领域的霸主地位。

### （三）IMF的改革之路

IMF改革主要包括对IMF份额分配进行调整和SDR（特别提款权）货币篮子中是否加入人民币等新兴市场货币及其占比大小。IMF前总裁卡恩认为，金融危机暴露出发达经济体金融体制的一系列缺陷，证明当前金融体系不适应全球化金融市场的要求，应当支持新兴经济体扩大话语权，IMF应在监管成员国对策政策、避免地区金融危机蔓延方面发挥更大的作用，为了增强和完善IMF的功能，就要及时推动IMF进行变革。

IMF份额是IMF资产的重要组成部分，由成员国认缴。当一国加入IMF时，会分配到一个初始份额，是通过对该国GDP、开放度、经济波动性和国际储备进行加权平均计算得到的，其中GDP占50%，开放度占30%，经济波动性占15%，国际储备占5%，现行的计算公式中还包括有压缩因子，用以减少成员国份额计算的离散程度。成员国可以用75%的本国货币和25%的可兑换货币或SDR来缴纳其应当承担的份额。份额决定了成员国在IMF的投票权，成员国票数由两部分构成，基本票和加权票，所有成员国的基本票数量相同，在此基础上，成员国每增加10万SDR，就可以获得一单位的加权票。但成员国并不能无限认购份额，每个国家向IMF提供资金的最高的限额由其规定的份额决定，即初始份额的多少决定了成员国在IMF投票权的大小。IMF理事会通常每五年会进行一次份额的总检查，包括两项内容：IMF份额的总体增加量以及增加量在各成员国之间的分配。

2006年9月，IMF在新加坡年会上小幅上调了中国、韩国、土耳其和墨西哥的份额，这是IMF份额调整的第一次尝试。2009年4月，G20召开的伦敦峰会上，各国领导人决定将IMF的资产规模扩大至原有规模的三倍，即从2500亿美元增至7500亿美元，实现了IMF自1998年来最大规模的普遍增资，但没有调整各成员国之间的比例。同年9月G20匹兹堡峰会上，实现了IMF份额改革的突破性进展，根据会议决议，发达国家需将把部分份额转移给发展中国家，发展中国家的份额将从43%提高到48%。这次改革对提高发展中国家在国际金融机构中的地位有积极作用。2006年和2009年的IMF改革方案都得到了成员国的积极落实。2010年4月，在IMF与世界银行的联合春季会议上，世界银行通过了发达国家向发展中国家和新兴市场转移投票权的提案，发展中国家投票权上升至47.19%，这为IMF后续进行份额改革提供了良好的范例。

2010年11月G20首尔峰会上，IMF理事会正式批准了“2010年份额与治理改革方案”，IMF前总裁卡恩称此次改革是IMF成立65年以来最重要的治理改革方案，也是针对新兴经济体和发展中国家最大的份额转移方案。该方案包括两部分内容：份额方案与治理方案，其中份额方案对于份额总量和份额分配都做出了明显调整。首先，IMF总份额将翻番，从大约2384亿SDR增加到约4768亿SDR，其次，约6%的份额从代表性过度的国家向有活力的新兴市场和代表性不足的发展中国家转移，最不发达成员国的份额和投票权保持不变。份额改革完成后，中国、印度、俄罗斯和巴西将进入成员国份额前十名。作为世界上最大的发展中国家，中国的份额将从原来的3.99%升至6.39%，投票权从原来的3.65%升至6.07%，超越德国、法国和英国，位列美国和日本之后，成为IMF第三大股东国，而全体新型经济体的持有份额将升至42.29%。改革前后成员国份额变化见表5–1。治理改革方案包括执行董事的代表权和产生方式的变革，具体规定为欧洲发达国家的执行董事将减少两位，且所有执行董事都将由选举产生，而不是现行的前五大股东成员国的执行董事由委派产生。

**表5–1　2010改革方案前后成员国份额排名**

| 排名顺序 | 改革前成员国份额排名 | | 改革后份额排名 | |
|---|---|---|---|---|
| | 国家名称 | 所占份额比例（%） | 国家名称 | 所占份额比例（%） |
| 1 | 美国 | 17.661 | 美国 | 17.398 |
| 2 | 日本 | 6.553 | 日本 | 6.461 |
| 3 | 德国 | 6.107 | 中国 | 6.390 |
| 4 | 法国 | 4.502 | 德国 | 5.583 |
| 5 | 英国 | 4.502 | 法国 | 4.225 |
| 6 | 中国 | 3.994 | 英国 | 4.225 |
| 7 | 意大利 | 3.305 | 意大利 | 3.159 |
| 8 | 沙特阿拉伯 | 2.929 | 印度 | 2.749 |
| 9 | 加拿大 | 2.670 | 俄罗斯 | 2.705 |
| 10 | 俄罗斯 | 2.493 | 巴西 | 2.315 |

按照该项改革计划，美国需要向IMF增资650亿美元，而美国在IMF的投票也将从原来的16.75%下降至16.5%。由于IMF的任何重大决策必须达到85%的支持率，因此美国依旧拥有“一票否决权”，其对IMF的绝对控制权并没有被削弱，但依然遭到了美国的阻碍，使得方案的落实停滞不前。

## （四）IMF改革前景展望

### 1.美国继续阻碍IMF改革进程及国际社会的应对措施

基于上述分析，美国未来会继续拒绝批准改革方案，拖延IMF改革进程。直接原因是共和党控制的国会不愿看到执政的民主党通过IMF改革方案取得更多的成绩，因而短时间内国会不可能批准这一方案；但根本原因在于美国想要维护自己在金融领域的霸主地位，作为原有国际金融体系的主导者和最大获益者，美国不会轻易放弃既得利益，尤其是目前美国经济发展重现良好态势，美国不再迫切希望获得来自新兴市场和发展中国家的支持来摆脱金融危机，因而对于无益于美国经济利益，可能会削弱美国国际地位并降低美国在金融体系中影响力和话语权的IMF改革方案，美国缺乏动力去批准执行。

面对美国国会对于提案的一再否决和搁置，2014年12月12日IMF现任主席拉加德在其官方网站上发表了重要声明，表达了对于美国国会的失望，并向国会发出了最后通牒："从2015年1月的执委会议开始，我们将继续讨论其他备选方案以推进份额和治理改革方案的实施，并确保基金有足够的资源。"从2014年下半年开始，IMF就在筹划避开美国实行改革的"B"计划，包括两个试行方案。第一个方案是分解原来的一揽子计划，在不增加总份额的前提下，直接将6%的份额从欧洲转移到新兴国家。原有的方案需要得到美国国会的同意才可以实行，但"B"计划只要政府同意即可，不需征得国会许可，而奥巴马政府对于改革一直持有积极态度，因而推动起来应该较为顺利。第二个方案是启动特设增资，由于之前提出的方案中涉及份额计算公式的修改，因而各国之间难以达成共识，而现在的方案是将所有增加的份额都作为特设增资，暂时不改变份额计算公式，较易推行。

尽管"B"计划实施的可行性较高，但始终只是一个过渡计划，IMF的改革最终仍然要回归到"2010年改革方案"上来。暂时绕过美国只是权宜之计，无法从根本上解决问题，美国的经济实力和综合国力决定了任何国际金融秩序的变革都不可能彻底抛开美国。新兴市场和发展中国家在通过双边、多边机制向美国施加压力的同时，也要积极寻找与美国等发达国家的利益契合点，加强合作；美国也应适当做出妥协，与发展中国家一起共同推进IMF改革，加快国际金融新秩序的建设。

### 2.IMF改革艰难推进进程中的预期成果

金融危机的发生暴露了现有国际金融秩序的不合理，也催生出更多对现有国际金融秩序进行深层次改革的呼声。IMF作为主要的国际金融机构，进行治理和份额改革既是增强自身合法性、有效性、可靠性的需要，同时也是推进国际金融新秩序建设的重要推动力。但各国从现有国际金融秩序中获得的既得利益不同，因而对于国际金融新秩序的建设也持有迥然不同的态度，由于各国的利益契合点难以寻找，改革共识难以达成，注定IMF的改革道路会艰难曲折。在新兴市场和发展中国家持续不断的努力下，IMF改革会取得显著成果。

第一，IMF的决策机制会更加合理，现有的IMF理事会和执行董事会都是发达国家占据绝对优势，2010年的改革方案中已经提出要从欧洲转移两个执行董事席位给发展中国家，在今后的改革中，会进一步增加新兴市场和发展中国家在理事会和执行董事会中的席位，增强这些国家参与决策的权利。

第二，IMF的投票权分配会更加均衡。随着新兴市场和发展中国家拥有的份额扩大，在参与国际金融事务决策时的话语权也得以增强。尽管在2010年提出的改革方案中美国依然拥有实际上的“一票否决权”，但有理由相信随着改革的深入，可以改变由美国主导的局面。此外，IMF决策时遵从少数服从多数的原则，投票权的大小对于最终政策的决定和出台具有至关重要的作用。现行IMF投票权由两部分构成，基本票和加权票，所有成员国的基本票数量相同，投票权实际上由加权票决定，由于发达国家的加权票比发展中国家的数量多，因而保持基本票占总票数比例的稳定有助于维护发展中国家的利益。但近年来IMF总份额的增加的同时基本票却保持不变，使得基本票占总票数的比例不断下降，通过对IMF改革进程的不断深入，增加总份额和发展中国家所占份额的同时避免基本票比例被稀释的问题，就能促使决策机制变得更加均衡，使得IMF做出的每一个决策都能体现更多国家的利益。

第三，IMF工作人员的构成会向着全球化的方向发展，随着新兴市场和发展中国家在IMF话语权的增强和参与程度的提高，为了更好地与这些国家合作沟通，IMF的工作人员中会加入更多来自新兴市场和发展中国家的成员，改变IMF现有的以来自西方国家工作人员占主导的局面。随着改革的逐步深入，IMF主席的遴选机制也会更加透明公开，不再遵循旧有的由欧洲人来担任主席的不成文规定。

### 3.美国社会支持IMF2010年改革方案的声音

尽管美国国会对于IMF改革一直持抵制拖延态度，但美国社会同时也存在着与国会态度相反的支持IMF改革方案推行的声音。美国财政部一直以来都在为IMF拨款的安全性进行辩护，认为美国给IMF增资符合美国的经济利益和国家安全利益。财政部曾建议通过转移其在IMF现有的信贷安排中的630亿美元，变相增加对IMF的资金注入，但这一方案同样遭到了国会的拒绝。

美国财政部长雅各布2015年3月18日表示，推进IMF改革是维持美国在IMF主导地位的最佳途径，如果国会不批准IMF的改革方案，会对美国的经济利益产生危害，这会限制美国在中国主导成立的亚洲基础设施投资建设银行这类事情上发挥自己的影响力。此外，国会批准IMF的改革方案，提升中国和其他新兴经济体的话语权和地位，是加强IMF核心地位的重要环节。亚投行筹建的倒逼效应，已经对现有的由世界银行和IMF独占金融世界话语权的局面构成了巨大挑战。亚投行目前获得的来自国际社会大量的支持，可能最终使得世界银行和IMF的作用弱化，这会大大削弱美国在金融体系中的话语权和主导权。美国财政部部长对于国会迟迟不批准IMF改革方案可能会带来的动摇美国在金融领域的领导地位的后果表示了极大的担忧。

国际货币与金融委员会主席尚达曼认为如果不能实施IMF2010年的改革方案，可能会对IMF造成破坏性的改变，最终导致多边关系受损。所以不论是从美国自身的角度，还是从世界发展的角度，美国国会都应当积极推进IMF改革的实施。

美国前副财长、美国智库彼得森国际经济研究所高级研究员埃德温·杜鲁门（Edwin Truman）和该研究所前所长伯格斯登（C. Fred Bergsten）在2014年表示，美国国会长期搁置IMF改革方案，当下IMF应当摆脱美国，尝试其他方案。

## 第四节　全球经济：结构调整与中国崛起

近30年来，中国经济的崛起是全球经济格局中的“第一大事件”，深刻地改变了全球经济秩序和运行方式。中国崛起对世界与中国意味着什么？显然，这需要一个整体性的观察框架来回答。

资本主义的世界体系产生自工业革命之后，它的发展需要熊彼特定义的“创新”来驱动，即新技术会创造新的供需结构，最终扩大市场规模。而每当市场规模的扩张遇到瓶颈时，经济危机就会发生。历史上每一次经济危机的最终克服，都是通过新市场的开辟。而新市场的开辟方式大体上可归为三种：（1）通过新技术的爆发式应用创造新市场；（2）在地理上开辟新市场，即通过殖民或军事手段打开新市场；（3）通过金融手段把原先分立的市场连为一体。2008年金融危机持续发酵的关键在于：过去克服危机所采取的方式如今都难以为继。现今世界缺乏可以“推倒一切领域”的技术突破，军事手段开辟新市场的“边际收益”下降到零甚至为负，金融手段整合分立市场是西方仍在不断使用的方式，但“饮鸩止渴”的一面日益凸显。于是，当前的资本主义世界体系面临的是根本性的危机。

在这场危机中，中国占全球工业的比重却在加速上升，这与中国良好的“工业生态”有关。毫无疑问，全球经济的重心将向东亚转移，但世界体系将如何演化，尤其取决于新旧力量的合作与博弈。

## 一、结构调整：21世纪全球经济新趋势

自20世纪末，特别是21世纪以来新兴市场和发展中国家群体崛起。据统计，2000~2010年期间，新兴经济体经济增长率超过6%，金砖国家（巴西、俄罗斯、印度、中国、南非）甚至超过8%，远高于同期发达国家2.6%的增长率。在2008年全球金融危机期间，可以说以金砖五国为代表的新兴经济体对于支撑世界经济、防范危机向更大范围蔓延发挥了中流砥柱的作用。

由美国主导设计的布雷顿森林体系虽说曾经为全球经济的发展，特别是“二战”后世界经济的复苏发挥巨大的积极作用，但是随着国际贸易的迅速发展，任何一国货币，包括美元已经不能独自担负起国际支付能力，“特里芬困境”导致美元国际霸权地位出现松动、瓦解。

自从加入WTO之后，中国经济实力极大提升，国际贸易增长迅猛。截至2014年我国已经是世界第二大经济体、第一大货物和贸易国。同时，人民币已经是第二大国际贸易融资货币和第四大国际支付货币。人民币在国际贸易中的广泛使用，一方面是对长期以来美元“一统天下”国际货币体系的有益补充，同时也丰富了国际贸易支付手段，进而有利于国际贸易和国际金融稳定。

在21世纪金融危机来临之前的很长一段时间，在全球化的背景下，西方发达国家普遍采取“重消费、轻生产”的发展模式。在这期间，跨国公司充分利用全球资源的比较优势，在世界范围内寻找最低的人力成本、最优惠的税收政策，进而最大化公司利益。与此同时，本国产业出现严重的“空心化”，其主要表现是第一产业，特别是第二产业（制造业）的萎缩和第三产业的繁荣。从而造成了全球产业“由西向东”转移的趋势。事实上，本世纪金融危机爆发一个重要原因就是以美国

为首的欧美国家过度依赖服务业，使社会经济的发展缺乏可持续性基础。另外，金融衍生产品的泛滥也导致金融业虚假繁荣。

鉴于以上问题，自2008年金融危机之后，西方国家提出“再工业化”发展战略，希望通过“制造业回归”“就业回归”等措施重整第二产业并提升本国就业市场。例如，美国政府就积极通过诸多财政税收手段，如法人税制改革来鼓励更多跨国公司由“外包”向“内包”转变。相对于美国，欧洲国家21世纪以来，特别是欧债危机爆发之后更强调社会福利改革，主要通过削减福利支出，提高退休年龄等措施来应对日益严重的财政危机。以上欧美国家的改革措施方向是正确的，但考虑到各种利益集团的不同诉求，再加上固化的政治社会制度，在推行过程中一定会遇到极大阻力。

## 二、国际货币体系已不能仅由西方支撑

美元为世界货币的全球经济大循环形成如下模式：（1）世界各国向美国出口商品换取美元，并以美元与其他国家交易；（2）美国同时向各国出口商品，以收回过量美元，防止美元超跌而丧失国际货币的信用。如图5–2。

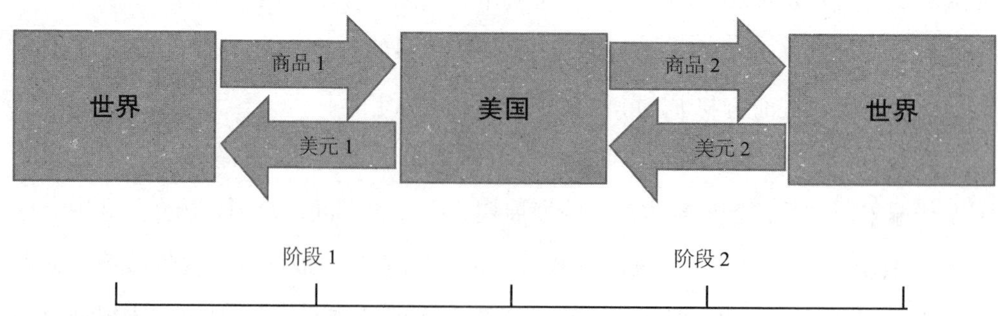


**图 5–2　全球经济大循环体系图**

# 第五章

## G20面对的国际形势

20世纪70年代之后，美国实体经济逐渐衰落，美国寻找到“石油美元”作为美元国际货币的基础，并通过武器等高新技术产品和20世纪90年代的IT产业出口，来回收美元，维持了美国与其他国家的全球经济循环。但2000年互联网泡沫的破灭意味着：美国实际上已经耗尽了那种能够飞速发展以支撑不断膨胀的货币数量的“毁灭性创新”潜力。

随后发生的三件大事改变了历史的进程。这三件大事分别是2001年9月的“9·11”事件、2001年底中国加入WTO和2002年2月28日欧元区诞生。“9·11”事件之后，美国发动了反恐战争，这实际上是通过军事介入控制世界上最重要的工业原材料——石油的贸易路线，强行确保美元回流渠道安全。另一方面，欧元区诞生后，欧元成为一种具有匹敌美元潜力的替代性世界货币，这对美元的世界货币地位造成了巨大威胁。2003年的伊拉克战争实际上起到了控制欧元区油路的作用，从而为美国提供了可以在需要的时候“揍贬”欧元的武器。

为了给互联网泡沫之后“无处安放”的巨量美元找到一个支撑，时任美联储主席的格林斯潘通过将美联储隔夜银行拆借利率降低到1.0%，压低商业银行融资成本，把资金引向了美国的房地产市场。

而2001年中国加入WTO，也使得中国在工业产品出口大量增加的同时积累了大量美元储备，由于美国能够掌控美元回流的流向，因此，中国的美元资产实际上几乎别无选择，只能投向美国国债和其他美元债券。这里的其他美元债券主要就是房地美和房利美“两房”抵押贷款债券。

这样，由于资金的流入，美国房地产市场出现了繁荣。房地产市场繁荣的一大后果就是住房抵押贷款的证券化和泡沫化，在2007年造成了次贷危机的爆发。

全球金融危机，是作为世界货币发行国的美国因其产业基础不足以支撑美元作为世界货币所导致的全球体系危机。由于美国乃至整个西方的产业基础实际上已不可能恢复到足以支撑起现行国际货币体系的程度，因此世界体系不可能复原，只能寄希望于重塑。

## 三、金融危机与“再工业化”之难

世界体系危机的形成根源在于：全球资本（金融）运行的中心仍在西方，但工业中心在过去20多年里逐渐转移到中国。

西方国家普遍出现产业空心化，由此，西方的福利体系、金融体系缺乏实体产业支持。在缺乏工业支撑的情况下，要维持福利体系和高消费，只能依靠大量“印钞”。西方国家的货币发行机制设计中，货币的基础是国债，而国债的基础是税收。“产业空心化”加上人口老龄化，导致西方国家普遍面临“税基流失，支出增加”问题，只能通过借债来应付。而债务积累到一定程度，超出了经济体系承受能力，金融危机就会到来。

世界工业转移的大趋势是：在东半球，工业中心从日本移向中国东部，目前正在向西扩展，伸入欧亚大陆腹地；在西半球，工业中心从德国向东扩展，逐步与俄罗斯连接。也就是说，工业网正在从欧亚大陆两端向中心扩展。其中，中国是全球工业转移的最大承接地。

能够具体说明工业体系转移导致金融危机后果的例子是欧债危机。

追溯欧债危机的源头，其实可以从“苏东剧变”看起。1991年“苏东剧变”后，苏东集团国家普遍施行了“私有化”过程，原国有经济被廉价卖掉。需要特别指出的是：苏东“私有化”，“大头”最终不是由这些国家的人民得到，而是由西德的资本家们得到。苏东国家的工业基础原本就不错，这些企业被西德资本家们得到之后，又获得了大量投资，升级改造。两德统一之后至今，德国已向东德区域投入了超过1.3万亿欧元巨资。从企业的逻辑来看，把生产转移到东欧是非常合理的：东欧工业基础良好同时工资低廉。即便在今天，东德的同岗位平均工资水平也只相当于西德的70%左右。

“苏东解体”后的1992年，西欧国家签订《马斯特里赫特条约》，开启了统一货币的进程。2002年2月28日，欧元完全取代加入欧元区国家的原有货币，欧元区出现。欧元区出现之后，欧元区国家高工资、高福利、富裕的人们，可以使用欧元向东欧国家购买工业产品，享受到了“印钞购物”的货币红利。结果，随着时间的积累，“去工业化”国家在向工业增长国进口产品，形成大量逆差，按经济规律应该贬值本币，但由于共同使用欧元不能贬值本币，就只能以发债借钱弥补，形成大量债务累积。它们发行的公债又被工业增长国（主要是德国）吃进，导致财富越来越流出西欧，流向德国和东欧；而西欧则越来越深陷债务泥淖。可见，欧债危机本质上是由西欧国家在“去工业化”的同时却可以享受欧元红利导致的。

然而西欧国家要想“再工业化”，从根本上面临一个无法逾越的障碍：人口老龄化。年轻人在社会中占不到足够比例，意味着没有足够的劳动力和消费人口去支撑工业增长。对西欧来说，还有比这更糟糕的情况：由于“去工业化”，本就不多的年轻人还找不到工作。在法国，29 岁以下的年轻人大约四分之一找不到工作，而在西班牙，这一比例甚至将近 50%！

由于《申根协定》的存在，协定国之间的人口是可以自由流动的，这就使得人们可以尝试去工业增长区域找工作，然而从工业增长区域角度来说，这就意味着有更多人才可供选择，可以择优录用，于是被录用的只是一小部分，更大的部分只能回到本国，成为本国的就业压力来源。这样对于“去工业化”国家来说，劳动力素质又出现了下降，更进一步阻碍了“再工业化”的可能性。于是就不得不选择紧缩支出，勒紧裤腰带还债。但紧缩支出的后果是投资进一步下降，导致进一步“去工业化”。

概括而言，当前西欧已形成了一个恶性循环：“去工业化”—债务积累—债务危机—财政紧缩—失业—“去工业化”。

## 四、全球产业重心大转移

我们可以通过美国、英国发生的情况来看看金融危机的严重性。

美元当前的主要发行机制是，美联储从财政部购买国债，财政部由此得到美元，再以财政支付形式把这些美元注入社会进行流通。而美国财政部支付国债收益率的担保则是未来的税收。也就是说，美元的基础是美国国债，美国国债的基础是未来的税收。要增加美元供应量通常要增发国债，而增发国债就意味着未来要加税。

金融危机爆发后，美联储于 2008 年 11 月、2010 年 11 月启动了两轮“量化宽松（QE）”来收购金融体系中的“有毒资产”，花掉了约 2.6 万亿美元，用光了当时的国债发行额度。所以 2011 年债务上限危机发生之后，美国面临的最大问题就是：继续增加美元供应量，就得在未来增加税收，然而加税空间却可以说已近极限。美国国会两党争吵的就是具体该向哪些人加税。

不过，当前美国有 3.15 亿人口，只有 1.15 亿个全职工作岗位，依靠社会福利资助的人口则有 1.27 亿。而 1.15 亿全职工作人口也不是都可以被加税，因为其中有 6100 万人年工资低于 2 万美元。与之相比，据美国证交会前主席克里斯托弗 · 考克斯（Christopher Cox）计算，算上医保、社保和养老金的未来支出，美国的负债已超过 86.8 万亿美元。要还上这笔债务，靠给五六千万人加税，每人得多缴多少税？

比美国情况更严重的是作为世界金融运行中心的英国——这是一个服务业占GDP比重超过 82%的国家，而服务业中最主要的就是金融业。“二战”结束时，英国制造业人口占总就业人口的比例达 70%，那时的英国可以说有一个技术领先的制造业主导的经济结构。而目前，制造业占就业人口的比例降至 16%左右，服务业占就业人口的比例却达到 80%。在服务业中，金融业收入极高但吸纳就业人口很少，大多数种类的服务业吸纳就业人口多但工资低、岗位不稳定。而英国制造业的情况是，出口额居首位的产品竟然是飞机发动机。这说明，当代英国经济是一个依靠金融这样的少数人产业和飞机发动机这样的最高端制造业来挣钱的经济，这样的产业注定吸纳不了总人口中那些缺少高级技能的人。因此，社会福利体系就会是一个永难填满的无底洞。如果收入增长能够保证这个无底洞还能继续填下去，这个游戏也还能维持。但问题是，在金融危机的局面下，金融业还能继续为英国赚钱吗？在全球经济萎靡导致民航业萎缩的状态下，飞机发动机制造业能为英国带来更多收入吗？

## 五、当中国走向全球产业格局中心

全球金融危机过程中，西方国家的经济受到了巨大打击。但中国工业却取得了高速发展。在金融危机爆发前的 2007 年，中国制造业产值占全球份额为 14%，到 2012 年则为 21%。在金融危机前的 2007 年，中国工业生产总值只有美国的 62%，而到了 2011 年，中国工业生产总值就已经是美国的 120%。

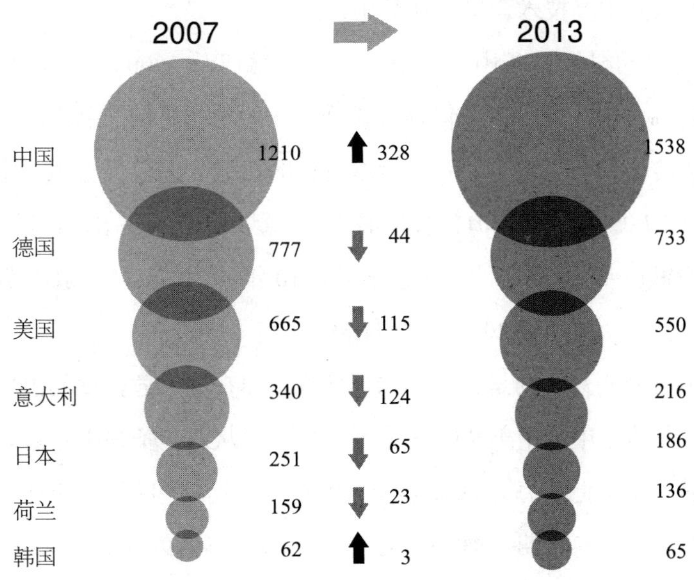


图 5–3　国际贸易情况

数据来源：韩国贸易协会国际贸易研究院（IIT）Trade Focus

2013 年，韩国最重要的智库之一韩国贸易协会国际贸易研究院发布了以海关编码作为调查依据的工业品出口量统计，结果表明：2013 年全世界工业品占据第一名的产品种类中国有 1538 种，第二名德国有 733 种，第三名美国有 550 种。如图 5–3 所示。

2007~2013 年出口市场占有率占世界第一位的产品数量，中国上升速度堪称“疯狂”。不但全世界的制造业转向中国，中国也存在从沿海在向内地转移的过程。一些沿海地区出现的用工荒和企业的关门是因为产业中心在向内地转移。如 2012 年的出口，重庆出口同比增长是 94.5%，安徽是 56.6%，这都表明产业的重心往中西部转移。世界产业重心已经表现出在往欧亚大陆的中心区域转移的趋势。这是世界格局的一个转变大势。

需要说明的是，中国的出口产量结构中，机电产品的出口 2012 年同比增加了 8.7%，占中国出口总值的比重为 57.6%，较 2011 年提升了 0.4 个百分点。这说明中国是一个主要依靠中高技术含量工业品出口的国家。

在美国进口的机械设备中，来自中国的份额已从 2000 年的 6.5%稳步提升到 2011 年的 25.7%，中国已逐步取代韩日成为美国的主要机械产品供应商，当然这与日韩将生产线转移到中国也有关系；日本进口的机械和运输设备中，中国所占份额已从 1996 年的 7.2%提高到 2011 年的 42.7%；金砖四国中，巴西机械和运输设备来自中国的份额已从 2000 年的 2%上升到 2010 年的 16.7%，占俄罗斯的份额相应地从 2000 年的 1.3%提高到 2010 年的 11.8%。

与中国形成鲜明对比的是，美国的高技术出口在金融危机期间出现了加速下降趋势。全球工业体系中，中美两国的位置变化可以从双边贸易中管窥。作为中国最大的对外贸易口岸，上海海关 2012 年前 10 个月与美国之间的高新技术产品贸易顺差达 274.6 亿美元，占同期上海关区对美贸易顺差总值的 41.8%。2012 年前 10 个月，上海关区从美国进口的集成电路出现了 34.4%的降幅，反倒是属于低端工业品的未锻造铜及钢材的进口大幅增长 15 倍。在进口金额排名前十位的美国商品中，初级原材料竟然占据了四位，包括初级形状的塑料、废金属、未锻造的铜和钢材以及棉花。

## 第五章

## G20面对的国际形势

目前，西方在经济上仍具有的优势是全球价值链优势，即在全球价值链中占据上游，可以分配到最多的利润。而支撑这种优势的主要是历史积累以及品牌因素。而品牌因素的背后是文化因素。举个例子，当今时代，两部不同品牌的手机往往没有实质性的品质差别，并且可能出自同一生产线，但在消费者的认同度上却有巨大差别，这背后的因素就是文化竞争。

中国崛起所需要突破的主要方面，已不是工业整体水平，而是金融与文化竞争力。

金融危机以来的世界经济局势，表明西方国家的经济缺乏持续增长的基础。对中国而言，金融危机更多体现的是中国在世界产业格局和金融格局中的地位不相匹配，西方国家仍然可以通过不公平的国际金融格局和产业标准体系来挤占中国的利润。因此，中国未来需要在人民币国际化和品牌建设方面加强布局和努力。

# 第六章

# 2016年G20峰会：中国时刻

2015 年 11 月 15~16 日，G20 领导人第 10 次峰会在土耳其安塔利亚举行。这是一次在动荡的国际形势中召开、却又堪称成果丰硕的一次峰会。经过这次峰会，G20 本身进一步从危机应对机制向全球治理机制转型。此次峰会取得了哪些成果、提出了什么目标，对于 2016 年“接力”主办 G20 的中国来说，都具有巨大意义。

2016 年中国杭州 G20 峰会是中国首次举办全球经济治理“顶层设计”性质的峰会，是中国参与全球治理迈上的一个新台阶，将成为世界历史的“中国时刻”。2009 年匹兹堡 G20 峰会将 G20 确定为“国际经济合作的主要论坛”，这意味着主办 G20 峰会要涉及全球经济治理的方方面面，是一个庞大、复杂且相对漫长的系统工程。尽管 G20 的内容只涉及经济治理，然而，要想成功举办 G20 峰会，不能不考虑地缘政治、大国关系乃至非传统安全等诸多方面的因素。在上述考量背景下，中国 2016 年 G20 峰会主题当如何解读？怎样为全球治理提供“中国方案”？ 2016 年 G20 将面对怎样的世界局势？这是作为“东道主”的中国需要认真思考的问题。

## 第一节　2015年G20安塔利亚峰会：成果与目标

2015 年 11 月 15~16 日，G20 领导人峰会在土耳其海滨城市安塔利亚召开之际，全球经济形势复杂严峻，各国经济下行压力加大，未来发展前景不明朗，都使得峰会备受关注。此外，会议前夕突如其来的巴黎恐怖袭击事件，以及愈演愈烈的欧洲难民问题，都给安塔利亚峰会提出了更多难题。

### 一、动荡国际形势下召开的G20峰会

2015 年 11 月 13 日晚，G20 峰会即将开幕之际，巴黎发生一系列的恐怖袭击事件，造成至少 130 多人死亡。事件发生后，世界各国政府，包括G20 主要国家纷纷谴责组织、策划此次恐怖袭击事件的“伊斯兰国”（ISIS），并表示愿意与法国政府一道将恐怖分子绳之于法。11 月 14 日，法国总统奥朗德发表全国讲话，称此次恐怖袭击在法国历史上史无前例，是一场对针对全人类的恐怖行为。鉴于巴黎暴恐，奥朗德取消原定参加安塔利亚 G20 峰会的行程。反恐虽然不是安塔利亚峰会的

主要议题，但是在会议期间，各国领导人均表示应当加大打击ISIS力度，携手共同对抗不断壮大的国际恐怖势力。

2015年，欧洲的难民问题成为一个突出的国际性难题。而策划、实施这次巴黎恐怖袭击的极端分子，有些就是混在叙利亚难民潮中抵达欧洲的。长期以来，欧洲深受“地中海”难民问题困扰。而自从“阿拉伯之春”和叙利亚内战爆发以来，特别是近期ISIS的兴起、壮大使得欧洲的难民问题愈发棘手。据估计，2015全年有50万非法移民、难民涌入欧洲。而作为叙利亚的邻国和难民通往欧洲的陆路必经之道，土耳其也承受着难民潮的巨大压力。土耳其官方统计，至少190万叙利亚难民滞留在土境内。可见难民问题不仅是一个全球问题，也是本届峰会主席国土耳其亟需解决的重要难题，因此安塔利亚峰会也将其作为一个主要议题进行了讨论。

作为全球首要经济合作论坛，土耳其G20峰会面对的全球经济形势也不容乐观。国际机构2015年屡次降低全球经济增长预期，IMF2015年10月的报告将当年全球经济增长率调低到3.1%，低于2014年的3.4%，并表示另外有50%的概率2015年增长率将低于3%。曾经作为全球经济主要动力的新兴经济体和发展中国家也普遍出现经济下滑趋势：IMF预测，新兴市场2015年GDP增长率为4.2%，较2010年的7.4%、2013年的5%均有不同程度下降。导致新兴国家经济增长下降的一个重要原因是全球大宗商品（如原油、铁矿石等）价格的大幅度下跌。另外，2014年由于美联储宣布退出量化宽松政策，全球资金纷纷逃离新兴市场，从而导致后者货币贬值，经济形势动荡。

另外，发达国家经济出现不同程度上的分化。作为最大经济体的美国虽然经济有复苏迹象，但是基础仍然不够牢固，如就业、通货等宏观指标仍显疲态。自2012年安倍上台后，日本经济在大规模财政刺激的带动下，有一定回升，但是由于缺乏结构性改革2015年又进入滞胀阶段。欧元区经济复苏脚步放缓，这在更大程度上归咎于2015年德国经济的萎缩和法国经济增长的停滞。另外，作为欧债危机的重灾区，希腊仍处于经济衰退漩涡中，甚至存在退出欧元区的可能，这都为欧元区经济的复苏增添更多的变数和不确定性。

## 二、安塔利亚G20峰会取得的成果

尽管面对一系列地缘政治与经济金融难题，但G20安塔利亚峰会还是取得了丰硕成果。2015年G20峰会的主题是“共同行动实现包容和稳健增长”，并提出了执行力、包容性和投资性增长三个关键词。2014年G20布里斯班峰会，已经为了提升实际和潜在经济增长、创造就业、促进包容性增长和减少不平等做出了诸多承诺，截至安塔利亚峰会的一年时间里，一半以上的承诺已经得到落实。

“包容性增长”是安塔利亚峰会的最大成果之一，其主要目标就是增加就业——特别是青年人和女性就业，以及减少不平等现象。例如，本次峰会决定将按照《G20高质量就业促进框架》的思路重点推动更多、更高质量就业。另外，通过《G20技能战略》提高技能培训和加大技能投入。坚定支持青年人更好融入劳动力市场，包括鼓励其创业。此外，G20领导人承诺到2025年实现将G20各成员中最有可能被劳动力市场永久抛弃的青年人比例降低15%的目标。

将投资新增长特别是基础设施投资作为实现经济增长的最重要动力之一，是安塔利亚峰会另一大成果。G20领导人在公报中同意继续加大投资力度，例如鼓励通过政府和社会资本合作模式（PPP），积极吸引社会资本参与重大基础设施投资项目。另外，G20领导人承诺继续改善投资生态，促进长期融资，加强机构投资者参与，支持替代性资本市场工具和基于资产的融资模式的发展，并鼓励多边开发银行（MDBs）动员自身资源和吸引民间资金。

2014年布里斯班G20峰会上，G20领导人同意在2018年之前，经济增长水平在原有基础上再额外增加2%，并为此提出“全面增长战略”。基于全球经济形势的新变化，在安塔利亚峰会上，各国政府提交了“调整后的增长战略”（Adjusted Growth Strategies），以尽快完成“额外2%”目标。“调整后的增长战略”的调整主要体现在经济增长、投资和包容性增长三个领域：

第一，“调整后的增长战略”在经济增长方面又分为短期和中长期两个阶段。为了防范经济的进一步下滑，G20成员国纷纷采取积极的财政政策或宽松的货币政策来刺激经济。如澳大利亚、加拿大、中国等国央行纷纷减低利率，欧洲央行扩大资产购买计划。为了提升经济的中长期增长，G20 国家纷纷进行结构性改革。如德国、日本、土耳其等国采取措施提高女性就业率；南非、欧盟成员国和韩国通过税收激励等措施着手解决年轻人就业问题。

第二，投资，特别是基础设施投资有利于提升中长期经济增长、提高生产率，因此G20 各国通过调整政策来加大投资力度。例如，墨西哥通过建立特别经济区和培育机构投资者来鼓励基础设施投资；中国政府将通过简政放权、减少市场准入限制、优化审批流程等来鼓励政府和社会资本（PPP）模式的发展。

第三，包容性增长是本次峰会“调整后的增长战略”的重要部分。例如，加拿大政府将通过降低家庭和中产阶级税收和为有儿童的家庭提供一项新的补贴来促进包容性增长。另外，中国政府将调整最低工资标准，改革社会保障制度，和承诺新修建 740 万套保障性住房。

另外，本次峰会一个重要成果是一些部长级会议的提升，如被写入公报，从而体现G20 向治理机制的转型。之前的G20 领导人公报一般只提及央行行长和财政部长的联合公告，而此次安塔利亚峰会公告频繁涉及其他部长级会议的相关信息或声明。例如，就业问题是实现包容性增长的重要组成部分，鉴此，G20 领导人宣布批准《劳动和就业部长会宣言》，承诺落实首要任务，按照《G20 关于劳动收入占比和解决不平等的优先政策》，促进劳动市场更加包容。另外，要求财政部长、劳工和就业部长评估增长战略和就业计划，强化应对不平等的行动，支持包容性增长。

能源部长会议首次在G20 安塔利亚峰会召开，体现了G20 成员国对国际能源问题的重视。目前全球仍有超过 11 亿人电力缺乏及 29 亿人靠传统生物热源烹饪，所以G20 集团有责任通过共同努力，如基础设施投资、对外援助、技术转让等方式尽快实现所有人能够拥有最基本的能源。另外，可再生能源、清洁能源和减少能源浪费问题等均是这次能源部长会议的重要讨论议题。

全球贸易依然是经济增长和发展的重要引擎，有助于创造就业、增进福利、促进包容性增长。鉴此，本次G20领导人峰会要求贸易部长会议定期召开，能够及时、高效的沟通、解决相关国际贸易问题。此举措一方面是为了解决全球贸易增长持续低于全球经济增长的挑战，另一方面也体现G20在治理机制上由危机应对型向定期、长期机制的转型。

## 三、G20向全球治理的长效机制进一步转型

安塔利亚G20峰会的成果丰硕，还体现在提出了不少使G20机制向全球治理的长效机制进一步转型的举措，并在G20领导人峰会上获得一致通过。

由于雇佣了全球超过60%以上的劳动力，所以中小企业始终是各国政府、国际组织关注的焦点。另外，中小企业在维护社会稳定、平衡发展和减贫方面都发挥着不可提到的作用。此外，中小企业普遍被认为是经济增长和创新发展的重要动力。鉴于此，在土耳其政府的大力推动下，世界中小企业论坛（World Small and medium sized enterprises Forum或WSF）于2015年6月正式成立，并在本次G20领导人峰会上获得批准，成为G20机制的一部分。WSF的总部设在土耳其的伊斯坦布尔，其宗旨是提升中小企业在全球范围内的总体增长和影响力。WSF将积极与主要国际组织、发展机构、行业协会等开展合作，共同提高中小企业在全球经济中的地位和作用，进而为世界经济的复苏和发展贡献力量。

另外，创新日益成为全球各国政府致力于推动的重要领域。习近平主席在安塔利亚G20峰会发言中指出：当前世界经济面临的一个根本挑战就是上一轮科技和产业革命的动能已近尾声。因此，要想彻底走出危机，并实现全球经济的强劲、可持续性和平衡发展，必须在“创新”上下足功夫。此外，加拿大政府也宣布启动一个全新的创新日程，旨在加大对本国商业孵化器的支持力度。在此背景下，土耳其政府在安塔利亚创新性地提出建立“创新20或Innovation20”，并获得领导人们的一致批准。在创新发展成为全球经济复苏的必由之路时，有理由相信“创新20”，作

为B20、C20、L20、T20、W20和Y20之外的又一个G20外围会议和国际协调网络，一定能够不负众望，并成为下一轮全球经济快速增长的动力来源。

## 四、指向2030年的政策框架

安塔利亚G20峰会上，G20各成员方提交的“调整后的增长战略”，是基于一年来全球经济形势的新变化，对2014年提出的“全面增长战略”的重要修订。“调整后的增长战略”把执行时间分为“短期”和“中长期”两个阶段。按照经济政策中“中期计划”一般为5年，“长期计划”一般为10年或10年以上的规律，“调整后的增长战略”实际上为G20的政策框架确立了指向2030年的时间节点。而这，也恰好与《2030年可持续发展议程》的要求相互衔接。

2015年9月底的联合国成立70周年大会上，各国领导人签署了《2030年可持续发展议程》，使之成为各国中长期发展的指引。《G20领导人安塔利亚峰会公报》第19条称：“《2030年可持续发展议程》，包括可持续发展目标和《亚的斯亚贝巴行动议程》，为国际发展工作设定了一个转型、普遍、富有雄心的框架。我们积极承诺落实其各项成果，确保我们消除贫困的努力不使任何一个人被落下，为全人类创造一个包容、可持续的未来。我们核准《G20和低收入发展中国家框架》，以加强我们在发展领域的对话和参与。我们将在2016年制定行动计划，使我们的工作与《2030年可持续发展议程》更好衔接。”可见，G20的未来进程也将与《2030年可持续发展议程》紧密结合在一起。

当前，G20正在发生两大转型：从危机应对机制向长效治理机制转型，从周期性政策向结构性改革转型。由此，G20的目标也变得更为长远，从解决短期性问题为主转变为追求激发长期增长潜力和增强内生增长动力。这与使得2016年中国G20峰会将具有“承前启后”的意义：不仅要从功能上推进G20向长效的发展合作机制转型，也要在政策实施周期上谋划到2030年的时间轴。

## 第二节　接好G20的“接力棒”：安塔利亚的中国声音

在土耳其安塔利亚G20峰会上，中国声音、中国看法、中国主张、中国方案备受关注。这种备受关注，可以从三个方面得到体现：首先是习近平主席在安塔利亚G20峰会上的两次重要讲话；其次是中国提出的“创新、协调、绿色、开放、共享”等多项发展理念，被G20峰会公报大幅度采纳；最后是中国智库在G20峰会中发挥了前所未有的重要作用。

### 一、习近平主席在安塔利亚的两次重要讲话解读

2015年11月15日，G20领导人第10次峰会第一阶段会议在土耳其安塔利亚举行，中国国家主席习近平出席并发表题为《创新增长路径共享发展成果》的重要讲话，这是习近平主席在安塔利亚G20峰会上的第一次重要讲话。讲话中，习近平主席围绕“怎么看？”“怎么办？”两大问题，为促进全球增长开出了四张“药方”，即加强宏观经济政策沟通协调、推动改革创新培育新动力、构建开放型世界经济、

落实好2030年可持续发展议程。

目前，国际金融危机深层次影响还在继续，世界经济仍然处在深度调整期。根本原因在于，上一轮科技和产业革命所提供的动能已经接近尾声，传统经济体制和发展模式的潜能趋于消退。同时，发展不平衡问题远未解决，现有经济治理机制和架构的缺陷逐渐显现。这些因素导致世界经济整体动力不足，有效需求不振。这四张"药方"为世界经济发展指明了方向，那就是"改革开放"——这次是新一轮的、全球性的、具有新内涵的"改革开放"。"改革"，要改革体制机制加快创新，改革国际经济金融体系中的不合理之处；"开放"，要构建开放型世界经济，提高货币财政政策透明度，尤其是国际储备货币发行国的透明度，推进贸易与投资的全球流动。通过全球性的"改革开放"，将中国的发展与世界的经济增长联动起来。

另一方面，为增进国际社会对中国的理解和信心，习近平主席讲话指出，中国仍是世界经济重要动力源，依靠全面深化改革、建立开放型经济新体制的决心和行动，依靠中国经济强劲内生动力和中国政府强有力的政策引导，中国有信心、有能力保持经济中高速增长，继续为各国发展创造机遇。

2015年中国经济预计实现7%左右增长，按增速7%进行测算，2015年经济增量比2015年7.4%产生的还要多；2015年中国对全球经济的贡献率高达25.8%，居世界各国之首，中国仍是世界经济重要动力源。中国坚持进行结构性改革和对外开放，亟需从经济大国向经济强国转型升级，实现经济发展方式从规模速度型粗放增长转向质量效率型集约增长；构建开放型经济新体制，推进"一带一路"倡议和自贸区建设，实现经济的内外联动效应。围绕立足内需和创新拉动的方向发展，随着经济新的增长点、增长极的逐渐形成，中国经济的内生动力会越来越强劲。围绕全面建成小康社会奋斗目标，按照"四个全面"战略布局和创新、协调、绿色、开放、共享五大发展理念，"十三五"蓝图将创新中国经济增长路径，为各国经济发展创造新机遇。

2015年11月16日，习近平主席出席G20领导人第10次峰会第二阶段会议，宣布中国将主办2016年二十国集团领导人峰会，介绍明年峰会总体思路和设想。

2016年峰会主题确定为“构建创新、活力、联动、包容的世界经济”。这是习近平主席在安塔利亚G20峰会上的第二次重要讲话。

“创新”是指创业、科技创新、创新经济以及创新体系。当前，新一轮科技革命和产业变革正在全球范围内孕育兴起。要使这种增长潜力得以释放，就要让生产要素和资源在全球范围内更加有效、便捷地流动，实现创新增长。“活力”是指完善全球经济治理，提高世界经济抗风险能力，释放经济增长的潜力。世界经济发展活力依赖于完善而公平的全球经济治理体系。“联动”是指联动式发展，包括促进贸易与投资，推进基础设施互联互通，推动世界经济共同发展。中国倡导“联动式发展”概念，就是要破除藩篱，实现资源流动，共商、共建、共享发展。“包容”是指包容性增长，让发展的成果惠及全球，促进公平公正，实现世界经济可持续发展，解决全球发展不平衡问题。

习近平主席指出，将从四个重点领域推进2016年峰会的筹备工作：一是创新增长方式，二是完善全球经济金融治理，三是促进国际贸易和投资，四是推动包容、联动式发展。

当前全球经济增长仍不均衡，持续低于预期，全球需求不足和结构性问题持续影响实际和潜在增长。因此，“创新增长方式”，找到新的增长源，推动世界经济走向新一轮繁荣，成为题中应有之意。近年来，现有经济治理机制和架构的缺陷逐渐显现，G20面临从危机应对向长效治理机制的转变，议题从短期问题向深层次和长期性问题延伸，G20成员国必须采取协调一致行动，引领国际经济合作发展方向，从而“完善全球经济金融治理”。全球贸易和投资依然是经济增长和发展的重要引擎。然而国际贸易增速连续三年低于世界经济增速，2014年全球外国直接投资下降8%。通过要反对保护主义，维护和加强多边贸易体制，为不同国家发展提供充足空间，从而“促进国际贸易和投资”。很多国家不平等加剧给社会和谐和公民福祉带来了风险，也会产生负面经济影响，阻碍实现G20促增长的目标。“推动包容、联动式发展”，落实联合国2030年可持续发展议程，消除贫困和饥饿，实现公平、开放、全面、创新发展，不仅是共同的道义责任，而且能释放出不可估量的有效需求。

## 二、安塔利亚G20峰会体现出哪些中国主张

G20安塔利亚峰会通过的《20国集团安塔利亚峰会公报》中，呼吁加强经济复苏和提升潜力、合作实施稳健宏观经济政策、确保包容性增长、推动贸易和投资，充分吸收反映了来自习近平主席讲话及其他政策文件的中国观点和立场。G20提出的全球经济包容和稳健增长政策框架，与中国“十三五”规划有着三方面的一致性，即理念一致、措施一致、周期一致。G20峰会所要做的工作，堪称是制定国际版的“十三五”规划。

《公报》提出，加强经济复苏和提升潜力。G20的首要任务是及时、有效地实施增长战略，包括采取措施支持需求和结构性改革，提升实际和潜在增长，创造就业，增强包容性，减少不平等。这与习近平主席的建议一脉相承，他建议G20推动改革创新，增强世界经济中长期增长潜力。世界经济长远发展的动力源自创新。G20应该抓住机遇，把推动创新驱动和打造新增长源作为二十国集团新的合作重点，重视供给端和需求端协同发力，加快新旧增长动力转换，共同创造新的有效和可持续的全球需求，引领世界经济发展方向。

《公报》表示，G20将继续以合作的方式实施稳健的宏观经济政策，以实现强劲、可持续、平衡增长。G20将谨慎调整各项政策行动并保持清晰沟通，特别是在主要货币政策和其他政策决定等方面，以减少不确定性，使负面溢出效应最小化，并提高透明度。这充分吸收了习近平主席提出的建议，他认为G20要加强宏观经济政策沟通和协调，形成政策和行动合力。在经济全球化时代，没有哪一个国家可以独善其身，协调合作是G20的必然选择。各方应该特别注意加强彼此政策的沟通和协调，防止负面外溢效应。在世界经济中举足轻重的大国，则更需要在制定宏观经济政策时充分考虑对他国的影响，提高透明度。

《公报》显示，G20承诺确保包容性增长，创造就业并使全社会共享增长红利。很多国家不平等加剧将给社会和谐和公民福祉带来风险，也会产生负面经济影响，

阻碍我们实现促增长的目标。全面和平衡的经济、金融、劳动、教育和社会政策有助于减少不平等。这反映了习近平主席确保包容性增长的建议，他提出落实2030年可持续发展议程，为公平包容发展注入强劲动力。消除贫困和饥饿，实现公平、开放、全面、创新发展，不仅是共同的道义责任，而且能释放出不可估量的有效需求。

《公报》提出，全球贸易和投资依然是经济增长和发展的重要引擎。通过包括调整后的增长战略等措施，加强协调，推动贸易和投资。世贸组织是多边贸易体系基石，应继续在促进经济增长和发展方面发挥核心作用。承诺坚持一个强有力和高效的多边贸易体制，重申共同努力完善其运行的决心。这吸收了习近平主席关于“构建开放型世界经济，激发国际贸易和投资活力”的建议。他表示，要反对保护主义，维护和加强多边贸易体制，为不同国家发展提供充足空间。G20应该确保区域自由贸易安排对多边贸易体制形成有益补充，而不是造成新的障碍或藩篱。

## 三、中国智库在G20发挥出前所未有的作用

2015年11月12日~16日，二十国集团智库峰会（T20）在土耳其安塔利亚举行。本届T20峰会由土耳其T20官方牵头智库经济政策研究基金会（TEPAV）、加拿大多伦多大学G20研究小组、国际商会（ICC）二十国集团首席执行官咨询委员会、中国人民大学重阳金融研究院、加拿大国际治理创新中心（CIGI）与澳大利亚罗伊国际政策研究所联合举办，从智库的视角切实为全球经济治理和G20平台机制建设群策群力。

中国是2016年G20轮值主席国，中国如何设计引领全球经济复苏的议程，各方充满期待。因此，中国智库如何在安塔利亚提出中国倡议和建议，发挥智库的影响和作用，备受国际社会高度关注。此次T20峰会，中国社科院世界经济与政治研究所、上海国际问题研究院和中国人民大学重阳金融研究院（以下简称人大重阳）

为主要代表的中国智库在安塔利亚重点阐述了中国对G20的看法，展示了中国智库的公共外交能力和国际议程的设置力。其中，人大重阳派出了以中国人民大学伊志宏副校长，前中国银行副行长、人大重阳高级研究员张燕玲与人大重阳执行院长王文为主的强大团队，不仅参加了联合主办T20峰会论坛，也进行了专场的中国解读会。这是人大重阳继2014年在澳大利亚布里斯班承办G20预热峰会后的又一次"出击"。

11月14日，由TEPAV主办的二十国集团创新（I20）峰会成功召开。这是本届T20智库峰会的一大创新"亮点"，将科技与创新纳入G20议程框架内，促进全球创新合作。这与此次G20峰会的"包容性"议题相一致，也和联合国2030可持续发展议程高度契合，因此一经提出就受到多方重视与支持。为了更好地保持I20政策的延续性，大会在最后一个环节安排了土耳其与中国智库代表的交接仪式。中国社科院世界经济与政治研究所所长张宇燕、上海国际问题研究院世界经济研究所执行所长张海冰和人大重阳执行院长王文三家中国智库代表接受了来自土耳其商会主席、2015年B20主席拉里法与TEPAV执行主任、2015年T20主席古温·萨克交接的I20的国际合作创新机制，以期I20继续为G20领导人提供关于创新议题的智力支持，并争取在2016年中有突破性的进展与成果。

11月16日，在G20领导人峰会发布联合公报并圆满闭幕的时刻，人大重阳在全世界聚焦的G20峰会媒体中心进行了中国智库的首场发布会，解读中国智库对于2015年安塔利亚峰会的公报成果，并对2016年中国如何主办G20进行展望和探讨。此次人大重阳在G20峰会媒体中心的首秀，是中国智库参与G20研究有史以来首次在国际官方媒体中心发出自己的声音，也是在西方国家主导话语权的国际大会中进行"中国智库秀"的首次尝试，更是中国智库充分发挥公共外交能力和国际谈判与协调能力的最好体现。

中国智库在G20公共外交中发挥的巨大作用也获得了极高的舆论关注度。人民日报、新华社、中央电视台、中国国际广播电台、CHINA DAILY（中国日报）、大公报、人民网、光明网、中国网、广东卫视、深圳卫视、环球时报、杭州日报、央广网等30多家国内媒体和数家外国媒体对人大重阳G20之行进行了全方位采写报道。其中CCTV-1《焦点访谈》、CCTV-13《新闻1+1》均就此次G20峰会制作了专题，并邀请人大重阳专家团队进行现场评论与解读。

中国智库在此次土耳其安塔利亚G20峰会上，实质性参与了全球治理进程，有效提升了中国智库的国际影响力，向世界更好地表达了“中国故事”和“中国逻辑”，让世界更加了解中国，也让中国更加融入世界，从而为2016年中国杭州G20峰会奠定了坚实的智力基础。

## 第三节　2016年中国G20主题：“构建创新、活力、联动、包容的世界经济”

在G20安塔利亚峰会上，习近平主席提出了2016年G20领导人峰会的“4个I”主题，即希望推动各方“共同创建创新（innovative）、活力（invigorated）、联动（interconnected）、包容（inclusive）的世界经济”。

对此，习主席表示希望从四个方面推进：一是创新增长方式，重点推进改革创新，开辟和抓住新机遇，提升世界经济增长潜力。二是完善全球经济金融治理，增强新兴市场国家和发展中国家的代表性和发言权，提高世界经济抗风险能力。三是构建开放型世界经济，促进国际贸易和投资，发挥其对增长的推动作用。四是推动包容、联动式发展，落实2030年可持续发展议程，消除贫困，实现共同发展。

### 一、创新增长方式

当前世界形势进入新常态，各国面临的传统问题，如资源能源安全、国际恐怖主义、气候变化等远未解决，又涌现了许多新问题，新旧问题交织使得国际形势日趋复杂化。2015年的国际金融市场动荡使我们意识到，解决全球金融体系的系统性危机仍然任重道远，传统的量化宽松政策无法从根本上解决结构性问题。与此同时，新一轮科技革命和产业变革正在全球范围兴起，传统的发达国家加紧实施“再工业化”，新兴市场国家和发展中国家则在加速推进工业化进程，世界各国面临着经济发展和应对全球性风险的双重挑战。

要应对挑战、释放发展诉求，就需要国际社会以创新为支撑，建立“全球创新体系”，加强全球治理力度，改革全球发展机制。对内要推进结构性改革，创新发展模式；对外要为生产要素在全球范围内流动创造便利，加强国际产能合作，塑造有利于发挥各国比较优势的、具有普惠性的全球产业链，使创新主体、创新资源、创新环境等能够在全球范围自由流动，相互支持，共促发展，站在全球角度构建新的创新氛围标准，从而打造互利共赢、包容共进的世界发展新局面。

G20各成员国要实现经济增长方式向创新驱动的方面转变，加快改革创新，调整经济结构，从依靠投资出口拉动转向投资出口消费协调拉动。各国要大力发展战略性新兴产业，用创新技术改造传统产业，创造新的经济增长点，将推动创新驱动和打造新经济增长点作为G20新的合作重点，加快新旧增长动力转换，引领世界经济复苏。

## 二、完善全球经济金融治理

距金融危机爆发已过去7年，但其深层次影响还在持续：世界经济增长乏力、动力不足，量化宽松政策只能为经济复苏带来“虚热”，世界经济还处在深度调整期，个别发达国家以邻为壑、转嫁危机等。事实证明，传统地过度依靠货币政策的经济手段已经过时，各国各自为政的做法只会造成更大泡沫，使经济陷入长期停滞。寻找新的消费增长点，完善全球经济金融治理，已成为各国无法回避的难题。

作为全球经济金融治理新机制的G20，在成立之初确实为各国应对金融危机做出了贡献。但随着“后危机”时代的来临，其局限性日益显现。过去几十年，新兴市场国家的经济规模与发达国家的差距不断缩小，在全球经济发展中的地位不断上升，世界经济格局已发生根本性变化。而现有的全球经济金融治理体系还基本由发达国家主导，发展中国家和新兴市场国家的声音很难被听到。G20由发达国家和十几个发展中国家共同组成，如果要在国际经济舞台发挥更大作用，就不能忽视新兴市场国家的声音。提高新兴市场国家话语权，充分尊重其自主意愿，将有助于充分调动新兴市场国家的积极性和经济实力，改善全球经济金融结构，惠及世界经济的长期可持续发展。

提到完善全球经济金融治理体系，不得不提的就是由中国倡导建立的亚洲基础设施投资银行，简称亚投行。与既有的世界银行、IMF等西方主导的国际组织相比，亚投行是全球经济金融改革中的一项制度创新。这个“新”体现在其开放性、包容性和建设性；体现在其强调合作共赢，而非对抗；体现在中国通过亚投行更多地承担大国责任，而非像世行、IMF那样体现主导国的自身利益。发达国家和发展中国家在亚投行的机制内互利互惠、平等对话，共谋发展大计。事实是，亚投行正得到越来越多国家的认可，就连美国把持下的世界银行、IMF，日本主导的亚开行也不得不向亚投行抛出“橄榄枝”。亚投行作为经济金融治理机制的创新，必将对G20带来启发。

## 三、构建开放型世界经济

全球治理机制的升级关键在于构建开放型世界经济。目前，世界各国处在不同的发展阶段，对经济发展的诉求也不同。建设开放型世界经济体系，加强国际产能合作，可以有效对接不同国家的供给与需求，实现不同发展水平国家的共同发展。

发展中国家面临城镇化、工业化的需求，但受限于技术装备和基础设施建设水平；发达国家设备和基础设施面临更新改造，但受制于资金短缺、成本太高。中国作为发展中国家的火车头，可以充分发挥自身中端装备性价比高、综合配套和工程建设能力强、外汇储备充裕的优势，帮助发展中国家和发达国家的产能实现对接。通过三方合作，将各自优势结合起来，降低建设成本来满足不同国家的需求，也有利于各国破解发展瓶颈，提升推动产业升级，推动全球产业链的结合。

G20既有发达国家，也有发展中国家。通过G20来带动全球实体经济的开放和经济合作的升级，将释放各国经济发展新动能。经济全球化的发展将各国利益紧密联系在一起，形成了“你中有我，我中有你”的现状。只有反对贸易保护主义，维护和加强多边贸易体制，为不同国家发展提供充足空间，确保区域自由贸易安排为多边体制发展提供支持，扩大开放，加强国际产能合作，形成新型全球价值链，才是世界经济稳定发展的必由之路。

## 四、推动包容、联动式发展

当前世界经济还处在金融危机之后的深度调整期，原有的经济发展模式无法解决经济结构转型和可持续发展的问题。同时，实现公平、开放、全面、创新的发展，不仅仅是道义责任，更是释放经济发展潜能的必然需求。2015年9月，联合国发展峰会正式通过《2030年可持续发展议程》，这一纲领性文件将推动世界在接下来的15年里着力消除极端贫困、战胜不平等和不公正及遏制气候变化，这就为全球发展设立了新目标，提供了新框架。国际社会要从全新角度审视发展路径，处理好可持续发展和经济转型、经济增长的关系，落实联合国2030年发展议程，妥善应对经济发展中的不平等、不公正问题，协调应对气候变化、环境保护等挑战，让处于全球价值链不同位置上的国家都能发挥自身优势、共享发展机遇，这就是“包容、联动式发展”的核心意义。

在全球价值链时代，任何一个国家都无法单打独斗，要让每个国家的发展都同全球的增长形成联动效应，以实现全球经济资源的优化配置；要切实落实“可持续发展”战略，实现经济、社会、环境、治理的相互融合、相互促进。为此，G20要以联合国2030年发展议程为指导，带动各经济体共同参与到世界经济治理中，使发展红利为各国人民共享；要号召各经济体树立利益共同体、命运共同体的意识，建立新型全球伙伴关系，通过宏观政策方面的联动来应对世界经济的复杂形势和其他全球性问题，实现各国的互联互通、良性互动、共同发展；更要完善G20体系，建设和平、有效、包容的机制，实现G20的实体化、约束性和执行力，从而成为促进国际经济合作的长效平台。

2016年中国G20的主题，即“创新、活力、联动、包容”，8个字高度凝练，抓住了当前国际社会对于世界经济治理的最关键问题，指明了实现全球经济平衡、可持续增长的道路。“创新”是实现长远发展的动力之源，靠创新来释放体制活力和创造力，靠创新实现科技进步，这是实现全球经济复苏的根本出路；“活力”强调让经济发展的引擎高速发展，让世界经济气通血畅，焕发新动力；“联动”是实现全球整体、全面发展的必然选择，各国合作联动，才能减少经济发展的不确定性，实现经济的稳步发展和优势互补；“包容”强调发展的价值要惠及所有国家，从而释放巨大的市场需求。2016年中国的G20将是承前启后的一次峰会，二十国集团如果能在“创新、活力、联动、包容”方面为世界做出表率，形成互利互惠、相得益彰的共赢局面，势必将提振全球经济信心、拉动经济复苏、释放发展潜力、造福更多人民，为世界经济的新增长创造光明前景。

## 第四节　2016年中国主办G20面临的形势

2016年中国杭州G20峰会是中国首次举办全球经济治理“顶层设计”性质的峰会。尽管G20的内容传统上只涉及经济治理，然而，要想成功举办G20峰会，不能不考虑地缘政治、大国关系乃至非传统安全等诸多方面的因素，简言之，G20与全球短期形势密切相关。

从G20峰会发展进程看，举办一场成功的G20首脑峰会并不容易。在全球经济尚未完全走出金融危机阴影、金融危机因素向深层次发展的时代背景下，G20要应对的挑战日益繁杂，各国对世界发展进程的看法也不尽相同。繁多的事项牵涉到全球各方的重大利益，各类利益的背后都需要对形势严谨的研究与未雨绸缪的准备。其中，我们将着重分析2016年我国举办G20面临的经济形势、安全形势与发展议题形势。

第六章

2016年G20峰会：中国时刻

## 一、经济形势

当前，全球金融危机的影响远未消退，而是向深层次发展，给中国举办G20带来的挑战日益深刻复杂。最深层次的判断，就是全球将在2016年全面进入“大通缩”时代。

就“全球增长常态”和“增加就业”而言，当前全球实体经济显然并未进入可持续增长通道，金融危机的发源地美国虽然被称为开始“复苏”，然而其实体经济却并未显著重振，“复苏”更多表现为资产价格上涨，离强劲的、可持续的、平衡的增长尚有相当距离。欧洲就业形势甚至比2008年更加严峻，2015年三季度欧元区28岁以下青年失业率甚至比2008年三季度还要高2个百分点。而2015年达到高峰的难民问题也冲击着欧洲原本脆弱的复苏。

威胁全球经济运行前景的根源之一在于最主要货币发行国的“非合作”货币政策。2008年以来，美联储一直执行“零利率”政策，而欧洲央行则在2014年12月底开始实行“负利率”，美元和欧元占国际货币总结算量达90%，其零利率甚至负利率政策影响深远。零利率乃至负利率，意味着借贷者能以低成本甚至“负成本”融资，从而进行投资。其后果是美元和欧元的持有者非常容易从金融市场上购买高度证券化的金融资产，由此造成全球流动性被从投机性相对较低的新兴市场、实体经济中撤走，投向高投机性的发达国家金融产品，各国金融市场的不稳定性大大增加，给全球治理带来了诸多前所未有的新挑战：宏观经济走势更难预期、实体产业融资难、汇率波动加剧、收入分配问题表现为新的形式等。

2016年，世界经济、国际市场走势仍然存在很大不确定性。其中，最主要货币发行国的政策仍然是最大的不确定因素。美联储2015年年初就提出要加息，结果一直到本书成稿时也没有加息，这种不确定性给全球资本流动造成了不利于新兴市场国家的影响。2016年，美联储加息的幅度和节奏都是不确定的，而且其决策过程是不透明的。市场预期也会随之波动。

主要经济体的走势将出现分化，但这种分化并不一定是线性的。美国经济总体恢复增长，但增速存在不确定性。欧洲经济受到地缘政治、恐怖主义和难民问题等政治议题冲击，恢复速度将受到影响。部分新兴经济体将继续面临困难，但新兴经济体内部也出现分化。

欧洲经济虽出现复苏迹象，但这种复苏显然极为缓慢且脆弱，欧盟成员国经济分化仍在加剧。进入2015年，欧央行开启全面QE，预计将持续到2016年底甚至之后。英国经济增速虽然良好，但在欧元区经济形势拖累下也呈现出放缓之势，低通胀、薪资增长不振等因素也成为英国央行加息的“拦路虎”，市场预期英国央行加息时间点也因此推后至2015年三季度甚至2016年。

亚洲方面，日本仍然蹒跚不前，安倍政府射出的“量化宽松”之箭没有挽救疲软的日本经济，2014年4月消费税的上调令日本经济连续两个季度陷入衰退。预计2015年日本经济难有起色，2016年日本仍可能扩大货币与财政刺激规模。

2015年，各大主要经济体央行的货币政策将愈加背离，美元将在美联储加息的支持下持续走高，日元和欧元在不断宽松之后或延续颓势。这使得各国宏观经济政策出现重大变化，给G20“保持全球金融稳定”目标，以及加强全球宏观政策协调使命带来巨大挑战。

国际大宗商品价格也在持续走低，目前石油价格比2014年6月份最高时下跌近60%，铁矿石等重要矿产品价格跌幅也很大，这使得国际市场出现通缩趋势。

此外，全球贸易失速，使得原本的火车头“熄火”。2015年10月WTO的世界贸易报告显示，2014年全球商品贸易量仅上涨2.5%，基本相当于该年度全球GDP的增速。而在持续三年的低迷增长后，世界贸易在2015年的头几个月仅仅维持了非常小幅的增长。2015年10月，IMF预测2015年世界经济增长3.1%；WTO数据则显示，2015年前7个月，全球出口值同比下降10.9%。这说明贸易不仅不能拉动经济增长，反而有可能变成拖累。

如果不能找到增长“新火车头”，世界经济有可能陷入“新平庸”。但是，尽管增速有所回调，但如果能继续推动区域经济发展、促进国际产能合作，并继续推行筹建一系列多边投资机构等新举措，投资将有可能为全球经济注入活力。目前，基础设施落后和投资不足已成为制约全球主要经济体、尤其是发展中经济体增长的瓶颈。因此，如果亚投行、金砖新开发银行等新的国际机构开始发挥效益，这将有助于为2016年的全球增长与发展提供新动力。

总之，美联储加息、欧央行QE、日本“无限制宽松”正成为影响全球经济稳定的三大“火山”，与全球“大通缩”时代的来临、贸易失速等伴生。与此同时，投资蕴含着未来的希望。这将有可能是2016年国际经济形势的主基调。

我国经济与世界经济深度交融，如此严峻的外部环境必然会对我国经济发展带来很大压力。国内长期积累的矛盾也在凸显。我国经济发展处于“三期叠加”阶段，经济增长新旧动能也在转换之中，加之又出现一些新问题、新挑战，加大了经济下行压力和经济运行中的困难。最突出的有三个方面：一是工业形势严峻。传统工业品供大于求，也就是产能过剩的问题并没有解决。二是投资增速持续下降。三是财政金融风险在上升。在经济增速放缓时期，财政收入增长回落的幅度往往远远大于GDP增速放缓的程度。在金融方面，银行业金融机构不良贷款率、不良贷款余额双双上升。此外，有些人对中国经济未来发展预期不稳定，有可能导致对人民币的信心不足和资本外流，引发汇率波动。这对金融系统稳定来说是一个潜在威胁。

## 二、安全形势

上文说到，2016年可能正值全球“大通缩”起势。相应地，全球地缘政治形势可能发生如下趋势：美国实施战略调整，加之奥巴马政府进入“跛脚期”，美国对全球的干涉和控制的意愿和能力下降，一些重点地区（例如中东）的地缘政治局势将可能更加动荡。在美元和欧元走势分化、石油价格走低的大形势下，一些“火药桶”（如中东地区）将会持续不稳定。同时，地缘政治动荡，可能对G20机制本身产生冲击。在G20安塔利亚峰会前夕爆发的巴黎恐怖袭击事件，就对2015年G20议程产生了心理影响和实质影响。

首先，美国战略收缩，将导致美国对一些地区的动荡局势缺乏干涉能力。2016财年，美国国防部提交的国防基础预算为5340亿美元，海外军事行动为510亿美元。值得关注的是，海外军事行动（即战争费用）持续下降。其中，美国在阿富汗的各项军事活动开支占了绝大部分，为425亿美元。从预算角度，除了在阿富汗维持军事局面外，基本没有预算支持美国在其他地区发动大规模军事行动。在美国从中东地区战略收缩的情况下，在中东政治格局重新洗牌的背景下，一些地区军事大国将会加强军费投入。据英国国际战略研究所（IISS）“全球军力平衡”年度报告显示，沙特以808亿美元的军费总量列世界第三，超过了传统军事大国俄罗斯。这是中东各国新一轮军备竞赛的缩影，也意味着中东地区动荡的可能性将会进一步提高。

海外军事行动费用下降，同时也意味着美国“稳定器”的能力严重不足。2014年的两大地缘政治事件——乌克兰危机迅速升级和“伊斯兰国”势力迅速崛起——从根本上都与美国军事战略收缩有关。当然，美国也不会放弃防范中国和俄罗斯等大国。在国防部关于2016财年预算的说明中，明确写道，要继续推进亚太地区的安全与“再平衡”，要反对俄罗斯的“侵略性”行动。

此外，在低油价背景下，美国最近加大了逢低吸储的力度。日前，美国商业石油库存已达4.44亿桶，为33年以来的最高值。加上战略储备和产品储备，美国的各种储备已达到18.73亿桶。到2015年，美国石油储备天数已近100天。这预示着美国将拥有更高的战略主动性，对地缘政治动荡的容忍度更高。

在这种情况下，非传统安全议题上的不稳定因素有可能继续上升。2016年，随着各国对盘踞在叙利亚、伊拉克的极端组织进行打击，极端组织的根据地有可能被削弱乃至大部丧失，但根据以往经验，恐怖主义组织具备“化整为零”的能力，结果有可能是被击溃的恐怖主义者潜回国或窜至其他国家，扩大了恐怖主义的影响范围。

恐怖主义是人类的共同敌人，我国也是恐怖主义的受害者。如果在G20会议举办期间或之前，我国有恐怖主义活动发生，那么将对会议的准备产生极大影响。

我国的恐怖主义主要有三个来源：一是国际恐怖组织和个人；二是境内外的“东突”等恐怖势力；三是邪教和严重刑事分子。随着中东形势的变化，“东突”分子也参与了“伊斯兰国”等恐怖组织，对社会稳定和我国领土安全构成新形式的威胁。

此外，南海、钓鱼岛等传统涉华安全议题也将有可能被国际舆论发酵。阿富汗、巴基斯坦如果出现不稳定加剧的状况，也将影响中国“一带一路”的开展。这些都将是2016年中国举办G20需要绸缪的因素。

## 三、发展形势

2016年，“发展”将成为全球重要议题。2015年9月底，联合国成立70周年峰会上，各国领导人批准了《2030年全球可持续发展议程》，这一文件标志着各国就“发展”的概念达成了共识。根据以往经验，2016年发展议题将持续成为全球治理的热点话题。2016年在发展议题上的重点领域将包括：能源获取、粮食安全与营养、人力资源发展、高质量的公共基础设施建设、金融普惠以及国内资源要素的流动。2016年，G20议程需要与“2030年可持续发展议程”相结合，把可持续发展置于核心。

到目前为止，在全球发展问题上，机遇与挑战并存。虽然有了非常显著的进展，但这些进展不充分而且不均衡，有些地区、有些领域还存在着倒退。在2015年发展议程中，中国一个国家的贡献占到很大一部分；如果剔除掉中国因素，那么全球的发展成绩单就显得非常不足了。而2030年议程提出的目标是，“再有一代人的时间就能消除极端贫穷”。这需要付出极大的努力。

与此同时，地缘政治的动荡将会制造和加剧贫困、增加发展与减贫的难度。气候变化、类似“埃博拉”的跨国流行病、移民与难民问题也会带来困境。同时，新涌现的问题也值得所有人警醒。联合国《2030 年可持续发展议程》指出，2015 年持续发酵的难民问题是关乎全球性问题，这涉及人权、政治、社会和经济诸多方面；此外，在经济网络化时代里，信息通信技术在使用过程中面临着威胁、安全挑战，甚至对经济长远发展造成了风险。

总之，在全球价值链时代，任何一个国家都无法实现单独发展，任何个人被遗落在全球价值链之外都难以改善处境。因此，发展议题将有可能借 2015 年联合国大会通过《2030 年可持续发展议程》的“东风”持续发酵，继续成为 2016 年全球议程的主要话题，继而影响 G20 杭州峰会的议题篮子。

中国在发展议题上做出的贡献有目共睹，包括国内的发展与对外合作。不过，中国的发展也存在一些问题。在国内，存在收入差距较大、地区发展不平衡、环境污染、当地社区分享投资与增值收益不足等问题。在 G20 安塔利亚峰会上，某成员国首脑的发言中已经利用这些问题对中国进行攻击。而在国际合作上，随着中国实力的增长，一些舆论认为，中国应当承担“更多责任”。例如，有舆论认为，中国应当更多接收中东难民。这些都将需要我们高度注意。

## 第五节　为全球治理提供“中国药方”

金融危机下的全球治理成果已经证明，G20是各国在面对共同问题时分享智慧、达成方案的有效机制。当G20从危机应对机制转型成为全球治理平台，就需要解决如何进行全球治理合作的常态化机制问题。面对当今的世界经济形势，全球治理要做的是两件事：第一，找准“病灶”，精准“把脉”，看看世界经济到底问题出在哪里；第二，对症下药，为促进全球治理开出“药方”。

2008年金融危机之后，全球复苏步伐一直缓慢，其“病灶”在于：上一轮科技和产业革命的动能已近尾声；发展不平衡问题远未解决，现有经济治理机制的缺陷逐渐显现。而在这种形势下，中国却保持了较高增速，并使得实体经济“底子”不断“加深加厚”。中国的长期经济增长成效及可持续的增长潜力，表明中国拥有促进发展的独到经验。而中国主办G20峰会，将意味着世界有机会分享实现可持续发展的“中国药方”。

## 一、解决全球经济治理中的“病灶”

目前G20各成员方都提交了各自的中期增长路线图，其中存在的不足也显而易见：各成员方的关键政策承诺（Key Commitments）侧重点各有不同，没有关于相互协调的说明，潜在地存在相互竞争或相互抵消问题，可能导致“零和博弈”造成对于全球经济的整体外溢效果为零甚至为负。

换句话说，在增长战略方面，各国是“有整体目标，无全面协调”。全球增长不是一国就能解决的，在G20层面而非各成员方层面上制定整体性的政策，建立切实可操作的执行机制，已十分必要。因此，中国人民大学重阳金融研究院通过慎密的研究和长期的跟踪认为，需要构建“全球经济协调体系”（Global Economic Coordination System，GECS）。

这不只是各成员方增长战略协调的需要，也是全球已承诺的政策目标体系变得复杂化急待通盘考虑的需要。这种复杂性来自三个方面：

一是联合国层面上“2030年可持续发展目标”的新进展，即2015年9月底联合国成立70周年峰会上，各国领导人批准的《2030年全球可持续发展议程》（SDG），包括17个可持续发展目标及169个子目标。G20如何与SDG并轨与协调相当重要。

二是全球层面上碳减排的要求。2015年12月，联合国气候变化框架公约第21次缔约方大会（COP21）在法国巴黎举行，各方尤其是中国提出了应对气候变化的郑重承诺。因此，G20讨论全球增长必须考虑到碳减排约束日益严格的趋势。

三是发达国家减少财政赤字的约束。美国与欧元区都执行“结构性减赤”的长期政策框架，以及部分国家提到的退出“量宽”等政策，都会对他们的经济增长产生冲击。

此外，当前地缘政治危机、恐怖主义等不确定性事件冲击着全球增长；全球性通缩、金融市场动荡等系统性风险威胁着国际经济；而重大创新缺乏、基础设施投资与互联互通不足等支撑性要素不力则拖累着世界发展前景。这就更需要建立全球可持续增长的协调框架，增强各国的抗风险能力，并实现实现G20整体政策效果正向外溢（positive spillovers），避免相互抵消。

中国人民大学重阳金融研究院认为，"全球经济协调体系"应由一个顶层机制、三张机构网络、十方面合作平台构成（如图6–1）。

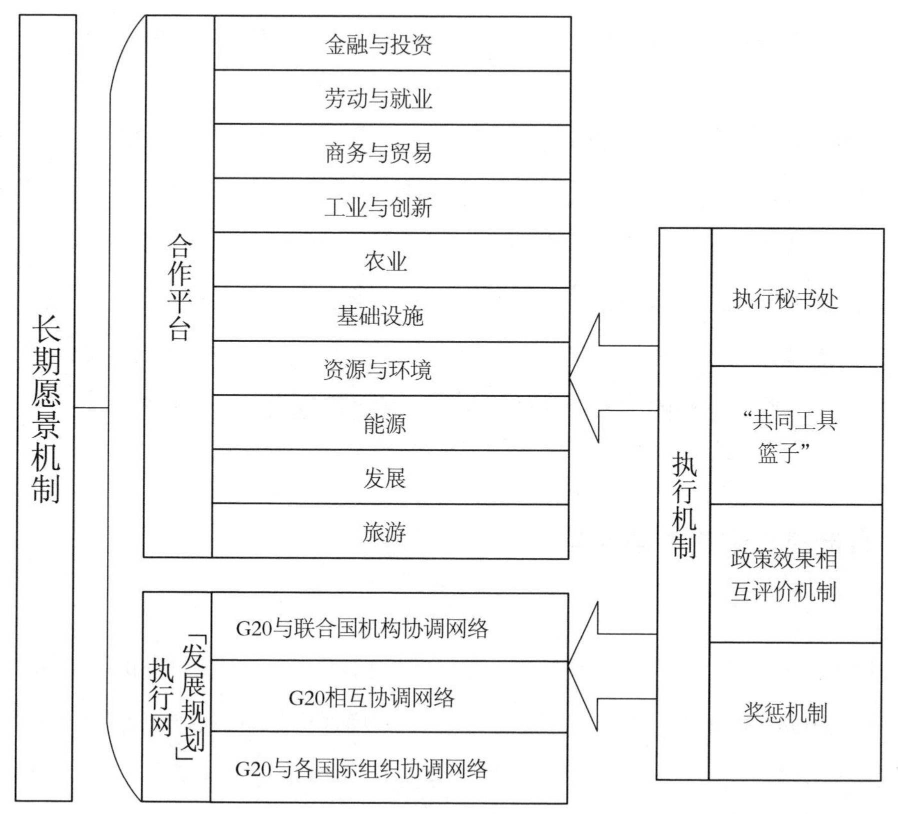


**图6–1　全球经济协调体系**

一个顶层机制是"长期愿景机制"，负责制定并指导G20增长战略的实施。"长期愿景机制"的操作方式可以是先形成一份"G20经济发展愿景"文件，确立五年期发展目标。此后，在领导人峰会、协调人（Sherpa）会议、部长及副部长级会议都经常予以修订并讨论如何实现。

三张机构网络分别是G20与联合国各机构协调网络、G20相互协调网络、G20与各个国际组织协调网络。建立常态化的协调网络，形成一个全球“发展规划”的执行网。

十方面合作平台是十个方面的G20各成员方产业政策沟通与协调平台，综合考虑G2O现有机制及未来发展要求，参考中国案例，建议为金融与投资、劳动与就业、商务与贸易、工业与创新、农业、基础设施、资源与环境、能源、发展、旅游十个方面。

为保证协调各国的增长战略，应建立四方面的执行机制：一是设立执行秘书处，不断与各自国内联络并共同起草文件。执行秘书处可设立在中国，并在多个国际组织设立代表处。二是建立“共同工具篮子”，为G20成员国发展提供了政策选项范本。例如，G2O可考虑设立全球粮价平准基金，用以干预粮价过度波动。三是设立政策效果相互评价机制，建立增长战略的政策效果相互评价机制。四是探索奖惩机制，对一些不达标的国家予以类似削减授信额度这样的处罚措施。

## 二、为世界经济描绘新愿景

中国对全球经济做出了怎样的贡献呢？仅列举几个简单的数据即可窥一斑：

——2008~2014年，中国一国贡献了全球新增经济总量的30%以上，按最近三年算，则达到44%。中国现在即使7%的增速，年增量也达8000亿美元，超过金融危机前两位数增速时期的增量。对稳定全球增长做出了巨大贡献。

——中国金融稳定对全球的贡献：2008年以来，中国没有发生大的金融波动。2014全年，同业拆借和债券回购加权平均利率分别为3.48%和3.49%；非金融企业贷款加权平均利率为6.77%，数据平稳且处在合理区间，对于“大通缩”的全球环境是强力稳定剂。

——中国对全球可持续发展做出巨大贡献。按照联合国脱贫标准，30多年来中国累计使6亿人脱贫，占同期全球脱贫人口总量90%。

正是由于已经与世界“融为一体”的中国经济对全球有着“全产业链”的影响力，2016年中国主办G20峰会，将如何推进这种影响力转变为全球发展的“新动力”，才会对世界中长期增长前景意义深远。通过四个关键词可以概括中国为全球治理带来的新愿景：

一是“希望”。中国过去30年没有发动过、也没有参加过任何战争，没有产生过难民、没有轰炸过他国，是爱好和平的一个全球大国。中国正在参与越来越多的全球治理机制，这些机制让人看到世界进一步增长的活力和动力。中国积极参与G20、金砖国家、APEC等机制建设，通过建立联通全球的自贸区网络，已与22个国家签订14个自贸协定，中国参与对美国金融危机、欧元区的反危机救援，还建立了亚投行吸引了50多个国家的参加，弥补亚太地区基础设施投资缺口，这些中国的作用，都让人看到了一个负责大国的活力，也应该看到世界的希望。

二是“创新”。创新是本届中国政府最大的特色之一。中国正在鼓励所有企业和个人投资，明确知识产权保护；鼓励在新技术推广中创新商业模式，促进技术的商业转化过程。中国的创新将有助于构建“全球创新体系”，使全球经济可持续增长产生根本动力。

三是“联结”。当前中国贸易总量已是世界第一位，经济总量达到世界第二位，实际利用外资规模在2014年首次达到世界第一位，对外直接投资2014年1231.2亿美元，达到世界第三位。而预计到2020年，中国有可能成为世界第一大经济体，进出口贸易和资金双向流动规模在全球的比重也将进一步上升。现在中国正在推进“一带一路”倡议，就是为了国力提升以后分享国际公共产品，并促进经济要素有序自由流动、资源高效配置和市场深度融合，推动沿线各国实现经济政策协调，开展更大范围、更高水平、更深层次的区域合作，共同打造开放、包容、均衡、普惠的区域经济合作架构，既是大势所趋，也是中国经济增长的动力所在。

四是“包容”。中国目前刚刚公布了“十三五规划”，将决定了未来五年中国的发展政策。这是中国第一次站在世界地图前制定五年规划。其中一个大战略就是，共建“一带一路”致力于亚欧非大陆及附近海洋的互联互通，建立和加强沿线各国互联互通伙伴关系，构建全方位、多层次、复合型的互联互通网络，实现沿线各国多元、自主、平衡、可持续的发展和国际产能合作。“一带一路”的互联互通项目将推动沿线各国发展战略的对接与耦合，发掘区域内市场的潜力，促进投资和消费，创造需求和就业，增进沿线各国人民的人文交流与文明互鉴，让各国人民相逢相知、互信互敬，共享和谐、安宁、富裕的生活。

## 三、推进国际治理中的协商民主建设

G20峰会机制源自G7的“扩大”，这就意味着它是一个协商民主机制，并且是中国参与的第一个大国协商的全球治理机制。G7和G20之外的国际治理机制，如联合国、世界贸易组织、国际货币基金组织等，通常都是按照票决民主的组织原则来构建的。而源自G7、发扬于G20的“协商与共识”方式，则是国际治理中为数不多的协商民主政治机制。

G20特别重视协商过程以及达成共识，不搞票决，这和G20本身性质有关。根据G20在1999年诞生时发表的首份《G20公报》的内容，G20是布雷顿森林体系框架内一种非正式对话的新机制。正是由于它的非正式性，这就决定了G20在秘书处建设、议题建设、机制架构、与非成员国关系等方面必须采取与“非正式性”相配套的措施。尽管2008年后G20开始召开领导人峰会，并于2009年取代当时的G8成为全球经济合作的主要论坛，乃至到今天的世界经济治理的主要平台，但它的框架机制一直延续至今，未有变化。因此，每年G20峰会后都会出一份“公报”而非“决议”。公报与决议的区别就在于公报是各国协商讨论的结果，并无强制力；而决议则需要在草案的基础上进行数轮修订，并最终投票表决，通过后有法律强制力。

在西方，对比选举或票决，协商的知名度远远无法匹敌。而协商民主更是个比较陌生的概念，也是正在讨论和研究的一种新的民主形式。选举形式在西方历史传统中早已形成，不过在近年来的选举实践中，选举参与度下降的背后是政治参与下降和政治冷漠，这也是不争的事实。因此，西方世界需要引入协商民主，这是为了破解选举民主的困境，弥补选举民主的缺陷。

而G20遵循的这项规则正是中国民主政治的特色与优越性所在。中国在协商民主政治方面有广泛深入的实践和深厚的积淀。早在新中国成立初期，协商民主的形式已经进入中国广泛的政治生活之中。到了20世纪80年代，多党合作、政治协商、肝胆相照、荣辱与共，在中国民主发展过程中出现的政治协商、多元治理、基层民主等构成了中国协商民主的基本内容与创新形式。而中共十八大报告强调“健全社会主义协商民主制度”，“推进政治协商、民主监督、参政议政制度建设，更好协调关系、汇聚力量、建言献策、服务大局”。人民通过选举、投票行使权利和人民内部各方面在重大决策之前进行充分协商，尽可能就共同问题取得一致意见，是我国社会主义民主的两种重要形式。这两种形式，前一种一般称为“选举民主”，后一种可称为“协商民主”。 协商民主的实质，就是要实现公民有序参与政治。而把协商民主扩展至国际关系的范畴，就是要实现国家、国际组织等国际关系行为体有序参与国际政治。

中国历来主张国际问题需要由世界各国通过平等协商共同解决，世界事务由各国共同治理，最终促使国际关系民主化。中国是这么主张的，也是这么做的。2008年世界金融危机以来，中国不断加强参与国际经济治理多边机制的建设，为世界经济复苏提供了不少中国思路、中国方案，而G20机制正是中国运用自身协商民主的特长，参与世界经济治理的生动实践，这使得中国未来在参与国际治理的过程中，具有进一步在协商民主制度中发挥特长的潜力，比如在亚太经合组织、上海合作组织、中国东盟“10+1”“10+3”机制、中国与中东欧合作机制、中非合作论坛等，并且能够为推进国际治理中的协商民主建设做出贡献。

## 四、探索金融服务实体经济的实现方式

G20 机制主要面对的治理对象，就是充满系统性风险的国际金融市场。“金融服务实体经济”是中国价值观。中国政府早就意识到，做好新时期的金融工作，要坚持金融服务实体经济的本质要求，要在保持宏观政策稳定的同时，引导金融机构围绕稳增长、调结构、惠民生创新服务方式，有效破解融资难、融资贵，加大对实体经济的支持。而西方的金融与实体经济相互脱节的实践，搞体内自我循环，金融衍生产品过度创新和泛滥，则是本次金融危机的根源。2008 年后，欧美国家在救市过程中纷纷加大金融监管，出台限制金融创新的政策。在中国，金融工作由此也变得更加谨慎稳重。2011 年底，中央经济工作会议明确了“金融服务实体经济”的原则，在国内外引起了重大反响。

G20 与当前“经济金融化”条件下的全球经济的关系，可以分为两个层面，一是“防危机”扩散机制，二是“经济重建与保持稳定”机制。实际上，至今为止的 G20 主要是在第一个层面做了大量工作，第二个层面则收效不显著。究其原因，国际金融市场上的行为主体，主要是西方大型金融机构，政府很难“管”他们，因此政府能做的，更多地是“另起炉灶”搭建“防火墙”。而在第二个方面，也就是搞建设，西方政府的组织方式就显得力不从心了。中国没有强大的金融资本利益集团，政府一贯强调金融与实体经济密切联系、互促共生。在这方面中国政府做了有益并有效的探索。

比如在以金融支持强化内生性增长方面，国家开始从长期战略发展的角度制定支持经济内生性增长的金融政策，使金融资源更多地投向有利于经济持续稳定发展的行业。比如在社会融资重点向新兴产业倾斜方面，制定支持战略性新兴产业的具体金融措施，主要包括加大商业银行对新兴产业的信贷扶持力度，推动授信和风险管理体制创新；加快适应新兴产业需求的金融产品创新等；推动证券公司、产业基金、私募基金等金融机构为创新型企业提供直接融资等等。在壮大资本市场方面，

发展多层次资本市场，降低企业融资门槛，发展股票、债券和基金市场，显著提高直接融资比重，通过金融市场、金融产品和中介服务多元化，满足多样化的投融资需求，便利企业低成本融资。在更好发挥政策性和开发性金融作用方面，为公共服务和基础设施建设提供长期低成本资金。扎实推进政策性银行改革，明确政策性职能定位，充分发挥其在增加公共服务方面的优势，适应市场化国际化新形势，促进开放性金融发展，建立和强化资本充足力约束性机制，为增长调结构和走出去提供低成本、长期性和稳定来源的资金支持。在普惠金融方面，扩大金融服务覆盖面，以发展小型金融机构为重点，健全和完善多层次普惠金融组织的体系，扩展基层金融服务，逐步做到金融服务全覆盖。持续改善农村支付服务环境，推进农村金融产品创新，提高农村信贷的可获得性，加强对弱势群体的金融消费权益保护等等。

这些措施的实施对于引导金融机构围绕稳增长、调结构、惠民生来构建服务方式，支持新兴产业发展和传统产业升级改造，加强基础设施建设领域的金融服务有着根本性的作用。把“金融服务实体经济”注入全球治理，将有助于培育全球经济增长新动能。

## 五、完善“人的全球化时代”的治理机制

随着互联网、全球交通网等基础设施把全球的社会乃至个人更紧密地联系为一个整体，社会层面的全球治理形势也发生了根本性的变化。维护“人类命运共同体”的续存与发展应成为G20的根本价值观。当前国际形势基本特点是世界多极化、经济全球化、文化多样化和社会信息化，“你中有我、我中有你”成为各国经济的常态现状。与此同时，各类全球非传统安全问题层出不穷，对国际秩序和人类生存都构成了严峻挑战。不论人们身处何国、信仰何如、是否愿意，实际上已经处在一个“命运共同体”中。作为全球治理的首要平台，应该树立“人类命运共同体”意识，共同面对世界经济的复杂形势和全球性问题。

而从已经进入G20议程的埃博拉病毒扩散、恐怖融资，到深刻影响着G20议程的中东形势、难民潮等问题，无不有着“人的全球化”的深刻背景。实现“人的全球化时代”的治理能力与治理机制与形势相适应，需要“跨政府”的合作。而在这方面，中国方面的努力有目共睹。

例如在应对埃博拉疫情方面，截至2015年3月，中国已经先后向西非13个国家提供4轮总价值约7.5亿元人民币的紧急人道主义援助，派出抗疫医务人员1200人，累计检测病毒标本约5000份，收治患者近900例，完成公共卫生培训逾13000人次。例如在反恐问题上，中国主张国际社会必须携起手来，充分发挥联合国的主导作用，进一步加强反恐协调与合作，组成反恐统一战线。安理会反恐决议必须得到全面落实，包括打击恐怖分子利用互联网煽动、策划恐怖活动，传播极端主义思想，切断恐怖分子融资渠道和跨境流动等。在应对气候变化方面，作为发展中国家，中国不仅在过去10年大幅降低单位国内生产总值能耗和二氧化碳排放，还宣布设立200亿元人民币的气候变化南南合作基金，支持其他发展中国家。

在“人的全球化时代”，世界的联系更加紧密，当然挑战也更为艰巨。中国的种种举措，为各国有效应对传统和非传统安全风险提供了帮助，赢得了国际社会的广泛认可。在推动政治解决国际和地区热点、应对各种全球性问题和挑战等方面，中国都没有缺席，展示了负责任大国的正义担当。中国在全球治理中的作用不可替代，将继续为世界治理贡献中国路径和中国方案。

## 六、G20需要五年规划

当前，G20把未来前进方向与《2030年可持续发展议程》相结合的做法，恰好“回归”到了G20领导人峰会机制的创建初衷：2009年4月G20第二次领导人峰会在英国伦敦举办时，时任英国首相戈登 · 布朗在讲话中倡导以“全球伦理”重建全球繁荣，他说“在新的全球化时代，彼此的繁荣是不可分割的。全球问题需要全球性的解决方案，可持续发展必须经由分享”。G20的长期前行，必须有G20价值观来引导。

G20领导人安塔利亚峰会已将未来的前进方向指向“发展”和“2030”，当这两个关键词与“中国”“2016”放在一起，我们就能够从其“交集”中得出G20前进之路当中的许多“必然性”，而这些必然性，则为我们勾画出了实现2030年可持续发展目标的路线图轮廓。

这四个关键词的“交集”意味着什么呢？

（1）“增长”与“发展”概念的融合。以往，G20更多地在讲“增长”与经济、金融的关系，而“发展”则被认为与发展中国家、减贫或者社会、环境议题联系在一起。然而，作为世界各国对“发展”概念新共识的《2030年可持续发展议程》却颠覆了对“发展”的旧观念。在《2030年可持续发展议程》中可持续经济增长、就业、创新、多边贸易体系、能源、基础设施投资乃至“改善对全球金融市场和金融机构的监管和监测”都被明确列入到目标当中，也就是说，实际上G20绝大部分议题都属于《2030年可持续发展议程》的组成部分，“增长”已被重新定义为“发展”的一个子集。

（2）全球大部分经济社会政策的时间节点已确定。把《2030年可持续发展议程》和G20领导人安塔利亚峰会的所有成果文件结合在一起看，实际上可以找到上千个已经明确了时间点的政策目标表述，而这些政策目标，实际上已经涵盖全球大部分经济社会政策。这里仅举《2030年可持续发展议程》与G20完全结合的几个例子：

- 到2020年，拟定和实施青年就业全球战略。
- 促进具有包容性的可持续产业化，到2030年，根据各国具体情况，大幅提高产业在就业和国内总产值中的份额。
- 到2030年，利用现有的各项举措，制定可持续发展进展情况的计量办法，作为对国内生产总值的补充。

• 到 2020 年每年从各种来源共同筹资 1000 亿美元。

（3）G20 也需要有“五年规划”方法。中国的发展成就很大程度上来自于几十年来一以贯之地以“五年规划”持续地谋发展。2016 年是中国第十三个五年规划的第一年，其执行周期是 2016~2020 年，与 G20 的“全面增长战略”以及《2030 年可持续发展议程》具有高度可比性。作为与“全面增长战略”结构相似，并且历史比“全面增长战略”早数十年的中国“五年规划”，有很多方法论可以为 2016~2030 年的全球可持续发展服务。中国在“十三五开局之年”主办 G20 峰会，将能够为世界提供“经济治理方法论”上的贡献，从而有助于开辟 2016~2030 年全球经济可持续发展新路径。

中国作为 2016 年 G20 峰会的主办国，需要为全球治理做出顶层设计并拿出推进方案。中国发展的重要经验，就是中国每五年制定一个发展规划，让更多措施能够得到执行。

当今世界上坚持时间最长的增长战略，应属中国的“五年规划”，已实施了 60 年。2016 年，中国将开始实施第十三个五年规划，内容包括农业、工业、服务业、城镇化、资源与环境、科技与教育、公共服务、社会管理、文化、经济改革、对外开放、政治、民族、军事等十四大方面。中国还有各部门、各省、各市、各县的“十三五”规划，数以千计，自上而下，追求协调发展。中国的宏大规划经验是值得在设计 G20“全球经济协调体系”时所参考的。

如果把 G20 的“承诺体系”和《2030 年可持续发展议程》的“目标体系”作为“大前提”，把上述三点“交集”作为“小前提”，则可以推出一个包括四个方面和三个阶段的“2016~2030 年 G20 政策路线图”。

四个方面是：

创新：其中包括《2030 年可持续发展议程》的“目标 9”中的“在所有国家，特别是发展中国家，加强科学研究、提升产业部门的技术能力，包括到 2030 年鼓励创新，将每 100 万人口中的研究和开发人员人数提高 ×%、并增加公共和私人研发费用支出”等项目，并制定“G20面向2030年的中长期增长框架”等。

活力：其中包括《2030年可持续发展议程》的“目标17”中的“在伙伴关系经验和资源配置战略基础上，鼓励和促进有效的公–私部门和民间社会的伙伴关系”等项目。

联动：其中包括《2030年可持续发展议程》的“目标2”中的“按照多哈发展回合规定的任务，纠正和防止世界农业市场上的贸易限制和扭曲，包括同时取消一切形式的农业出口补贴和具有同等效果的所有出口措施”等项目。

包容：其中包括《2030年可持续发展议程》的“目标8”中的“到2020年，拟定和实施青年就业全球战略，并执行国际劳工组织的《全球就业契约》”等项目。

三个阶段是：

（1）2016~2020年，实现G20可持续增长目标：解决大部分阻碍可持续增长的中短期因素，找到全球可持续增长新动力所在；

（2）2021~2025年，实现G20结构性改革目标：在货币与金融改革、创新、环境、人类发展等方面落实结构性改革，解决可持续发展的实现机制问题；

（3）2026~2030年，实现2030年可持续发展全部目标：实质性缩小人类发展差距，开辟人类命运共同体长期可持续发展的路径。

G20是各国在面对共同问题时一项分享智慧、达成方案的有效机制。目前，G20从危机应对机制转型成为全球治理平台，就需要解决如何进行全球治理合作的常态化机制问题，并且在每五年进行量化目标的评估与执行上做文章。

# 参考文献


1. 中国人民大学重阳金融研究院. 谁来治理新世界：关于G20的现状和未来[M]. 北京：社会科学出版社，2014.

2. 陈雨露. 大金融与综合增长的世界[M]. 北京：中国经济出版社，2014.

3. 中国人民大学重阳金融研究院.G20与全球治理：G20智库蓝皮书2015~2016[M]. 北京：中信出版社，2016.

4. 陈听雨. 俄罗斯非法金融活动猖獗[EB/OL]. 中新网，http://www.chinanews.com/fortune/2013/06-21/4954957.shtml

5. 傅钧文. 国际资本流动的新特征及其影响[J]. 世界经济研究，2012（12）：24~29.

6. 关志萍. 国际资本流动的趋势与特点[J]. 科技创业月刊，2013（6）：31~35.

7. 金芳，金融危机后国际投资体制的建构特征与中国的应对[J]. 世界经济研究，2014（4）：65~72.

8. 米军，郭连成. 国际资本流动与转轨国家金融安全相关性——以俄罗斯为案例[J]. 世界经济与政治，2009（11）：72~77.

9. 中国科学院国际资本流动与金融稳定研究课题组. 国际资本流动向常态回归[J]. 中国金融，2014（2）.

10. 金中夏，李良松.20国集团成员国利益关系研究——基于经济和金融角度[J]. 国际金融研究，2014（5）.

11. 刘宏松.新兴大国对G20议程的影响——兼论中国在议程塑造中的外交作为[J].国际展望，2014（2）.

12. 徐凡.G20全球经济治理与穆斯林世界——印尼视域下的国际关系基础[J].亚太经济，2015（2）.

13. 姚永玲，李恬.20国集团贸易网络关系及其结构变化[J].国际经贸探索，2014（11）.

14. 赵润济，冯维江.亚洲国家应善用G20平台参与全球经济治理改革[J].国际经济评论，2012（3）.

15. 艾伦 · 格林斯潘.动荡的世界—风险、人性和外来的前景[M].北京：中信出版社，2014：25~26，29~30.

16. 翟浩， 雷晓冰.后金融危机时代场外衍生品市场监管改革趋势[J].上海金融， 2011（12）: 016.

17. Alexandroff, Alan （2010）. Challenges in Global Governance: Opportunities for G-xLeadership. Policy Analysis Brief, Stanley Foundation, March 2010. Available at: http://www.stanleyfoundation.org/publications/pab/AlexandroffPAB310.pdf. Access on July 20, 2014.

18. Alexandroff, Alan S. （2010）.The Gx Global Governance: China Faces G20 leadership. *Global Review* 3 （3）: （May/June）.

19. Alexandroff, Alan S. （2013）, Where's the Leadership in Global Summitry?Global Review Summer.

20. Amariei C, Valiante D. The OTC derivatives markets after financial reforms. CEPS ECMI Commentary No. 36, May 2014.

21. Angeloni, I. and J. Pisani-Ferry. （2012）.The G20: characters in search of an author. Working Paper 2012/04, Bruegel Institute.

22. Asmussen, J. （2013）. Introductory statement for the panel discussion on the G20 and the future of global economic governance. IIF Annual Membership Meeting,

Washington DC.

23. Beattie, Alan.（1999）. New forum to supplement G7 work. *Financial Times*, September 27, p. 5.

24. Beauchesne, Eric.（1999）. Martin warns against complacency. *Montreal Gazette*, September 26, p. A9.

25. Biermann, Frank and Steffen Bauer, eds.（2005）. A World Environemnt Organization: Solution or Threat for Effective International Environmental Governance?（Aldershot: Ashgate）.

26. Blair, Tony（1998）, Transcript "A" of the Press Conference Given By the Prime Minister, Mr. Tony Blai. in Birmingham on Sunday, 17 may, 1998. Available at www.gy.utoronto.ca/g7/summit/1998birmingham/blaira.htm

27. Bertoldi, M., H. Sherrer and G. Stanoeva.（2013）. The G20: is it still delivering? *ECFIN Economic Brief*, Issue 27.

28. Bradford,Colin I. and Wonhyuk Lim. Global Rebalancing, Systemic Risk Assessment and the IMF and the G20. The G20 at Five（Brookings–Australian National University Roundtable, Canberra, 14 November 2013）.

29. Buttiglione L., P. Lane, L. Reichlin and V. Reinhart.（2014）. Deleveraging, What Deleveraging? The 16th Geneva Report on the World Economy, CEPR Press.

30. Bradford Jr., Colin, Bhattacharya, Amarand Linn, Johannes.（2010）. Europe's Governance Stalemate Causes Gridlock for Global Governance Reform. Available at: http://www.brookings.edu/opinions/2010/0424_governance_linn.aspx. Access on July 20, 2014.

31. Camdessus, Michel.（2000）. Development and Poverty Reduction: A Multilateral Approach. Address at the Tenth United nations Conference on Trade and development, Bangkok, February 13.

32. Canada.（1999）. New G-20 Forum: Backgrounder, Canada, Department of

Finance, www.g7.utoronto.ca

33. Carr, Bob. （2014）. *Diary of a Foreign Minister*. NewSouth Publishing: Sydney, Australia.

34. Carin, Barry, Paul Heinbecker, Gordon Smith and Ramesh Thakur. （2010）. Making the G20 Summit Process Work: Some Proposals for Improving Effectiveness and Legitimacy. In: CIGIG20 Paper, No.2 （June）. Available at: http://www10.iadb.org/intal/intalcdi/PE/2011/08274.pdf. Access on July 20, 2014.

35. Carpenter, Charli. （2010）. Governing the Global Agenda. Gate keepers and Issue Adoption in Transnational Advocacy Networks. *Who Governs the Globe*? Cambridge: Cambridge University Press, p.201~237.

36. Chen, Dong Xiao （2013）. Asia and Global Economic Governance in the Framework of G20. *Global Review* （Summer）.

37. China （2009）. Ministry of Foreign Affairs of the People's Republic of China, "G20 Issues leaders' Statement of the 3rd Financial Summit," September 26, 2009, http://www.fmprc.gov.cn/eng/topics/hujintaoG20 fenghui/t616883.htm.

38. Chin, Gregory. （2008）. China's Evolving G8 Engagement: Complex Interests and Multiple Identity in Global Governance Reform. in Andrew F. Cooper and AgataAntkiewicz, eds. Emerging Powers in Global Governance: Lessons from the Heilengendamm Process （Wilfred Laurier University Press, Waterloo）, pp. 83~114.

39. Chin, Gregory. （2010）. China's Rising Institutional Influence. in Alan Alexandroff and Andrew F. Cooper, eds. Rising States, Rising Institutions: Challenges for Global Governance （Brookings Institution Press: Washington, D.C.）, pp. 83~104.

40. Chin, Gregory. （2010b）. Remaking the Architecture: The Emerging Powers, Self-Insuring and Regional Insulation. *International Affairs*, 86 no. 3 （May）: 693~715.

41. Chin, Gregory and Ramesh Thakur. （2010）. Will China Changes the Rules of

Global order? The Washington Quarterly 33（4）(October）: 119~138.

42. Cook, Malcolm and Mark Thirlwell.（2004）. G7 Should Step Aside for More Representative Body. *Australian Financial Review*, 29 September.

43. Cooper, Andrew and Ramesh Thakur.（2013）. Group of Twenty （G20）, (Routledge; London）.

44. Costello, Peter.（2008）. The Costello memoires: the Age of Prosperity. Melbourne: Melbourne University Press.

45. Crane, David.（1997）. Asia crisis brings global powershif. *Toronto Star*, November 30, 1997, p.D2.

46. Curry, Bill.（2014）. late June re Heather Smith in Ottawa.

47. Cutter, W. B., J. Spero and L.D. Tyson.（2000）. New World, New Deal: A Democratic Approach to Globalization. *Foreign Affairs*, 79 （March/April）: pp. 80~98.

48. Callaghan, Mike.（2013）. Financial Regulation and the G20: is there a gap in the governance structure? paper presented to the Asia Regional T20 Seminar, Sydney, 22~24 May,2013.

49. Cooper Andrew F.（2012）. The Group of Twenty:Input and Output Legitimacy,Reforms, and Agenda. ADBI Working Paper No.372.

50. Cerutti, Furio.（2012）. Two Global Challenges to Global Governance. *Global Policy*, vol.3, n.3, p.314—323.

51. Costa, Ligia Maura.（2012）. BRIC.Doing Business in BRIC Countries: Legal Aspects. São Paulo: Quartier Latin.

52. De Brouwer, Gordon and Luke Yeaman.（2007）. Australia's G20 Host year: A Treasury Perspective. Treasury, Australian Government, Canberra.

53. Desai, Seema.（2006）. Expanding the G8: Should China Join? The Foreign Policy Centre （London）, January.

54. Dervis, Kemal.（2010）. Keep the faith: the G20 can stop the war. Nov

8, 2010, *Financial Times*. http://www.ft.com/cms/s/0/88c24b14-eb6f-11df-b482-00144feab49a.html

55. Duca M., & L. Stracca. （2015）. Worth the Hype? The Effect of G20 Summits on Global Financial Markets. *Journal of International Money and Finance* 53 （2015）, pp. 192~217.

56. Financial Stability Board. （2013a）. Overview of Progress in the Implementation of the G20 Recommendations for Strengthening Financial Stability.

57. Financial Stability Board. （2013b）. Progress Report on the Oversight and Governance Framework for Financial Benchmark Reform.

58. Financial Stability Forum. （1999）. First meeting of the Financial Stability Forum. Press Release, April 6.

59. Financial Times. （2000）. Chinese Chequers. *Financial Times*, February 15.

60. Fues, Thomas. （2103）. Development Agenda of the G20. Global Review Summer.G7 （1999）, Statement of G-7 Finance Ministers and Central Bank Governors, September 25, 1999, Washington, D.C. www.g7.utoronto.ca

61. Eichengreen, Barry J. （1992）. Golden Fetters: The Gold Standard and the Great Depression, 1919–1939. Oxford: Oxford University Press.

62. Eichengreen, Barry J. and Douglas A. Irwin. （2009）. The Slide to Protectionism in the Great Depression: Who Succumbed and Why? NBER Working Paper, No.15142, July.

63. Framework for Strong Sustainable and Balanced Growth.（2009）. Available at: https://www.g20.org/sites/default/files/g20_resources/library/Pittsburgh_Declaration_0.pdf. Access on July 20, 2014.

64. Foot, Rosemary and Andrew Walter. （2011）. China, the United States, and Global Order. Cambridge: Cambridge University Press.

65. G20. Available at: https://www.g20.org. Access on July 20, 2014.

66. G20.（2013）. St. Petersburg Accountability Report on G20 Development Commitments'. August, http://www.g20.utoronto.ca/2013/Saint_Petersburg_Accountability_Report_on_G20_Development_Commitments.pdf, date accessed 8 July 2014.

67. Garrett, Geoffrey.（2010）. G-2 in G-20: China, the United States and the World after the Global Financial Crisis. *Global Policy*, 1 no. 1（January）: 29.

68. Holbrooke, Richard.（2005）. China Makes its Move. *Washington Post*, May 27.

69. Hu Jintao.（2008）. Chinese President Calls for Concerted Efforts to Tide over Financial Crisis. G20 Summit, Washington DC, November 16. http://www.china-embassy.org/eng/zmgx/zmsbzyjw/c1/t522481.htm.

70. Hu Jintao.（2008）. President Hu: China to Play Constructive Role in Ensuring Global Economic Stability. G20 Summit, Washington DC, November 17. http://www.china-embassy.org/eng/zmgx/zmsbzyjw/c1/t522484.htm

71. Hu Jintao.（2008）. Chinese president urges help for developing nations to cope with financial crisis. G20 Summit, Washington DC, November 17. http://www.china-embassy.org/eng/zmgx/zmsbzyjw/c1/t522483.htm.

72. Hu Jintao.（2009）. Let Us Join Hands and Tide over Difficulties Together. G20 Summit, London, April 2. http://www.fmprc.gov.cn/mfa_eng/wjdt_665385/zyjh_665391/t556244.shtml

73. Hu Jintao.（2009）. Make Every Effort to Promote Growth and Balanced Development. remarks delivered at the G20 Pittsburgh Summit, September 25. http://www.fmprc.gov.cn/mfa_eng/topics_665678/hujintaoG20fenghui_665788/t607838.shtml.

74. Hu Jintao.（2010）. speech, fourth summit of G-20, Toronto, June 27, 2010, http://www.fmpre.gov.cn/eng/topics/hujintaoG20fenghui/t712730.htm.

75. Hu Jintao.（2010）. Build on Achievements and Promote Development. G20 Summit, Seoul, Korea, November 12. http://www.fmprc.gov.cn/mfa_eng/topics_665678/

hujintaoG20di5cifenghuiheAPEC18cihuiyi_665776/t769609.shtml.

76. Hu Jintao.（2010）. Work in Unity for the Future. G20 Summit, Toronto, Canada, June 27. http://wcm.fmprc.gov.cn/pub/eng/topics/hjtfwjnd4thG20/t712799.htm.

77. Hu Jintao.（2011）. Hu Jintao Delivers Speech on Key Issues at the Sixth G20 Summit. G20 Summit, Cannes, France, November 4. http://www.fmprc.gov.cn/mfa_eng/topics_665678/hjtva_665732/t874587.shtml.

78. Hu Jintao.（2012）. Hu Jintao Delivers Keynote Speech to the Seventh Leaders' Summit of the G20. G20 Summit, Los Cabos, Mexico, June 20. http://www.fmprc.gov.cn/mfa_eng/topics_665678/phjtdsg20_665710/t944713.shtml

79. Hurrel, Andrew.（2006）. Hegemony, Liberalism and Global Order. *International Affairs*, Vol.82, No.1, p.1~20.

80. IMF.（2014）. Global Prospects and Policy Challenges. IMF Publishing.

81. IMF.（2012）. GLOBAL RISK ANALYSIS: Annex to Umbrella Report for G20 Mutual Assessment Process,IMF Publishing.

82. Johannesen N., & G. Zucman.（2014）. The End of Bank Secrecy? An Evaluation of the G20 Tax Haven Crackdown. American Economic Journal: Economic Policy 2014, 6（1）, pp. 65~91.

83. Keohane, Robert and Joseph Nye.（1989）. Power and Interdependence, Second Edition（Scott, Foresman: Boston）.

84. Kirton, John.（1997）. Canada, the G7, and the Denver Summit of the Eight: Implications for Asia and Taiwan. Canadian Studies 3（1998）.

85. Kirton, John.（2007）. Strengthening Global Governance: The G8, China, the Heiligendamm Process and 2010. Paper prepared for delivery at SHISU, Shanghai University of Finance and Economics, Soochow University, Fudan University, Shanghai, China, December 17~20, 2007. Version of December 13, 2007.

86. Kirton, John .（2000）. The Dynamics of G7 Leadership in Crisis Response

and System Reconstruction. in Karl Kaiser, John Kirton and Joseph Daniels, eds., Shaping a New International Financial System: Challenges of Governance in a Globalizing World, （Aldershot: Ashgate）, pp. 65~94.

87. Kirton, John. （2013a）. G20 Governance for a Globalizing World （Farnham, Ashgate）.

88. Kirton, John. （2013b）. Prospects for the BRICS and G20 Summits through China's Contribution. *People's Daily*, May 2.

89. Kirton, John. （2013c）. G20 Governance for the Future: Performance, Prospects, Possibilities and China's Role. Paper prepared for an international conference on "Great Finance, Great Co-operation, Great Governance," Chongyang Institute for Financial Studies （RDCY）, Renmin University of China （RUC）, Beijing, China, August 21-23, 2013.

90. Kirton, John. （2013d）. Prospects for a Changing China's Contribution to Growth. *People's Daily*.

91. Kirton, J. （2013e）. Advancing Accountability for Development and Growth. in Mike Callaghan （ed.）, Think 20 Papers 2014: Policy Recommendations for the Brisbane G20 Summit （Sydney: Lowy Institute for International Policy） pp. 190~196.

92. Kirton, John, Julia Kulik and Caroline Bracht. （2014）. Generating global health governance through BRICS summitry. Contemporary Politics 20, No. 2:146~162.

93. Kirton, John, Julia Kulik, Caroline Bracht and Jenilee Guebert. （2014）. Connecting Climate Change and Health Through Global Summitry World Medical & Health Policy.

94. Kirton, John, Julia Kulik and Caroline Bracht. （forthcoming）. G20 Social Governance. in Alexandra Kaasch and Kerstin Martens, eds., Global Social Policy and Law （working title）, Oxford University Press.

95. Kiuchi, Takashi. （2000）. The Asian Crisis and its Implications. in KarlKaiser,

John Kirton and Joseph Daniels, eds., Shaping a New International Financial System: Challenges of Governance in a Globalizing World, （Aldershot: Ashgate）, pp. 37~46.

96. Kyodo. （2103）. Japan retains status as top creditor nation. *The Japan Times*, May 29, p. 7.

97. Lesage, Dries, Thijs Van de Graf and Kirsten Westphal. （2010）. Global Energy Governance in a Multipolar World. （Farnham: Ashgate）.

98. Maull, Hanns H. （2011）. The Rise of New Powers: Implications for the Transatlantic World.In: Transatlantic 2020: A Tale of Four Futures. Washington, DC: Center for Transatlantic Relations.

99. Martinez-Diaz, Leonardo. （2007）. The G20 after Eight Years: How Effective a Vehicle for Developing Country Influence. Global Economy and Development Working Paper No 12, Brookings Institution, Washington, D.C.

100. Mann, C.L. （2014）. Raising Global Growth: Why The G20 Is' Going Structural. OECD Observer, No. 300, Q3 2014.

101. Martin, Paul. （2005）. A Global Answer to Global Problems. Foreign Affairs 84 （3）: 2~6.

102. Ng, Teddy. （2013）. China wants to chair G20 talks, Xi tells Holland. South China Morning Post May 7.

103. Nye, Joseph S. Jr. （2010）. American and Chinese Power after the Financial Crisis. The Washington Quarterly 33:4 pp. 143~153.

104. Obstfeld, Maurice and Kenneth Rogoff. （2009）. Global Imbalances and the Financial Crisis: Products of Common Causes. In: CEPR Working Paper, No. 7606, December.

105. Obstfeld, Maurice. （2012）. Does the Current Account Still Matter?American Economic Review: Papers and Proceedings, 2012, 102（3）, pp. 19~20.

106. OECD. （2013）. Addressing Employment, Labour Market and Social

Protection Challenges in G20 Countries: Key Measures since 2010.

107. OECD. （2012）. Disaster Risk Assessment and Risk Financing: A G20/ OECD Methodology Framework,OECD Publishing.

108. O'Neill, J. and A. Terzi. （2014a）. The world is ready for a global economic governance reform, are world leaders? BruegelInstitute.

109. O' Neill, J. and A. Terzi. （2014b）. The twenty-first century needs a better G20 and a new G7+. Working Paper 2014/11, BruegelInstitute.

110. Pisani-Ferry, J. （2009）. International governance – is the G20 the right forum? Policy Contribution 2009/05, Bruegel Institute.

111. Pisani-Ferry J. （2012）. Macroeconomic Coordination: What Has the G20 Achieved? Think Tank 20: New Challenges for the Global Economy, New Uncertainties for the G20, pp 28~34.

112. Pan, Letian. （2005）. "Hu Calls for Strengthening Global Cooperation. Beijing, October 16.

113. Pan, Z. （2011）. China's participation in quantifying the global economic rebalancing: a feasibility analysis. Guoji Maoyi （International Trade） 5.

114. Segal, Gerald. （1999）. Does China Matter? Foreign Affairs 78 （September/ October）: 24~36.

115. Schirm, Stefan A. （2012）. Global Politics are Domestic Politics: A Societal Approach to Divergence in the G20. Review of International Studies （July）: 1~22.

116. Spence, Michael. （2013）. The Sino-America decade. Japan Times May 29.

117. Suk, Sarah. （1999）. Schroeder hopes China will join G-8, learn from Japan. Kyodo, Tokyo, November 2.

118. Sainsbury, T. （2015）. The G20 at the End of 2014. No. 15, Lowy Institute for International Policy.

119. Shafik, N. （2013）. Smart governance: solutions for today's global economy.

GEG 10th Anniversary Annual Lecture, Oxford.

120. Singh M. （2014）. Stability in Economic Growth of G20 Countries. *Economic Affairs*: 59（2）, pp. 243~250, June 2014.

121. Thakur, Ramesh. （2010）. The North-South Divide,Global Governance and the G20.Wellington: New Zealand Institute of International Affairs.

122. The Economist. （2006）. The New Titans, September 14. Available at: http://www.economist.com/node/7877959.Access on July 20, 2014.

123. The UN's Rolein Global Governance. （2009）. Briefing Note Number 15. August 2009. http://www.unhistory.org/briefing/15GlobalGov.pdf. Access on July 20, 2014.

124. Vestergaard, Jakob. （2011）. The G20 and Beyond Towards Effective Global Economic Governance. In: DIIS Report, 04.

125. Véron, N. （2014）. The G20 financial reform agenda. Policy Contribution 2014/11, Bruegel Institute.

126. Vestergaard, J., & R. Wade. （2011）. The New Global Economic Council: Governance Reform at the G20, the IMF and the World Bank. DIIS Working Paper 2011:25.

127. Wade, R.H. （2011）. Emerging World Order? From Multipolarity to Multilateralism in the G20, the World Bank, and the IMF. Politics & Society, 39（3）, pp. 347~378.

128. World Bank. （2014）. Sovereign Wealth Funds and Long-Term Development Finance: Risks and Opportunities. prepared by the staff of the World Bank Group for the G20 Investment and Infrastructure Working Group, February 2014.

129. Wang, Yong. （2012）. Seeking a balanced approach on the global economic rebalancing: China's answers to international policy co-operation. Oxford Review of Economic Policy 23 （3）: 569~586.

130. Wheatley, Alan and Brian Love.（2005）. Oil Dominates G20 Talks as Yuan Takes Back Seat. Reuters October 16.

131. Wu, Xinbo.（2010）. Understanding the Geopolitical Implications of the Global Financial Crisis. The Washington Quarterly 33（4）（October）: 155—163.

132. Xi Jinping.（2013）. Xi Jinping Attends Eighth G20 Leaders' Summit and Delivers Important Speech. St. Petersburg, Russia, September 6. http://www.fmprc.gov.cn/mfa_eng/topics_665678/xjpfwzysiesgjtfhshzzfh_665686/t1074372.shtml.

133. Xi Jinping.（2013）. Xi Jinping Attends Informal Meeting of BRICS Leaders, Stressing That BRICS Countries Should Build Consensus and Strengthen Solidarity and Co-operation, St. Petersburg, Russia, September 6, http://www.fmprc.gov.cn/mfa_eng/topics_665678/xjpfwzysiesgjtfhshzzfh_665686/t1074371.shtml.

134. Xu Ting.（2011）. A Low Carbon Economy; The Focus for China's 12th Five Year Plan. in John Kirton and Madeline Koch, eds. G20: The Cannes Summit: Anew Way Forward,（Newsdesk: London）, in pp. 214~213.

135. Yang, Jiemian.（2014）. Strategic Readjustment of China's Strategy at a New Starting Point. Global Review（Spring）: 1~16.

136. Ye Yu.（2013）. Middle Powers in the G20. Global Review Summer.

137. Yongding, Yu.（2011）. China comes to Cannes with an open mind. in John Kirton and Madeline Koch, eds. G20: The Cannes Summit: A New Way Forward,（Newsdesk: London）, pp. 60~61.

138. Yongding, Yu.（2005）. China's Evolving Global View. in John English, Ramesh Thakur and Andrew F. Cooper, eds. Reforming from the Top: A leaders' 20 Summit（United Nations University Press: Tokyo）, pp. 187~200.

139. Yongding, Yu.（2004）. The G20 and China: A Chinese Perspective. Paper given at a meeting on "The G20 at leaders' level," IDRC, Ottawa, February 29.

140. Zhang, Bin and P. Wu.（2011）. Analysis of progress of the global economic

rebalancing. Duiwai Jingmao Shiwu ( Practice in foreign economic relations and trade ) 9.

141. Zhang Boli. ( 2009 ) . Economic globalization, financial crises and international cooperation and coordination. Qiushi Journal ( Journal of Seeking Truth ) November.

142. Zhou, X. ( 2009 ) . Reform of international monetary system. http://www.pbc.gov.cn/English/detail.asp?col_6500&ID_178, 23 March.

143. Zhu Jeijin. ( 2008 ) . China's Cautious Embrace of the G8 in 2008. unpublished paper.

144. Global Shadow Banking Monitoring Report 2013，FSB paper 2013/11.

145. OTC Derivatives Market Reforms, Seventh Progress Report on Implementation, FSB paper 2014/4/8.

146. Principles for Reducing Reliance on CRA Ratings, FSB paper 2010/10.

147. Roadmap for reducing reliance on CRA ratings: FSB report to G20 Finance Ministers and Central Bank Governors》, FSB paper 2012/11.

# 附录一
# G20 各成员国（方）基本状况

## 美国

美利坚合众国（United States of America），是由华盛顿哥伦比亚特区、50 个州、波多黎各自由邦和关岛等众多海外领土组成的联邦共和立宪制国家。美国国土面积约 937 万平方公里，人口约为 3.2 亿人，是一个多元文化和多元民族的国家。美国的官方语言为英语，首都为华盛顿。

美国是世界最发达的国家，是目前唯一的超级大国，拥有高度发达的现代市场经济，其国内生产总值和对外贸易额均居世界首位。2001 年美国经济在经历长达 10 年的增长后陷入短暂衰退，之后进入新一轮繁荣期。2007 年美国经济下行因素增多，7 月次级房贷危机全面爆发。2008 年 9 月美国次贷危机迅速升级演变成大萧条以来最严重的国际金融危机。金融系统损失重大，信贷市场迅速萎缩，实体经济深度衰退，市场信心受到严重影响，创近 60 年来最严重衰退纪录。奥巴马政府上台后实施大规模刺激经济计划，2009 年下半年起美国经济金融形势开始好转，国内生产总值恢复增长。2010 年美国经济继续复苏，全年 GDP 增长率达 2.5%，经济总量基本恢复至危机前的水平。2011 年美国经济继续保持温和复苏势头，全年经济增长率为 1.6%。2012 年以来，美国经济继续保持增长势头，当年 GDP 达到 16.15 万亿美元，年增长率达到 2.2%。而另一方面，美国经济也面临着去杠杆化仍未完成、投资和消费信心不足、国债上限再次触顶以及欧债危机反复发作、新兴经济体增速放缓等内外问题。2013年美国经济继续保持温和增长，当年GDP达到16.66万亿美元，全年GDP增长率达到1.5%。2014年，美国GDP达到17.34万亿美元，实现2.4%的增长，为四年来最佳水平。

在政治方面，美国推行共和制政体，行政、立法、司法三权分立。奥巴马政府执政后，将应对经济金融危机作为首要任务，相继推出“美国复苏与再投资法”和“金融稳定计划”等政策措施，实施“量化宽松”等非传统货币政策，以稳定金融市场、刺激经济增长和创造就业；高度重视能源、气候变化等问题，加大科技研发投入，推行创新战略，倡导发展绿色经济；完成医保、金融监管等经社改革立法，推进教育改革。

## 日本

日本国（Japan），是由本州、四国、九州、北海道四大岛及7200多个小岛组成的君主立宪制国家，面积37.8万平方千米，人口达1.27亿，以和族为主体民族。日本的官方语言为日本语，首都为东京。

日本是世界第三经济大国。2013年，GDP达到4.91万亿美元，年增长率达1.61%，人均国内生产总值为3.86万美元。进入2014年，日本经济出现下滑态势，GDP达到4.60万亿美元，年增长率达–0.1%，人均国内生产总值为3.61万亿美元。

在经历2008年全球金融危机之后，日本于2010年确定了今后10年的经济增长战略，将通过推动重点领域的发展，实现内外需共同支撑的经济增长。截至2012年底，日本对外净资产创历史新高，连续22年位居世界最大债权国。2013年1月11日，日本政府决定推出总额20.2万亿日元（约合2262亿美元）的大规模经济刺激计划，以克服通缩、刺激经济增长。1月22日，日本央行决定引入2%的通胀目标，同时决定自2014年起实施每月定期购入资产的“无限期”货币宽松措施。

截至2014年底，国债等日本政府债务规模达到1029.92万亿日元，由日本政府、企业及个人投资者所持有的海外净资产额也再创新高，连续24年成为全球最大海外净资产国。

日本的政治体制实行立法、司法、行政三权分立。天皇为国家象征，无权参与国政。国会是最高权力和唯一立法机关，分众、参两院。内阁为最高行政机关，对国会负责，首相（亦称内阁总理大臣）由国会选举产生，天皇任命。目前日本由自民党和公明党联合执政，执政党在众议院和参议院均占据稳定多数席位。

## 德国

德意志联邦共和国（The Federal Republic of Germany），是由16个联邦州组成的联邦议会共和制国家，首都为柏林。领土面积为35.7万平方公里，人口约8100万人，是欧洲联盟中人口最多的国家。德国的官方语言为德语，首都为柏林。

德国是经济发达的国家。以美元汇率计算的话是世界第四大经济体，以购买力平价计算为世界第五大经济体，也是欧洲最大经济体。德国为出口导向型的经济，是世界贸易大国，同230多个国家和地区保持贸易关系。德国的出口额在2003年之后，连续6年保持世界第一出口大国地位。外贸长期顺差，2007年德国出口额达9691亿欧元。以企业营业额排名的财富世界500强排行榜中，有32家企业的总部设于德国。德国DAX指数则由30家市值最大的德国公司组成。德国具备专业技术的中小型企业也相当重要，约有1000家此类企业在各领域居领先地位而被认为是隐形冠军。在2008年国际金融危机之后，德国经济保持增长态势，但在2012年后，德国经济增长则迅速回落。2012年，德国GDP同比增长0.9%，13年仅为0.11%。2014年，德国经济出现回暖，GDP接近3.8万亿美元，增长率提升至1.6%。

德国的国家政体为议会共和制。联邦总统为国家元首，议会由联邦议院和联邦参议院组成。联邦议院行使立法权，监督法律的执行，选举联邦总理，参与选举联邦总统和监督联邦政府的工作等。联邦议院选举通常每四年举行一次，在选举中获胜的政党或政党联盟将拥有组阁权。联邦宪法法院是德国宪法机构之一，是最高司法机构，主要负责解释《基本法》，监督《基本法》的执行，并对是否违宪做出裁定。德国实行多党制，主要有德国社会民主党、基督教民主联盟、自由民主党、德国共产党、德国共和党等政党。

## 法国

法兰西共和国（The Republic of France），由位于西欧的本土和位于南美和南太平洋的海外领土组成，面积达63.3万平方公里，是欧洲国土面积第三大、西欧面积最大的国家。人口6626万，是欧洲第二人口大国。法国的官方语言为法语，首都为巴黎。

法国是世界主要发达国家之一。2013年，法国GDP增长0.66%，达到2.81万亿美元；2014年，法国的GDP达到2.82万亿美元。法国在核电、航空、航天和铁路方面居世界领先地位。钢铁、汽车、建筑为其工业的三大支柱。法国的核能、石油化工、海洋开发、航空和航天等部门近年来也发展较快。核电设备能力、石油和石油加工技术位居世界第二，而航空和航天工业位居世界第三。法国还是欧盟最大的农业生产国，也是世界主要农产品和农业食品出口国。法国中北部盛产各类谷物、蔬菜和油料，地中海沿岸和西南部是包括葡萄在内的水果主产区。法国已基本实现农业机械化，农业生产率很高。农业食品加工业是法国对外贸易的支柱产业之一。服务业在法国的经济和社会生活中占有举足轻重的地位，近年来服务业产值占国内生产总值的75%以上。

法国实行半总统制半议会制政体，总统为国家元首和武装部队统帅，任期五年；议会由国民议会和参议院组成，拥有制定法律、监督政府、通过预算、批准宣战等权力。法国是多党制的国家。

法国在欧洲具有重要的政治地位，在18世纪至20世纪早期是仅次于大英帝国的世界第二强国。当今的法国是联合国安理会五大常任理事国之一，也是欧洲联盟和北约创始会员国、八国集团和《申根公约》成员国，更是欧洲大陆主要的经济与政治实体之一。

## 英国

大不列颠及北爱尔兰联合王国（The United Kingdom of Great Britain and Northern Ireland），由不列颠岛（包括英格兰、苏格兰、威尔士）、爱尔兰岛东北部的北爱尔兰和周围小岛，以及14个海外领地组成，面积达24.41万平方公里，人口约6374万。英国的官方语言为英语，其首都伦敦是欧洲最大的城市，也是全球最大金融中心、全球最为领先的城市之一。

英国是世界上第六大经济体，欧盟内第三大经济体。私有企业是英国经济的主体，占国内生产总值的60%以上，服务业占国内生产总值的四分之三，而制造业只占十分之一左右。受国际金融危机影响，英国金融业遭受重创，经济收缩7.2%，为20世纪30年代大萧条以来最大衰退。危机之后，英国经济有所复苏，2012年和2013年，英国年经济增长分别为0.66%和1.66%；2014年经济增长达2.55%，GDP约2.94万亿美元。

英国的政体为议会制的君主立宪制。国王是国家元首、最高司法长官、武装部队总司令和英国圣公会的“最高领袖”；议会是最高司法和立法机构，由国王、上院和下院组成。同时英国实行内阁制，由君主任命在议会中占多数席位的政党领袖出任首相并组阁，向议会负责。

英国在欧洲历史和当代均具有独特的地位。1688年“光荣革命”确立英国君主立宪政体，英国首先完成工业革命，国力迅速壮大。18世纪至20世纪初期统治的大英帝国领土跨越全球，为当时世界上最强大的国家、历史上记载的面积最大的国家。两次世界大战爆发后，英国国力严重受损。到20世纪下半叶大英帝国解体，超级大国领导地位被美国和苏联取代。不过，英国是一个在世界范围内拥有强大影响力、举足轻重的经济、文化、军事和科技的世界强国。英国亦为英联邦元首国、欧盟成员国、北约创始会员国，同时还是联合国安理会五大常任理事国之一，对安理会议案拥有否决权。

## 意大利

意大利共和国（The Republic of Italy），是欧洲南部国家，主要由南欧的亚平宁半岛及两个位于地中海中的岛屿西西里岛与萨丁岛所组成。国土面积约30.1万平方公里，人口6168万。意大利的官方语言是意大利语，首都为罗马。

意大利是发达工业国家，是世界第七大经济体，也是欧洲的第四大经济体。在意大利，私有经济为主体，占国内生产总值的80%以上。服务业约占国内生产总值的三分之二。国内各大区经济差距较大，南北差距明显。中小企业占企业总数的98%以上，堪称“中小企业王国”。由于专业化程度较高，意大利企业在制革、制鞋、服装等领域具有较强竞争力。然而在2011年，由于本国公债规模居高不下，规模接近GDP的120%，加之国内经济持续低迷，意大利最终成为继希腊、爱尔兰和葡萄牙后，被债务拖垮的欧元区国家。新政府上台后，在推出紧缩措施的同时，将结构性经济改革作为政府的首要任务，先后出台了“拯救意大利法案”“意大利增长法案”以及“简化意大利法案”。然而目前的意大利经济仍然维持低迷。2013年，意大利GDP为2.13万亿美元，增长率为–1.7%；而在2014年，意大利GDP为2.14万亿美元，增长率为–0.43%；意大利经济仍未恢复到债务危机前的水平。

意大利实行议会民主制政体。意大利在欧洲历史上具有重要地位，是欧洲文化的摇篮，曾孕育出罗马文化及伊特拉斯坎文明。而在当代欧洲，意大利的地位也举足轻重：意大利是北大西洋公约和欧盟的创始会员国，也是八大工业国集团、二十国集团和欧洲四大经济体成员之一。意大利还参与了经济合作与发展组织、世界贸易组织、欧洲议会、西欧联盟及欧洲创新中心，同时也参加申根协议，是世界国防预算金额第9高的国家，有权分享北约的核武器。

## 加拿大

加拿大（Canada），是北美洲最北的国家，领土面积达998万平方公里，为全世界面积第二大的国家。加拿大人口约3453万，官方语言为英语和法语，首都在渥太华。

加拿大是西方七大工业国家和世界十大贸易国之一。如许多第一世界的国家一样，加拿大经济以服务业为主，雇佣人数占总就业人口的近四分之三。然而与其他第一世界国家不同的是，加拿大的第一产业占有相对较高的地位。肥沃的大平原是世界上最重要的小麦和油菜产地，使得加拿大成为世界上最大的农产品出口国之一。加拿大能源产业发达，是发达国家里极少数能源出口国之一，同时加拿大也是矿产资源大国，是锌和铀的主要出产国。许多气候恶劣的加拿大北部城市正是靠附近的矿产和木材资源发展，而在加拿大南部，尤其是南安大略省和魁北克省，制造业非常发达，陆运设备和飞行器制造是最重要的两大行业。自第二次世界大战以后，加拿大和美国的经济联系愈发紧密。1965年的美加汽车产品贸易协定打通了两国之间的汽车制造工业的贸易边境。1994年，美加自由贸易协定扩展为北美自由贸易协定，将自由贸易区扩展至墨西哥。2008年次贷危机波及加拿大，经济倒退使得失业率上升至8.6%。而在全球金融危机后，加拿大为刺激经济增长及时推出“经济行动计划”，使得该国经济于2009年下半年走出衰退。2012年和2013年，加拿大的经济增长率分别为1.92%和2.00%；到了2013年，加拿大GDP达1.78万亿美元，年增长率为2.53%。

作为英联邦的成员，加拿大推行议会制君主立宪制的政体，英王伊丽莎白二世为国家元首及国家象征，但无实际权力。而自加拿大1867年建立联邦以来，基本上由自由党和进步保守党轮流执政。

在国际社会中，加拿大是G8、G20、北约、联合国、法语圈国际组织、世界贸易组织等国际组织的成员。

## 俄罗斯

俄罗斯联邦（The Russian Federation），是由22个自治共和国、46个州、9个边疆区、4个自治区、1个自治州、3个联邦直辖市组成的联邦共和立宪制国家。俄罗斯位于欧亚大陆北部，地跨欧亚两大洲，国土面积为1707.54万平方公里，是世界上面积最大的国家。俄罗斯人口1.42亿，官方语言是俄语，首都为莫斯科。

俄罗斯工业和科技基础雄厚，作为俄罗斯前身的苏联，曾是世界第二经济强国。苏联解体后，俄罗斯经济一度严重衰退。经过了调整期之后，2000年普京执政以来，俄罗斯经济快速回升，连续8年保持增长（年均增幅约6.7%），外贸出口大幅增长，投资环境有所改善，居民收入明显提高。然而在全球金融危机和国际油价暴跌的双重夹击下，2002~2012年保持高速增长的俄经济正在大幅放缓，2008年12月经济增长率同比萎缩1.1%，出现2002年来的第一次负增长。在全球金融危机之后，俄罗斯的经济增速迅速放缓， 2012年、2013年和2014年的经济增长率分别为3.4%、1.34%和0.64%，2014年GDP达1.86万亿美元。

俄罗斯推行的是半总统制的联邦国家体制，联邦以俄罗斯联邦宪法和法律为基础，根据立法、司法、行政三权分立又相互制约、相互平衡的原则行使职能。

俄罗斯在国际社会中具有非常重要的地位。苏联解体后，最大加盟国俄罗斯正式独立，继承了苏联的绝大部分军事力量，军事实力居世界第二，并且拥有世上最大的核武器库。在“一超多强”的国际体系中，俄罗斯是具有重要影响力的世界强国，其科技实力雄厚，特别是航空航天技术，位居世界前列。俄罗斯还是联合国安全理事会五大常任理事国之一，对安理会议案拥有一票否决权。除此以外，俄罗斯还是五个金砖国家之一。

## 中国

中华人民共和国（The People's Republic of China），位于亚洲大陆的东部、太平洋西岸，陆地面积约960万平方公里，是世界国土面积第三大的国家。人口13.6亿，是世界第一大人口国。中国的省级行政区划为23个省、5个自治区、4个直辖市、2个特别行政区，首都为北京。中国是一个由56个民族构成的统一多民族国家，官方语言为汉语。

中国是世界第二大经济体、世界第一大工业国和世界第一大农业国，同时也是世界经济增长速度最快的国家之一，在过去30年来年均增长率近10%。经过30多年的改革开放，中国初步建立了社会主义市场经济体制，同时形成了宽领域、多层次、有重点、点线面结合的全方位对外开放格局，中国经济获得飞速发展。进入21世纪后，中国经济继续保持稳步高速增长，其中2001年加入世界贸易组织为中国经济发展起到巨大推动作用。在2008年全球金融危机当中，中国经济增速有所放缓，但是仍然保持了强劲的增长势头，有力地支持全球经济复苏。2013年，中国GDP达9.49万亿美元，同比增长7.68%；2014年，中国GDP达10.36万亿美元，同比增长7.35%。

中国实行人民代表大会制度，全国人民代表大会是中华人民共和国最高国家权力机关，国务院是国家最高行政机关和国家权力机关的执行机关，人民法院是国家审判机关，人民检察院是国家的法律监督机关。现任国家主席为习近平，国务院总理为李克强。目前中国正在极稳妥推进政治体制改革，发展更加广泛、更加充分、更加健全的人民民主。

中国积极参与国际事务，在国际社会中扮演非常重要的角色。中国是联合国安理会五大常任理事国，在国际政治舞台上发挥重要的作用。中国还积极加入国际组织，是世界贸易组织、亚太经合组织、上海合作组织、金砖五国和二十国集团等国际组织的成员。作为负责任的大国，中国在国际事务中承担应有的责任和义务，并为世界的稳定和发展，贡献应有的力量。

## 阿根廷

阿根廷共和国（Republic of Argentina），是位于南美洲南部的一个联邦共和制国家，国土面积为278万平方公里，是拉丁美洲面积第二大国，人口为4302万。阿根廷首都在布宜洛斯艾利斯，官方语言为西班牙语。

阿根廷是拉美经济较发达的国家，是世界粮食和肉类的主要生产和出口国之一。工业门类较齐全，农牧业发达。20世纪初，阿根廷经济总量曾位居世界前10名，20世纪80年代末因债务危机，阿根廷经济大幅衰退。1991年起，阿根廷经济重新步入增长轨道，但自1998年下半年开始，国家经济又出现滑坡，国家风险指数飚升，外债负担日益沉重，财政与金融濒临崩溃。2001年底，阿根廷政府宣布暂时冻结银行存款，引发大规模社会骚乱并最终导致政府垮台。2002年杜阿尔德总统上台后，采取暂停偿还外债，取消固定汇率制等举措，但国家经济仍在低谷徘徊。基什内尔总统执政后，国家采取各种措施整顿债务，提振经济。克里斯蒂娜总统执政后，延续了先前的宏观调控及审慎的财政和货币政策，国家经济运行平稳。2008年下半年起，受国际金融危机、国内严重旱灾和甲型流感疫情等影响，阿根廷经济增速放缓。为应对危机，阿根廷政府出台了一揽子经济刺激计划，加大调控力度并收到一定成效。2011年下半年以来，受美欧债务危机引发的新一轮全球金融动荡影响，阿根廷金融市场震荡，资本外逃加剧，经济增速放缓，经济运行风险上升。阿根廷政府采取了刺激内需、鼓励和保护民族工业、加强金融管制、强化贸易保护等应对措施。2012年以来，阿根廷政府加强对国民经济的管控，先后对有关石油、铁路等企业采取“国有化”举措。21 世纪以来，经济总体保持增长势头，但通胀与增速放缓双重压力有所增加。2013 年，阿根廷 GDP 达 6220 千亿美元，增长率为 2.89%；2014 年，阿根廷 GDP 达 5401 亿美元，增长率为 0.47%。

阿根廷在民主化改革之后，实行代议民主制，总统担任国家元首和政府首脑。

## 澳大利亚

澳大利亚联邦（The Commonwealth of Australia），是世界上唯一一个国土覆盖整个大陆的国家，领土面积 761.793 万平方公里。澳大利亚是一个移民国家，奉行多元文化，人口约 2250 万。澳大利亚首都在堪培拉，官方语言为英语。

澳大利亚是一个后起的工业化国家，农牧业发达，自然资源丰富，盛产羊、牛、小麦和蔗糖，同时也是世界重要的矿产品生产和出口国。农牧业、采矿业为澳传统产业。近年来，澳大利亚制造业和高科技产业发展迅速，服务业已成为国民经济主导产业。20 世纪 70 年代以来，进行了一系列经济改革，大力发展对外贸易，经济保持较快增长。2008 年之前的 17 年，经济年均增长率为 3.5%，在经合组织国家中名列前茅。受国际金融危机影响，2009 年澳大利亚经济增幅有所放缓。但由于澳大利亚金融体系稳健，监管严格，宏观经济政策调整空间大，在这次危机中表现好于其他西方国家。2013 年，澳大利亚的 GDP 为 1.56 万亿美元，同比增长 3.51%；2013 年，澳大利亚的 GDP 达到 1.45 万亿美元，同比增长 2.47%，人均生产总值达到 61886 美元，在 2000 万人口以上的国家中排名第一。目前，澳大利亚是南半球经济最发达的国家，全球第 12 大经济体，全球第四大农产品出口国，也是多种矿产出口量全球第一的国家，被称作“坐在矿车上的国家”。澳大利亚还是世界上放养绵羊数量和出口羊毛最多的国家，被称为“骑在羊背的国家”。

澳大利亚是英联邦成员，推行君主立宪制。澳大利亚名义上的国家元首是英王或者英女王，并任命总督为其代表，但实际上都不干预政府的运作。澳大利亚政府为联邦制，有6个州及2个领地（北领地和首都领地），各州设有州长，负责州内事务。澳大利亚政府由众议院多数党或党派联盟组成，每届政府任期三年。内阁是政府的最高决策机关，现共有30名部长。国家最高的行政领导人是总理。

澳大利亚积极参与国际事务，是联合国、二十国集团、英联邦、太平洋安全保障条约、经济合作与发展组织及太平洋岛国论坛的成员。

## 巴西

巴西联邦共和国（The Federative Republic of Brazil），是南美洲最大的国家，国土总面积851.49万平方公里，居世界第五位。作为民族大熔炉，巴西有来自欧洲、非洲、亚洲等地区的移民，目前巴西人口达2.03。巴西首都为巴西利亚，官方语言是葡萄牙语。

巴西的经济实力居拉美首位，农牧业发达，是多种农产品主要生产国和出口国；工业基础雄厚，门类齐全，石化、矿业、钢铁、汽车工业等较发达；服务业产值占国内生产总值近七成，金融业也较为发达。1967~1974年，巴西创造了经济增长的“巴西奇迹”，经济年均增长率高达10.1%，跻身新兴工业国行列。20世纪80年代，受高通货膨胀困扰，巴西经济出现停滞甚至严重衰退。从90年代开始，巴西向外向型经济模式转轨。1994年政府实施雷亚尔货币稳定计划，有效解决高通胀问题，经济恢复增长。1999年巴西发生严重金融动荡，经济衰退，货币大幅贬值。其后，受国内外因素共同影响，巴西经济连续几年增长缓慢。2003年，卢拉总统执政后采取稳健务实的经济政策，控制通膨和财政赤字，鼓励生产性投资和工农业发展，市场信心得以恢复，巴西经济开始走上稳定发展道路。卢拉连任总统后，推出“加速增长计划”等一系列刺激经济发展措施，巴西工业生产和对外贸易持续增长。受国际金融危机影响，2009年巴西经济下跌0.2%，政府及时出台了一揽子稳定金融和刺激经济措施，取得积极成效；2010年巴西经济增长7.57%。但受美欧经济形势恶化影响，自2011年下半年起，巴西经济增速再度放缓，2011年和2012年国内生产总值同比分别增长2.7%和0.9%，巴西政府因应形势相继出台扩大公共投资、刺激消费、加强国内市场保护等刺激经济增长措施，取得一定成效。2014年，受到国际大宗商品下滑影响，巴西GDP为2.34万亿美元仅增长0.14%，为5年来最糟。

巴西推行总统制共和制政体。巴西是全球发展最快的国家之一，也是重要的发展中国家，此外，巴西还是金砖国家成员国、南美洲国家联盟成员、里约集团创始国、南方共同市场、二十国集团成员国、不结盟运动观察员。在全球上，巴西也正在发挥着越来越重大的影响力。

## 印度

印度共和国（The Republic of India），位于亚洲南部，是南亚次大陆最大的国家，面积约320万平方公里；印度也是世界人口大国，约有12.4亿人口，位居世界第二。印度首都为新德里，官方语言有英语和印度语。

印度是世界上发展最快的国家之一，经济增长速度引人瞩目。印度于1991年开始实行全面经济改革，放松对工业、外贸和金融部门的管制。1992~1996年印度实现经济年均增长6.2%。1997~2002年期间，印度经济年均增长5.5%；2002~2007年期间，印度又实现了年均经济增长7.8%，成为世界上发展最快的国家之一。2008年以来，受国际金融危机影响，印度经济增长速度放缓，2009年下半年以来有所好转。2009年8月，东盟与印度在曼谷签署《货物贸易协议》。2011年8月，印度计划委员会通过“十二五”（2012~2017年）计划指导文件，提出国民经济增速9%的目标。2011年10月，印度内阁正式批准了印度第一份国家制造业政策。印度目前有60%的人口处于就业年龄阶段，是世界上最年轻的国家之一，预计今后10年还会有超过2.2亿人加入劳动力大军，享受人口红利已成为印度政府重要的政策依托。2013 年印度 GDP 为 1.86 万亿美元，增速为 6.9%；2014 年印度 GDP 则为 2.06 万亿，增速为 7.42%，保持了强劲的发展势头。

印度实行总统制议会制政体，总体为国家元首，但其职责是象征性的，实权由总理掌握。2014 年 5 月，印度人民党以压倒性优势赢得大选，成为议会多数党。根据相关法律，印度人民党将组建下届印度联邦政府，该党总理候选人莫迪出任印度第 15 任总理。总理莫迪承诺将建立一个“强大和具包容性”的印度，且组建了一个人数比前任少很多的精简内阁。印度为不结盟运动创始国之一，历届政府均强调不结盟是其外交政策的基础，力争在地区和国际事务中发挥重要作用。“冷战”结束后，印度政府调整了过去长期奉行的倾向苏联的大国平衡政策，推行全方位务实外交。此外，印度也积极参与国际事务，发展多边外交。

## 印度尼西亚

印度尼西亚共和国（The Republic of Indonesia），为东南亚国家，面积约为 190 万平方公里，由约 17508 个岛屿组成，是全世界最大的群岛国家，疆域横跨亚洲及大洋洲，别称“千岛之国”。印尼人口有 2.54 亿，居世界第四。印尼首都为雅加达，官方语言为印度尼西亚语。

印尼是东盟最大的经济体，农业、工业、服务业均在国民经济中发挥重要作用。经过 20 世纪 60 年代后期的经济结构调整，印尼经济取得发展：1970~1996 年间，GDP 年均增长 6%，印尼跻身中等收入国家。1997 年受亚洲金融危机重创，印尼经济严重衰退，直到 1999 年底经济开始缓慢复苏，GDP 年均增长 3%~4%。印尼于 2003 年底按计划结束国际货币基金组织的经济监管。2004 年苏西洛总统执政后，积极采取措施吸引外资、发展基础设施建设、整顿金融体系、扶持中小企业发展，取得积极成效，经济增长一直保持在 5% 以上。2008 年以来，面对国际金融危机，印尼政府应对得当，经济仍保持较快增长。近年来，印尼制造业增长速度均超过经济增长速度。从 2009 年开始，印尼各项经济建设快速发展，按照国民经济总体实力等标准，印尼已被国际相关机构评价为世界第 17 大经济体。2012 年和 2013 年印尼GDP分别为 9178 亿和 9104 亿美元，增幅分别为 6.03%和 5.58%；2013 年经济增速有所放缓，为 5.02%，GDP 约为 8885 亿美元。

印尼是一个总统制共和国。近十几年来，印尼在政治上经历了很大变动。1997 年亚洲金融危机对印尼造成全面冲击，引起局势动荡。次年 5 月，执政长达 32 年的苏哈托总统辞职，副总统哈比比接任总统。1999 年 10 月，印尼人民协商会议选举瓦希德为总统，梅加瓦蒂为副总统。2001 年 7 月，瓦希德总统遭罢免，梅加瓦蒂接任总统。2004 年 7 月，印尼举行历史上首次总统直选，原政治安全统筹部长苏西洛和人民福利统筹部长尤素夫 · 卡拉通过两轮直选胜出，同年 10 月宣誓就任总统和副总统。2009 年 7 月，印尼举行第二次总统直选，苏西洛和布迪约诺竞选搭档首轮胜出，同年 10 月宣誓就任总统和副总统，任期至 2014 年 10 月。2014 年 10 月，佐科 · 维多多成为新任印尼总统。

## 墨西哥

墨西哥合众国（The United Mexican States），是中北美洲国家，国土面积为 197.3 万平方公里，人口达 1.2 亿，首都为墨西哥城，官方语言是西班牙语。

墨西哥是拉美经济大国、北美自由贸易区成员、世界最开放的经济体之一，同 45 个国家签署了自贸协定。墨西哥工业部门齐全，石化、电力、矿业、冶金和制造业较发达。墨西哥工矿业门类比较齐全，但发展不平衡。制造业占重要地位，原先不景气的建筑、纺织、服装业开始恢复，运输设备、水泥、化工产品、电力各业持续增长。石油产量继续保持世界第 4 位，墨西哥是世界主要蜂蜜生产国，年产量达 6000 万公斤，居世界第四位。生产的蜂蜜 90%用于出口，每年此项外汇收入约达 7000 万美元。墨西哥是农业大国，主要农作物有玉米、小麦、高粱、大豆，水稻、棉花、咖啡、可可等。墨西哥主要出口商品为原油、汽车、汽车配件、咖啡豆、蔬菜、钢材及化工、机械产品。进口商品为汽车材料、电器、化工产品、食品、饮料、纸浆、纺织、石化产品。墨西哥主要经济部门均面向美国市场。此外，海外移民汇款已经成为墨西哥仅次于石油收入的第二大外汇来源。因此，墨西哥对于美国的依赖程度很深，美国经济的情况往往决定着墨西哥的经济发展。1994 年北美自由贸易区正式建立后，墨西哥与美国的贸易和投资往来增加很快，极大地促进了经济发展和国民收入提高。然而 2008 年的全球经济危机对于墨西哥经济打击极大，墨西哥成为受危机影响最严重的拉美国家。目前墨西哥经济已经复苏，2012 年和 2013 年 GDP 为 1.18 和 1.26 万亿美元，增幅分别为 4.01% 和 1.39%。近年来，由于外贸出口和公共投资增速减缓，墨西哥经济 2014 年整体表现不佳，经济增幅下降，为 2.12%，GDP 为 1.28 万亿美元。

墨西哥实行总统制，总统是国家元首和政府首脑，内阁是政府行政机构，由总统直接领导。政府分为经济、安全与司法、人文发展三部分，由 18 个部及 17 个部级单位组成。

## 沙特阿拉伯

沙特阿拉伯王国（Kingdom of Saudi Arabia），是位于亚洲西南部阿拉伯半岛上的国家，国土总面积 225 万平方公里，人口 2735 万，首都为利雅得，官方语言是阿拉伯语。

沙特曾经是一个土地贫瘠、资源匮乏、地广人稀的沙漠之国。1938 年在达兰地区发现了石油，沙特的历史从此发生了根本变化。依靠对石油资源的开发和利用，沙特从一个贫穷的国家发展成为一个人均收入位居世界前列、实力雄厚的新兴国家。石油和石化工业是沙特的经济命脉。沙特的石油资源极其丰富，已探明的石油储量居全球之冠，约占世界总储量的四分之一。不但如此，沙特的石油还具有品质多样的特点，从重油到轻油品种齐全，可满足世界各地炼油厂的需要。近年来，沙特大力则推行经济多元化政策，努力扩大非石油生产，发展采矿和轻工业，同时重视发展农业，依赖石油的单一经济结构有所改观。主要农产品有小麦、椰枣、玉米、水稻、柑橘、葡萄、石榴等。此外，政府还鼓励自由经济和自由竞争，支持私人及合资企业经营发展项目，保护和促进民族经济的发展，鼓励外商投资。沙特出口以石油和石油产品为主，进口主要是机械设备、食品、纺织等消费品和化工产品。2013 年沙特的GDP为 7443 亿美元，同比增长 2.67%，2014 年沙特的GDP为 7462 亿美元，同比增长 3.47%；

沙特是政教合一的君主制王国，无宪法，禁止政党活动。《古兰经》和穆罕默德的《圣训》是国家执法的依据。国王是国家元首，又是教长，并兼任武装部队总司令和大臣会议主席（即内阁首相）等职务，行使最高行政权和司法权。国王有权批准和否决内阁会议决议及与外国签订的条约、协议。内阁由副首相、各部大臣及任命的国务大臣和国王顾问组成，任期四年。国王有权立、废王储，解散协商会议。沙特协商会议成立于 1993 年 12 月，它是国家政治咨询机构，负责向国王提出改革建议，协商会议议员由国王任命，任期四年，可连任。

## 南非

南非共和国（The Republic of South Africa），是非洲大陆最南端的国家，国土面积 122 万平方公里，人口 4838 万，首都为茨瓦内，官方语言为英语，祖鲁语，南非荷兰语。

南非属于中等收入的发展中国家，也是非洲经济最发达的国家，其国内生产总值占非洲国内生产总值的 20%左右。矿业、制造业、农业和服务业是南非经济四大支柱，深井采矿等技术居世界领先地位。南非的制造业门类齐全、技术先进，主要包括钢铁、金属制品、化工、运输设备、食品加工、纺织、服装等。制造业产值占国内生产总值的近五分之一。南非的电力工业较发达，拥有世界上最大的干冷发电站，发电量占全非洲的三分之二。但南非国民经济各部门、地区发展不平衡，城乡、黑白二元经济特征明显。20 世纪 80 年代初至 90 年代初受国际制裁影响，南非经济出现衰退。1994 年新南非成立以来，经济年均增长 3%，2005 年至 2007 年超过 5%。2008 年受国际金融危机影响，南非经济增速降至 3.1%。南非自 2008 年 12 月以来 6 次下调利率，并出台增支减税、刺激投资和消费、加强社会保障等综合性政策措施，以遏止经济下滑势头。2009 年开始，南非经济逐渐回升向好。近年来，南非政府则为改变区域经济发展不平衡的状况，通过加大政府对宏观经济政策的调整力度、加强基础设施建设、实行行业优先发展战略、加强教育和人力资源培训等措施，促进了就业和减贫，经济运转平稳。2010 年 5 月，南非国家计划委员会成立。2011 年 11 月，南非国家计划委员会公布《2030 年国家发展规划》，提出在未来 20 年内实现减贫和社会公平，实现年均经济增长 5.4%，创造 1100 万就业岗位，当年，南非的GDP达 5695 亿美元，增幅 3.5%。2013 年和 2014 年南非的GDP分别为 3660 亿和 3498 亿美元，增幅分别为 2.21%和 1.52%。

南非推行总统制共和制的政体，实行多党制，南非非洲人国民大会是主要的执政党，而以该党为主体的民族团结政府奉行和解、稳定、发展的政策，妥善处理种族矛盾，全面推行社会变革，实施“重建与发展计划”“提高黑人经济实力”战略和“肯定行动”，努力提高黑人政治、经济和社会地位，实现了南非由白人政权向多种族联合政权的平稳过渡。

## 韩国

大韩民国（Republic of Korea），位于东北亚朝鲜半岛南部，国土面积 100.2 万平方公里，人口 4904 万，首都在首尔，官方语言是韩语。

韩国是亚洲经济四小龙之一。钢铁、汽车、造船、电子、纺织等是韩国的支柱产业，其中造船和汽车制造等行业更是享誉世界。大企业集团在韩国经济中占有十分重要的地位，三星、现代汽车股份有限公司、SK集团、LG集团和韩国电信等大企业集团创造的产值在其国民经济中所占比重超过60%。韩国经济起步于20世纪60年代，而进入70年代，韩国经济持续高速增长，人均国民生产总值从1962年的87美元增至1996年的10548美元，创造了“汉江奇迹”。1997年，亚洲金融危机后，韩国经济进入中速增长期。2008年9月发生金融风暴后，韩国一度被认为可能步上冰岛后尘，成为第二个破产的国家。但不到一年，局势就翻转，韩国竟成为经合组织（OECD）30个会员国中复苏最快的：代表先进国家俱乐部的OECD，第二季平均成长率正好是0%，而韩国2009年首季经济成长率0.1%，第二季达到2.6%，第三季更达2.9%。2010年韩国经济增长6.2%，人均国民总收入重新突破2万美元大关。2012~2014年韩国的年经济增速分别为2.29%、2.90%、3.31%，2014年GDP达到1.41万亿美元。

韩国实行总统制共和制的政体，总统是内外政策的制定者，可向国会提出立法议案等；同时，总统也是国家最高行政长官，负责各项法律法规的实施。总统通过由15~30人组成并由其主持的国务会议行使行政职能。作为总统主要行政助手的国务总理由总统任命，但须经国会批准。国务总理有权参与制定重要的国家政策。总统无权解散国会，但国会可用启动弹劾程序的方式对总统进行制约，使其最终对国家宪法负责。

韩国在国际社会中正扮演着日趋重要的角色：韩国是二十国集团和OECD成员之一，也是亚太经合组织（APEC）和东亚峰会的创始国。

## 土耳其

土耳其共和国（The Republic of Turkey），是一个横跨欧亚两洲的国家，国土包括西亚的安纳托利亚半岛和巴尔干半岛的东色雷斯地区，面积78万平方公里，人口 8162 万，首都为安卡拉，官方语言是土耳其语。

土耳其是继中国、印度、俄罗斯、巴西等金砖国家之后又一个蓬勃发展的新兴经济体，在国际社会中享有“新钻”国家的美誉，已成为全球增长最快的经济体之一。土耳其工、农业均有一定基础，轻纺、食品工业发达，粮、棉、蔬菜、水果、肉类等基本自给自足。自 20 世纪 80 年代中期起，土耳其开始推行自由市场经济模式，大力发展私营经济，实行国营企业私有化，实现了由传统国家计划经济向自由市场经济的转变，私人资本不断扩大，金融实现完全自由化。土耳其在实现经济高速增长的同时，也出现了高通货膨胀率、高财政赤字、高失业率以及社会收入分配严重不均等问题。2008 年，受国际金融危机影响，土耳其经济发展速度明显放缓，出口萎缩，失业率攀升，外国投资下降。土耳其政府采取多项举措应对金融危机，先后出台四期刺激经济一揽子计划，以减税和提供补贴等方式，扶持制造业等支柱产业，拉动本国消费和稳定就业形势。从 2010 年末开始，土耳其经济出现强劲复苏势头，通胀率和失业率较危机初期大幅下降，2011 年经济增幅达到了 8.8%。2012 年土耳其经济延续发展势头，但受到欧洲主权债务危机及地区局势动荡影响，增速不及预期，为 2.13%。2013 年土耳其 GDP 为 8232 亿美元，增幅为 4.19%。2014 年土耳其 GDP 达到 7995 亿美元，同比增长 2.87%

土耳其实行议会制共和制政体，土耳其大国民议会，是土耳其最高立法机构。政府又称部长会议。

在国际社会中，土耳其一直致力于加入欧盟，土耳其在 1987 年就申请加入欧盟，1999 年获得候选国资格，2005 年又启动入盟谈判。

## 欧盟

欧洲联盟（European Union），是根据 1992 年签署的《马斯特里赫特条约》所建立的国际组织，是一个集政治实体和经济实体于一身、在世界上具有重要影响的区域一体化组织。欧盟是由欧洲共同体发展而来的，初始成员国有6个，现拥有28个会员国，人口超过5亿，正式官方语言有24种，总部设在比利时首都布鲁塞尔。

欧盟的诞生对欧洲经济有重大的意义，欧盟的形成使欧洲的商品、劳务、人员、资本自由流通，使欧洲的经济增长速度快速提高。1995~2000年，欧盟经济增速达3%，人均国内生产总值也由1997年的1.9万美元上升到1999年的2.06万美元。欧盟的经济总量从1993年的约6.7万亿美元增长到2012年的近16万亿美元。金融危机引发的2009年大衰退成为欧盟经济增长的转折点，在2009年之前的三年，欧盟增长速度在发达经济体总体增速线之上，但2009年之后则处于发达经济体总体增速线之下。特别是随后欧元区的债务危机爆发，使得欧盟面临自成立以来最为严峻的危机。2013年欧盟经济增长为0.1%，GDP为17.36万亿美元。2014年欧盟GDP为18.46万亿美元，同比增长1.3%。

对于欧盟的政治机构，欧洲理事会是欧盟的最高决策机构，欧盟理事会是欧洲联盟的执行监督、咨询机构，在某些领域有立法职能，并有部分预算决定权。而欧盟委员会是欧盟的执行机构。

作为当今世界联系最紧密的国家集团，欧盟正在稳步扩大。在建成统一的市场和统一的货币体系之后，欧盟正在致力于政治上的联合。欧盟确定的全球战略目标是，通过加快欧洲一体化步伐，建设一个统一而强大的欧洲，推动世界格局走向多极化。欧盟正在成长为一个独立国际政治力量中心，在经济全球化和世界多极化进程中，扮演着重要的角色。

附录二

# 历届G20峰会公报

## 2008年G20华盛顿峰会公报（全文）

1. 在世界经济和金融市场遭遇严重挑战时，我们即二十国集团领导人于2008年11月15日在美国华盛顿举行了一次初步会议。我们决定增强相互合作，努力恢复全球经济增长，实现全球金融体系的必要改革。

2. 在过去几个月，我们各国采取了紧急和特别措施以支撑全球经济和稳定金融市场。这些努力必须要继续下去。同时，我们必须推进改革以确保全球性的危机比如这次危机不再发生。我们的工作将遵循一个共同信念，即市场原则、开放的贸易和投资体制、受到有效监管的金融市场，将培养活力、创新和创业精神，这些是经济增长、就业和减少贫困所不可缺少的基本因素。

### 目前危机根源

3. 在经济高速增长时期，资本流动性日益增长并且此前10年保持着长期稳定性，市场参与者过度追逐高收益，缺乏风险评估和未能履行相应责任。同时，脆弱的保险业标准、不健全的风险管理行为、日益复杂和不透明的金融产品以及由此引发的过度影响，最终产生了体系的脆弱性。在一些发达国家，决策者、监管机构和管理者没有充分地意识到并且采取措施应对金融市场正在扩大的风险，未能及时实施金融革新或者未能考虑本国监管不力所产生的后果。

4. 除了其他原因以外，导致当前形势主要因素是不一致和不够协调的宏观经济政策、不充分的结构改革，这阻碍了全球宏观经济可持续发展，导致风险过度，最终引发严重的市场混乱。

## 采取和需要采取的措施

5. 截止到目前，我们已经采取了强有力的重要措施，以刺激经济，提供流动性，增强金融机构的资本，保护储蓄存款，弥补监管不力，解冻信贷市场。我们正在努力确保国际金融机构能够向全球经济提供重要的支持。

6. 为了稳定金融市场和支持经济增长，还有更多的工作需要做。经济发展势头在主要经济体正在大幅度地减弱，全球经济发展预期下滑。过去 10 年对全球经济发展做出贡献的许多新兴市场经济体，当前尽管享受着良好的增长，但是正在日益受到全球经济下滑所带来的不利影响。

7. 面对全球经济恶化形势，我们同意在紧密的宏观经济合作基础上采取广泛而必要的应对政策，以恢复经济增长，避免消极后果，支持新兴市场经济体和发展中国家。作为实现这些目标和应对长期挑战而立即采取的措施，我们将继续加强努力并且实施任何必要的更进一步的行动，以稳定金融体系。

认可货币政策支持的重要性，就同在本国所认可的一样。

在保持有助于金融可持续性发展政策架构同时，利用财政措施刺激国内需求。帮助新兴市场和发展中国家经济体在当前金融困难时期获得资金支持，其中包括流动性能力和项目支持。我们强调国际货币基金组织在应对危机方面的重要作用，欢迎它的短期流动性支持，推进正在进行的对其设施和支持的评审，以确保灵活性。

鼓励世界银行和其他多边开发银行全力支持开发计划，我们支持世界银行最近在基础设施和贸易融资领域所推出的新措施。

确保国际货币基金组织、世界银行和其他多边开发银行，具有充分的资源在克服危机中继续扮演重要角色。

## 金融市场改革的共同原则

8. 除采取上述措施以外，我们将实施改革。这些改革将加强金融市场和监管体系，以避免危机再次发生。管理是各国监管机构防御市场动荡的首要职责，我们的金融市场已经全球一体化，因此增强监管机构的国际合作，强化必需的国际标准并且予以切实执行显得非常必要，这样才能防止不利的跨边境、跨地区和全球性的影响全球发展的国际性金融混乱的出现。监管者必须确保他们的行动支持市场原则，避免对其他国家产生可能的不利影响，其中包括监管套利行为和支持市场竞争、活力和创新。金融机构对当前市场混乱也必须承担责任，应当尽自己职责克服现状，包括承担亏损，改善透明性，加强自己管理和风险管理。

9. 我们承诺执行与以下改革共同原则相关的政策。

• 增强透明性和责任性。我们将增强金融市场透明度，其中包括提高复杂的金融产品必需的透明性，确保公司财务状况完全和准确无误的公开。其目的是防范官员过度冒险。

• 增强有效管理。我们承诺加强我们的监管体系，谨慎监督和强化风险管理，确保所有金融市场、产品和参与者受到管理或者接受监督。我们将强化对信用评级机构的监管，加强对国际行为准则的执行。在确保监管有效的同时，我们还将使监管体系在经济发展周期中更加有效率，确保创新并且刺激金融产品及服务中交易的扩展。我们承诺我们国家监管体系评估透明。

• 促进金融市场诚信。我们承诺，通过对投资者和消费者保护给予支持、避免损害公众利益行为发生、预防非法的操纵市场行为和欺骗以及权力滥用行为，保护合法的金融风险。我们还将促进信息共享，其中包括尚未承诺实施关于银行保密性和透明度国际标准的地区。

• 加强国际合作。我们呼吁，我们的国家和区域性监管机构在遵循一致性原则基础上制定规章以及其他措施。监管机构将加强他们同金融市场所有层面的协调和合作，其中包括跨国境的资本流动。作为首先要做的事情，监管者和其他相关当局应当在防范危机、加强管理和应对措施上加强合作。

• 改革国际金融机构。我们承诺，推进布雷顿森林机构（Bretton Woods Institutions）改革，以便他们在全球经济中能够更加充分地反映不断变化的经济权数，提高其正确性和有效性。在这方面，新兴市场和发展中国家经济体，其中包括最贫穷国家，将有更多的话语权和代表权。金融稳定论坛（Financial Stability Forum，FSF）成员急需向新兴经济体扩展，其他主要标准制定机构必须迅速重新审定他们的会员组成。国际货币基金组织要同FSF及其他机构合作，更好地认识脆弱，预测潜在压力，迅速采取行动在应对危机中发挥重要作用。

## 部长和专家的任务

10. 我们承诺，迅速行动贯彻这些原则。我们将要求我们的财政部长启动程序并且排出行动时间表。一份具体措施的最初目录将以附件“行动计划”形式推出，其中包括要在 2009 年 3 月 31 日之前先要完成的行动。

经与其他经济体和现有机构磋商并且吸取知名独立专家的建议，我们将要求我们的财政部长拿出更多的意见，其中包括以下具体方面：

• 有利于缓解周期性波动的调控政策；

• 评估和修订全球会计标准；

• 增强信用衍生产品市场弹性和透明度，减少系统性风险，其中包括通过改善场外交易市场基础设施；

• 评估奖励措施，这涉及风险产生激励和创新；

• 评估国际金融机构授权、管理和资源要求；

• 界定系统性的重要性机构范围，决定他们适当的管理和监督。

11. 为了解我们在金融系统改革中发挥的作用，我们将于 2009 年 5 月之前再次召开会议，检查今天同意的这些原则和决定的执行情况。

## 承诺全球经济开放

12. 如果致力于推动自由市场原则，这些原则包括法制、尊重私有财产、开放的贸易和投资、竞争市场和受到有效监管并且有效率的金融系统，我们觉得这些改革只能成功。这些原则对经济增长和繁荣是必需的，并且已经消除了数以百万计的贫穷，而且也提高了全球生活标准。鉴于改善全球金融业管理的必要性，我们必须过度管理，否则将损害经济经济增长并且加深资本流动性紧缩，这其中包括对发展中国家。

13. 我们强调，在金融不稳定时期反对保护主义至关重要。未来 12 个月，我们将反对抬高投资或货物及服务贸易新壁垒，反对设置出口新限定或实施有违世界贸易组织规定的措施来刺激出口。另外，我们将努力在今年达成协议，使得世界贸易组织多哈发展议程（Doha Development Agenda）有一个圆满结果。我们将指示我们的贸易部长实现这一目标，推进最终协议的达成。

14. 我们关注着当前危机对发展中国家产生的影响，特别是关注最易受损害的国家。我们重申千年发展目标的重要性，这是我们已经实施的发展援助承诺。我们将力促发达国家和新兴经济体都来承担与自己能力和在全球经济发展中扮演角色相适应的义务。在这点上，我们重申 2002 年在墨西哥蒙特雷举行的联合国发展筹资问题会议上达成的发展原则，这一原则强调了国家所有权并且动员了发展筹资的所有资源。

15. 我们将继续致力于解决其他重要的挑战，如能源安全和气候变化、粮食安全、法治、反恐、贫困和疾病。

16. 随着向前发展，我们相信通过持续的伙伴关系、合作和多边主义，我们将战胜挑战，恢复世界经济稳定与繁荣。

## G20伦敦峰会公报（全文）

1. 我们二十国集团领导人于2009年4月2日在伦敦举行了这次峰会。

2. 我们正面临现代历史上规模最大的全球经济挑战；自我们上次举行峰会以来，经济危机已有所加深，对每个国家无论男女老幼的生活都造成了影响，因此所有国家都必须联合起来解决这一危机。全球性的危机需要全球共同解决。

3. 首先，我们相信全球经济繁荣是不可分割的；实现可持续增长的责任必须由全球各国共同承担；全球经济复苏计划必须以勤勉劳作之家庭的需要及就业为中心，不仅仅在发达国家如此，在新兴市场和贫穷国家也应如此；全球经济复苏计划必须能反映当今之人的需要，也要能反映未来几代人的需要。

我们相信，建立基于市场原则、有效监管和强有力的全球机构之上的开放型世界经济，这是可持续性全球化发展和所有各国日益繁荣增长的唯一可靠基础。

4. 有基于此，我们今天承诺将采取任何必要措施，目的是：

• 恢复经济信心和经济增长，复苏就业市场；

• 修复金融体系以复苏贷款市场；

• 加强金融机构以重建信任；

• 融资和改革国际金融机构，以克服当前危机和避免未来危机；

• 促进全球贸易和投资，摒弃贸易保护主义，巩固经济繁荣的基础；

• 增进全面的、绿色的以及可持续性的经济复苏。

我们将通过联手行动来完成上述承诺，将全球经济带出当前衰退，并阻止今后再次发生类似于此的危机。

5. 我们今天已经达成的协议有：

将国际货币基金组织的可用资金提高两倍，至7500亿美元；

支持2500亿美元的最新特别提款权配额；

支持多边发展银行至少1000亿美元的额外贷款；

确保为贸易融资提供2500亿美元的支持；

利用国际货币基金组织已经同意的出售黄金储备的所得资金，为最贫穷国家提供优惠融资。

上述协议共同组成了一项1.1万亿美元的扶持计划，旨在恢复全球信贷和就业市场及经济增长。

在推出上述扶持计划以前，我们各国政府都已经分别采取了各自的措施，这组成了一项庞大的全球经济复苏计划，其规模是史无前例的。

## 恢复经济增长和就业

6. 我们正在联手进行一次从未有过的财政扩张活动，将拯救或创造数以百万计的工作岗位；如果不采取这一活动则这些工作岗位将被摧毁。到明年底为止，这一活动总额将达5万亿美元，将全球产值提高4%，并加速向“绿色经济”的转型进程。我们保证将会持续加大必要的财政扩张规模以复苏经济增长。

7. 各国央行也已经采取了异于常规的行动。大多数国家已经大幅下调了基准利率，而且各国央行已经承诺，只要还有必要，就会一直维持扩张性的货币政策，此外还将动用包括非常规工具在内的所有货币政策工具以维持物价稳定性。

8. 在本国贷款市场和国际资金流复苏以前，我们所采取的经济复苏措施无法起到效果。我们已经向各自的银行系统提供了重大而全面的支持，目的是提供流动性、调整金融机构资本及坚决解决资产减值问题。我们保证将采取任何必要行动来恢复金融系统的正常信贷流、确保对整个系统而言都十分重要的金融机构的健康性以及按照二十国集团达成的协议框架来实施贷款复苏及金融行业修复政策。

9. 总体而言，上述行动将组成现代历史上最大规模的财政和货币刺激计划，以及最为全面的金融业扶持计划。各国联手使得这些行动的影响力得以加强，而截至目前止已经宣布的非常政策必须毫无拖延地加以实施。今天，我们已经进一步就1万亿美元以上的刺激计划达成一致，将通过全球金融机构和贸易融资为全球经济注入更多资金。

10. 国际货币基金组织上个月预测，全球实体经济将恢复增长，到2010年底为止的增长速度将超过2%。我们确信，今天我们同意采取的这些行动，以及我们在维持长期财政可持续性的同时联手恢复增长和就业的坚定承诺，将会加快经济回归增长趋势的进程。我们今天保证将采取任何必要措施来确保这一成果，并呼吁国际货币基金组织定期评估已经采取的措施，以及全球各国还需采取哪些措施。

11. 我们决心要确保长期的财政可持续性和物价稳定性，并将制定可靠的退出战略，从而可在必要时候退出目前需要采取的、旨在支持金融业和恢复全球需求的措施。我们确信，通过实施已经达成一致的政策，我们将可限制本国经济的长期支出，因而降低更长期内的财政稳固计划规模。

12. 我们将以合作的、负责任的态度来实施所有经济政策，顾及这些政策对其他国家的影响，并将取消货币贬值的“竞赛”，构建稳定的、运行良好的国际货币系统。无论是现在还是将来，我们都将支持由公平、独立的国际货币基金组织对各国经济及金融业进行监管，对一国经济政策对其他国家的影响进行监管，以及对全球经济所面临的风险做评估。

## 加强金融监管

13. 金融业的重大衰退，以及金融监管措施的重大失误，是导致当前危机的根本原因。在我们重建公众对金融系统的信任情绪以前，经济信心不会得以恢复。我们将采取行动为未来的金融业建立更加强有力的、更加具有全球一致性的监管框架，从而对可持续性的全球增长形成支撑，为企业和个人的需求服务。

14. 我们所有人都同意确保在本国推行强有力的监管系统，同时还同意建立更加具有一致性和系统性的跨国合作，创立全球金融系统所需的、通过国际社会一致认可的高标准监管框架。

加强金融监管必须能促进经济繁荣、体制完善和提高透明度；能抵御波及整个金融系统的风险；能缩小而非放大金融和经济周期；能降低经济对不适当的风险融资来源的依赖性；以及能阻止过度的冒险活动。

监管机构必须保护个人消费者和投资者、扶持市场纪律、避免对其他国家造成负面影响、减少“监管套利”的范围、支持竞争和动力以及跟上市场创新的步伐。

15. 基于这一目的，我们将实施在上次会议上达成的行动方案（Action Plan），如后附进展报告所示。我们今天还发布了一份名为《加强金融系统》（Strengthening the Financial System）的宣言，其要点是，我们同意：

• 创立一家全新的金融稳定委员会（Financial Stability Board，以下简称“FSB”），作为金融稳定论坛（Financial Stability Forum，以下简称“FSF”）的继承性机构，其成员包括二十国集团的所有成员国、FSF成员国、西班牙和欧盟委员会，并加强了向该委员会所委派的任务；

• FSB应与国际货币基金组织进行合作，对宏观经济和金融危机风险发出预警，并采取必要行动解决这些危机；

• 对监管体系进行改造，以便各国政府鉴别和虑及宏观审慎监管的风险；

• 扩大监管措施的适用范围，将所有对整个金融系统来说都十分重要的金融机构、金融工具和金融市场涵盖在内，首次覆盖对整个金融系统来说都十分重要的对冲基金；

• 认可并实施FSF有关薪酬的最新强硬原则，为所有公司的可持续性薪酬计划和企业社会责任提供支持；

• 一旦确认经济已经复苏，则将采取措施改善银行系统中的资金质量、数量和国际协调性。今后，监管措施必须能阻止过度杠杆，并要求银行在经济良好时期也需储备充足的缓冲资金；

• 采取行动反对“避税港”等不合作的行为，我们已经做好了制裁这些行为的准备，以保护公共财政及金融系统。银行拥有保密权的时代已经结束。我们注意到，经济合作与发展组织今天公布了一份名单，列出了由全球论坛评估的反对按照全球标准交换税务信息的国家；

• 呼吁会计准则制定机构尽快与监管机构进行合作，改进资产估值和准备金标准，完成一套高质量的全球会计准则；

• 扩大监管措施的适用范围，将信用评级机构涵盖在内，以确保这些机构能达到良好的国际行为标准，尤其是要防止出现令人无法接受的利益冲突。

16. 我们要求各国财长按照《行动方案》中的时间表执行上述决议。我们已经要求金融稳定委员会和国际货币基金组织来监督进展情况，与金融行动特别小组和其他相关实体密切协作，并在 11 月在苏格兰召开的下一次各国财长会议上提交一份报告。

## 巩固全球金融机构

17. 新兴市场和发展中国家一直是近来世界增长的引擎，但现在也面临着严峻的挑战，令全球经济当前的滑坡局面雪上加霜。要恢复全球信心并复苏经济，资本必须持续不断地流向这些国家。这就需要下大力气巩固国际金融机构，尤其是 IMF。因此，我们今天一致同意，通过全球金融机构追加 8500 亿美元可用资金，这笔资金将用来为逆周期支出、银行资本充足、基础设施建设、贸易融资、支持国际收支平衡、新债替旧债和社会支持提供资金，从而支持新兴市场和发展中国家的增长。为此目的:

• 我们同意通过成员国的直接融资向IMF提供2500亿美元可用资源，随后共同达成一个规模更大、更加灵活的新的贷款安排，再增加最高5000亿美元，并考虑是否有必要向市场举债。

• 我们支持由各多边开发银行大幅增加至少1000亿美元的贷款，包括向低收入国家提供贷款，并确保所有多边开发银行的安全，包括拥有适当的资本。

18. 这些资源应该得到有效和灵活的利用以支持增长，这一点至关重要。在这一方面，我们赞赏IMF取得的进展，包括它新推出的灵活信贷安排（FCL），以及它对贷款和限制条件框架的改革，这将确保IMF的各种工具能够有效地解决各国收支平衡融资需要的内在问题，尤其是外部资本从银行和企业部门回撤的问题。我们支持墨西哥寻求FCL的决定。

19. 我们一致支持进行一次总的特别提款权分配，此举将向世界经济注入2500亿美元并提高全球流动性，并要求对《第四次修正案》进行紧急修订。

20. 为了让我们的金融机构能够帮助管理危机并防范未来的危机，我们必须增强它们的长期相关度、执行效力和合法性。因此，除了我们今天达成的大幅增加资金来源的协议，我们还决定对国际金融机构进行现代化改革，确保它们能够在面临新的挑战时有效地向成员国和股东提供协助。我们将改革它们的授权、规模和治理，使之适应世界经济的变化和全球化的新挑战，同时新兴市场和发展中国家，包括穷国在内，必须有更大的话语权和代表权。要实现这一点，就必须相应地通过提高战略远见和决策水平来增强这些机构的信誉和问责机制。出于这一目的：

• 我们要坚决执行2008年4月达成的IMF配额和话语权改革的方案，并要求IMF在2011年1月之前完成下一次配额审查。

• 除此之外，我们同意应该考虑给予IMF官员更高的参与度，令其能够向IMF提供战略指导并加强其问责机制。

• 我们要致力于执行2008年10月达成的世界银行改革方案。我们希望能够在接下来的会议上获得进一步的建议，加快进度，争取在2010年春季的会议上就话语权和代表权改革达成一致。

• 我们同意，国际金融机构的首脑和高级领导应该通过公开、透明的优选程序来指派。

• 根据IMF和世界银行的最新报告，我们要求会议主席与G20财长进行广泛深入的探讨，并在下一次会议上向大家报告，以期为提高国际金融机构的反应速度和适应能力进行深入改革。

21. 除了改革我们的国际金融机构，令其适应全球化的新挑战，我们同意在关于促进经济活动可持续性的一些关键价值和原则上达成一项全球共识。我们支持就经济活动的可持续性问题进行讨论以期形成一个宪章，并就此在下一次会议上作进一步讨论。我们注意到其他一些论坛已经开始研究这一问题，希望能够对经济活动可持续性问题的宪章做进一步研讨。

## 反对保护主义和促进全球贸易及投资

22. 世界贸易的增长促成了世界半个世纪的持续繁荣。但是，现在它出现了25年来的首次下滑。需求的萎缩因保护主义压力的增大和商业信贷撤离而加剧。重振世界贸易和投资是恢复全球经济增长的核心所在。我们不会重犯过往时代保护主义的历史错误。为此，我们重申在华盛顿许下的承诺:不得针对投资或商品及服务贸易设置新的障碍，不对出口施加新的限制，不得推行违背WTO规则的措施来刺激出口。此外，我们将立即行动纠正已采取的这一类措施。我们决定将上述承诺的期限延长至2010年结束。

我们将努力把包括财政政策和支持金融业行动在内的国内政策行动对贸易和投资的任何不利影响降至最低程度。我们不会退而奉行金融保护主义，尤其不能采取限制世界范围内的资本流动——特别是流向发展中国家的资本——的措施。

我们将立即把任何这样的行为通报WTO，我们呼吁WTO和其他国际组织共同在各自职权范围内监督我们履行上述承诺的情况并每季度予以公布。

与此同时，我们将采取一切力所能及的行动来促进和推动贸易及投资，我们将确保在未来两年中通过出口信贷和投资机构及多边开发银行至少提供2500亿美元的资金来支持贸易融资。我们还将要求我们的金融监管机构将必备资本中的可用弹性资金用于贸易融资。

23. 我们将继续致力于就急需的多哈发展议程达成一个积极和兼顾各方的协议，这样世界经济总量每年至少能增加1500亿美元。为达成这一目标，我们承诺将维护议程已取得的进展，其中包括就议程形式所达成的一致。

24. 未来一段时期中，我们将把工作重点和政治关注重新转向这一关键性事务，我们将通过持续不断的工作和所有相关的国际会议来推动议程取得进展。

## 确保所有经济体公平而持续地复苏

25. 我们决心不能仅恢复经济的成长，我们还必须为一个公平和可持续的世界经济奠定基础。我们已经意识到，当前这场危机对最贫穷国家的冲击过重，我们共同负有减轻本次危机对社会影响的责任，以求将危机对全球发展潜力的长期破坏降至最低限度。

我们重申我们在千年发展目标会议上作出的历史性承诺，我们将致力于履行我们各自的官方发展援助（ODA）承诺，其中包括促进贸易援助、债务减免及格伦伊格斯（Gleneagles）会议上做出的承诺，特别是对撒哈拉以南非洲国家的承诺。

我们今天已采取的行动和已做出的决定将提供500亿美元来支持低收入国家的社会保障、促进贸易和安全发展，这是我们在危机中显著加大对低收入国家和其他发展中国家以及新兴市场扶持力度的一个组成部分。

我们正在使最贫穷国家能获得社会保障所需的资源，其中包括向长期食品安全投资和志愿向世界银行的《脆弱性框架计划》——该计划包括基础设施危机基金和社会快速响应基金——提供双边性捐款。

我们已决定借助新的收入模式——即动用IMF出售黄金所产生的更多资源——和结余资金在未来2~3年中为最贫穷国家再提供60亿美元的形式灵活的特惠贷款。我们呼吁IMF在春季会议上就此拿出切实的计划。

我们已同意对《偿债能力架构》的灵活性进行再评估，我们呼吁IMF和世行在国际货币金融委员会（IMFC）和发展委员会的年会上就此作出通报。我们呼吁联合国和其他国际机构建立一个有效机制，监控当前危机对最贫穷和最脆弱国家的影响。

26. 我们对受本次危机影响的人口的数量和范围有清醒认识。我们承诺将通过创造就业机会和收入支持措施来帮助那些受到危机影响的人。我们将建立一个对男性和女性均友好的劳动力市场。因此，我们欢迎伦敦就业会议和罗马社会峰会发布的公报和它们所提出的基本原则。我们将借助刺激经济增长、投资于教育和培训来支持就业，通过积极的劳动力市场政策和关注最弱势人群来鼓励用工。我们呼吁国际劳工组织和其他相关机构共同工作，对我们已采取和未来有必要再采取的行动进行评估。

27. 我们同意以最佳方式使用财政刺激计划的资金，以达成帮助经济有活力、可持续且绿色复苏的目标。我们将进行变革，转用清洁的节省资源和低碳排放量的新技术及基础设施。我们鼓励多边开发银行致力于达成这样的目标。我们将共同确定和推行构建可持续发展经济的进一步举措。

28. 我们重申我们在化解气候不可逆变化威胁方面的承诺，其依据是各国负有共同但有区别责任的原则。我们将致力于在2009年12月于哥本哈根召开的联合国气候变化会议上达成协议。

## 履行我们的承诺

29. 我们已承诺共同采取坚决的紧急行动，将以上承诺转化为行动。我们同意在今年底之前再次集会评估我们履行承诺的进展。

# 2009年G20 匹兹堡峰会公报（全文）

1. 在经济从危机迈向复苏的关键时刻，我们聚集一堂，翻开了时代新的一页，我们将改变不负责任的做法，实施一系列的政策、规制和改革措施，满足21世纪全球经济的需求。保证强健、可持续、平衡发展的框架。

2. 当我们今年4月召开上次峰会时，世界经济正面临我们这一代人所遭受的最为严峻的挑战。

3. 全球产出急剧萎缩，其幅度为1930年以来所仅见。国际贸易大幅下跌，工作岗位迅速消失。我们的人民担忧世界正处于萧条边缘。

4. 当时，我们各国同意采取一切必要措施，确保实现经济复苏，修复金融体制，保持全球资本的流动。

5. 这些目标得到了实现。

6. 我们采取的有力应对措施，避免了全球经济行为出现危险、急剧的下滑，并且稳定了金融市场，基本上我们所有经济体的工业产出现在都在上升，国际贸易也开始复苏。我们的金融机构正在提高所需的资本，金融市场正在显示投资和借贷的意愿，信心也得到了改善。

7. 今天，我们对自4月伦敦峰会以来所取得的进展进行了审议。我们各国均对促进经济复苏采取了有力措施，其结果是出现了有史以来最为庞大和最为协调的财政和货币刺激措施。我们一同行动，大幅提高了用于防止危机扩散全球的必要资源。我们采取措施修复了遭到破坏的监管体制，开始执行众多改革减少金融过剩带来的风险，避免全球经济再次陷入不稳定状态。

8. 尽管经济出现复苏，但我们不应自满。

9. 经济复苏和有关改革的进程尚未完成。在许多国家里，失业率依旧高企，这不可接受。私营部门的需求复苏状况尚未完全到位。我们必须继续努力，确保全球经济全面复苏，世界上所有辛勤劳动的家庭都能找到体面的工作。

## 加强国际金融规范体制

10. 由于银行和其他金融机构在规范和监督方程式面的失误，以及鲁莽且不负责任的冒险行为，使得国际金融陷入了危险的脆弱境地，并因此造成了当前的金融危机。同时，部分国家所普遍存在的过度投机行为有复苏的迹象，需加以监管。

11. 自从这场全球危机发生以来，我们就开始研究并将实施强制性的改革措施，以从根本上治理这次危机并调整全球金融监管机制。目前，我们在监督体制、风险管理的提高、管理的透明化、市场诚信度的提高、监管当局联席工作会议的建立以及加强国际合作等方面取得了实质性的进展。我们加强了监管的力度并扩大了监督的范围，对金融衍生品的场外交易、资产证券市场、信用评级公司以及对冲基金等进行更严格的监管。自从在伦敦成立以来，我们一直支持金融稳定委员会依据其章程加强体制，同时对他们递交给各国领导人的报告表示欢迎。为了使改革能一致，完善地实施，金融稳定委员会当前对改革进度的监管是必不可少的。我们希望金融稳定委员会在下一次领导人峰会上向二十国集团的财务部长以及央行领导们进行改革进度的汇报工作。

12. 目前我们的工作尚未结束。在保护消费者、储蓄者，以及投资者免受无序市场行为的伤害方面，我们还有很多工作要做。我们需要促进高质量标准的实施，要确保抑制此次危机在全球范围内的蔓延。我们决心采取行动，共同提高标准，特此上升到国家级和世界级的高度，让各国政府能始终如一地依照全球统一的标准，以保证一个公平竞争的环境，从而避免市场崩溃，保护机制以及监管套利等行为。只要有需要，我们在处理受损资产以及鼓励追加资本方面的工作就会继续。如有必要，我们还会进行稳健与透明度的测试。我们希望各银行能保留今年大部分的利润，以贷款给那些需要资金的地方。证券的发起人和主办人应当承担基础资产的部分风险，以此来鼓励他们进行更审慎的操作。在风险控制方面，以及对金融体系内宏观审慎风险的积累进行监督和评估的必要工具的开发方面，宏观审慎与微观审慎监管制度间的平衡是很重要的。另外，为了应对过多商品的价格波动，我们同意改善金融和商品市场的制度、机能以及透明度。

13. 虽然我们鼓励向房地产和商业领域发放贷款，但是我们必须警惕重蹈引发危机的覆辙。我们今天的计划如果能够完全实施，将建立一个拥有更加稳固的基础结构的金融体系。如果我们同心协力，金融机构在风险操作时就会面临更多的监管，将迫使他们更加重视长期的表现，进行更加透明的操作。那些能够对金融稳定性造成影响的公司必须接受更高标准的，持续和一致性的监督。我们的改革是多方面的，但核心是更高的资本标准，辅之以明确的减少高风险操作的激励信号。资本允许银行承受这些不可避免的损失，和政府一起接手那些失败的公司，让他们对自己的冒险负起责任。基于他们加强国际金融体系的宣言，我们希望我们的财政大臣和央行官员们能在以下领域的全球改革框架上达成共识：

建设高质量资本并减轻周期效应：我们将致力于在2010年底之前就一些规则达成国际共识，提高银行资产的质量和数量，缓和过量的杠杆效应。这些规则将在金融情况改善以及经济复苏确定时施行，目标是在2012年底之前施行。作为新巴塞尔框架的组成部分，国家对银行资产施行更高要求以及更高质量的标准，要求准备反周期效应缓冲资本，对风险产品以及资产负债表外行为加设更高的资本准入门槛，所有这一切加上增强了的资本风险以及预估准备金要求，都将减少银行采取更富风险性的行为的动机，并建立一个能更好防范冲击的金融体系。我们欢迎最近由监管机构巴塞尔委员会提出的关于加强银行业的监管和规范的关键措施。我们支持引入杠杆率作为新巴塞尔框架的补充措施，采取这一措施的目的在于参考第一章的条款（Pillar1 treatment）为进行适当的复查以及校准工作。为保证具有可参照性，杠杆率的细节会是国际通用的，充分考虑到各国结算方式的不同。所有主要二十国集团财政部都试验在2011年前施行新巴塞尔框架。

改革薪酬实务，支持金融稳定：在金融领域的过高薪酬既反映同时也鼓励了过度承担风险。改革薪酬政策和实务是我们致力于增加金融稳定的一个关键部分。我们完全赞同FSE薪酬管理的执行标准，将薪酬与长期的价值创造结合起来，不过度承担风险。包括通过（1）避免多年的固定花红；（2）要求可变薪酬部分增加，延迟支付，可以股权或则类似股权的形式出现，并结合绩效考核，允许事后追索，这些激励形式必须与长期的价值创造和时间跨度风险相关。（3）确保高层职员和普通员工的薪酬与公司风险敞口有实质性挂钩，并与绩效及风险相结合。（4）通过披露要求使公司薪酬政策和结构透明。（5）在可变薪酬和维持良好资本基础不相符时，限制可变薪酬占净收入的一个百分比。（6）确保薪酬政策监管委员会独立运作。监管方应当具有审核公司薪酬政策和体系的责任，拥有体制性和系统风险的意识，如需要抵消额外风险，可对那些薪酬政策和做法实施不合理的企业采用改正措施，比如资本要求太高，监管者必须具有修改薪酬体系的能力，在公司失败或者要求特殊公共干预的时候介入。我们要求企业立即执行合理的薪酬实务。我们委托FSB监视FSB标准实施情况，并在2010年3月前提出其他措施。

改善场外交易衍生产品市场：所有标准的场外交易（OTC）衍生产品合同都应该在交易所或电子交易平台上进行，最迟2012年底达成通过中央对手方实现预算和结算。OTC衍生产品合同应该被报告给贸易存储库。非中央计算合同应该受到更高的资本要求。我们要求FSB和相关成员定期地评估执行情况，以及它是否能满足增加衍生产品市场的透明度、降低系统风险和反对市场滥用行为。

2010年底达成跨境协议和体系中举足轻重的金融机构：体系中举足轻重的金融实体应开发出国际一致的、企业特定的意外事件解决方案。我们的权威机构应该为主要的跨国集团创建风险管理团体，以及用于风险干预的法律框架，同时还要改进非常时期的信息共享。我们应该为金融团体做出有效决议开发工具和框架，以在未来帮助减少金融机构瓦解和道德风险。我们为体系中的重要机构制定的审慎标准应该和它们的失误造成的损失相匹配。FSB应该在2010年10月建议可能的措施，包括更严格的监管和特定的追加资本、流动资金和其他的审慎需求。

14. 我们呼吁国际会计组织加倍努力，在独立的标准设定流程中实现单一的、全球性的会计标准，并且在2011年6月完成项目汇合。国际会计标准委员会（IASB）的制度框架应进一步促进各方的参与。

15. 我们反对非合作管辖权（NCJ）的承诺收到了丰硕的成果。我们承诺保持现有的势头以应对避税天堂、洗钱、腐败、为恐怖分子提供资金支持和谨慎标准。我们欢迎为信息透明和交换而举行的全球性论坛，欢迎发展中国家参与，我们也欢迎提供有效的同行评审计划的协议。该论坛的主要目的是提高税务透明和交换信息，因此各个国家可以全力加强税收法律，以保护自己的税收基础。我们准备从2010年3月采用对策反对避税天堂。我们欢迎金融行动特别工作组（FATF）在反对洗钱和为恐怖分子提供资金支持上取得的成果，并且我们呼吁他们在2010年2月发布一份关于高风险管辖权的公开名单。我们呼吁FSB在2009年11月就解决非合作管辖权中的国际合作和信息交换部分报告他们取得的进展，并且在2010年2月开始同行评审。

16. 我们交给国际货币基金组织的任务是为下次会议起草报告，内容主要关于可参加国家的范围，这些国家已经采取措施或正在考虑其金融部门怎样能够支付政府介入银行系统的修复而产生的债务，这一过程需要金融部门做出公平的和重大的贡献。

## 提升国际制度，反映当前国际经济

17. 对于我们努力维持全球金融市场稳定、推动可持续发展和解除贫困人口的生活问题来说，保证国际金融系统和全球发展结构的现代化是很重要的。我们热切期待布朗首相的报告，他在其中会回顾国际金融机构的反应性和适应性并且要求各国财长们考虑其中的结论。

## 改革IMF的托管、使命和治理

18. 我们承诺增加IMF的可利用资金，使其遏制经济危机向新兴市场和发展中国家蔓延。我们的这个承诺和已经采取的创新措施和工具所需要的资源有效、灵活的利用，并已经减少了全球风险资本再次流向新兴经济体。

19. 我们已经实现承诺，向IMF提供了三倍的可利用资源。我们正向IMF的重建并扩大“新借款协定”注入5000亿美元。IMF现共有2830亿美元的特别提款权（SDF），其中将有1000多亿美元用于新兴市场和发展中国家的现存准备资产。协议出售的IMF黄金资源（与IMF的新收入模式一致）和来自内部及其他资源的资金将为IMF中期优惠借贷容量提供两倍以上的资金。

20. 我们对经济危机的共同反应是强调国际合作的益处和要求拥有一个更法治和高效的IMF。IMF必须在推进全球金融稳定以及均衡发展方面起到关键作用。我们欢迎对IMF借贷机构的改革，包括建立创新的弹性信贷额度的计划。IMF应当继续加强其帮助各个成员应对金融动荡的能力，减少经济受资本流动波动和过度储备积累的破坏。由于复苏迹象已经显现，我们将共同努力，增加IMF的公平、公正和对全球经济和国际金融体系面临风险的独立监督能力。我们要求IMF通过监督成员国的政策体系和对金融稳定和全球经济增长水平和格局的集体影响，在强有力的、可持续及均衡发展的框架下支持我们的努力。

21. 国际货币基金组织管理现代化是我们努力改善IMF的信用、合法性以及效率的核心。我们认识到IMF需要保持一个基于投票配额的组织模式，配额的分配应当能反映相关成员在全球经济中的相对权重，而这一权重由于新兴市场及发展中国家的强劲增长，已经发生了根本性的变化。最后，我们承诺将部分定额向新兴市场及发展中国家转移，至少从那些过度代表的国家向那些代表性不足的国家转移5%的配额，公式还是采用IMF现行的定额公式。我们也承诺将保护IMF内落后地区的投票权。作为IMF配额重新审核的一部分，并以此为基础，我们将督促此项工作加快进行，并在2011年1月完成，获得成功结果作为重新审核工作的部分，我们同意必须同时兼顾一些其他关键事宜，包括IMF配额的增加幅度。这将和加速配额改变有关。再比如执行委员会组成及规模、委员会工作效率提高的方式，IMF基金管理者在战略监督方面的参与等。还必须加强雇员的多元化，作为综合改革计划的部分，我们同意采用公开、透明及择优的方式委派所有国际机构的负责人和高级领导成员。我们必需按照2008年4月达成的协议，尽快执行IMF配额及发言权的改革方案。

## 开发银行的使命，委任和治理的改革

22. 在4月份，我们要求多边开发银行加快并扩大借贷，提供新型设备、新工具和设施，快速提高借贷额度，缓和经济危机对最贫困国家的影响。开发银行正在交付承诺的1000亿元额外借贷。我们欢迎并鼓励多边开发银行一如既往地充分利用其资产负债表。我们也欢迎MDB s采取其他措施，像泛美开发银行那样，精选部分捐赠人，暂时使用他们的通知即缴的股本。我们的财政部长应该考虑的是，将来若发生经济危机，如何利用通知即缴的股本和或有资产等机制来增加多边开发银行的借贷额度。我们重新确认我们的许诺，保证多边开发银行及其优惠借贷设施，尤其是国际开发协会（IDA）和非洲开发基金，能够得到适当的注资。

23. 甚至在我们致力于缓和经济危机的影响的时候，我们也必须加强并改革全球发展结构，以应对全球要面对的长远挑战。

24. 我们一致认为，加快发展和减少全球贫困是发展银行的重中之重。世界银行和其他多边发展银行也应该尽已所能、同心协力，解决诸如气候变化、粮食安全等的全球性挑战，这需要我们全球共同的合作。世界银行，应该与各地区的发展银行以及其他国际组织一道，关注粮食安全，通过农业技术的改进，农业生产力的提高，以及与有关专业机构的密切台作，共同改善目前的粮食安全状况；关注人类发展、贫困人口的安全，以及最具挑战性的环境问题；支持民营经济的发展，为贫困人口，发展社会经济提供有利机会；为可持续清洁能源的生产和推广提供资金，以提高能源利用效率和气候适应能力，为绿色经济做贡献；这使得国家应将气候变化列为国家核心发展战略，改进国内政策，实现新型气候资源经济。

25. 世界银行和地区发展银行，应该在适当的时候，与其他双边和多边机构加强互相间协调配合，以提高其效力。他们还应继续给予受援国更多发展战略和计划的自主权，使其有足够的政策空间。

26. 我们将帮助确保世界银行和地区发展银行有足够的资源，通过对其总资本增加的反省，在2010年上半年之前，实现这四个挑战和他们的发展任务。额外的资源必须用来主要机构改革，从而确保资源利用的有效性：加强协调，明确劳动分工；增加承诺的透明度，实行问责制，形成良好的公司制度；增强创新能力，要取得明显效果，以及要更加关注贫困人口，满足其各项需要。

27. 我们承诺，为了确保世界银行的相关性、有效性以及合法性，将继续在管理、运作效率，和选举制度上加大改革力度。我们强调，随着时间的推移，世界银行将通过一种动态公式来实现公平的投票权，这主要反映了各国发展经济的重要性和世界银行的发展任务，这对于发展中国家和处于经济转型期的国家来说意义重大，提高了这些国家至少3%的投票权，而且将在这一重要调整的第一阶段有1.46%的增长，对那些代表不足的国家是很有益处的。与此同时，我们还将意识到，代表过多的国家应该做出贡献，这对于保护小国家的投票权是很重要的。我们将在2010年的春季会议上达成一致。

## 能源安全和气候变化

28. 对于可持续增长而言，使用多元化、可靠、负担得起和清洁的能源至关重要。低效的能源市场和价格波动过大对生产者和消费者都不利。在圣彼得堡全球能源安全会议上确立的原则（St. Petersburg Principles on Global Energy Security）认为，能源生产、消费和过境国家在促进全球能源安全方面拥有共同利益。鉴此，我们分别并共同承诺如下：定期公布完整、准确和及时的石油生产、消费、炼化和库存水平数据，提高能源市场透明度和市场稳定性，计划每月公布一次并于2010年1月开始实施。

我们注意到由国际能源论坛（International Energy Forum）管理的联合石油数据方案（Joint Oil Data Initiative），赞同他们将数据收集范围扩展到天然气领域。我们将改善收集能源数据的国内能力，提高能源供需的预测能力，要求国际能源署（International Energy Agency）和石油输出国组织（Organization of Petroleum Exporting Countries）帮助提升有关国家在这方面的能力。我们将加强石油生产者和消费者之间的对话，改善我们对于市场基本因素的理解，包括供需趋势、价格波动等，我们注意到国际能源论坛专家组在这方面进行的工作。

完善对能源市场的机构性监管，执行国际证券事务监察委员会组织（International Organization of Securities Commissions）关于商品期货市场的建议，呼吁相关监管机构在我们各自国内的商品期货市场上收集石油交易商的大额持仓情况。我们要求有关监管机构在下次会议上汇报上述措施的执行情况。我们将指导有关的监管机构收集石油柜台交易市场（over-the-counter）的数据，采取措施打击导致价格过度波动的市场操纵行为。

我们要求得到更多的炼化等商品市场信息，包括公布更详细和分类更清楚的数据，并得到尽可能广泛的国际协调。我们要求国际证券事务监察委员会组织帮助各国政府设计和执行这些政策，进一步分析价格过度波动等现象，提出具体的政策建议，并定期向我们报告。

29. 提高我们的能源效率，对于改善能源安全和应对气候变化问题将发挥重要和积极的作用。效率很低的化石燃料补贴是在鼓励浪费性的消费，扭曲了市场，并阻碍了对清洁能源的投资，削弱了处理气候变化的努力。经济合作发展组织（Organization for Economic Cooperation and Development）和国际能源署（IEA）已经发现，在2020年前取消化石燃料补贴，到2050年将减少10%的全球温室气体排放量。

许多国家正在减少化石燃料的补贴，同时努力避免对贫穷人口造成不利影响。以此为基础，并认识到能源贫困人口面临的挑战，我们承诺如下：合理调整并逐步取消鼓励浪费性消费的低效化石燃料补贴。与此同时，我们认识到向有需要的人提供有效能源服务的重要性，其方式包括特定的现金转移和其他合适的机制。这种改革不会适用于我们对清洁能源、可再生能源和技术的支持，因为这些技术能大幅降低温室气体排放量。

我们将要求各国能源和财政部长在各国情况的基础上制定相关的执行战略和框架，并在下次峰会上向各国领导人汇报。我们要求国际金融机构向有关国家提供支持，我们呼吁所有国家在世界范围内都采取取消上述补贴的相关措施。

30. 我们要求相关国际机构，例如国际能源署、石油输出国组织、经合组织和世界银行，提供对能源补贴范围的分析和建议，以执行本倡议并在下次峰会提交报告。

31. 提高清洁和可再生能源的供应，改善能源效率，对于我们保护环境、促进可持续发展和应对气候变化威胁至关重要。加快使用经济上有效的清洁和可再生能源技术和能效措施，可促进我们能源供应的多元化，改善源安全。

我们承诺如下：推动对清洁能源、可再生能源和能源效率的投资，对发展中国家的上述项目提供资金和技术支持。采取措施推广和转让上述清洁能源技术，这些措施包括执行联合研究和提高能力建设。我们正在一些合适的论坛上讨论减少或取消这个领域的贸易和投资壁垒措施，并希望各国能自愿执行有关决议。

32. 作为世界上主要经济体的领导人，我们正在努力实现富有弹性、可持续和绿色的经济复苏。我们下定决心要采取强有力的措施应对气候变化带来的威胁，我们再次确认联合国气候变化框架公约（United Nations Framework Convention on Climate Change）确立的目标、条款和原则，包括共同但有区别的责任。我们注意到意大利拉奎拉举行的主要经济体论坛（Major Economies Forum）上各国领导人接受的原则。我们将与有关各方合作，加强努力，力争在联合国气候变化框架公约哥本哈根会议上达成协议。这样的协议必须包扩减缓、适应、技术转让和融资等内容。

33. 我们欢迎财政部长就气候变化融资从事的工作，并要求他们在下次财长会议上向我们汇报。财长们提出的建议将成为联合国气候变化框架公约哥本哈根会议考虑的内容之一。

## 加强对最脆弱国家的支持

34. 许多新兴和发展中的经济体在其经济逐渐趋近于发达经济体的生产力水平和生活标准时，它们的生活目标水平也有大幅度的提高。但这一进程被经济危机所打断，并且远未完成。最贫穷的国家在经济方面几乎没有缓冲余地，保护其贫弱的人民免受灾难的冲击，尤其是金融危机和全球粮食价格高峰接踵而至。我们关注全球危机对低收入国家（LICs）在健康、教育、社会保障以及基础设施等领域的基本支出能力保障的负面影响。联合国新的“全球影响及脆弱度警戒系统”有利于我们采取措施监控危机对最易受影响国家的冲击。我们承担着共同的责任，减轻经济危机带来的社会影响力，确保全球都参与到经济复苏中来。

35. 多边发展银行在与贫困的斗争中扮演着重要角色。我们认识到需要对低收入国家提供快速或优惠财政支援，以缓冲经济危机对最贫穷人群的冲击，我们欢迎多边银行在危机中增加贷款并支持多边银行拥有更多避免中止对于低收入国家的优惠金融措施所需要的资源。国际货币基金组织在经济危机中也增加了对低收入国家的贷款。IMF出售黄金，外加上新的营收模式，以及内部的和其他的来源，这些资源将使IMF的中期优惠贷款能力提高一倍。

36. 一些国家正在考虑在自愿的基础之上，在与本国国情相一致的情况下，为现有特别提款权提供流动性保障，以支持货币基金组织对最贫穷国家的贷款。甚至在努力减少危机的影响之时，我们必须为应对世界面临的长期挑战而加强全球发展结构并对之加以改革。我们要求各相关部门的负责人研究国际开发协会为保护低收入国家免受未来危机而制定的“新危机支援组合”的益处，同时，也要思考加强使用金融工具在危机间歇期保护中等收入的国家的投资计划，其中包括更大规模的应用担保。

37. 我们重申我们实现联合国千年发展目标的历史承诺和各自的官方发展援助承诺（ODA）（包括：关于贸易援助的承诺，减免债务），以及在格伦伊格尔斯

（Gleneagles）会议上做出的，特别是针对撒哈拉以南非洲，到2010年及之后的承诺。

38. 即使在危机爆发之前，很多人仍旧在受饥饿和贫穷的折磨，甚至还有更多的人无法获得能源和援助。认识到危机已经加剧这情况，我们承诺展开合作，以改善穷人获取食物、燃料和资助的状况。

39. 为了提高长期的食品安全性，现在急需持续而有针对性的资金。我们欢迎并支持拉奎拉会议上发布的食品安全提案以及进一步就农业和食品安全开展全球合作的努力，同时我们需解决价格大幅波动问题。我们呼吁世界银行和感兴趣的捐助者与组织开展合作，为提高对低收入国家的农业的援助而开发多边信托基金。这有助于支持创新的双边和多边努力，提高全球营养现状和建立可持续发展的农业体系，这其中包括非洲农业发展综合计划（CAADP）。在这一具有历史意义的行动中，这些措施应该确保国家所有权、快速支付基金、完全尊重阿克拉会议通过的有效性原则以及促进私人基金、商业团体和非政府组织的参与。同时也应该不断完善联合国关于农业的综合发展框架。我们要求世界银行、非洲发展银行、联合国、联合国粮食和农业组织、国际农业发展基金会、世界粮食计划署和其他的所有组织进行合作，包括通过国家主导机制，以完善和支持现有处理食品不安全因素的措施。

40. 为了增加能源供应，我们将会为发展中国家提供更多清洁廉价的能源。我们承诺在自愿的基础上，为实现该目标的计划提供资金支持，比如扩大可再生能源计划和为重债穷国提供能源计划，更努力地协调双边举措。

41. 我们承诺，将提高对贫困人口的财务扶持和金融服务。我们已经同意为安全及良好地开展新的金融服务递送模式提供支持，这种递送可送达到穷人手中，并在微型金融服务的范例基础上形成。同时我们也将藉此大大推广中小企业（SME）金融服务的成功典型。通过与世行扶贫咨商组织（CGAP）、国际金融公司（IFC）和其他国际性组织的合作，我们将建立一个二十国普惠金融专家小组，这个小组针对为这些组织提供金融服务而开展的创新型举措中学到的经验教训，而进行评估识别，这个小组还将推广行之有效的政策和规程制度，并针对金融服务获取、财经知识扫盲和消费者保护而建立的种种精细标准。我们承诺将开展一场二十国中小企业金融（服务）攻势，召集私营企业界推选出其最佳的建议，来指导公共财政如何在可持续、可升级的基础上，最大化地对私营企业提供金融服务。

42. 随着我们增加对发展中国家投资资本的流入，我们也需要防止其违法流出。我们将与世界银行的“发展中国家贪腐外逃流失资产追回项目”（StAR）开展合作，确保发展中国家贪腐外逃流失资产的追回，我们还将支持其他阻止非法资本流出的项目。我们要求反洗钱国际组织（FATF）的帮助，通过强化客户尽职审查、所有权受益人甄别和透明度等一系列标准，有序地开展工作，侦查并防止腐败收益的非法流出。我们强调《巴黎有效援助宣言》和《阿克拉行动议程》的原则，并将在2010年就增强国际援助中的资金流动透明度开展工作。我们提议采纳并执行针对跨国行受贿案件的相关法律，比如经济合作与发展组织的《反行贿公约》以及经过二十国峰会批准的《联合国反腐败公约》（UNCAC），采纳在多哈举行的第三回合谈判中涉及的为总结其执行情况而建立的“一个有效的透明的综合性的机制”。我们支持各国自愿加入《采矿业透明行动动议》，这个动议倡导建立一个常规的公开的曝光制度，来透明化采矿业对政府的费用支付和那些政府收受资金时记录收据的往来核对。

## 把保证就业质量作为经济复苏的核心

43. 各国出台的各种经济刺激措施已经让我们看到了令人欣喜的效果，全球经济都正呈现出起稳向好的发展态势，新增就业岗位已经达到数百万。遵照国际劳工组织（International Labour Organization, ILO）的预测，在今年末，我们可以至少再增加7.11亿个就业岗位。但是我们也必须认识到，如果目前的这些经济刺激措施不具可持续性，那么即便经济回稳，失业率也仍将持续攀升，这将对那些脆弱的人群带来极为不利的影响。随着经济增长的出现，全球每个国家都应该确保国内就业能够及时并快速地复苏。我们誓要继续推行行之有效的方案策略为那些体面的工作提供保障，帮助维护就业，并把就业增长作为首要目标。不仅如此，我们还应该继续为失业人员以及处于失业边缘的人群发放最低生活补助，提供社会保障以及各种培训支持。我们都一致认为，当前经济复苏所面临的各种困难和挑战不应该成为削弱国际上对劳动标准共识的借口。为了确保全球经济增长惠及层面更广，我们应该制定符合国际劳工组织标准的基本准则和就业权利。

44. 确保实现强劲、可持续性以及平衡的经济增长的基本框架。为实现这个目标，我们必须进行结构性的改革，以此建立更多具兼容性的劳动力市场、制定更为积极的劳动力市场政策方案、质量教育以及培训项目。我们每个国家都应该在其国内自有政策的基础上，增强就业人员对不断变化的市场需求的适应性，并保证他们充分享有新技术、清洁能源、环境、医疗以及基础设施革新和投资带来的实惠。从现今形势来讲，仅为满足员工当前需求而提供的培训已经不再足够，我们提供的培训应该让员工获得一生受用的技能，并以未来市场需求为导向。发达国家应该对发展中国家提供支持，加强它们在这个领域内的实力。我们所采取的各种措施将使得新发明所带来的好处能够全球共享。

45. 我们誓为那些能对经济增长和投资起促进作用的培训提供支持。我们认为，成功的培训和就业项目往往都是那些企业和员工共同制定出来的，我们要求ILO能和其他组织合作，召集其成员以及其他的非政府组织共同制定出培训的策略。

46. 我们已经认识到建立以就业为导向的基本框架来促进未来经济增长的重要性。在现有经济背景下，我们重申伦敦就业大会（London Jobs Conference）以及罗马社会峰会（Rome Social Summit）的重要性。对于新达成的全球就业协议（Global Jobs Pact）我们也非常欢迎，全球各国也将在基本框架中采取各种关键要素有效确保推进全球化社会维度。国际化机构应按照ILO的标准以及在危机中、危机后的分析以及政策制定活动中考虑到全球就业协议所设定的目标。

47. 为确保我们对就业政策的持续关注，此次匹兹堡峰会（Pittsburgh Summit）主席曾要求其劳工部长邀请各国就业和劳动部长在2010年初进行会晤。届时，我们将要求他们对未来就业环境做出预测，对我们当前所采取的各种措施进行评估，以及是否还需要在未来出台新的策略，并考虑中期就业及技能发展政策、社会保护项目、维护工人的最优试行方案，以此确保工人能够最大限速地利用科技进步带来的好处。

## 建立一个开放的全球经济

48. 持续复苏的全球贸易和投资是经济复苏的实质。当务之急，全球各国应该站在同一条战线上一致打击贸易保护主义。对于迅速达成的2500亿美元一揽子计划，我们表示非常欢迎，我们将继续保持市场的开放性、自主性，并重申在华盛顿和伦敦的承诺：防止在货物和服务投资、贸易领域内设置新的贸易障碍，对于某些国家设置的不符合WTO规定的措施而变相实施贸易保护主义的行为我们誓予以整顿。我们将把那些对国内政策中涉及投资和贸易领域的不良影响缩减到最低，包括采取各种财政政策以及对金融部门提供支持。我们绝不会再退回到以前贸易保护主义当中，特别是那些对发展中国家全球资本流动造成不良影响的措施。各国所采取的相关贸易措施，我们将及时告知WTO。对于世界贸易组织、经济合作与发展组织及联合国贸易和发展会议（United Nations Conference on Trade and Development）周一发布的有关全球贸易问题的报告，我们表示非常欢迎，希望它们能够继续对形势进行监测，并按季向社会公布进展情况。

49. 我们承诺将在未来继续推行自由贸易。我们将致力于在2010年的多哈回合贸易谈判（Doha Development Round）上达成一个均衡的协议。为了评估和弥补各国贸易缺口，我们意识到各国积极参与的重要性。我们注意到，为了在2010年贸易谈判中达成一致，弥补当前的贸易缺口是十分紧迫的。我们要求各国部长对从现在到2010年前的形势作出判断和估量，并寻求在农业和非农业市场准入、服务以及贸易便利等其他方面的进展。在下一次会议中，我们仍将继续对此次会谈的进展进行回顾总结。

### 匹兹堡身后路

50. 当前，二十国集团会议是国际经济合作的首脑论坛。在下一次会议中，各国代表将就如何扩大各国合作的有效性进行讨论。我们已经达成一致，下一次二十国会议将先后于2010年6月在加拿大、2010年11月在韩国召开。2011年的会议将在法国召开，届时，我们希望二十国会议每年都能召开。

## 2010年G20多伦多峰会公报（全文）

### 一、前言

1. 我们聚会于多伦多，这是二十国集团被确立为国际经济合作主要论坛后的首次峰会。

2. 我们在应对国际金融危机方面已取得进展。在此基础上，我们同意进一步采取行动，确保全面经济复苏和高质量的就业增长，改革和强化金融体系，实现世界经济强劲、可持续、平衡增长。

3. 我们业已交上一份不错的成绩单。各国协调推出前所未有的财政和货币刺激计划对恢复私人需求和信贷发挥主要作用。我们正采取有力举措，稳定并改善金融体系。向国际金融机构大幅增资有助于稳定并减轻危机对世界上最弱势群体的影响。正在推进的国际金融机构治理和管理改革，也将提高其有效性和相关性。这一改革必须完成。我们恪守了反对保护主义的郑重承诺。

4. 然而，挑战依然严峻。尽管经济正恢复增长，但复苏并不均衡，基础依然脆弱，许多国家失业率居高不下、令人无法接受，危机对社会造成的影响依然深远。巩固复苏是关键。为此目标，我们要继续完成现有的经济刺激计划，并努力为产生强劲私人需求创造条件。同时，近期有关事件凸显保持公共财政可持续性的重要性，我们要根据各自国情，采取可信、逐步到位、增长友好型的计划，以实现财政可持续性。财政状况严峻的国家要加速财政整顿步伐。同时，重新平衡全球需求也应推进，以确保全球实现可持续增长。我们应在金融修复和改革领域取得更多进展，增强金融部门透明度，强化其资产负债表，支持信贷供应和实体经济快速增长。我们已采取新步骤，建立监管更为完善和更富韧性的金融体系，服务于民众需求。对国际金融机构的改革也亟须完成。

5. 我们认识到，实现强有力的就业增长、向民众特别是弱势群体提供社会保障十分重要。我们欢迎今年 4 月举行的劳工和就业部长会议所提建议，以及国际劳工组织同经合组织一道制定的培训战略。

6. 我们决心兑现所有承诺，已指示部长和高官采取一切必要措施，全面、如期加以落实。

## 二、“强劲、可持续、平衡增长框架”

7. G20 当务之急是巩固和促进复苏，为经济强劲、可持续、平衡增长奠定基础，加强金融体系应对风险能力。为此，我们欢迎部分 G20 成员采取行动并作出承诺，扩大需求，推动平衡增长，强化公共财政，促进金融体系更为强健和透明。这些措施极大地促进了我们的集体福祉，是我们先前行动的延续。我们将继续合作，并采取适当措施，以促进经济增长，推动强劲和持久的复苏。

8. 匹兹堡峰会启动的“强劲、可持续、平衡增长框架”对我们政策行动的整体一致性进行评估，强化政策框架，是实现我们共同目标的手段。

9. 我们已完成了第一阶段互评进程，结论是我们能够做得更好。国际货币基金组织和世界银行预测，如果我们采取更富雄心的改革，中期内可实现以下目标：

• 将全球产值提高近 4 万亿美元；

• 创造数以千万计的就业岗位；

• 帮助数量更多的人口脱贫；

• 极大缓解全球失衡。

在可持续基础上推动全球增长是我们改善包括贫困国家在内的各国民生的最重要步骤。

10. 我们致力于采取协调一致行动推动可持续复苏，增加就业，实现更强劲、更可持续、更平衡增长。这些措施将根据各自国情而有所区别。我们今天同意：

• 发达国家完成财政刺激计划并公布“增长友好型”的财政整顿计划。财政整顿计划在今后一段时间将得以落实。拥有良好的财政状况，对实现持续复苏、更灵活地应对新冲击、确保具备应对人口老龄化挑战的能力、避免给子孙后代留下赤字和债务均十分关键。调整方式必须仔细衡量，以支持私人需求的复苏。风险在于，如果数个主要经济体同步进行财政调整，可能给复苏带来负面影响。但若在必要时未采取整顿措施，也会打击信心，损害增长。考虑到上述平衡，发达经济体承诺在2013年前将财政赤字至少减半，在2016年前稳定或降低政府债务占GDP的比重。考虑到日本的具体情况，我们欢迎日本政府近期一同宣布的增长战略和财政整顿计划。面临严重财政挑战的国家需加快整顿步伐。财政整顿计划必须可信、明确，根据不同国情有所区别，且着眼于加强经济增长的举措。

• 一些新兴市场国家需加强社会保障网，推进公司治理改革，发展金融市场，加大基础设施建设支出，增强汇率灵活性；

• G20全体成员需进行结构改革，以改善并维持我们的增长前景；

• 在重新平衡全球需求方面应取得更多进展。

应继续保持适当货币政策，以维护物价稳定并以此推动经济复苏。

11. 发达赤字国应增加储蓄，同时保持市场开放并增强出口竞争力。

12. 盈余经济体应实施改革，减少对外需的依赖，主要依靠内需拉动增长。

13. 我们承诺缩小发展差距，并充分考虑我们政策行动对低收入国家的影响。我们将继续支持发展融资，包括运用新手段鼓励通过公共和私有资源进行发展融资。

14. 我们认为，上述措施归根结底需在国家层面加以实施，并根据各国国情进行调整。为推动这一进程，我们第二阶段相互评估应以国家主导和咨询性为特征，应在单个国家和欧盟层面实施。如有需要，我们将采取更多举措以实现强劲、可持续、平衡增长。

## 三、金融监管改革

15. 我们正在建立更具抗风险能力的金融体系，以服务实体经济，减少道德风险，限制系统风险积累，支持全球经济强劲、稳定增长。通过加强审慎监督，提高风险管理水平，增强透明度，加强持久国际合作，我们强化了全球金融体系。许多工作业已完成。我们对欧洲金融稳定机制的全面实施、欧盟决定公开发布欧洲银行测试结果的决定以及美国最近通过的金融改革法案表示欢迎。

16. 但我们依然重任在肩。为此，我们将采取共同行动，按期或加速兑现华盛顿、伦敦和匹兹堡峰会关于改革金融部门的承诺。在向新标准过渡的时期内，要考虑上述改革对发达和发展中经济体宏观经济产生的累积性影响。我们承诺开展国际评估和同行审议，确保所有决定得以全面落实。

17. 我们的改革包括四个支柱。

18. 第一是强有力的监管框架。我们注意到巴塞尔银行监管委员会在建立全球性的银行资本和流动性新机制方面取得的进展，这将显著增强各国银行体系的抗风险能力。我们欢迎并支持委员会上述工作。全面执行新的改革标准后，资本的数量将大大提高，质量将得到极大改善。这将使银行能在无需政府超常规介入的情况下承受诸如近期金融危机所产生的巨大压力。我们支持在首尔峰会时就新资本框架达成一致。我们同意，所有成员都执行新的标准。为避免影响经济持续复苏并对市场产生干扰，上述标准将在一定期限内逐步实施，争取于2012年底前全部到位。过渡期由金融稳定理事会和巴塞尔银行监管委员会共同开展的宏观经济影响评估确定。新标准的逐步实施要考虑到各国国情和起点的不同。各国在执行初期存在的差异应逐步缩小，最终执行全球统一的新标准。

19. 我们同意加强金融市场基础设施建设。加快实施强有力措施，以国际一致和非歧视方式，提高对冲基金、信用评级机构、场外衍生品市场的透明度和监管的力度。我们重申制定全球统一的高质量会计准则，以及落实金融稳定理事会稳健薪酬标准的重要性。

20. 第二是有效监管。我们赞同执行更强有力的新规则需要更有效的监督和监管。我们责成金融稳定理事会与国际货币基金组织协商，向10月财长和央行行长会议汇报并提出加强监督和监管的建议，尤其是旨在加强监管者职能、所需资源以及具体权限方面的建议，以便主动识别和应对风险，包括早期干预。

21. 第三是处置和解决系统性机构问题。我们致力于打造一个在危机中能有权力、有办法对各类金融机构进行重组或处置，而无需让纳税人最终承受负担的体系。我们要求金融稳定理事会于首尔峰会前讨论并确定有效处置具有系统重要性金融机构的具体政策建议。为降低道德风险，需要建立一个政策框架，包含有效的处置手段、强化的审慎监管要求、金融市场核心基础设施等内容。我们同意，在出现政府为修补金融体系、降低金融系统风险需提供资金时，金融部门应公平和实质性地偿付政府干预所产生的费用。为此，我们承认对此可有一系列政策选项。一些国家将征收金融税，其他国家将采取不同措施。

22. 第四是透明的国际评估和同行审议。我们重申对国际货币基金组织、世界银行的金融部门评估规划的承诺，并支持通过金融稳定理事会开展的强有力、透明的同行审议。在对避税天堂、反洗钱行动、恐怖主义融资及审慎标准执行进行全面、一致和透明的评估基础上，我们正在解决不合作辖区问题。

## 四、国际金融机构和发展

23. 国际金融机构一直是应对国际经济金融危机的中坚力量，筹集了至关重要的资金，包括国际货币基金组织筹集的7500亿美元和多边开发银行筹集的2350亿美元。这些举措凸显了国际金融机构作为全球合作平台的价值。

24. 我们承诺加强国际金融机构的合法性、可信度和有效性，使其成为我们未来更强有力的伙伴。

25. 为此，我们已落实匹兹堡峰会关于多边开发银行的承诺。这包括增加3500亿美元资本金，使多边开发银行贷款能力几乎翻番。新增资本同仍在进行的重要改革共同发挥作用，将使这些机构更加透明、负责、有效，并加强它们对提高贫困人口生活水平、促进增长、应对气候变化和粮食安全的关注。

26. 我们将兑现承诺，使多边开发银行的优惠贷款窗口，特别是国际开发协会和非洲开发基金获得大幅增资。

27. 我们已核准世界银行股东通过的重要的发言权改革方案，使发展中国家和转轨国家的投票权自2008年以来增加4.59%。

28. 我们强调要确保各国批准国际货币基金组织2008年份额和发言权改革、以及新借款安排扩大方案。

29. 为落实匹兹堡峰会承诺，我们呼吁加快推进所需开展的大量工作，在首尔峰会前完成国际货币基金组织份额改革，同时兼顾其他治理结构改革。

30. 今天我们在先前承诺的基础上，致力于通过公开、透明、择优进程，遴选所有国际金融机构负责人和高层管理人员。我们将在首尔峰会之前，在推动更广泛改革的大背景下，推进这一进程。

31. 我们责成G20财长和央行行长就如何加强全球金融安全网提出政策建议，并提交首尔峰会讨论。我们的目标是建立一个更加稳定和更富韧性的国际货币体系。

32. 我们同海地人民并肩努力并向其提供重建亟需的援助，包括免除海地在国际金融机构所有债务。我们欢迎启动海地重建基金。

33. 我们已启动“中小企业融资挑战”计划，承诺为实施优胜倡议筹集资金，其中包括从多边开发银行获得有力支持。我们已制定了一套促进创新性和普惠性融资的原则。

34. 我们欢迎启动全球农业和粮食安全基金，落实匹兹堡峰会有关粮食安全的承诺。这是进一步落实全球农业和粮食安全伙伴关系的重要步骤，我们将争取更多捐助。展望未来，我们承诺探讨面向创新、面向成果的机制，以运用私营部门开展农业革新。我们呼吁全面落实拉奎拉倡议，并推广其原则。

## 五、反对保护主义、促进贸易和投资

35. 全球经济危机导致70多年来最严重的贸易萎缩，但G20成员选择了保持市场开放，把握贸易和投资所带来的机遇。这是正确的选择。

36. 我们将自己的承诺延长三年，至2013年底，包括：不提高投资和贸易（包括货物、服务）壁垒，不设置新壁垒，不设置新的出口限制，不执行违反世界贸易组织规则的出口刺激措施。我们承诺一旦违反上述措施将予纠正。我们将努力把各自国内政策举措，包括财政政策、扶持金融部门的行动等，对贸易和投资造成的负面影响降至最低。我们要求世贸组织、经合组织、联合国贸发会议继续根据各自职责监督形势发展，每个季度公开报告上述承诺落实情况。

37. 开放市场对促进增长、扩大就业，实现强劲、可持续、平衡增长极为重要。我们要求经合组织、国际劳工组织、世界银行、世贸组织向首尔峰会提交关于贸易自由化促进就业和增长的报告。

38. 我们重申，支持在维护现有授权和基于已有进展的前提下，尽早完成世贸组织多哈回合谈判，并取得平衡和富有雄心水平的结果。我们责成本国代表借助一切谈判渠道，寻求实现上述目标，并向首尔峰会提交进展报告。我们届时将讨论谈判状况及下步举措。

39. 我们承诺保持促贸援助的势头。我们要求包括世界银行和其他多边开发银行在内的国际机构，加强自身能力，支持贸易便利化，以推动全球贸易。

## 六、其他问题及未来议程

40. 我们认为，腐败威胁市场诚信，损害公平竞争，扭曲资源配置，破坏公信力，削弱法治。我们呼吁所有G20成员批准并全面实施《联合国反腐败公约》，鼓励其他国家采取同样行动。我们将依据《联合国反腐败公约》条款全面落实审评。我们同意，在匹兹堡峰会后所取得进展基础上建立一个反腐败问题工作组，就G20如何继续有效地为国际反腐败做出贡献和树立榜样等问题提出全面建议，供首尔峰会领导人讨论。反腐合作的关键领域包括但又不仅限于：制定并实施严格有效的反贿赂规则，公私部门均开展反腐败，防止腐败人员利用全球金融体系，对腐败人员拒发签证，开展遣返涉腐人员和返还资产的合作，保护腐败行为检举人等。

41. 我们重申对实现绿色复苏和全球可持续增长的承诺。我们当中已具名支持《哥本哈根协议》的成员重申支持《协议》的落实，呼吁其他成员具名支持《协议》。我们承诺，以《联合国气候变化框架公约》目标规定及共同但有区别的责任和各自能力等原则为基础，参与《公约》下的谈判。我们决心通过坎昆会议的包容性进程，确保取得成功结果。我们感谢墨西哥于今年11月29日至12月10日在坎昆举办《联合国气候变化框架公约》第16次缔约方大会，赞赏其为协助谈判所作努力。联合国秘书长气候变化融资问题高级别咨询小组正在就创新性融资方式等问题进行探讨，我们期待看到有关成果。

42. 我们赞赏国际能源署、石油输出国组织、经合组织和世界银行提交的能源补贴报告。各国财政和能源部长根据本国国情提交了关于在中期内规范逐步取消低效、鼓励浪费的化石燃料补贴的措施和时间表，同时考虑弱势群体的利益和发展需求。我们对他们所做的工作表示欢迎。我们也鼓励各国继续全面落实符合各国具体情况的措施，并在今后峰会加以审议。

43. 我们从近期墨西哥湾原油泄露事件认识到，需要分享最佳做法以保护海洋环境，预防近海勘探、开发和运输等发生意外，及处理其影响。

44. 我们认为2010年是解决发展问题的重要一年。9月举行的联合国“千年发展目标高级别会议”是一重要契机，应重申全球发展议程和全球伙伴关系，制定全体行动，重申各自帮助最贫困国家的承诺，推动在2015年前实现千年发展目标。

45. 鉴此，通过共同努力使最不发达国家成为全球经济体系的积极参与者和受益者非常重要。我们为此感谢土耳其决定于2011年6月举办第四次联合国最不发达国家会议。

46. 我们欢迎旨在保护弱势群体的“全球同心倡议”发布中期报告，期待其提供有关最新进展。

47. 对于实现强劲、可持续、平衡增长并有效抵御冲击这一宏大目标，缩小发展鸿沟、消除贫困是不可或缺的。为此，我们同意建立“发展工作组”，授权其根据G20重在促进经济持续增长的目标，完善发展议程，制定跨年度行动计划，并提交首尔峰会讨论通过。

48. 我们同意于今年11月11日至12日在韩国首尔举行峰会，并于2011年11月在法国及于2012年在墨西哥召开峰会。

49. 我们感谢加拿大成功举办多伦多峰会。

## 2010年G20首尔峰会公报（摘要）

1. 作为G20领导人，我们一致坚信能通过共同努力为所有国家创造一个更繁荣的未来。

2. 我们在2008年11月举行首届G20峰会时，为应对有史以来最严重的全球衰退，我们承诺将支持并维护全球经济的稳定，同时为改革铺路，以避免此类危机的重演。

3.过去 4 届峰会上，我们通过前所未有的紧密合作，遏制了全球经济的急剧下滑趋势，从而为经济复苏、再次实现增长奠定了基础。

4. 我们所采取的具体行动将帮助我们为防范未来危机做好更充分的准备。我们承诺将继续同心协力、共同致力于打造稳健、持续、均衡的经济增长。

5. 我们承认解决弱势群体所担忧的问题至关重要。为此，我们决心将就业问题作为经济复苏的核心工作，向公民提供社会保障、体面的工作，同时确保低收入国家实现加速经济增长。

6. 过去两年，我们通过不懈的合作努力取得显著成果。然而，我们必须依然保持警惕。

7. 风险依然存在。G20 中，有些国家的经济增长强劲，而其他国家却面临失业率居高不下与经济复苏疲软的困境。经济增长不均衡、收支不平衡扩大等问题刺激各国各自为政。然而，不能协调一致的行动只会带来更严重的后果。

8. 2008 年以来，我们就全球经济所面临的挑战达成共识，认为有必要采取应对措施，并决心抵制贸易保护主义，这让我们得以解决危机的根源、并实现经济复苏。今天我们就应对这些新挑战一致达成共识，并确定实现危机后稳健、持续及均衡的经济增长的方案。

9. 今天，首尔峰会取得了以下成果：

《首尔行动计划》是由全面的、合作的和具体国别的政策行动所组成，以期向我们共同的目标迈进。该计划包含我们下述承诺：

• 实施宏观经济政策、包括在必要时进行财政重整，确保实现不间断的复苏和可持续的增长，提高金融市场的稳定性，尤其是迈向更为市场化的汇率形成机制，令汇率变动能够反映内在的经济基本面，同时要避免各国货币的竞争性贬值。发达经济体，包括那些拥有储备货币的国家，将对汇率的过度波动和无序运动保持警惕。这些行动将有助于缓和部分新兴市场国家面临的资本流动过度波动的风险。

• 实施一系列的结构性改革来提升和维持全球需求，推动就业创造，提高经济增长潜力。强化“相互评估程序”（MAP）来提高外部可持续能力。我们将强化多边合作来提升外部可持续能力，采取方方面面的政策来降低过度失衡以及将经常账户失衡维持在可持续的水平。居高不下的大规模失衡已经被各国财长和央行行长们认定违背指示性准则，需要对其性质以及阻碍调整的根源作出评估，并将其作为“相互评估程序”的一部分，同时还应认识到需要将各国和地区的具体情况纳入考量，包括那些大宗商品生产大国。这些指示性准则包括各种指标并共同形成一个机制来及时识别需要采取预防性和纠正性措施的大规模失衡。为了支持我们实现这些承诺的努力，我们指派我们的“框架工作小组”、在IMF和其他国际组织的技术支持下来开发这些指示性准则，其进展将在2011年上半年由各国财长和央行行长进行讨论。另外，在庆州会议上，我们的财长和央行行长们要求IMF对我们在追求外部可持续能力和财政、货币、金融业、结构性、汇率等方面政策上的一致性提供评估，并将其视为“相互评估程序”的一部分。据此，基于上述指示性准则的首次此类评估将会在法国总统的主持下及时开展。

• 打造一个现代化的IMF，通过扩大活力充沛的新兴市场和发展中国家的代表权来反映世界经济的变化。这些全面的配额和治理改革将提升IMF的合法性、可信度和效率，让它成为一个更强大的国际机构来促进全球金融稳定和增长。

• 运用工具来强化全球金融安全网，向各国提供克服国际资本流动突然转向的操作工具以帮助它们更好地应对金融波动。

• 构筑一个新的金融监管框架，其核心成分包括银行资本和流动性标准，以及改善监管和有效解决具有系统性重要地位金融机构问题的措施，并辅之以更有效的监督和审查。以《首尔峰会文件》所详述的其他成绩作为补充，这一崭新框架将通过限制过去金融行业的过度行为和更好地服务于经济需要来确保金融体系具备更佳的弹性。

• 《增长共享的首尔发展共识》是我们发出的一项承诺，决定与其他发展中国家尤其是低收入国家携手一道，帮助他们提高生产能力，实现和最大化其增长潜能，从而为全球重新平衡做出贡献。《首尔共识》补足了我们实现“千年发展目标”的承诺，专注于我们在《关于发展的未来数年行动目标》所概述的具体措施，以期给人们的生活带来切实的、重大的改变，尤其是通过改善发展中国家的基础设施。

•《金融纳入行动计划》、《金融纳入全球合作计划》以及具有弹性的《中小企业金融框架》都将致力于提高贫困家庭和中小企业享受金融服务和扩张机遇的能力。

•我们将坚定不移地引导谈判者参与跨国谈判，迅速将多哈发展议程带向一个成功的、雄心勃勃的以及全面和均衡的结论，令其实现多哈发展议程的使命、在已经取得的进展上再上一层楼。我们意识到2011年是一个虽不大却颇为关键的机遇窗口，同时各国代表必须强化和扩充他们的承诺。现在我们需要完成收尾工作。一旦这样一个结果达成，我们决心在必要时从我们各自的体系中寻求批准。我们还坚定不移地抵制各种形式的贸易保护主义措施。

10. 我们将继续监控和客观评估过去和今天所作出的所有承诺的实施情况，并提高所有工作的透明度。我们将确保履行所有承诺。

11. 在我们今天的成果之上，我们一致同意将进一步修改宏观政策框架；在金融监管改革中更好地反应新兴市场经济体的观点；加强针对影子银行的监督和监管；进一步改进对于大宗商品衍生品市场的监督和监管；提高市场的效率和完整性；加强消费者保护；完善所有世界银行和国际货币基金组织未能完成的改革问题；建立一个更加稳定、具有恢复力的国际货币体系，其中包括进一步巩固全球金融安全网。同时，基于即将获得同意的指示性准则，我们将扩大我们的“相互评估程序”。

12. 为了提高全球恢复力、就业率，降低发展风险，我们将依据针对关键瓶颈的《首尔共识》对工作进行级别分类，这些瓶颈包括基础设施的不足、食品市场的波动以及贫困家庭和小企业难以获得金融服务。

13. 为了在危机后的经济形势中建立更广泛、具有前瞻性的领导力，我们将通过我们的《反腐败行动计划》继续预防和处理腐败；合理化和逐步淘汰中期低效矿物燃料补贴；降低矿物燃料过度的价格波动；保护全球海洋环境；迎接全球环境恶化的挑战。

14. 我们重申应对气候变化的坚定承诺，这反映在首尔首脑峰会文件中。我们感谢费利佩 · 卡尔德隆（Felipe Calderón）总统对《联合国气候变化框架公约》的介绍，感谢梅莱斯 · 泽纳维（Meles Zenawi）总理对联合国秘书长气候变化融资高级别咨询小组情况的报告，我们将会在坎昆不遗余力地达成均衡和成功的结果。

15. 我们期待 2011 年将于土耳其举行的“第四次联合国最不发达国家首脑会议”以及将于韩国举行的“第四次援助实效高级别论坛”的到来。

16. 认识到私营部门主导增长和就业创造的重要性，我们对首尔 G20 商业峰会表示欢迎并期望在未来的峰会中继续举行 G20 商业峰会。

17. 今天获得一致赞同的这些行动将会进一步帮助巩固全球经济、加速就业岗位创造，为更加稳定的金融市场提供保障，缩小发展差距并广泛地促进超越危机的共同增长。

18. 我们期待 2011 年法国首脑会议以及随后 2012 年墨西哥首脑会议的到来。

19. 我们感谢本次会议的东道主韩国成功举行了 G20 首尔峰会。

## 2011年G20集团戛纳峰会公报（全文）

1. 我们，G20 集团的领导人，于 2011 年 11 月 3~4 日在法国戛纳聚会。

2. 自我们上次会议以来，全球经济的复苏已被削弱，特别是发达国家，导致失业率处于令人难以接受的水平。在这样的环境下，金融市场的紧张状态持续增长，这主要与欧洲的主权风险有关。此外还有清晰的迹象表明，新兴市场的经济增长也在放缓。商品价格的波动已导致经济增长受到威胁。全球经济的不平衡仍在持续。

3. 今天，我们重申我们将致力于共同协作，我们已下定决心重新激活经济增长，创造就业，确保金融市场稳定，促进社会包容，使全球化服务于人们的需求。

## 增长和就业全球战略

4. 为解决全球经济面临的迫切挑战，我们承诺将协调我们的行动和政策。我们每个国家都将尽到自己分内的责任。

5. 我们已就《增长和就业行动计划》达成一致，以弥补短期内的经济增长弱点，增强中期内经济增长的基础。

发达经济体承诺采取政策构筑信心，支持经济增长，执行清晰、可靠和有针对性的措施来达成财政的巩固。我们欢迎 2011 年 10 月 26 日欧洲领导人所做的，旨在恢复希腊债务可持续性，增强欧洲银行系统，构筑防火墙避免危机蔓延，铺设欧元区经济重大改革的基础，以及呼吁各方快速加以执行的相关决定。我们支持意大利在欧元峰会上所提出的措施，同意由欧洲委员会主导的评估和监控细节。在当前形势下，我们欢迎意大利决定邀请国际货币基金组织以每个季度评估进行的方式来公开监督其政策的执行。

考虑到各国不同的情况，公共财政状况依然良好的国家承诺让自动稳定机制产生作用，自由采取行动来支持国内需求，应对经济环境潜在的实质性恶化。拥有大量经常账结余的国家承诺进行改革，增强国内需求，并使汇率具有更大的灵活度。

我们均承诺进行进一步的结构性改革，增加我们各自国家的产出。我们的货币政策将继续维持中期内的物价稳定，继续支持经济的复苏。

6. 我们已决心增强全球化的社会涵盖范围。我们坚信就业和社会包容必须是我们恢复增长和信心行动及政策的核心点。因此我们决定建立一个 G20 工作组，它的工作将以青年人就业为重点。我们认为，我们每个国家的社会保障基础非常重要，而且要适合国情。我们鼓励国际劳工组织（ILO）继续推动和执行八项核心的国际劳工公约，确保基本原则和权利得到贯彻。

7. 我们相信社会对话所扮演的基础性角色，我们欢迎 B20（20 商务领袖会议）和 L20（20 国工会领袖会议）的成果和他们的联合声明。

## 构筑更为稳定和更具活力的国际货币系统

8. 我们在国际货币系统的改革方面已取得进展，使其变得更有代表性，更稳定和有活力。我们已就有助于从财政整合中获得收益，增强系统活力以应对资本流动波动的行动和原则达成了一致。这其中包括一系列指导我们管理资本流动的协调一致结论，IMF和地区性金融协议合作的基本原则和针对当地货币债券市场的行动计划。我们认为，SDR的组成应继续体现各种货币在全球交易和金融系统中所扮演的角色。SDR组成的评估应基于现有标准，我们将要求IMF进一步阐明这些标准。为体现货币随着时间推移的角色变化和特点，SDR的组成将在2015年甚至更早时进行再评估，而符合现有标准的货币才能进入SDR的“篮子”。我们还承诺进一步推动IMF的监管变得更有系统、更为公平和更有效率，以及更好地确定和化解溢出效应。虽然我们将继续致力于增强监管， 我们同时意识到有必要更好地整合双边和多边监管，我们期待IMF在明年初提出一个新的综合性监管决策。

9. 我们重申，我们将致力于更快速行动，构筑一个更由市场来决定的汇率系统，提升汇率的灵活度以体现经济的基本面状况，避免汇率长时间失准，限制通过低估币值来进行竞争。我们将采取行动，履行我们所达成的《增长和就业行动计划》中的汇率改革承诺，弥补短期内的经济增长弱点，恢复金融稳定，增强中期内经济增长的基础。我们的行动将有助于化解全球流动性和资本流动的波动所产生的挑战，进而将进一步推动汇率改革，减少储备的过度积累。

10. 我们同意继续努力来进一步增强全球金融安全网，我们将支持IMF推出新的预防流动性额度（PLL），向面临外部冲击的具有稳固政策和基本面的国家提供依情形逐渐增加的、更为灵活的短期流动性。我们还支持IMF推出一个单一工具，满足其成员国的紧急援助需要。我们呼吁IMF迅速讨论和完成这 两个方案。

11. 我们欢迎欧元区的综合性计划，敦促对计划进行快速细化并加以执行，其中包括各国的改革措施。我们欢迎欧元区动用全部资源和整个系统的能力来致力于恢复信心和维持金融稳定，同时确保货币和金融市场的正常功能。

我们将确保IMF继续拥有足够资源扮演系统性角色，服务于所有成员国的利益，同时将增加我们自2009年伦敦会议以来已动员的大量资源。我们已做好准备，确保能及时动员更多的资源，我们要求我们的财长在下一次会议上进行合作，配置一系列的不同可选方案，其中包括双边性地增加对IMF和SDR的贡献，自愿向IMF的诸如管理账户等特殊机构捐款。我们将迅速完全执行IMF的2010年配额和管理改革。

## 改革金融系统 提高市场诚信

12. 2008年在华盛顿，我们承诺确保所有的金融市场、产品和参与者都受到适当的管制和监督。我们将履行这一承诺，继续对金融系统进行改革。

13. 我们已同意采取综合性措施，确保没有一家金融公司达到“大而不能倒”的程度，不让纳税人来承受解决方案的成本。金融稳定理事会（FSB）今 天已公布了全球系统重要金融机构（G-SIFI）的初步名单。G-SIFI将接受更严格的监管，纳入一个新的国际决议体系，从2016年开始执行更高的资本充足率要求。我们已做好准备，确立对系统具有重要意义的非银行类金融机构。

14. 我们已决定设立针对影子银行的管理和监督机构。我们将进一步推进对市场诚信和效率的监管，其中包括化解高频交易和黑暗流动性所产生的风险。我们已经授权国际证监会组织（IOSCO）评估信用违约掉期市场的作用。我们已经就保护金融服务业的客户达成了原则性一致。

15. 我们不会允许金融业再恢复危机前的那些行为，我们将严格监督我们对银行、场外交易市场和薪酬措施责任的贯彻情况。

16. 在金融委员会（FSB）所取得成就的基础上，我们一致同意改革FSB，以改善其协调能力、提高对我们金融监管议程的监督水平。改革内容包括赋予FSB法人资格和加大其金融自治能力。我们感谢德拉吉（Mario Draghi）先生此前所做的工作，对加拿大央行行长卡尔内（Mark Carney）先生担任FSB主席一职、瑞士央行总裁希尔德布兰特（Philipp Hildebrand）先生担任FSB副主席一职表示欢迎。

17. 我们要求所有监管机构在税收、反洗钱/反恐融资领域坚持国际标准。我们做好了必要情况下动用现有对策的准备。我们对监管机构在税收领域取得的进步表示欢迎，要求所有监管机构采取必要行动解决全球论坛（Global Forum）检查工作时所指出的不足，被全球论坛视为监管框架不达标的机构尤应注意。我们强调税收信息全面交换的重要性、鼓励全球论坛提出改进办法。我们对《税收事务行政互助多边公约》（Multilateral Convention on Mutual Administrative Assistance in Tax Matters）签字者所做的承诺表示欢迎，并强烈建议其他监管机构加入这一公约。

## 解决大宗商品价格波动问题 促进农业生产

18. 作为金融监管议程的部分内容，我们认可国际证监会组织（IOSCO）改进大宗商品衍生品市场监管的建议。我们一致同意，为防止市场被操纵，应赋予市场监管机构有效的干预权利。除了设定事前头寸限制等权力，市场监管机构尤其应拥有和利用正式的头寸管理能力。

19. 促进农业生产是解决全球人口吃饭问题的关键。为达此目的，我们决定遵照2011年6月各国农业部长达成的《稳定农产品价格共同行动计划》（Action Plan on Food Price Volatility and Agriculture）行动。我们尤其决定对农业生产进行投资和提供研发支持。我们推出了“农业市场信息系统”（AMIS）以增强农产品市场的透明性。为改善食品安全，我们承诺开发适宜的风险管理机制和人道主义紧急救助工具。我们决定，对于联合国世界粮食计划署（WFP）为非商业性人道主义救助目的进行的食品购买，不得施加出口限制或征收特别税。我们欢迎创立一个“快速反应论坛”（Rapid Response Forum），以改善国际社会在市场发生危机时协调政策、提出共同反应的能力。

## 改进能源市场 抗击气候变化

20.我们决定提高能源市场的效能和透明性。我们承诺，改善JODI石油数据库的时效性、完善程度和可靠性，按照同样的原则改善JODI的天然气数据库。我们呼吁，供需双方每年继续就石油、天然气、煤炭的短期/长期展望与预测进行对话。我们要求有关机构对报价机构的效能和监管提出建议。我们重申中期内合理化并逐步取消鼓励浪费性消费的无效化石燃料补贴，与此同时对最贫困人群提供定向支持。

21.我们致力于即将到来的南非德班“气候变化大会”（Conference on Climate Change）的成功，支持南非担任这届大会的主席。我们呼吁贯彻坎昆协议，在各谈判领域取得进一步的进展，其中包括坎昆会议平衡成果之一部分的绿色气候基金（Green Climate Fund）的操作化。

## 避免保护主义 加强多边贸易体系

22.全球经济目前处于关键时期，强调多边贸易体系的优点具有重要意义：多边贸易体系是避免保护主义和关门主义的一个办法。我们重申多伦多协议做出的承诺，直到2013年底前要遏制可能复活的任何新保护主义措施，其中包括新的出口限制、与WTO相抵触的刺激出口措施，同时要求WTO、经合组织、联合国贸发会议（UNCTAD）继续进行监管和公布半年报。

23. 我们支持多哈发展议程（DDA）的指令。不过如果我们继续以过去的方式谈判，显然我们是不会完成多哈回合谈判的。我们认可迄今为止所取得的进步。为增强互信，我们在2012年需要以新的、可信的方式推进谈判。我们指示本国部长在即将到来的日内瓦部长级会议上对这些方式进行研究，讨论多边贸易体系在经济全球化形势下面临的挑战和机遇，在墨西哥峰会前报告结果。

24. 此外，为增进基于规则的贸易体系的效率，我们支持加强WTO。WTO应在提高贸易关系和政策的透明性、提高争端解决机制的效能方面发挥更积极的作用。

## 应对发展挑战

25. 我们认识到经济冲击对脆弱国家的影响尤为巨大，我们致力于确保更具包容性、更稳健的经济增长。

26. 发生在非洲之角的人道主义危机突出了增强食品安全应对机制和长期措施的迫切需求。我们支持戛纳最终宣言中提到的实质性倡议，加大对农业的投入，减轻食品价格波动带来的影响，尤其是对于低收入国家和农民福利的影响。我们欢迎西非国家经济共同体建立地区应急人道主义食品储备体系的倡议，以及东盟+3应急粮食储备倡议。

27. 我们认识到基础设施的欠缺严重阻碍了众多发展中国家的经济增长潜能，对非洲国家尤其如此，我们支持联合国全球可持续发展高级别小组和多边开发银行提出的倡议。

28. 为了实现联合国千年发展目标，我们强调发达国家兑现其发展援助承诺的关键作用。新兴经济体将开创或扩大对其他发展中国家的援助水平。我们也同意，长期来看，我们需要寻找更多资金来源以应对发展需求和气候变化。我们讨论了实现比尔·盖茨提出的革新性融资计划的诸多选项。我们中的一些国家已经采纳或将探究这样的选项。我们注意到一些国家出于不同目的对金融部门施加税收的倡议，这包括用于支持国际发展的金融交易税和其他税收。

## 加大反腐力度

29. 在执行反腐败、提高市场诚信、营造良好商业环境行动计划上，我们已经取得了重大进展。我们认识到严格执行一项有力的国际立法框架的需求，采纳预防和抗击腐败和境外贿赂的国家措施，加大反腐败和发展公私协同的国际合作。

### 改善21世纪全球治理

30. 我们对英国首相卡梅伦关于全球治理的报告表示欢迎。我们同意G20应继续作为一个非正式的集团存在。我们决定将主办国和前后届主办国三驾马车的组织形式正式化。我们将寻求与非成员国国家以及联合国保持持续的、有效的接触，我们欢迎他们对我们的工作给予帮助。

31. 我们重申G20创立的精神是在平等基础上将世界主要经济体组织组织起来、采取一致行动是非常重要的，因此我们一致同意将以共同的政治意愿去支持经济和金融议程、改革以及与相关国际组织开展更有效的合作。我们支持在国际粮农组织和金融稳定委员会内部实施改革，我们已经承诺将巩固我们的多边贸易框架。我们呼吁国际组织，特别是联合国、世贸组织、国际劳工组织、世界银行、国际货币基金组织和经合组织，加强对话和合作，包括在经济政策的社会影响方面增加协调。

2011年12月1日，墨西哥将成为G20的主席国。我们将在2012年6月于墨西哥下加利福尼亚州再次会面。俄罗斯、澳大利亚和土耳其分别为2013年、2014年和2015年的主席国。我们还同意，作为G20改革内容的一部分，在2015年之后，G20的主席国将由轮值地区选举产生，首先由亚洲小组开始，亚洲小组包括中国、印度尼西亚、日本和韩国。

32. 我们感谢作为G20主席国的法国，感谢她承办了这一非常成功的戛纳峰会。

# 2012年G20洛斯卡沃斯峰会公报（全文）

1. 我们二十国集团领导人于 2012 年 6 月 18 日至 19 日在洛斯卡沃斯召开峰会。

2. 我们团结一致决定促进经济增长和就业。

3. 上次二十国集团领导人会晤后，全球经济复苏继续面临一系列挑战。金融市场出现高度紧张的局势。从外部来看，财政和金融失衡依然普遍存在，对经济增长、就业前景和市场信心有重大影响。显然，全球经济依然脆弱不堪，对世界各地人民的日常生活存在负面影响，影响到他们的就业、贸易、发展和环境。

4. 我们将共同采取行动，加强经济复苏，解决金融市场紧张局势。

5. 我们将共同加强需求，恢复市场信心，旨在支持经济增长和促进金融稳定，为我们的所有公民创造高质量的就业岗位和机会。我们今天达成协调性的《洛斯卡沃斯增长和就业行动计划》，致力于实现这些目标。

6. 二十国集团的欧元区成员国将采取一切必要的政策措施，维护欧元区的完整与稳定，改善金融市场的运作，打破主权债务与银行系统之间的反馈环路。我们期待欧元区与新一届希腊政府协同合作，确保他们在欧元区内部进行改革和可持续发展。

7. 我们正在实施结构性和监管改革议程，加强中期经济增长前景，建立更有弹性的金融体系。我们将继续致力于减少经济不平衡，加强赤字国家的公共财政稳定，实行考虑到不断变化的经济条件的可持续政策，在拥有庞大经常项目盈余的国家加强内需，采取更灵活的汇率政策。

8. 尽管我们各国都面临诸多挑战，但是我们一致认为，在当前的环境下，多边主义依然至关重要，是我们解决全球经济困难最好的手段。

9. 承认持续的经济危机对发展中国家，特别是低收入国家的影响，我们将加强力度，创造更有利的发展环境，包括配套的基础设施投资。我们的政策措施将改善世界各地的生活条件，保护弱势群体。尤其是通过稳定全球市场，促进强劲的经济增长，我们将对全球范围内的发展和减少贫困产生显著的正面影响。

## 支持经济稳定和全球经济复苏

10. 强劲、可持续和平衡的增长仍然是二十国集团的首要任务，它会创造更多的就业机会、增加了世界各地人民的福祉。我们致力于采取一切必要的政策措施，增强需求，支持全球经济增长和恢复信心，解决短期和中期的风险，提高创造就业并减少失业。如洛斯卡沃斯增长与就业行动计划所反映的。我们会及时落实所有的承诺，并严格监督执行。

11. 在市场紧张压力的背景下，二十国集团中的欧元区成员采取一切必要措施，以维护该地区的完整性和稳定，提高金融市场的运作，并打破主权体和银行之间恶性危机循环。我们欢迎欧元区的最后一次首脑会议以来做出的成就，欧盟上一次峰会支持经济增长，确保金融稳定，促进了财政责任，这些为G20实现经济强劲、可持续和平衡发展的框架做出了贡献。在此背景下，我们欢迎西班牙银行注资计划和欧元集团支持西班牙财务重组的计划。通过实施财政结构整合，促进增长政策，结构性改革和金融稳定措施，是实现更大的财政和经济一体化，导致可持续借贷成本的重大步骤。即将生效的欧洲稳定机制将大大加强欧洲防火墙。我们完全支持欧元区在完成经济和货币联盟向前迈进的行动，为了这个目标，我们支持欧洲考虑朝着一个更加一体化的金融体系的具体步骤迈进。包括进行资产重组、银行监管、存款保险等意向。欧元区成员国将通过结构性改革促进内欧元区的调整，加强在赤字国家的竞争力和促进贸易顺差国的需求和经济增长。欧洲联盟二十国集团成员已经决心向前推进，包括完成欧洲统一市场和更好地利用欧洲的金融手段，包括欧洲投资银行（EIB）、试点项目债券和支持经济增长的结构和凝聚力的资金，从而更有针对性地投资、就业、增长和竞争力；并同时坚持承诺实施财政整顿评估。我们期待欧元区与希腊政府在未来工作中的伙伴关系，以确保他们实施欧元区内部改革和并走上可持续发展的道路。

12. G20所有成员国将采取必要的行动来加强全球经济增长和恢复信心。发达经济体将确保财政整顿的步伐是适当的以支持经济复苏，同时考虑到各国的具体情况，并根据多伦多峰会的承诺，解决中期财政可持续性问题。考虑到国情和当前的需求状况，有财政空间的发达和新兴经济体将让财政自动稳定运行。如果经济条件进一步显著恶化，有足够的财政空间的国家将做好准备协调和实施财政行动来支持国内需求。在很多国家，对教育更高的投资，对创新、基础建设的投资能支撑就业并且提高生产率和未来的增长。在认识到有必要继续增长为导向的政策支持需求和经济复苏的背景下，美国将确保其公共财政的长期可持续，美国将校准其财政整顿的步伐保证2013年避免财政急剧收缩。

13. 货币政策将维持中期物价稳定的同时，继续支持经济复苏。我们将加强我们对银行的信心，为保持金融部门改革的需要而采取适当行动，保障信贷渠道畅通和全球支付和结算系统的完整性，在中期维护我们的金融体系。一个健康有放贷能力的银行业是全球经济复苏的关键。

14. G20成员将对石油价格的变化保持警惕，并随时准备采取进一步的行动，包括产油国实现自己承诺维持与需求相当的供应水平。我们欢迎沙特阿拉伯的动员准备动用备用产能随时扩能的姿态，我们对其他大宗商品价格也将保持警觉。

15. 一些新兴市场现在也遇到了经济增长放缓。作为回应，这些国家要用适当的货币政策和财政政策促进增长同时确保稳定。在某些情况下推出新措施，以刺激本国经济，特别是在外部需求减弱的情况下要通过加强内需刺激经济。

16. 我们欢迎有庞大经常账盈余的国家增加国内需求，庞大赤字国家提高储蓄。新兴盈余经济体将开展进一步的行动，以提高国内消费，包括通过措施消除价格和税收扭曲，加强社会保障机制，而发达盈余国家或者那些私人需求相对疲软的国家，要促进国内需求，特别是通过放松服务部门管制和促进投资实现。我们认识到大商品出口国的经常账盈余方面的特殊情况。我们重申我们的承诺，我们将更快地向市场决定的利率制度前进以反映基本面，避免持久的汇率失调，避免货币竞争性贬值。我们也欢迎中国的承诺，中国承诺将让市场力量在决定人民币汇率中起更大的作用，并致力于汇率改革，提高汇率政策透明度。

17. 所有G20成员国都提出了结构改革的承诺，来加强并支持全球需求，促进创造就业机会，促进全球再平衡和提高增长潜力。这些措施包括产品市场的改革提高竞争力，采取措施稳定住房部门、劳动力市场的改革提高竞争力和就业，加强社会安全网，推进税制改革，提高基础设施投资，促进各国包容性绿色增长和可持续发展。我们要求财长和央行行长考虑如何让G20可以促进基础设施投资，并确保提供足够的资金用于基础设施项目，包括建设多边发展银行的资金和技术支持。

18. 在所有政策领域，我们承诺尽量减少对其他国家国内政策的负面溢出效应。我们重申一个强大和稳定的国际金融体系中符合共同利益。虽然资本流动有利于接受国的经济，我们重申过度波动资金流和汇率无序变动对经济和金融稳定会产生不利影响。

19. 在认识到在透明度和增强信用和信心可信度的重要性后，我们已批准“洛斯卡沃斯责任框架”和“增长和就业行动计划”。这个行动框架将要求我们通报承诺政策的实施进程。我们欢迎在这个新框架下的第一责任报告出炉。我们要求财长和央行行长在2013年圣彼得堡峰会上提交第二份责任报告。

20. 有质量的就业是宏观经济政策的核心，劳工权益、社会保障以及体面的收入水平有助于更加稳定的经济增长，提高社会福利并减少贫困。因此，我们认可劳工与就业部长们的建议：立即通过适当的就业市场措施和培育新的工作岗位，尤其是针对年轻人和其他经济危机中的易失业人群，来与失业斗争。我们再次确认我们对年轻人的承诺：为他们提供更多的有质量的工作机会以丰富他们的生活前景。我们欢迎来自G20就业特别团队的工作，并根据部长们的建议决定将其使命延长一年。与LosCabos增长以及就业行动计划相协调，我们也在充分尊重基本原则和劳工权益的前提下考虑结构性改革，以提升经济增长并创造更多就业机会。我们也承诺将加强在教育、技能培训等方面的合作，包括实习机会以及在职培训。这将在学校与工作之间提供成功的过渡。

21. 创造工作岗位并减少失业，尤其是针对年轻人和容易受经济危机影响的人群，是我们所有国家现在的核心议题。我们欢迎国际劳工组织、国际货币基金组织、经济合作组织和世界银行就G20国家提升就业和生活水平所做的报告，我们将继续聚焦于加快恢复就业市场活力并减少失业。

22. 我们认识到了建立国家层面的社会保护网的重要性。我们将继续培育提高国家之间的政策一致性、协调性、合作性和信息共享以帮助低收入国家提高执行社会保护网的能力。我们希望国际组织可以帮助低收入国家鉴别哪些政策有助于他们建立稳定的社会保护网。

23. 我们承诺采取具体措施削减女性参与经济社会活动的障碍，在G20国家中为女性提供更多的经济机会。我们再次表达我们的在所有领域促进性别平等的承诺，包括技能培训、工资薪水、待遇和工作环境，以及关怀的责任。

24. 我们要求就业部长们审视我们的计划进程，我们欢迎与社会各界进行磋商，我们感谢B20和L20为本届G20墨西哥峰会做出的努力。

25. 我们确认旅游业在创造工作机会、促进经济增长和发展中发挥的作用。在承认一国对入境具有控制主权的同时，我们也将促进旅游的简易化以帮助增加就业、消除贫困，和全球增长。

26. 我们坚定地承诺开放贸易和投资，扩展市场并抵制一切形式的贸易保护主义。这是全球经济和就业稳步复苏的必要条件。我们特别强调开放、以规则为基础的、透明的多边贸易体系的重要性，并承诺维护世界贸易组织的核心地位。

27. 我们确认投资对于促进经济增长的重要性，我们承诺保持一个支持投资者的商业环境。

28. 我们对于世界范围内出现的贸易保护主义的事件深表忧虑。如我们在戛纳所做出的承诺一样，我们再次重申我们坚决抵制一切新贸易保护措施的立场，包括新的出口限制或与WTO原则相违背的出口刺激措施。我们支持世界贸易组织、经合组织和联合国对于贸易和投资的监管工作，并鼓励他们加强在这些领域的工作以达成他们的使命。

29. 我们认可贸易部长们在巴亚尔塔港对于世界贸易价值链条做出的讨论，确认了他们在培育经济增长、就业和发展方面的责任，并强调需要加强发展中国家在全球贸易价值链条中的参与度。我们希望WTO、经合组织和联合国能有更多深入的相关讨论，我们呼吁他们加快他们在研究全球价值链条上的工作，并指出价值链条与贸易、投资流向、就业创造，以及如何测量贸易流向，以更好地了解我们的行动如何影响我们的国家和其他国家，并在俄罗斯峰会时做出报告。

30. 与戛纳峰会宣言一致，我们赞成多哈发展议程并重申我们对于追求新的、可靠的贸易谈判途径来的承诺。我们将会继续推进多哈回合的结论制定，并在特定领域尽可能取得成果，如贸易便利化和最不发达国家的其他问题。我们敦促WTO流程化贫穷国家入世进程。

31. 我们支持加强世贸组织改进其常规业务方式，其争端解决制度。我们也派代表就在经济全球化下多边贸易体制的挑战和机遇这一问题进一步讨论。

32. 我们认识到有效的全球和区域安全网的重要性。我们欢迎向国际货币基金组织增资的承诺。这是一个包括多数成员国共同努力而达成的广泛国际合作结果。承诺超过4500亿美元，不包括根据2010年改革后配额的增加。这些资源将面向国际货币基金组织的全体成员，并没有指定给任何特定地区。这些资源可以作为合格的储备资产，通过双边贷款或票据购买协议等已经由国际货币基金组织执行董事会批准的投资方式从国际货币基金组织总资源账户输出。

这方面的努力，显示了二十国集团和国际社会承诺，采取必要的步骤来维护全球金融稳定和加强国际货币基金组织在危机的预防和解决途径上发挥的作用。

33. 我们重申我们对于完全实现2010年的份额以及于2012年国际货币基金组织/世界银行年度会议达成一致的治理改革的承诺。这些改革对于提高IMF的合法性、针对性和有效性是至关重要的，并且将进一步加强基金组织监督，以确保国际货币基金组织有足够的资源发挥其系统性作用。作为改革的一部分，我们致力于2013年1月前全面完成全面份额公式的审查，以解决目前公式份额的不足。至2014年1月前完成下一次配额的全面审查。

我们同意该公式应简单、透明，与份额的多个角色相一致，达成成员广泛接受的份额计算结果，同时在及时优质和广泛使用的数据的基础上实施。我们重申，份额分配应更好地反映IMF成员国在世界经济中的相对权重。我们重申继续保护最贫穷的成员国际货币基金组织中的发言权和代表性的重要性。我们要求我们的财政部长和中央银行行长在11月会面时审查这个问题上的进展。

34. 我们一致认为目前的监测框架应是显著增强，包括通过更好的双边和多边监督机制，更好地整合全球、国内和金融的稳定，包括国家政策的外溢效应。我们欢迎IMF的工作，它为拟议的综合监测决定做出了考虑和承诺。我们强调监督汇率政策的重要性，将支持进行更多严格的经济侦察活动，包括全球流动性、资本流动、资本账户、储备和财政，以及可能对外部产出冲击的货币和金融部门政策。我们欢迎国际基金组织正在进行的工作，它能有助于加强多边分析和加强监督的透明度。我们还认识到，政治所有权和政权交接十分关键。我们期待着未来的国际货币基金组织/世界银行年会取得实质性进展。

35. 我们欢迎中期进度报告，并期待着共同年度进展报告的推出，以支持由世界银行、区域开发银行、国际货币基金组织、经合组织和国际清算银行（BIS）共同编写的本地货币债券市场的发展报告。报告定于11月提交二十国集团财长和央行行长会议。这个报告对新兴市场和发展中国家尤其重要，这些市场的流动性、运作效率正面临全球金融形势的挑战。

## 金融部门改革促进金融包容性

36. 我们欢迎由金融稳定委员会提出加强金融稳定和G20实施国家一级的监测的措施。我们致力于及时商定政策，全面和一致的实施政策，支持一个稳定和一体化的全球金融体系，以防止未来危机发生。

37. 我们欢迎公开对我们所有的金融改革建议的评估，并承诺采取一切必要行动追踪已确定实施政策，或者执行政策困难的地区的进展情况。

38. 我们尤其认识到金融稳定委员会指出的实行优先领域改革的重要性：包括巴塞尔资本和流动性框架；对全球系统性重要金融机构框架协议（G-SIFIs），决议制度，场外衍生工具的改革，影子银行，和高管奖金制度。我们承诺在这些重要领域实现全面改革。

39. 我们重申我们的承诺，所有标准化的场外衍生工具合约交易必须在交易所或电子交易平台完成。在适当情况，2012 年年底实施中央交易清算。场外衍生工具合约应向集中的信息库提交信息，非集中清算的合同应该受更高的资本要求。我们欢迎金融稳定委员提交进度报告。目前司法管辖已经在 4 个方面进行了保护，已经建立了一个有弹性的中央结算制度，还需要迅速完成决策到位所需要的法律和法规保护，来满足G20 对中央结算的承诺。我们承认发展这个主要原则，以促进非集中清算的衍生品保证金成为国际一致的最低标准，并鼓励年底前国际标准制定一个全球统一的保证金标准，以配合实施期限前其他场外衍生工具的改革和巴塞尔资本框架的实施。

40. 我们欢迎巴塞尔委员会对市场风险框架基本审查的建议。

41. 我们重申我们的承诺，使我们国家的决议制度与FSB 有效决议制度的关键性相一致，以至于没有一家银行或金融机构因为“大而不能倒”。为此，我们也支持正在进行的对恢复和决议的计划以及具体机构跨境合作协议的细化。我们重申我们的承诺，将加强对SIFIs监督的力度和成效，并要求FSB在 2012 年 11 月二十国集团财长和央行行长会议汇报在这一领域取得的进展和成果。

42. 我们对为了识别一个共同框架而制定的原则和国内系统重要性的银行相连的政策措施所取得的进展表示欢迎和欣慰，并要求和我们的财政部长和中央银行行长在 11 月的会议中审查其在这些领域的建议。我们继续支持对于加强影子银行系统的监督和调控的工作，并期待着我们的财政部长和中央银行行长在 11 月的会议中进行审查。

43. 我们呼吁加快由国家主管部门制定的，结束机械的依赖信贷评级机构，鼓励加强透明度和信用评级机构之间的竞争的标准法则的进度。

44. 我们赞同FSB关于金融交易各方的一个全球合法实体标识符（雷）系统的发展框架的建议。这是一个代表公众利益的全球治理框架。这个雷系统将于2013年3月发布。我们要求FSB要在2012年11月财长会议之前出台关于该框架执行进度的报告。

45. 我们欢迎FSB研究，该研究是为协调国际货币基金组织和世界银行做准备的，为新兴国家和发展中国家经济体商定的金融监管改革措施识别潜在的和不可预知的后果。我们鼓励持续的监测分析。鼓励FSB与发展中国家经济体的标准制定者，国际金融机构和国家机关之间的对话，以预防和解决不可预知的后果。

46. 我们赞同对FSB宪章修改的建议，即将FSB置于一个持久的、具有法人资格的、加强治理的、有宽泛财政自主权的、有可协调发展空间和金融监管政策实施的组织，同时保持与国际清算银行的紧密联系。我们呼吁对建议进行全面实施并在2012年11月国集团财长和央行行长会议之前取得实质性进展。

47. 我们欢迎FSB正在进行中的坚持监管信息交流和合作标准的工作，并期待公开声明能够在2012年11月财长和央行行长会议召开下取得进展。

48. 在税收方面，我们重申我们的承诺，以加强透明度和信息的深入交换。我们赞赏全球论坛报告所取得的成果，并敦促所有国家实施完全符合标准的建议，特别是在审查过程中确定13个司法管辖区的框架，不允许他们有资格进入第二阶段。

49. 我们支持金融行动特别工作组（FATF）的重建，从而持续开展全球范围内打击洗黑钱及资助恐怖主义和大规模杀伤性武器的扩散。同时，G20成员国欢迎修订关于打击洗黑钱行动的标准，并期待其执行。

50. 我们对金融包容全球合作计划（GPFI）在2011年报告中实施五项建议取得的进展表示欢迎，呼吁金融包容全球合作计划继续全面实施。我们认可金融包容全球合作计划制定的20国集团基本金融包容标准。认识到中小企业在经济发展和减少贫困方面发挥的关键作用，我们欢迎推出中小企业融资协议，支持发展创新模式和方法，来解决发展中国家资助中小企业面临的具体金融挑战和资金限制。我们欢迎即将召开的金融包容全球合作计划会议，作为标准制定机构创造有利的监管环境，我们呼吁金融包容全球合作计划在11月召开的二十国财长和央行行长会议上公布进展。最后，我们支持正在努力创建的第四个金融包容全球合作计划组织，这个组织把重点放在保护消费者和金融扫盲问题上。

51. 我们认可G20国家和非G20国家做出的努力，他们致力于按照“G20金融包容学习计划”建设国家协调平台和金融扩展战略，鼓励类似的措施，推动G20创新金融包容原则的有效实施，比如承诺采取具体行动，促进发展中国家和新兴国家按照《玛雅声明》促进金融包容，承认世界银行集团、金融包容联盟和其他利益相关机构正在做出的努力和支持，这些机构包括联合国和促进金融包容性的双边援助机构。

52. 在金融教育领域，我们认可经合组织/国际金融教育网络（INFE）的金融教育国家战略高层次原则，呼吁经合组织/国际金融教育网络和世界银行联合金融包容全球合作计划，为促进金融教育提供更多的手段，在下届峰会上公布进展报告。为了推动金融消费者保护议程，我们讨论了国际金融消费者保护网络体系（FinCoNet），以及确保良好实施的正式章程和金融支持等问题。我们也赞同二十国集团/经合组织金融消费者保护特别小组提出的行动计划，制定有效的方法来支持金融消费者保护高层次原则的实施，期待2013年在圣彼得堡举行的二十国领导人峰会上公布最新报告。

53. 我们认识到妇女和青年获得金融服务和金融教育的需要，要求金融包容全球合作计划、经合组织/国际金融教育网络和世界银行确定他们可能面临的障碍，呼吁下届领导人峰会上发表进度报告。

54. 我们欢迎“墨西哥金融包容挑战：创新解决方案”的推出，这个方案要求用创新来解决金融包容的障碍，创造有价值、经济、安全、全面的金融服务。

## 加强粮食安全和应对商品价格波动

55. 2011年农业部长会议通过的《粮食价格波动和农业行动计划》强调，到2050年要养活全球人口预计需要超过93亿美元的资金，农业生产将增加50%到70%，在发展中国家要增加近100%。我们认识到，要在可持续的基础上增加生产和生产力，同时考虑农业条件的多样性，是当今世界面临的最重要挑战。在萨赫勒地区和非洲之角的危机强调，加强应对粮食缺乏的应急措施和长期对策依然是紧迫的挑战。我们还注意到，慢性营养不良会造成一个国家人力资源的巨大流失，因此我们支持“加强营养”行动，鼓励G20成员国更广泛的参与。

56. 我们欢迎行动计划和《首尔多年发展行动计划》的粮食安全支柱取得的长足进步。我们支持本宣言所附的二十国农业副部长报告此前对可持续提高农业生产力的承诺和重点建议取得的进步，这份报告包括多个国际组织的投入，得到了粮食和农业组织（FAO）与经合组织的协调，采用了B20和民间社会的其他建议。

57. 为了与饥饿做斗争，我们承诺继续努力采取措施，包括热带农业平台、农业风险管理、GEO全球农业监测、小麦、水稻和玉米的研究、快速反应论坛、区域紧急粮食储备、全球农业和粮食安全计划，以及对负责任农业投资原则的支持。认识到加强透明度对减少粮食价格波动的重要贡献，我们对农业市场信息系统（AMIS）的实施取得进展表示欢迎。我们认识到，更加稳定、可预见、稳定不变、公开透明的贸易制度，包括农业制度，在促进粮食安全方面能够发挥关键作用。

58. 我们重申承诺，取消世界粮食计划署（WFP）出于非商业人道主义目的购买粮食的出口限制和高额税收。我们鼓励在国家粮食安全的背景下，在土地租赁、渔业和森林的负责人治理方面实施自愿准则。

59. 我们强烈欢迎“农业成果”的倡议，这个倡议旨在改善穷人和弱势群体的粮食安全，鼓励私营部门创新，推出新农业产品和系统，限制农业领域的市场失灵。我们期待创新试点项目的推出，这些项目主要关注营养强化作物、减少收获后废弃物的存储解决方案、撒哈拉以南非洲地区粮食质量技术的创新措施。我们赞同各国承诺为这项倡议的实施提供资金，鼓励更广泛的参与。

60. 我们认识到需要一个适应气候变化的农业。我们认识到提高水和土壤的可持续利用的重要性。对此我们支持更多地利用现有的技术改良农业，包括土壤肥力增强，少耕和农林业保护。呼吁国际组织提供更多科学报告，以改善并发展特别适合小型农场的耕作方式，包括使用提高农业用水效率。

61. 我们认识到维持国际大宗商品市场价格稳定对全球经济复苏的重要性。我们强调运作良好和透明对世物和金融商品市场和减少过度价格波动非常重要。我们认识到过大的商品价格波动对所有国家产生重大影响，这将增加经济中的不确定性和潜在妨碍稳定预算和经济规划的可预见性。我们认识到减轻最易导致负面效应的商品价格波动是减少贫困和促进经济增长的一个重要组成部分。因此我们赞同G20对过度增长的商品价格对经济负面因素的评估，各国家可以考虑的政策选择商品价格波动以减轻任何该负面影响。我们也承认和赞赏国际货币基金组织、世界银行和联合国贸发会议的参与和宝贵的意见。我们要求财政部长在2013年报告G20对稳定商品市场的工作。我们重申我们的承诺，我们要增强透明度和避免滥用金融商品市场，包括场外交易，市场监管当局的有效干预的权力和适当的调控监管框架。我们期待着国际证监会组织的截至2012年11月的商品衍生产品市场上其建议执行情况的报告。

62. 我们认识到能源商品的价格波动过大也是经济不稳定的重要来源。我们将继续致力于运转良好、透明的能源市场。我们将继续努力改善联合石油数据的及时性、完整性和可靠性，并期待着明年的进度报告。我们期望国际能源论坛（IEF）改善联合石油数据的倡议，提高石油数据库的可靠性和透明度。在国际天然气和煤炭市场，国际能源机构（IEA）、IEF、石油输出国组织提交的报告将在11月被财长讨论。我们也期待着国际证监会组织的报告建议，它结合上述组织的报告（IEF, IEA and OPEC）将有助于财政制定能源措施。

## 迎接发展的挑战

63. 消除贫困和实现强劲，包容性，可持续和平衡增长仍然是二十国集团的发展议程的核心目标。我们重申我们对发展中国家的承诺，特别是低收入国家，并支持他们在实施国家推动政策和需要必要的优先次序。特别是千年发展目标（MDGs）规定的目标。

64. 我们欢迎此前G20轮值主席国提出的发展工作小组计划，在墨西哥峰会期间将关注三个方面：食品安全，基础设施和包容性的绿色增长。我们赞赏首尔多年行动计划取得的进展，并支持2012年发展工作小组的进展报告。我们邀请发展工作组制定可评估计划，以供下一次峰会检验。

65. 基础设施投资是经济持续增长、减少贫困、创造就业机会的关键。因此，我们欢迎根据多年行动计划的建议的实施。

66. 虽然认识到发展中国家的基础设施发展项目的公共资金仍然是至关重要的，我们认为私营部门投资补充应当作为补充。我们鼓励多边开发银行要继续根据“行动计划”的进展，并欢迎对“解决在低收入国家中的风险和回报的误解”的报告。报告包含了重要的信息，使得我们正确感知潜在的风险，为长期在低收入国家的基础设施投资提供机会。我们欢迎在发展中国家的大中城市的城市轨道交通基础设施项目的最佳实践报告，并支持在设置的后续行动发展工作小组的报告。

67. 我们重申我们向全球发展伙伴的承诺，我们致力于“千年发展目标”，并欢迎为此做出贡献。发展广泛共识下自愿参与发起的全球伙伴关系，包括实施第四次韩国釜山举行的高级别论坛达成的共识。

68. 我们认识到灾害风险管理（DRM）策略的重要性，并更好地预防灾害，保护人民和资产安全。我们赞赏世界银行和经合组织对此的努力，在联合国的支持，我们将投入投入和扩大参与灾害风险管理。

## 包容性的绿色增长促进长期繁荣

69. 当代人和后代人的长期发展和繁荣，需要我们超越眼前的经济危机。我们承认让经济增长、环境保护和社会包容互补的重要性。这可以帮助实现我们的发展和经济目标，同时保护环境，提高社会福祉。我们的未来取决于包括在可持续发展和消除贫困的背景下的绿色增长。包容性绿色增长不应该被被保护主义借用反对增长。

70. 我们承诺将通过适当的措施，继续帮助发展中国家维持和加强他们的发展，包括鼓励包容性绿色增长的举措。我们重申我们在 2012 年联合国可持续发展会议（里约+20 峰会）上关于可持续发展的承诺。我们致力于维护对包容性绿色增长的关注，作为二十国集团议程的一部分，确认里约+20 峰会和联合国气候变化公约（UNFCCC）的框架达成的协议。

71. 气候变化将对世界经济产生重大影响，成本将比我们推迟额外行动更高。我们重申我们应对气候变化的承诺，欢迎联合国气候变化会议第 17 次缔约方会议的成果。我们致力于全面实施坎昆会议和德班会议的成果，与卡塔尔协同合作，在第 18 次缔约方会议上取得成功和平衡的成果。我们强调结构转型的经济体需要在中期内走向经济又好的道路。我们欢迎 G20 气候融资研究组的创造，考虑到有效调动资源的方式和符合坎昆协议的“联合国气候变化框架公约”的目标、规定和原则，我们邀请在 11 月召开的 G20 财长会议上提交进度报告。我们支持绿色气候基金的运作。

72. G20 发展工作组讨论了一系列广泛的实际自愿措施和行动，这些措施有可能帮助各个国家根据自身的情况和优先事项来确定可持续发展道路。我们认为，发展中国家应该能够通过机构和机制分享知识、调动资源、建设技术，具有设计和实现包容性绿色增长战略和政策的机构能力。我们欢迎推行绿色增长知识平台的国际努力，将继续探索向有关发展中国家提供适当支持的选择。我们欢迎对包容性绿色增长提供非指定自愿的政策选择，鼓励促进政策实施的措施。我们鼓励进一步探索调动公共和私人资金的有效机制，为发展中国家的绿色增长提供投资，包括通过公共和私营部门的包容性绿色增长对话平台。我们欢迎B20的绿色增长行动联盟。

73. 我们强调，绿色增长和可持续发展对刺激长期繁荣和幸福具有很强的潜力。我们欢迎经济合作与发展组织、世界银行和联合国编写的报告，这份报告纳入了绿色增长和可持续发展政策的结构性改革议程，根据具体国情和发展水平进行研究。我们承认G20国家做出的努力，这些国家现在自愿报告融入绿色增长和可持续发展的结构性改革议程行动。我们将于2013年在自愿的基础上，要求政府官员报告各国纳入结构改革议程以及促进可持续发展的绿色增长措施的努力和进展。

74. 我们欢迎各国矿物燃料补贴的进度报告，我们重申对逐步取消补贴矿物燃料补贴的承诺，这些补贴鼓励中期内的浪费型消费，为贫困人口提供有针对性的支持。我们要求各国财长在下届领导人峰会上提出报告，确认相关的责任和透明度，为G20成员国下次会议自愿审查的过程提供选择。我们也欢迎其他已经从事这项工作的组织就矿物燃料补贴问题进行对话。

75. 我们在戛纳会议上致力于促进低碳发展战略，以优化绿色增长的潜力，确保我们各国的可持续发展。我们欢迎清洁能源和节能技术的报告，承认G20成员国通过分享国内技术部署经验，促进技术投资的努力，

76. 我们欢迎全球海洋环境保护最佳实践共享机制网络的建立，期待这个网络的成立符合戛纳会议的宗旨。

## 加大反腐斗争

77. 腐败阻碍经济增长，威胁到市场的完整，破坏了公平竞争，扭曲了资源配置，损害了公众信任和破坏法治。我们呼吁所有利益相关者在反腐败斗争中发挥积极作用。

78. 政策实施和执法差距依然是优先考虑的事项，我们将推动首尔G20反腐败

行动计划的全面实施取得重大进展，恪守戛纳监管报告的承诺。我们重申批准和全面执行联合国反腐败公约的承诺，在自愿基础上积极参与经合组织反贿赂工作组。我们欢迎B20继续参与反腐败斗争，遵守审查机制的权限条款，包括私营部门和民间社会在自愿基础上参与联合国反腐败公约的审查过程。我们赞同G20反腐败工作组的原则，拒绝腐败官员和行贿分子进入我们的国家，继续推动合作发展框架。我们赞同工作组关于针对有关官员的金融和资产披露制度原则，防止、确认和妥善管理利益冲突。

79. 我们承诺执行反腐败法规，我们将继续按照各国的法规，追捕那些接受或索取贿赂的罪犯以及行贿分子。为了促进G20国家和非G20国家在调查和起诉腐败方面的国际合作，我们将发布G20国家的司法互助指南，同时发布G20司法管辖区内追踪资产的信息。我们重申我们拒绝成为腐败所得避风港的承诺，恢复或归还被盗资产。

80. 我们把反腐败工作组的任务期限延长两年到2014年底，并要求工作组编写一份全面的行动计划，以及第二个工作组的监测报告，并在2012年年底提交审议。

81. 鉴于世界经济的相互联系，G20主导的多边合作的新典范对于解决当前和未来的挑战非常必要。G20的非正式和灵活的特性，使其能够促进国际经济和金融合作，解决全球经济所面临的挑战。更重要的是我们将继续进一步改善的G20透明度和有效性，并确保它是能够应对迫切面对的挑战。戛纳峰会已经开创了这个局面，各界峰会主席国已经制定了一系列工作方案。

82. 2月在洛斯卡沃斯举行的G20外交部部长非正式会议在，探讨了如何在G20成员国如何更有效地解决全球治理面临的主要挑战。

83. 认识到G20的决策影响深远，我们欢迎墨西哥东道主广泛的宣传工作，包括G20商业会议、劳动会议、青年G20会议、智库G20会议。我们将继续发展与非成员国、区域和国际组织，包括联合国和其他组织合作。我们将本着戛纳宣言一，继续在这一领域发展。

84. 我们感谢各类国际组织的参与，包括联合国、国际货币基金组织、世界银行、世界贸易组织、国际劳工组织、粮农组织、经合组织以及民间社会组织。他们的报告和建议提供了宝贵的意见，让G20能从可持续发展的金融监管领域不同方面做出研究。

### 结论

85. 我们期待G20轮值国墨西哥到11月30日期间的后续工作。2012年12月1日起俄罗斯将主持G20，我们将在俄罗斯的主持下在圣彼得堡召开下一届峰会，我们感谢墨西哥举办一个成功的洛斯卡沃斯峰会。

## 2013年G20圣彼得堡峰会公报（全文）

### 前言

1. 我们，二十国集团领导人，于2013年9月5~6日在圣彼得堡会晤。我们团结一致，决定继续加强世界经济。

2. 促进增长和就业是我们的首要任务。我们完全致力于采取果断行动，重返就业机会充裕、强劲、可持续和平衡的增长之路。

3. 自从我们5年前首次举行会晤以来，二十国集团成员协调一致采取行动，对于遏制金融危机、推动世界经济复苏发挥了至关重要的作用。但我们的工作尚未完成，将共同致力于从当代最漫长的危机中稳步走出。

4. 当务之急是增强全球复苏势头，推动更快增长，创造更好就业，巩固长期增长基础，同时避免采取扰乱复苏的政策，不以牺牲别国利益为代价来促进增长。

5. 我们理解稳健、可持续的经济增长植根于不断增加并可预测的投资、信任和透明度，以及对市场政策和实践的有效监管。

6. 作为世界主要经济体的领导人，我们共担加强市场开放和基于规则的全球经济体系的责任。我们致力于在以下方面携手合作，应对全球经济重大挑战：

• 在确保财政可持续的同时，实现更强劲的复苏。我们通过了圣彼得堡行动计划，确立实现强劲、可持续、平衡增长的战略。

• 解决民众特别是青年人的失业和低就业。我们共同力争实现更高质量和更多生产型就业。协调整合的公共政策，包括宏观经济、金融、财政、教育、技能开发、创新、就业和社会保障等，对于实现该目标非常重要。今天，我们致力于继续行动，支持包容性劳动力市场，分享各国根据国情而制定的国别计划和行动。

• 重视长期投资融资，包括为基础设施和中小企业融资以促进经济增长、创造就业和发展。今天我们核可工作计划，帮助我们评估影响长期投资融资可及性的因素，并致力于确定和开始实施一系列集体和国别行动，以实质性改善国内投资环境。

• 通过自由和基于规则的贸易创造经济机会。我们强调强劲的多边贸易体制的重要性，并呼吁所有世界贸易组织成员显示必要灵活性，推动今年的多边贸易谈判取得成功。我们延长不采取贸易保护主义措施的承诺，增强贸易包括区域贸易协议的透明度。

• 跨境逃税避税侵蚀公共财政和民众对税收系统公平性的信任。今天，我们核可有关计划以应对该问题，并承诺采取措施改善规则，以避免避税、恶意操作及恶意税收规划。

• 我们已达成并正在落实一系列金融改革，纠正导致危机的重要错误。我们正构建更抗风险的金融机构，在消除“大而不能倒”金融机构问题上取得实质性进展，增加透明度和市场诚信，填补监管差距，应对影子银行带来的风险。我们推动建立安全、可靠的金融体系，满足所有民众的需要。

• 二十国集团成员有责任确保所有人享有从强劲、可持续和平衡增长中获益的机会。我们通过《圣彼得堡发展展望》，重点采取相关具体举措，增强粮食安全、金融包容性、基础设施、人力资源开发和国内资源动员。

• 腐败阻碍可持续经济增长和减贫，危害金融稳定和整体经济。我们言出必行，将致力于落实二十国集团反腐败行动计划，打击国内外贿赂，应对高危部门腐败，加强国际合作，增强公共部门诚信和透明度。鉴于对可持续和共同行动的需求，我们核可圣彼得堡反腐败战略框架。

• 我们在开发更清洁、更有效和更可靠的能源供应，以及更透明的大宗商品实体和金融市场方面有共同利益。我们致力于加强能源合作，使能源数据更准确、更易获取，并采取措施支持开发清洁和高效能源技术，以提高市场效率，迈向更可持续的能源前景。我们承诺共同努力，应对气候变化和保护环境这些需要全球性解决方案的全球性问题。

• 我们将继续研拟全面增长战略，在财政可持续的前提下，实现更强劲、更可持续、更平衡的增长。

7. 太多人尚未参与全球经济复苏进程。二十国集团不仅要推动强劲、可持续、平衡增长，还要推动包容性增长模式，以更好地调动全体民众的才智。

8. 我们将继续寻求合作、协调和信心。

## 全球经济和二十国集团强劲、可持续和平衡增长框架

9. 我们已采取一系列重要政策措施，有效降低重大尾部风险，改善金融市场状况并支持经济持续复苏。美国私人需求有所增强，日本和英国经济增长有所起色。欧元区显现复苏迹象。新兴经济体继续保持增长，但其中一些国家步伐放缓。2013年全球经济增长预测值在过去一年中反复下调，全球再平衡并未完成，区域增长不平衡依旧突出，失业特别是青年失业仍处于令人无法接受的高位。尽管我们采取了措施，但复苏仍然十分脆弱，下行风险不断积累。过去数月，金融市场波动加剧。

10. 我们认为当前全球经济面临以下主要挑战：

• 脆弱增长和持续高失业率，特别是青年失业以及许多经济体需要实现更具包容性增长；

• 欧洲金融市场碎片化以及建立银行业联盟决定的果断落实；

• 受资本流动波动、金融状况收紧、大宗商品价格波动，以及国内经济结构挑战的影响，一些新兴市场经济体增长放缓；

• 许多国家私人投资不足，部分原因是市场存在不确定性，以及这些国家国内经济缺乏灵活性；

• 在支持短期经济复苏的同时，一些国家需要妥善处理公共债务高企且不可持续问题，特别是那些当前和未来预测债务占国内生产总值比重最高的发达经济体；

• 随着经济增长巩固，资本流动波动加剧，对发达经济体重新制定货币政策的预期亦将提升；

• 全球需求再平衡尚未完成；

• 财政政策持续存在的不确定性。

11. 为应对上述挑战并推动全球经济步入更加强劲、可持续和平衡增长之路，我们在此前行动的基础上采取了新措施，并体现在圣彼得堡行动计划中。该行动计划旨在扩大经济活动并增加就业，支持复苏并解决经济前景中的短期风险。同时，通过富有雄心和目标明确的改革，为强劲、可持续、平衡增长奠定基础。我们将共同采取行动，及时兑现我们的承诺并积极监督有关进展。

12. 我们当前工作重点是抓住发达经济体出现复苏迹象之机，及时采取行动，为促进增长和就业创造条件，推动复苏更可持续，从而造福全球经济。

13. 鉴于上述，欧元区承诺巩固经济和货币联盟的基础，包括进一步改善银行收支平衡表、减少金融分割、坚决按时推动完成银行业联盟建设。二十国集团发达经济体承诺在实现公共财政可持续基础上，继续灵活实施财政战略。面对金融波动加剧，新兴市场经济体同意采取必要措施支持增长、保持稳定，包括采取措施巩固经济基本面、增强抗外部冲击能力以及加强金融体系。

14. 根据央行有关职能，货币政策将继续以稳定国内物价和支持经济复苏为导向。我们认识到最近几年宽松货币政策对全球经济的支持作用，包括非常规货币政策。我们对延长宽松货币政策实施期限带来的意想不到的负面外溢效应保持警惕。我们也认识到，实现强劲和可持续增长最终需要回归正常货币政策。我们的央行承诺，未来改变货币政策时将继续谨慎实施并同各方清晰沟通。

15. 我们重申金融过度流动和汇率无序波动将对经济和财政稳定产生不利影响，正如近期在部分新兴市场观察到的一样。整体更强劲的政策框架能够使他们更好应对这些挑战。稳健的宏观经济政策、结构改革和强劲审慎的框架将帮助应对波动性增加。我们将继续认真监督金融市场状况。

16. 我们承诺合作以保证有关政策得以落实，以支持国内和全球增长、财政稳定以及管控对其他国家的外溢效应。

17. 我们重申加快建立市场决定的汇率体系和灵活汇率以反映基本面，避免持续的汇率错配。我们将避免竞争性贬值或以竞争性为目的设置汇率。我们反对所有形式的保护主义，保证市场开放。

18. 我们也承诺通过实施有雄心的和目标明确的改革以保证财政可持续性，促进投资，提高生产力和劳动力市场的参与程度，应对内外失衡，从而为加强长期增长奠定基础。

19. 实现更加强劲和可持续复苏，同时保证发达经济体财政可持续性非常关键。根据此前共识，所有发达经济体都采取了可信的、有雄心的国别中期财政战略。这些战略将根据短期经济状况灵活实施，以支持经济增长和增加就业，同时将债务占国内生产总值的比例保持在可持续水平。一部分新兴经济体在其战略中包含了促进财政可持续的因素。

20. 认识到更紧迫地推动结构性改革，我们重新设计了改革议程，使之更相关和务实，目标更明确。各成员已承诺实施更广泛领域的改革，通过促进投资、解决基本面脆弱，提高生产力和竞争力，加强劳动力市场，改善金融稳定和信贷渠道，解决内外失衡，以加强强劲、可持续和平衡增长的基本面。这些改革是持续改善潜在增长、增加就业和需求再平衡的关键。

21. 我们决心采取进一步行动，实现基础更广泛的全球需求再平衡。全球经常账户失衡的缓解部分反映了一些国家的重要改革措施，但上述进展很大部分源于需求抑制。在全球复苏的情况下，我们决心进一步调整政策以实现盈余国和赤字国的全球需求再平衡和内部再平衡。在此方面，大型盈余经济体有必要实现更强劲的国内需求增长，赤字国则需要增加储蓄和提高竞争力和实现更灵活的汇率政策。我们承诺在所有这些领域采取行动，并将定期评估进展。

22. 圣彼得堡行动计划规划了我们为实现强劲、可持续和平衡增长的改革措施。我们的问责评估报告描述了我们落实过去承诺的进展。我们将明确需要解决的关键障碍，和为实现经济更加强劲、可持续、平衡需要进行的改革。我们要求财长们进一步研拟全面增长战略，并在布里斯班峰会上汇报进展。

## 通过高质量就业实现经济增长

23. 我们团结一致，共同努力促进包容性增长，创造更多更好的就业岗位。

24. 许多国家存在的失业和未充分就业，特别是青年失业，仍然是全球经济面临的关键挑战之一和二十国集团的首要工作重点。

25. 创造生产率更高、质量更好的就业岗位是我们各国为实现强劲、可持续和平衡增长、减少贫困、加强社会包容而采取的各项政策的核心。我们同意，强有力和支持性的宏观经济、贸易、投资和劳动力市场政策，可持续的公共财政，良好和规范的金融体系，抗风险和有效的社会保障体系是实现可持续的就业创造型经济增长的基础。

26. 为支持更高就业水平、促进创造就业岗位、使技能和就业机会更匹配而进行的政策改革是我们经济增长战略的中心。我们承诺根据各国国情，采取广泛措施来促进更多更好的就业岗位：

• 通过对商品市场和劳动力市场进行有利于经济增长的结构性改革，包括促进劳动力市场的适应性和效率、提供充分的劳动保障、根据各国国情制定适宜就业的税收制度及其他政府倡议等，来改善商业环境，刺激创造正式的、有更高生产率和报酬的就业岗位。

• 投资于我们各国人民的技能、高质量教育和终身学习项目，使他们便于获得技能，有更好的前途，以增强就业流动性和就业能力。

• 促进有针对性的投资以确保劳动力市场基础设施和有效的劳动力激活政策，从而帮助求职者找到工作，使代表性不足和弱势群体进入劳动力市场，减少非正式就业。

• 提高就业质量，包括通过改善工作环境、工资谈判机制、国内工资制定机制和提供社会保障。

• 制定国家就业计划或行动，我们将在布里斯班峰会讨论相关进展。

27. 相互协调和统一的公共政策对实现强劲、可持续、平衡增长，对重塑全球经济信心至关重要。我们同意二十国集团劳工就业部长和财政部长的建议，调动、协调和整合所有国内政策（宏观经济、金融、财政、教育、技能开发、创新、就业和社会保障）来促进创造高质量就业岗位，充分尊重国际劳工组织《工作中基本原则和权利宣言》以提高生产率，从而实现更高的就业水平，持续减少失业、就业不足和非正式就业。

28. 首次举行的二十国集团劳工就业部长和财政部长联席会议是协调和整合劳工、就业、社会政策与宏观经济、财政政策的受欢迎的一步。我们呼吁劳工就业部长和经济财政部长继续合作促进创造高质量就业岗位并促进充分就业和可持续增长。我们鼓励有关国际组织包括国际劳工组织、经济合作与发展组织和世界银行分析二十国集团国家最近的经验，找到创造更多更好就业、促进就业正规化、减少不平等、保证社会保障有效性及劳动力市场适应性的成功做法，供二十国集团劳工和就业部长讨论。

29. 促进青年就业是全球优先事项。我们致力于高质量的学徒和职业培训项目，找到创新的方式鼓励企业雇佣青年，例如在合适的条件下，通过降低非工资劳动力成本、逐步实现早期介入、对不同群体青年实施有效的求职帮助并激励青年企业家创业和企业起步。有针对性的战略，包括青年保障机制、制定鼓励企业家精神的学校课程，以及二十国集团国家与社会伙伴就最佳做法进行交流，在这方面至关重要。

30. 我们致力于加大力度支持包容性劳动力市场、更好的劳动力市场信息和有效的就业服务，这些将有助于提高就业水平，持续减少失业、就业不足和非正式就业。我们认为，合适的劳动力市场和社会政策有助于社会包容、经济稳定、支持总需求、实现中长期增长。国家应实施健全的最低社会保护，其应可负担、有效、高效并足够满足社会需求。我们的社会保护政策应当鼓励就业和寻找工作，在必要时提供帮助。我们致力于鼓励私人部门，包括作为最重要的合作伙伴之一的中小企业发挥作用，以促进包容性增长、创造就业、吸纳劳动力。我们鼓励国际货币基金组织和其他相关国际组织在增长、就业和收入分配方面继续研究。

31. 我们认识到激励和支持代表性不足和弱势群体的重要性，这有助于为他们找到生产率和报酬高的工作。要特别注意那些在求职或想保留工作方面面临巨大困难的群体，如青年、妇女、长期失业者、低技能工人、单身父母、残疾人、年长工人。我们因此承诺为这些群体制定和增强有针对性的劳动力激活战略，包括结合给予失业者收入补贴，采取求职帮助、增加工作经验、公共就业项目、雇佣补贴、有条件的转移和培训以及减少就业障碍等符合各国国情的提高就业能力的措施。这些措施应和努力提供获得正式就业的更好机会相联系。我们呼吁劳工就业部长和财政部长们，相互交流最佳实践，共同努力来兑现上述承诺，国际劳工组织、经济合作与发展组织和世界银行在为构建更具包容性的劳动力市场确定好的做法以及有效措施等方面给予支持。

32. 我们重视报告履行承诺的进展情况，并分享各国推行有效政策措施的经验。我们认为，二十国集团就业工作组创建的数据库是一个重要工具，既可分享解决劳动力市场与就业挑战的最佳做法与方案，也是经济分析和决策的重要信息来源。这对青年就业和技能发展特别重要。我们承诺做实并推广这一做法，包括扩大数据库的规模，以在必要时创建各国自有的、反映国别特色的监控方法，并在制定各国自有的、反映国别特色的政策时使用该数据库。

33. 我们赞赏B20和L20所做的贡献，承认社会对话作为实现二十国集团关于促进增长、就业与社会凝聚力等目标的一种手段，发挥了极其重要的作用。

34. 我们感谢二十国集团就业工作组所做的工作，延长其一年授权。我们要求二十国就业工作组继续探索经济、劳工和就业政策相关事宜，重点关注解决结构性失业，特别是年轻人失业和长期失业问题的战略，以及国家社会保障体系问题。这将建立在我们劳工就业部长的建议基础上，包括分享最佳做法和评估在高质量学徒制的关键要素上取得的进展。我们要求就业工作组与国际劳工组织、经济合作与发展组织、世界银行共同开展工作，协调各国交流根据各自国情制定的国别计划和行动相关报告应当包括二十国集团参加此项工作的成员为解决各自就业挑战所分别采取的政策和计划。另外，鉴于全球范围内由于不安全工作环境造成人员伤亡和财产损失的事件一再发生，我们指示就业工作组同国际劳工组织合作并与各国协商，如何在加强工作场所安全性方面做出贡献。我们鼓励就业工作组和框架工作组、发展工作组在二十国集团框架内的就业问题有关活动上进一步合作和协调。

## 投融资

35. 我们认识到，长期投资对于促进经济可持续增长和就业创造具有关键作用，结合各国实际情况、创造条件促进长期投资的融资具有重要意义，包括促进对基础设施和中小企业投资的融资。特别是，我们认识到，投资环境在吸引长期融资上具有极高的重要性，将全面识别并解决阻碍动员私人资金的因素，改善投资条件并提高公共投资的效率。

36. 为通过增加高质量的投资促进经济和创造就业，我们承诺在布里斯班峰会前制定并开始落实一系列集体和国别措施，改善我们的国内投资环境，特别是对基础设施和中小企业的投资环境，使其更有利于长期投融资和推动更多项目得到落实。相关措施将列入我们各自的增长战略。

37. 我们支持二十国集团投融资研究小组制定的工作计划，呼吁我们的财政部长和央行行长在相关国际机构的支持下、在与二十国集团其他工作组合作的基础上，加大对与长期投融资可得性相关的挑战的分析，以推动制定基础扎实、例证清晰的政策计划。我们期待我们的财长和央行行长在相关国际机构报告的基础上，在我们下一次峰会上提出相关建议。

38. 我们特别同意各国政府需要采取能够鼓励机构投资者在长期投融资中发挥作用的政策。我们支持《二十国集团/经合组织关于机构投资者长期投融资的高级原则》，要求我们的财政部长和央行行长与经合组织及其他感兴趣的参与方一道在下一次峰会前制定落实高级原则的方法。我们期待金融稳定理事会持续监测金融监管改革对长期投融资供给的影响。

39. 我们要求财政部长们在下次峰会前制定措施推动国内资本市场发展，促进全球储蓄更好地转化为有效投资、特别是基础设施投资，并完善中小企业获得资金的渠道。我们要求财政部长和央行行长探索途径更好地动员私人部门资金和资本市场。我们还期待，在当前有关多边开发银行的工作的基础上，制定新的方式优化对多边开发银行现有资源的使用，包括吸引私人部门资金和增强多边开发银行的放贷能力。我们注意到世界银行集团和区域开发银行各自为动员和撬动基础设施投资融资，尤其是新兴市场和发展中经济体的基础设施投资融资上所做的工作。

40. 我们认识到，在投资项目、特别是基础设施投资项目的确定轻重缓急、规划以及资金来源上，以及在更好地使用项目筹备资金上，完善相关程序、提高透明度很重要。我们还将特别注意通过不同方式完善公私合作安排的设计和条件，提高公私合作安排的效益。

## 加强多边贸易

41. 自由贸易和投资，以及建立开放、基于规则、透明和非歧视的以世贸组织为基础的贸易体制，对于恢复全球增长具有决定性作用。我们强调贸易在全球和国家层面对经济增长、可持续发展和创造就业所起的关键作用。

42. 我们重申多边贸易体制成功运行及确保有效实施规则的重要意义。2013 年 12 月在巴厘岛举行的第 9 次部长级会议如能就贸易便利化、部分农业议题和发展取得成功结果，将成为多边贸易自由化和多哈回合谈判取得新进展的基石，并为后巴厘多哈回合谈判的成功注入新的信心。

43. 我们呼吁所有世贸组织成员显示必要的灵活性以弥合现有差距，并在第九次部长级会议上达成积极和平衡的成果。我们已经准备在谈判中做出重要贡献以实现上述结果，在第九次部长级会议上实现早期收获并展示世贸组织谈判职能的信誉。

44. 我们认识到贸易保护主义导致的经济下行和贸易受损的风险，将不采取新贸易保护主义措施的承诺延长至 2016 年年底。我们致力于在取消全球贸易和投资壁垒方面取得更多进展，重申收回新的保护主义措施的承诺。我们强调通过世贸组织进一步抑制贸易保护主义的重要性，为此，我们将为第九次部长级会议取得成功而努力，使其成为成功结束多哈回合谈判的重要一步，成为制定路线图以实现上述目标的推动力。

45. 我们重视世贸组织、经合组织和联合国贸发会议对贸易和投资限制/开放措施进行的监督，呼吁上述机构根据各自授权继续加强监督，以更好地抵制保护主义，推动全球贸易和投资自由化。我们欢迎世贸组织在网站上公开上述措施，以便政府、私人机构和民间社会进行研究。

46. 透明度是多边贸易体制的基石。我们承诺及时遵守世贸组织通报要求，并通过世贸组织现有规则提高透明度。

47. 我们理解区域贸易协定的重要性以及其对贸易和投资自由化的贡献，承诺将保证区域贸易协定对多边贸易体制起到支持作用。提高区域贸易协定透明度，并加强对该问题及其对多边规则未来发展影响的理解，有利于二十国集团所有成员获得系统性收益。我们承诺在世贸组织区域贸易协定问题上继续开展工作，并分享提高区域贸易协定透明度的做法。

48. 我们支持贸易透明度倡议，该倡议是非洲开发银行、国际贸易中心、贸发会议和世界银行合作的产物，为公开使用贸易政策数据和分析系统、识别新的贸易机会并促进贸易流动提供了条件。我们同样欢迎世贸组织建立的贸易信息一体化网站。

49. 我们认识到对全球价值链的迅速扩展，以及参与全球价值链对增长、产业结构、发展和就业的影响进行更好理解的重要性。鉴此，我们欢迎经合组织、世贸组织和贸发会议在全球价值链问题上所做的工作，邀请上述组织了解政府观点并继续研究全球价值链的影响，特别是全球价值链对贸易、经济增长、发展、创造就业的影响和价值增值的分布情况。对参与全球价值链过程中遇到的机遇和挑战进行识别并完善贸易增值统计办法，可以帮助有关国家制定合适的政策并从全球价值链中获益。我们呼吁经合组织与世贸组织、贸发会议合作，在2014年上半年发表报告。

## 解决税基侵蚀和利润转移，打击避税，增强税收透明度和自动情报交换

50. 在财政整顿和社会问题的严峻环境下，保证所有纳税人支付应付税款在多数国家是首要问题。避税和恶意税收筹划需要得到解决。数字经济的发展也给国际税收增加了挑战。我们认可经合组织为解决税基侵蚀和利润转移问题发起的《行动计划》。我们欢迎建立二十国集团/经合组织税基侵蚀和利润转移项目，鼓励所有相关国家参与其中。应当在经济活动发生地和价值创造地对利润进行征税。为最小

化税基侵蚀和利润转移问题，我们呼吁各成员检查国内税法如何造成税基侵蚀和利润转移，保证国际和国内税收法规不允许或不鼓励跨国公司人为向低税率辖区转移利润。我们认为对转移收入有效征税是重要挑战之一。我们希望定期报告《行动计划》中关于15项问题解决建议的落实进展，并承诺在尊重各国主权前提下，采取必要的单个或集体行动。

51. 我们认可最近在税收透明度领域取得的成绩。我们完全认同经合组织建立多边、双边自动情报交换全球模式的建议。我们呼吁所有辖区尽早参加，承诺将自动情报交换作为新的全球标准，该标准必须保证秘密性和信息的正确使用，我们全力支持经合组织与二十国集团国家一道，致力于2014年2月前提出一个新的全球标准，在2014年年中最终确定有效情报交换模型。同时，我们希望二十国集团成员在2015年底开始税收情报交换。我们呼吁所有国家参加《多边税收征管互助公约》。我们希望在全球范围内制定实用、可完全实施的新标准。我们鼓励全球税收论坛完成各国实施情报交换评级，保证连续监控标准的实施。我们敦促各税收征管辖区重视全球税收论坛的建议，特别是未进入第二阶段的14个税收征管辖区。我们欢迎全球税收论坛吸收金融行动特别工作组关于所有权的工作。我们同时要求全球税收论坛建议机制监督、评估自动情报交换最新全球标准。

52. 发展中国家应当可以受益于更加透明的国际税收系统，增强发展中国家征税能力，因为动员国内资源对发展融资至关重要。我们认可的各国从更大程度税收情报交换的重要性。我们致力于使包括最不发达国家在内的所有国家都能从情报自动交换受益，同时将寻求提高其征收能力的途径。我们呼吁发展工作组和财金渠道同经合组织、全球税收论坛及其他国际组织为发展中国家克服参与情报自动交换障碍制定路线图，帮助它们达到《圣彼得堡发展展望》的标准。发展工作组应当在下次峰会前进行报告。我们将继续同国际组织合作，分享经验，提高能力，建立成功的长期伙伴关系项目。在这方面，我们欢迎经合组织跨境税收稽查员机制。最后，我们致力于继续支持发展中国家，包括通过国际组织确定各个国家在税收征管方面的需求和能力建设，并鼓励发展中国家牵头。

## 国际金融架构

53. 完成当前的国际货币基金组织治理改革对于增强国际货币基金组织公信力、合法性和有效性是不可或缺的。因此，急需批准2010年国际货币基金组织份额与治理改革方案。我们继续支持国际货币基金组织执董会关于把最新份额公式达成最终一致与第15次份额总检查相结合的决定。我们仍然致力于与国际货币基金组织全体成员一道，按照我们在首尔峰会上提出、在戛纳峰会和洛斯卡沃斯峰会上重申的要求，就份额公式达成一致，在2014年1月前完成第15轮份额总检查。我们高度重视继续在实现这一目标上取得进展，包括在2013年10月二十国集团部长级会议和国际货币金融委员会之前取得进展。我们重申之前承诺，以公式为基础的份额分配应更好地反映国际货币基金组织成员在全球经济中的相对权重。考虑到富有活力的新兴经济体和发展中国家国内生产总值增长强劲，这一权重已发生明显变化。我们重申，作为此次份额总检查的一部分，需保护国际货币基金组织最为贫穷的成员国的话语权和代表性。

54. 我们认识到有效的全球金融安全网的重要性，在洛斯卡沃斯峰会上对较多国家承诺向国际货币基金组织增加临时可用资金4610亿美元表示欢迎。今天，我们高兴地宣布，大多数承诺的资金均已通过双边借款或票据购买协议提供给国际货币基金组织。这一广泛的合作显示国际社会决心加强国际货币基金组织在危机预防和危机处置中的作用，并为维护全球金融稳定做出贡献。

55. 我们还重申，区域金融安排可以在已有的全球金融安全网中发挥重要作用。我们重申了戛纳峰会通过的关于国际货币基金组织与区域金融安排合作的一般原则，这些原则强调应加强合作，同时维护各机构的职能和独立。我们认识到国际货币基金组织和二十国集团近期在这一领域所做的工作，期待国际货币基金组织与区域金融安排之间通过切实的沟通渠道持续开展灵活、自愿的对话。我们注意到，区域金融安排之间开展对话对于培育非正式的、灵活自愿的观点和经验交流具有重要意义。在此背景下，我们要求我们的财政部长和央行行长关注国际货币基金组织与区域金融安排之间的合作以及区域金融安排之间的对话的情况和进展。

56. 加强已有的公共债务管理方法是提高公共财政的风险抵御能力的重要手段。我们欢迎当前国际货币基金组织和世界银行根据近期情况在审议和更新《公共债务管理指南》上所做的工作。我们要求财政部长们在 10 月会议上考虑在更新指南上取得进展，审议经合组织关于公共债务的举债、管理和偿还的主要做法，包括国家担保的最新情况的中期报告。

57. 最近几年发生的事情显示债务可持续对所有各方都很重要，我们因此支持国际货币基金组织和世界银行继续关注这一问题。我们还支持落实《国际货币基金组织—世界银行低收入国家债务可持续框架》，并将考虑这一框架，以改善我们的做法，通过适当渠道推动可持续融资和可持续增长和发展。我们同意，在这些问题、包括为可持续融资制定指南上，需要与低收入国家开展具有包容性的讨论。我们要求国际货币基金组织和世界银行继续应邀帮助低收入国家制定审慎的中期债务管理战略，增强其债务管理能力。

58. 我们注意到国际货币基金组织和国际清算银行当前在通过价格型和数量型两种衡量方式制定指标反映全球流动性状况的工作。我们呼吁国际货币基金组织开展进一步研究，就如何将全球流动性指标更广泛地纳入国际货币基金组织监督工作中提出建议。

59. 我们重申，发展良好的本币债券市场在增强一国经济和金融体系的风险抵御能力上发挥着重要作用。我们欢迎国际货币基金组织、世界银行集团、欧洲复兴开发银行、经合组织及其他国际机构通过包括建立本币债券市场诊断框架在内的措施落实《二十国集团关于发展本币债券市场的行动计划》。我们鼓励国际机构、其他技术援助方和各国当局考虑使用诊断框架识别并制定改革和能力建设的先后顺序、支持本币债券市场的发展。

60. 我们将履行承诺，推动世界银行国际发展协会第 17 次增资以及非洲开发基金第 13 次增资成功完成。

## 金融监管：迄今为止的进展及未来道路

61. 在过去5年中，我们以国际一致的方式落实金融体系改革措施，取得了明显进展。所有主要辖区都已经部分或完全地：

• 执行了新的全球性资本标准（《巴塞尔协议III》）；

• 建立了必要的框架，实现衍生品在交易所或电子平台进行交易、集中清算和报告；

• 识别了全球系统重要性银行和保险机构，同意对其实施更高的审慎标准以降低其带来的风险；

• 落实了相关政策工具和程序，在不导致纳税人损失的前提下有序处置大型复杂金融机构；以及

• 应对影子银行体系对金融稳定带来的潜在系统性风险并取得了进展。

各国为落实上述改革措施做出了前所未有的国际协调和承诺。但我们还有更多工作有待完成。我们致力于维持改革动力，直至工作完成。

## 建设支持经济强劲、可持续和平衡增长的金融体系

62. 自我们于2008年11月在华盛顿做出相关承诺以来，我们已经就范围广泛的政策改革达成一致并正在落实，以解决导致危机的主要问题，并确保所有的金融机构、金融市场和参与者都以国际一致和非歧视的方式，根据其实际情况受到监管或监督。我们相关工作已经取得明显进展，但尚未完成。我们正在增强金融机构应对风险的能力，在结束“大而不能倒”问题上取得明显进展，提高透明度和市场诚信，消除监管空白，应对影子银行带来的风险。我们正在通过提高衍生品市场安全性、增强市场基础设施和改革信用评级机构来提高金融市场不间断运行的能力。

63. 我们致力于充分实现一个开放、融合和具备风险抵御能力的全球金融体系

带来的利益。为此，我们将继续在每一个辖区采取必要措施，以相互一致和非歧视性的方式，完全落实此前已同意的改革措施。我们将加强合作和信息共享。

64. 我们正在推动金融监管改革，降低道德风险和系统性风险，培育一个支持经济强劲、可持续和平衡增长的稳定的金融体系。因此，我们欢迎今年金融稳定理事会成为法律实体，获得了更大的资金自由度并增强了协调落实金融监管政策的能力。我们还欢迎金融稳定理事会为峰会准备的金融监管改革总体进展陈述报告，以及迄今取得的明显进展。我们支持金融稳定理事会审议其代表性的结构，要求金融稳定理事会在我们下一次峰会上汇报审议的情况。

65. 我们赞赏金融稳定理事会与标准制定机构、国际货币基金组织和世界银行集团一道在监测金融监管改革对新兴市场和发展中经济体的影响上的进展，监测的目的是在不一味坚持落实已经同意的金融监管改革承诺的情况下，应对监管改革带来的预料之外的重大后果。我们要求国际货币基金组织、世界银行集团和标准制定机构加强在这一领域的监测、分析和协助。最后，我们鼓励金融稳定理事会继续监测、分析并报告监管改革措施对新兴市场和发展中经济体的影响，作为其监测改革落实情况的总体框架的一部分。

66. 我们决心以避免造成全球金融体系分割的方式，彻底落实金融改革。我们一直留意全球金融市场分割的风险。我们将继续在所有金融监管问题上相互合作，期待我们的财政部长、央行行长以及金融稳定理事会在我们下次峰会前取得进一步进展。我们还将继续监测和评估金融监管改革对金融体系稳定的稳健程度、经济增长以及长期投融资供给的影响。

## 建立具备风险抵御能力的金融机构并解决“大而不能倒”问题

67. 我们重申，将按照各国均同意的时间表落实《巴塞尔协议III》，并欢迎洛斯卡沃斯峰会以来在这一方面取得的进展。《巴塞尔协议III》的标准必须以相互一致的方式得到落实。我们因此欢迎巴塞尔银行业监管委员会（BCBS）在评估各辖区相关规定与《巴塞尔协议III》要求的一致性上所做的工作，欢迎各辖区有关《巴塞尔协议III》落实情况的最新进展报告。我们还欢迎巴塞尔银行业监管委员会近期有关风险加权资产的监管一致性的报告。我们期待巴塞尔银行业监管委员会完善监管性资本比率的可比性。我们期待巴塞尔银行业监管委员会完成针对《巴塞尔协议III》框架下已同意的剩余组成部分的建议，即就国际协调一致的杠杆率和净稳定融资比率提出建议，并与各方同意的窗口期和程序相一致。

68. 我们欢迎金融稳定理事会有关解决“大而不能倒”问题的进展和下一步计划的报告。我们继续承诺将采取任何必要的改革措施，确保可能引发系统性问题的所有金融部门完全落实金融稳定理事会的《有效处置机制的关键要素》。我们将采取必要措施消除影响跨境处置的障碍。我们重申将保证监管机构拥有有力的监管职能、充足的资源和独立性以采取行动。我们呼吁金融稳定理事会在与标准制定机构协商的基础上，评估全球系统重要性金融机构在倒闭时吸收损失的能力，并在2014年底前制定相关建议。我们认识到，结构性的银行业改革可以促进处置，呼吁金融稳定理事会在与国际货币基金组织和经合组织合作的基础上，结合各国实际情况评估跨境一致性情况和对全球金融稳定的影响，在我们下一次峰会上汇报。

69. 我们欢迎公布全球系统重要性保险机构的初步名单，名单中的机构将开始执行有关制定处置计划和加强集团监管的规定。我们期待对其进行年度更新，并期待国际保险监督官协会在2014年二十国集团峰会前制定完成简单的、适用于整个集团的资本要求，这将为提高对全球系统重要性保险机构的损失吸收要求打下基础。此外，我们期待制定进一步的工作计划，准备为国际活跃的保险集团制定全面的、适用于整个集团的监管框架，包括定量资本标准。

70. 我们要求金融稳定理事会在与国际证监会组织和其他标准制定机构协商的基础上，在2013年底前制定识别全球系统重要性非银行非保险金融机构的方法，公开征询意见。我们呼吁国际支付结算体系委员会和国际证监会组织继续推进有关系统重要性试产基础设施的相关工作。

## 推动建设透明、持续运行的金融市场

71. 我们欢迎金融稳定理事会有关场外衍生品改革进展的报告，包括成员为落实已同意的场外衍生品改革所确认采取的措施和承诺的时间表。我们还欢迎主要监管机构近期就与场外衍生品改革相关的跨境问题达成的一系列理解，这是具有建设性的重要一步，将推动解决全球范围内余下的政策冲突、不一致、空缺和重叠，我们期待在相关制度到位、可进行评估后，快速落实上述理解。我们同意，根据监管和执行制度质量的好坏，在结果相似的情况下，通过非歧视的方式，各辖区和监管机构应该能够相互认可对方的监管，适当尊重母国的监管制度。我们呼吁监管机构在与金融稳定理事会、场外衍生品监管集团合作的基础上，报告解决其他与跨境监管制度重叠以及监管套利等问题相关的时间表。

72. 我们注意到二十国集团关于金融基准和信用评级机构高级别研讨会的结果。我们呼吁各国当局和标准制定机构根据金融稳定理事会的路线图，加快在降低对信用评级机构的依赖程度上取得进展。我们鼓励在提高信用评级机构的透明度和相互之间的竞争上采取进一步的措施，期待国际证监会组织对其信用评级机构行为准则进行审议。我们支持建立金融稳定理事会官方部门指导小组，协调有关金融基准的必要改革。我们核准国际证监会组织《有关金融基准的原则》，期待遵循相关原则，对国际上在银行业和金融市场使用的金融基准进行必要的改革。

73. 我们欢迎金融稳定理事会关于落实稳健的薪酬做法的原则和标准的进展报告。我们重申，将保证这些原则和标准以相互一致的方式得到落实，要求金融稳定理事会继续就此进行监测。

74. 我们强调，继续推动会计准则趋同以增强金融体系风险抵御能力具有重要意义。我们敦促国际会计准则理事会和美国财务会计准则理事会在2013年底前完成剩下的主要工作，建立一套统一的高质量会计准则。我们鼓励公共部门和私人部门采取更多措施加强金融机构的风险披露，包括加强披露工作组当前所做的工作。

75. 我们再次呼吁，在金融监管国际合作和信息交换方面取得进一步进展，鼓励遵守相关标准。

### 应对影子银行带来的风险

76. 我们欢迎在为影子银行体系制定监管政策建议上取得的进展，这是在认可非银行金融中介可以提供银行以外的渠道投放信贷支持经济的同时，在降低影子银行市场潜在的系统性风险上迈出的重要一步。我们将结合各国具体情况努力按时落实相关建议。我们欢迎金融稳定理事会相关报告并就简要的路线图达成一致，针对不同的影子银行实体和活动，就如何尽快提高监督或监管的力度提出明确的时间表和相关措施。

### 解决洗钱和恐怖融资问题

77. 我们重申，支持反洗钱特别行动工作组打击洗钱和恐怖融资，并为打击其他罪行做出贡献，包括打击税务相关的罪行、腐败、恐怖主义及毒品走私。特别是，我们支持在认可相关国家在落实反洗钱特别行动工作组相关标准上的积极进展的同时，识别并监测存在战略性反洗钱/反恐融资缺陷的高风险辖区。我们鼓励所有国家解决法人及法律安排不透明带来的风险，承诺采取措施保证我们达到了反洗钱特别行动工作组有关识别企业潜在所有者，以及识别信托等亦涉及税务因素的其他法律安排的潜在所有者的相关标准。我们将通过集中登记等方式，同时确保受托人知悉有关信托的受益所有者的信息，确保执法机构、税收机构和金融情报机构等其他有关机构可获得这一信息，以此来保证执法机构、税收机构和金融情报机构等其他有关机构能够及时获得相关信息。我们要求我们的财政部长在我们下一次峰会上就二十国集团以身作则采取措施遵守反洗钱特别行动工作组有关企业和信托等其他法律安排的受益所有者的标准向我们汇报最新情况。

## 金融包容、金融教育和消费者保护

78. 我们欢迎金融包容全球合作伙伴在推动金融包容和在融合消费者教育与保护上取得的进展，特别是建立了金融包容全球合作伙伴有关金融消费者保护和金融教育的小组。我们支持把二十国集团基本指标扩大为更完整的二十国集团金融包容指标，进一步推动制定和监测金融包容目标。我们感谢相关落实机构的支持，包括金融包容联盟、助贫咨询小组、国际金融公司、经合组织和世界银行。我们支持报告中提出的建议，将其作为本宣言的附件，并承诺在澳大利亚任主席国期间推动相关工作。我们欢迎金融包容联盟的成员有关将金融包容联盟建设成为独立国际机构的讨论。

79. 我们认识到中小企业在促进经济增长、创造就业和减贫上发挥着关键作用，欢迎各国在解决中小企业融资的具体挑战上取得进展，如落实中小企业融资挑战和中小企业融资计划，支持与金融包容联盟的中小企业融资工作组合作通过中小企业融资契约开展相互学习。全球中小企业融资缺口依然较大，我们呼吁各国际和国内金融机构进一步完善金融市场基础设施、支持开发创新性工具，解决中小企业融资面临的挑战和约束。

80. 我们欢迎经合组织/金融教育国际网络和世界银行开发的用于衡量金融知识水平和评估金融教育项目的实用工具，支持各国在使用国际学生评估项目等工具衡量青年金融知识水平的同时广泛使用这些工具，并期待经合组织/金融教育国际网络在我们下一次峰会前开发出针对成年人和青年的金融知识核心能力国际框架。我们欢迎经合组织/金融教育国际网络和世界银行完成的有关女性和青年在金融包容和金融教育上面临的障碍的进展报告，支持经合组织/金融教育国际网络满足妇女和女童对金融教育的需求的政策指导。我们支持进展报告中有关妇女和金融的建议，包括金融包容全球合作伙伴、经合组织与世界银行总结促进妇女金融包容前景较好、较为成功的计划，以及建议建立相关机制支持照搬和扩大这些计划。我们欢迎二十国集团俄罗斯主席和经合组织公布国家金融教育战略，期待经合组织/金融教育国际网络在下一次峰会前完成《落实金融教育国家战略的政策手册》。我们支持二十国集团/经合组织金融消费者保护工作组在制定第一批有效方法、推动落实《二十国集团金融消费者保护高级原则》上所做的工作，期待工作组在2014年就其他原则进行汇报。我们注意到国际金融消费者保护网络的实体化进程，期待这一进程完成。

## 促进人人享有的发展

81. 支持强劲、可持续、普惠和有韧性的增长，缩小发展差距，在我们促进就业和增长的整体目标中一直处于关键地位。因此，我们欢迎二十国集团今年取得的进展，特别是在以下几个方面：

• 粮食安全：支持世界银行安全营养知识平台，通过“通过社会安全网和风险管理实现粮食安全研讨会”交流最佳实践，在发掘全球研究重点和目标的同时，举办第二届二十国集团首席粮食科学家会议，并在2014年支持注重实效的农业研究。

• 基础设施：完成非洲基础设施项目准备机制评估；世界银行和亚洲开发银行设计大中城市大规模交通基础设施工具箱；世界银行、泛美开发银行和亚洲开发银行编写公私合作伙伴关系资料书；以及推进落实基础设施高级别小组建议。

• 普惠金融：通过金融包容性全球伙伴关系加强与二十国集团财金渠道协调，以加强金融包容性，继续推动将全球平均侨汇汇款成本降低至5%，包括探索面向结果的创新机制；加强对贫困人口的金融教育和消费者保护，促进中小企业融资，以促进增长、就业和减贫；与国际金融公司共同建立女性金融服务中心。

• 人力资源开发：启动就业技能全球公私知识分享平台，制定低收入国家就业技能国家行动计划，以及技能标准数据库。

• 包容性绿色增长：在可持续发展框架下，进一步开发、宣传和实施非约束性、自愿的绿色增长政策选择工具，包括与发展中国家建立研讨会，发起包容性绿色增长投资对话平台，以促进可持续发展和减贫。

• 国内资源动员：继续通过双多边项目加强发展中国家，特别是低收入国家税收管理，例如经济合作与发展组织和二十国集团成员开展的税基侵蚀和利润转移、情报自动交换、全球税收透明度和情报交换论坛、跨境税收稽查员项目以及拓展世界银行和国际货币基金组织关于提高发展中国家动员国内资源能力的工作。

82. 我们认识到粮食安全和营养在我们的议程中处于最优先的地位。我们意识到提高农业生产力、投资和贸易的重要性，以增强全球粮食系统，促进经济增长和就业。我们鼓励农业领域为进一步减少饥饿和营养不良所有正在进行的努力，通过加强二十国集团内协调，进一步明确和落实推动可持续生产和提高生产力的有效行动，通过营养保障政策及健全社会保障体系增加脆弱人群的粮食安全，并以低收入国家为重点。我们支持在不扭曲世界贸易前提下，在世界贸易组织框架下讨论合理的粮食安全问题，包括保护脆弱人群的、有针对性的政策。我们认识到需要更密切关注农业市场，农业市场信息系统正在提高市场信息透明度，但仍需进一步落实。我们重申落实所有二十国集团承诺和现有倡议的决心，包括2011年通过的粮食价格波动性和农业行动计划。

83. 我们欢迎二十国集团圣彼得堡峰会发展承诺问责报告。报告体现了通过2010年发展跨年度行动计划以来取得的进展。该报告表明我们的许多发展承诺已经落实，总结了有关经验，强调了已取得的成功。问责评估报告强调继续进行监督、明确需推进的领域、寻找机会加强和改进二十国集团发展议程的重要性。

84. 本着这种精神，我们批准《圣彼得堡发展展望》。这个文件阐明了我们的核心优先领域、新倡议和落实中的承诺。在2010年共享增长的首尔发展共识基础上，《展望》规划了我们未来工作的框架。我们要求发展工作组聚焦在核心领域的切实行动，包括粮食安全、普惠金融和侨汇、基础设施、人力资源开发、国内资源动员，以期在布里斯班峰会取得具体成果。我们承诺改进以下工作以取得更有效成果：

• 聚焦极度需要采取行动和改革的关键领域，以保证发展中国家的包容型和可持续增长；

• 加强二十国集团不同工作渠道间的政策协调，以增强对发展中国家的影响；

• 落实面向未来的问责进程，以加强监督、协调和提高透明度；

• 继续扩大与利益相关者的交往和伙伴关系，包括非二十国集团成员国（特别是低收入国家）、国际组织、私人部门和民间社会；

• 确保应对新的优先领域和情况的灵活方式。

85. 我们欢迎 2000 年以来落实千年发展目标取得的实质进展，以及在激励全球型行动实现全球和具体国家特定目标，特别是消除极度贫困和促进发展方面的成功。但是，不同国家和地区实现千年发展目标的前景大不相同。我们继续承诺加快实现千年发展目标，特别是通过落实发展议程和重点关注强劲、可持续、普惠和有韧性的增长。

86. 我们支持联合国正在进行的 2015 后发展议程制定进程。我们承诺积极参与这一进程，以及关于新框架方向、关键原则和内容的讨论，为按时完成这一进程做出有效贡献。最终结果将通过各方都参与的政府间进程确定，但大部分准备工作仍在进行。我们欢迎高级别名人小组 2015 后发展议程报告的贡献，该报告提出一些说明性目标。我们也欢迎联合国大会开放工作组和政府间可持续发展融资专家委员会正在进行的工作。我们在千年宣言、2012 年联合国可持续发展大会（里约+20）成果文件《我们憧憬的未来》、第四届联合国最不发达国家大会和《伊斯坦布尔宣言》行动计划及其他经济、社会和环境领域的联合国大会和峰会成果基础上，强调包括国际发展合作在内的共同行动的重要性。

87. 我们呼吁在考虑各国国情和发展水平、尊重各国政策和优先领域的前提下，就整体性的 2015 年后发展议程达成共识，包括简洁、可实施、可衡量的目标，关注消除极度贫困、推动发展和平衡可持续发展的环境、经济和社会支柱。我们承诺保证二十国集团在2015年后的活动与新的发展框架相协调。

88. 为更加快速和有效应对危害人类生活和扰乱经济活动的新疾病爆发，我们呼吁各国加强遵守世界卫生组织国际卫生条例。

89. 我们确认二十国集团成员对最低收入国家提供“免关税、免配额”市场准入方面取得的进展。

## 可持续能源政策和全球大宗商品市场的抗风险性

90. 能源可及性是影响生活质量及全球经济表现的重要因素，而获取可靠的、负担得起的能源对于发展、消除贫困和社会稳定至关重要。刺激经济增长、创造就业和实现可持续发展需要透明、可靠、运转良好的能源市场和充足投资。

91. 为提高市场透明度和有效性，我们承诺完善“联合机构数据倡议”石油数据库，确保其更透明、数据更完整、获取更容易，并且提供能力建设支持。我们期待尽早启动天然气数据库。我们注意到国际能源署、国际能源论坛和石油输出国组织在2013年5月发布的关于采取实际行动增强国际天然气和煤炭市场透明度的报告。我们要求IEF在10月二十国集团财长和央行行长会议前提交该领域进展报告。

92. 我们欢迎二十国集团能源报告，包括推动大宗商品实体和金融市场更好地运作。我们欢迎财长们在2013年7月20日公报中就石油价格报告机构采取行动的承诺，以通过提高透明度和适当监管加强其运作，并欢迎其在2014年进一步更新。我们也呼吁财长定期监督国际证监会组织关于大宗商品衍生品市场监管原则的落实情况，并鼓励更大范围公布和不受限制地获取未结算头寸数据。

93. 我们欢迎致力于促进可持续发展、能效、包容性绿色增长、清洁能源技术和能源安全等方面的努力，以促进各国人民及后代享有长期繁荣和小康生活。我们将继续与国际组织合作，分享各国关于可持续发展、清洁能源与能效以及相关技术开发和广泛应用的经验和案例，并在自愿基础上，就相应的政策选项和技术开展前瞻性工作。我们注意到世界银行发布的“迈向人人享有的可持续能源前景”报告，该报告旨在促进发展中国家获得可靠的、负担得起的能源。我们认识到现代生物能源可持续和负责任的生产和使用的重要性，以及“全球生物能源伙伴”在此领域的作用。

94. 我们重申致力于在中期内规范并逐步取消低效、鼓励浪费的化石燃料补贴，并向最贫困人群提供有针对性的支持。我们欢迎国别进展报告中提及的一些二十国集团成员所作努力。我们欢迎制定自愿参与同行审议的办法，以及发起成员国主导的同行审议，并鼓励各国广泛参与，以增加国别政策的透明度和可信度。我们要求财长们在下届峰会前报告第一轮同行审议的结果。鉴于向有关人群提供基本能源服务的重要性，我们要求财长们考虑与相关国际机构一道设计转型选项政策，包括加强社会安全网，保障最脆弱人群获取能源。

95. 未来几年，二十国集团成员和各国在能源基础设施领域将需要大规模投资，特别是私营部门投资。评估现有挑战并发现机遇，投资更智能、更低碳的能源基础设施，特别是清洁和可持续电力基础设施，这符合我们的共同利益。因此，我们鼓励二十国集团能源可持续工作组与私营部门及多边开发银行密切联系，呼吁于2014年启动公共部门、市场参与者及国际组织对话机制，深入分析阻碍清洁和能效技术投资的原因，并探寻增加可持续、负担得起、高效、安全的能源供应方法。

96. 政策执行者间的监管对促进投资也有重要意义。鉴于监管目前并将继续是一个国别主导的进程，而且各国监管作用各异并受区域合作影响，我们欢迎感兴趣的二十国集团成员在监管协会和国际组织的支持下，开展国家电力监管部门之间的对话，并注意到在喀山召开的二十国集团能源监管者外围对话会达成的关于有效监管和促进能源基础设施投资的声明。鉴于我们在促进能源基础设施，特别是清洁、负担得起、可持续的能源投资，以及促进多方参与方面所做的努力，我们鼓励感兴趣的监管者加强对话，并要求能源可持续性工作组关注该对话。

97. 很多国家正试图改善能源结构，例如推动可再生能源或核能。核能的确是低碳选择，同时也是资本密集型，并需承担核能安全及不扩散责任。所有二十国集团国家，不管是新兴的还是成熟的核能生产者，都要应国际原子能机构行动计划的呼吁，尽可能争取采取最高的核安全标准，培养稳健的核安全文化。我们鼓励致力于为建立一个全球核责任机制的多边合作。

98. 我们欢迎二十国集团全球海洋环境保护倡议设立以来取得的进展，以及全球海洋环境保护网站的启动，这是全球海洋环境保护机制下各国自愿分享国别最佳实践经验的重要内容，特别是防止近海油气开采、生产和海运导致的事故并应对其后果。我们鼓励参与方充分利用该网站，根据全球海洋环境保护倡议授权，并在二十国集团与相关国际组织指导下分享信息。

99. 我们认识到通过建立抗风险的能源市场，在全球能源安全议程中加强多边合作与协调的意义，并欢迎IEA在加强与非成员接触方面所作努力，并将监督该方面进展。

## 应对气候变化

100. 气候变化将继续对世界经济产生重要影响，如果我们拖延行动，将付出巨大代价。我们重申致力于应对气候变化的承诺，并欢迎联合国气候变化框架公约（UNFCCC）第十八次缔约方大会的成果。我们致力于全面落实坎昆、德班和多哈会议的成果，将与下次会议东道国波兰一道，推动第19次缔约方大会取得成功。

101. 我们致力于支持全面落实UNFCCC已达成的成果，以及正进行的磋商。我们尤其欢迎联合国秘书长在调动政治意愿上所作努力，待2015年在法国举办的第二十一次缔约方大会期间成功通过议定书，或一个法律文件，或对所有缔约方适用的具有法律效力的成果。我们同样支持补充性倡议，在审查经济适用型和技术可行性替代措施的基础上，通过多边渠道包括利用《蒙特利尔议定书》的专长和机制消减氢氟碳化物的生产和消费。我们将继续把氢氟碳化物置于UNFCCC和京都议定书框架内的排放计量和报告范围内。

102. 我们支持启动绿色气候基金。我们欢迎二十国集团气候变化融资研究小组根据UNFCCC的目标、条款和原则，起草的关于二十国集团成员有效调动气候资金的报告。为了阐明气候融资相关事宜并找到有效方式，我们要求财长在该报告基础上继续工作，并在一年内向我们汇报。

## 加强反腐败工作

103. 腐败严重阻碍经济可持续增长和减贫，并对金融稳定和经济构成威胁。腐败具有腐蚀性，损害公众信任，扭曲资源配置并损害法治原则。为便于受腐败影响的国家更好地理解限制经济发展潜力的因素，我们撰写了反腐败和经济增长文件，并鼓励经合组织与世界银行加强合作，继续推进该领域的工作。

104. 作为世界上最大的经济体集团，二十国集团有潜力形成对腐败零容忍的势不可挡的全球文化。我们将通过提高透明度、弥合政策制定与执行的差距等方式，加倍努力实现该目标。

为此：

105. 我们热烈欢迎沙特批准《联合国反腐败公约》，将继续鼓励二十国集团所有成员批准并执行《联合国反腐败公约》，鼓励与经合组织反贿赂工作组加强接触，并视情探讨遵守《经合组织反贿赂公约》的可行性。我们承诺率先垂范，在自愿基础上利用《联合国反腐败公约》审议机制的参考条款，提高《联合国反腐败公约》审议的透明度和包容性。

106. 我们重申打击国内外贿赂和索贿的决心，并核准不具约束力的《打击国外贿赂执行指导原则》和《打击索贿行为指导原则》。

107. 我们将继续发展并强化促进二十国集团成员间反腐败合作的框架。我们已经根据国内法规建立了二十国集团网络，分享信息并加强合作，以拒绝腐败官员和贿赂者入境。为了加强在调查、指控腐败行为及腐败收益返还方面的国际合作，我们核准《司法互助高级原则》。

108. 我们重申保障司法独立、分享最佳实践和加强保护举报人立法的承诺，确保反腐败机构的有效性免受不当影响，确保政府官员廉洁。

109. 我们对执行有效的反腐败教育计划并提高对该计划的认识给予高度评价，该计划旨在建立并强化对腐败的零容忍文化。

110. 我们对金融行动特别工作组在反腐败领域开展的工作表示支持。通过反洗钱、反恐融资等手段打击腐败将一直是二十国集团与金融行动特别工作组专家们可以加深合作，以及在打击税收犯罪和防范避税天堂风险方面加强合作的重要领域。

111. 我们将对高风险领域的反腐败保持特别关注，赞赏在组织体育、文化领域及其他主要国际活动反腐败工作中做出的努力，欢迎设立体育诚信全球联盟的倡议。我们承诺提高政府与私人部门间买卖关系诚信度，包括政府采购与国有资产私有化。我们欢迎提高采掘业透明度的倡议，包括自愿参与“采掘业透明度倡议”，并注意到已有的进展。我们邀请二十国集团反腐败工作组继续了解上述工作。

112. 我们认识到，只有工商界和公民社会共同努力，才能形成对于腐败的零容忍文化。我们承诺继续并加强二十国集团反腐败工作组与二十国集团工商峰会、社会峰会的对话，并注意到这两个峰会提出的建议。我们尤其欢迎关于工商界加强反腐败共同行动和促进私营部门反腐败机制性安排的倡议。

113. 我们欢迎二十国集团反腐败工作组在执行2013~2014年行动计划上取得的进展。我们认识到打击腐败需要持续性的协调努力，核可《圣彼得堡战略框架》以指导反腐败工作组的工作，并为行动计划提供基础。2014年，我们将推进落实现有承诺并考虑在二十国集团内就全球反腐败采取进一步行动。

## 结论

114. 我们感谢俄罗斯作为二十国集团主席国举办了成功的圣彼得堡峰会，我们期待澳大利亚作为主席国于 2014 年 11 月在布里斯班举办下届峰会。

## 2014年G20布里斯班峰会公报（全文）

1. 促进全球增长以提高各国人民生活水平、创造高质量就业，是我们最重要的任务。我们对一些主要经济体的更强劲增长势头表示欢迎。但全球经济复苏依然缓慢和不均衡，未能带来我们需要的就业。解决供给限制是释放经济增长潜力的关键，但世界经济也面临需求不足的制约。包括金融市场和地缘政治紧张等风险依然存在。因此，我们承诺本着伙伴关系开展工作，以促进增长、提高经济抗风险能力、加强全球机构。

2. 我们决心应对这些挑战，加快努力实现强劲、可持续、平衡增长并创造就业。我们认识到良好运行的市场是繁荣的基础，正在实施结构改革，以促进增长并激发私营部门活力。我们将保证宏观经济政策有利于支持增长、增加需求、促进全球再平衡。我们将在考虑近期经济状况的前提下，继续灵活落实财政战略，同时将债务占国内生产总值比例维持在可持续的水平。我们的货币政策当局已承诺在自身职责范围内，支持经济复苏，并在有需要的地区抗击通缩压力。我们将关注自身政策的全球影响，合作管控外溢效应。我们已准备好使用各种政策杠杆巩固市场信心和经济复苏。

3. 今年，我们制定了一个富有雄心的目标，即到 2018 年前使G20 整体GDP额外增长 2% 以上。国际货币基金组织和经合组织研究表明，如果我们的政策承诺全部落实，G20 GDP 将额外增长 2.1%。这将为全球经济创造超过 2 万亿美元财富，并增加数百万就业岗位。我们在增加投资、促进贸易和竞争、扩大就业方面的举措，以及我们的宏观经济政策，将支持发展与包容性增长，有助于解决不平等和减少贫困。

4. 我们促进增长、创造高质量就业的行动已经纳入了全面增长战略和《布里斯班行动计划》。为落实上述承诺并就实现增长目标取得实际进展，我们将相互监督问责，并借助国际组织的分析。我们将确保增长战略得以落实到位，并在下次峰会上审议工作进展。

## 携手行动，促进增长和就业

5. 解决全球投资和基础设施投资不足问题，对促进增长、创造就业和提高生产力至关重要。我们赞成“全球基础设施倡议”，该倡议是一个旨在提高公共和私人部门基础设施投资的多年期工作计划。我们的增长战略涵盖了主要的投资倡议，包括支持公共投资和改善国内投融资环境的行动，这些行动对吸引私人部门投资至关重要。我们同意在投资领域采取一系列自愿和率先垂范的示范做法，以推动并优化高质量投资，特别是基础设施投资。为帮助在投资者与项目间牵线搭桥，我们将解决数据缺失问题并改善项目信息渠道。我们将致力于加强机构投资者长期投资，鼓励包括透明的证券化在内的市场融资，尤其是为中小企业服务。我们将继续同多边开发银行合作，并鼓励各国开发银行，通过优化资产负债表的方式提供额外贷款，并确保G20在基础设施领域的工作惠及低收入国家。

6. 为支持落实上述倡议，我们同意成立为期四年的全球基础设施中心。该中心将致力于为政府、私人部门、开发银行和其他国际组织提供分享知识的平台和网络，并将促进上述各方的合作，以改善基础设施市场的运行和融资。

7. 为在发展中国家提升基础设施水平和吸引更多私营部门投资，我们欢迎世界银行发起成立全球基础设施基金。该基金将同我们的工作相互补充。我们支持其他开发银行的类似行动及彼此合作。

8. 贸易和竞争是促进增长、提高生活水平和创造就业的强大动力。当今世界，我们不仅交易最终产品，还通过进出口零部件和服务共同制造产品。我们的政策需要充分利用全球价值链、鼓励发展中国家更多参与其中并创造增加值。我们的增长战略包括通过降低成本、简化海关程序、减少监管负担、加强有利于贸易的服务等改革措施，以促进贸易便利化。我们正在促进竞争、创业和创新，包括降低新建企业和投资的准入门槛。我们重申反对贸易保护主义，以及暂不出台新的贸易保护主义措施并取消有关措施的一贯承诺。

9. 我们扩大投资、贸易和竞争的措施将带来高质量就业。但我们必须为解决失业、提高劳动参与率和创造高质量就业付出更多努力。我们同意了一个在充分考虑各国国情的基础上、缩小男女就业参与率差额的目标，即到 2025 年将该差额在目前基础上减少 25%，以带动超过 1 亿女性就业，显著拉动全球增长并减少贫困和不平等。

10. 我们坚定承诺降低高得无法接受的青年失业率，并确保年轻人接受教育、培训或雇佣。我们的就业计划包括投资于学徒制、教育和培训，及激励招聘青年和鼓励创业的措施。我们仍然关注非正式就业和结构性失业及长期失业问题，将通过加强劳动力市场及适当的社会保障体系加以解决。我们将把改善工作场所安全和劳动者健康作为优先事项。我们要求劳工和就业部长在就业工作组支持下，于 2015 年向我们报告进展情况。

11. 我们致力于消除贫困和发展，确保我们的举措有利于低收入和发展中国家的包容性和可持续增长。我们承诺采取强有力且务实的措施，降低全球侨汇平均成本至 5%，并将提高金融包容性作为优先工作。“G20 粮食安全和营养框架”将通过增加对粮食系统的投资、提高生产力扩大粮食供给，增加收入和高质量就业，促进增长。我们支持联合国就制定富有雄心的 2015 年后国际发展议程开展工作。G20 将通过促进经济增长和抗风险为此做出贡献。

## 建设更强劲、更抗风险的全球经济

12. 增强全球经济抗风险能力和金融体系稳定性对可持续增长和发展至关重要。我们已兑现为应对金融危机所作承诺的关键部分。我们改善银行资本和流动性状况、提高衍生品市场安全性的改革将减少金融体系风险。我们欢迎金融稳定理事会关于要求全球系统重要性银行增加吸损能力的建议，使在这些银行倒闭时能进一步保护纳税人。落实影子银行监管框架方面已取得进展，我们同意更新后的路线图以推进工作。我们同意采取措施减少银行和非银行之间的风险传导渠道。但为建设一个更强劲、更抗风险的金融体系，仍有重要工作要做。目前的任务是完成政策框架中的剩余内容，全面落实已经商定的金融监管改革方案，同时对新风险保持警惕。我们呼吁监管机构取得更实质的进步，更迅速落实已商定的G20金融衍生品市场改革。我们鼓励各辖区依照圣彼得堡宣言，在合理情况下互相认可。我们欢迎金融稳定理事会就上述改革落实进展及其影响进行报告，制定未来工作重点。我们欢迎在增强主权债务重组有序性和可预见性方面取得的进展。

13. 我们正在采取措施，确保国际税收体系公平，保障各国税基。对经济利润课税时，应当在创造利润的经济活动发生地或价值创造地进行。我们欢迎G20/经合组织提出的税基侵蚀和利润转移行动计划在推动国际税收规则现代化方面取得的重大进展，承诺在2015年完成有关工作。我们欢迎在专利税方面取得的进展。为防止跨境逃税，我们核准在对等基础上开展的税收情报自动交换全球统一报告标准。根据各国完成必要立法程序情况，我们将于2017年或2018年底同各成员国和其他国家开展税收情报自动交换。我们欢迎金融中心承诺采取相同行动，并呼吁所有相关方加入。我们欢迎发展中国家深化参与税基侵蚀和利润转移项目，以解决其关切。我们将同他们一道，建设其税收征管能力，并落实税收情报自动交换全球标准。我们欢迎各国税收当局就跨境合规行为开展进一步合作。

14. 我们核准支持增长和抗风险的《2015~2016年G20反腐败行动计划》。我们正采取行动建设反腐败合作网络，包括加强司法互助，返还腐败资产，拒绝为腐败官员提供“避罪港”。我们承诺提高公共和私营部门的所有权透明度，并通过落实《G20受益人所有权透明度高级别原则》，提高受益人所有权透明度。

### 加强全球机构

15. 二十国集团必须站在应对全球经济挑战的最前沿。全球经济机构要有效率、有代表性，并反映世界经济的变化。我们欢迎新兴市场国家增加在金融稳定理事会的代表性，以及其他增强理事会有效性的行动。我们承诺维护一个强健、以份额为基础、资源充足的国际货币基金组织。我们重申将继续落实圣彼得堡峰会承诺，并因此对2010年国际货币基金组织份额和治理结构改革、第15次份额总检查以及新份额共识的持续拖延深感失望。落实2010年IMF改革方案仍然是我们最首要的任务。我们敦促美国批准上述改革方案。如今年底前未实现，我们将要求国际货币基金组织在现有工作基础上研拟下一步的政策选项。

16. 我们需要一个在开放型世界经济中的强大贸易体制，以促进经济增长、创造就业。为帮助工商界更好地利用贸易协定，我们将努力保证双边、区域和诸边贸易协定互为补充、透明，并为在世界贸易组织规则内建设更强大的多边贸易体制做出贡献。这些规则依然是带来经济繁荣的全球贸易体制的基石。一个能够应对当前和未来挑战的、充满活力、有效的世界贸易组织十分必要。我们欢迎美国和印度协商取得的突破，这有助于全面、迅速落实贸易便利化协定。这一突破也包括了粮食安全条款。我们承诺落实巴厘一揽子协定所有内容，尽快确定世贸组织解决多哈回合谈判遗留问题的工作计划，以推动谈判重返轨道。这对恢复各方对多边贸易体制的信任和信心十分重要。我们将继续向需要帮助的发展中国家提供促贸援助。

17. 加强能源合作是我们的工作重点。国际能源市场正经历重要转变。强劲并抗风险的能源市场对经济增长至关重要。今天，我们核准了《G20能源合作原则》。我们要求能源部长在2015年召开会议，并向我们报告关于推进这项工作的选项。天然气在能源来源中愈发重要，我们将努力完善天然气市场的运行。

18. 提高能效是应对增长和发展带来的需求增加的一个成本节约型的途径，也有助于提高能源可及性和能源安全。这将降低企业经营和家庭生活成本。我们就关于在能效方面自愿合作的行动计划达成一致，包括在改善汽车特别是重型卡车及网络设备能效和排放方面采取新措施，在建筑业、加工业、发电以及能效融资领域的举措。我们重申逐步取消鼓励浪费的化石燃料补贴，同时对最贫困人群提供支持。

19. 我们支持应对气候变化的强力有效举措。我们的行动将根据联合国气候变化框架公约及其商定的成果，支持可持续发展、经济增长，稳定商业和投资环境。我们将共同努力，在2015年巴黎联合国气候变化框架公约大会第21次缔约方会议上，形成一份在公约框架下适用于所有缔约方的议定书、其他形式的法律文书或具有法律效力的商定成果。我们对有关缔约方准备在公约缔约方第21次会议之前（如准备好，可在2015年第一季度之前）通报国家自主决定的贡献表示鼓励。我们重申支持为减缓和适应气候变化动员资金，例如绿色气候基金。

20. 我们对埃博拉疫情暴发为几内亚、利比里亚、塞拉利昂带来的人道主义和经济影响深表关切。我们支持国际社会采取紧急协调的应对措施，并已承诺将尽全力控制和应对危机。我们呼吁国际金融机构帮助包括中东地区在内的受影响的国家应对埃博拉和其他人道主义危机带来的经济冲击。

21. 我们将坚决履行推动经济增长、创造就业、促进发展和提振全球信心的承诺。我们感谢主席国澳大利亚今年体现的领导力。期待2015年在主席国土耳其任期内继续合作，并在土耳其安塔利亚举行的下届峰会上讨论工作进展。我们期待2016年在中国举行峰会。

### 附件：需进一步采取行动的事项

1. 对于金融稳定理事会关于制定全球系统重要性银行额外吸损能力国际统一标准的建议，应在2015年峰会决定采取最终措施前，公开征求意见、进行严格的量化评估并进一步细化措施。量化评估将考虑该标准对新兴市场国家银行业、总部在新兴市场国家的全球系统重要性银行以及国有银行的影响。

2. 考虑到诉讼带来的挑战以及为加强主权债务重组进程的有序性和可预测性，我们欢迎国际社会就强化集体行动和同权条款开展的工作。我们呼吁在国际主权债券中含有上述条款，并鼓励国际社会和私人部门付诸实践。我们要求财长和央行行长讨论上述及相关问题的进展。

3. 如果美国在2014年底前仍未批准2010年IMF改革方案，我们要求IMF立即研拟下一步行动方案，并要求财长和央行行长与国际货币金融委员会（IMFC）开展合作，在IMFC下次会议中讨论上述方案。

## 2015年G20安塔利亚峰会公报（全文）

### 前言

1. 我们，二十国集团领导人，于2015年11月15日至16日在安塔利亚举行会议，决定采取共同行动，以实现包容和稳健增长，增加人民福祉。我们决心坚定，致力于创造更多、更高质量就业，促进全球强劲、可持续和平衡增长。我们认识到，要推进包容性增长和增强信心，需要运用所有政策工具并同关键利益攸关方紧密互动。

2. 为了实现目标，今年我们围绕三个支柱制定了全面议程，即坚定落实我们已有承诺、促进投资增强增长动力、提高我们行动的包容性以确保共享增长红利。作为落实这一议程的一部分，我们还加强同低收入发展中国家的对话。

## 加强经济复苏和提升潜力

3. 尽管一些主要经济体增长前景趋好，但当前全球经济增长仍不均衡，持续低于预期。国际金融市场依然存在诸多风险和不确定性，地缘政治方面的挑战日益成为全球关注的问题。此外，全球需求不足和结构性问题持续影响实际和潜在增长。

4. 我们将继续以合作的方式实施稳健的宏观经济政策，以实现强劲、可持续、平衡增长。我们的货币政策当局将根据其授权，继续确保价格稳定，支持经济活动。我们重申将根据近期经济形势灵活地实施财政政策，以支持经济增长并创造就业，同时将政府债务占GDP比重维持在可持续水平。我们将考虑预算收支结构，以支持生产率、包容性和经济增长。我们将继续致力于促进全球再平衡。我们将谨慎调整各项政策行动并保持清晰沟通，特别是在主要货币政策和其他政策决定等方面，以减少不确定性，使负面溢出效应最小化，并提高透明度。我们还将确保建立强有力的全球金融安全网。在大规模资本流动波动引发风险的背景下，我们将通过合适的框架促进金融稳定，包括确保全球金融安全网充分发挥作用，同时享受金融全球化带来的好处。我们重申此前的汇率承诺，并将抵制任何形式的保护主义。

5. 我们仍然致力于实现富有雄心的目标，即我们去年在布里斯班峰会上宣布的，到2018年使G20整体GDP额外增长2%。我们的首要任务是及时、有效地实施增长战略，包括采取措施支持需求和结构性改革，提升实际和潜在增长，创造就业，增强包容性，减少不平等。去年以来，我们在兑现承诺方面已取得重大进展，在布里斯班所作的承诺已兑现近一半。国际货币基金组织、经合组织和世界银行的分析显示，我们目前落实的政策措施已完成我们集体增长的三分之一以上。然而我们也承认，实现目标还需进一步努力。我们将更加努力，迅速采取行动，加快落实承诺。下一步，我们将继续通过今年制定的强有力框架，密切监测各项承诺的落实情况。同时，我们还将继续审议并调整增长战略，尤其是结构性改革议程，以确保增长战略与不断变化的经济形势、结构性挑战和政策重点相适应，并符合我们共同的增长目标。安塔利亚行动计划包括调整后的增长战略以及主要承诺的落实计划，体现了我们战胜全球经济挑战的决心。

6. 我们承诺确保包容性增长，创造就业并使全社会共享增长红利。很多国家不平等加剧将给社会和谐和公民福祉带来风险，也会产生负面经济影响，阻碍我们实现促增长的目标。全面和平衡的经济、金融、劳动、教育和社会政策有助于减少不平等。我们核可《劳动和就业部长会宣言》，承诺落实首要任务，按照《G20 关于劳动收入占比和解决不平等的优先政策》，促进劳动市场更加包容。我们要求财政部长、劳工和就业部长评估增长战略和就业计划，强化我们应对不平等的行动，支持包容性增长。认识到社会对话对实现上述目标至关重要，我们欢迎工商峰会和劳工峰会发表关于就业、增长和体面就业的联合声明。

7. 失业、非充分就业和非正规就业是造成很多国家不平等的重要来源，将削弱经济未来增长前景。我们将按照《G20 高质量就业促进框架》的思路重点推动更多、更高质量就业，并通过《G20 技能战略》提高技能培训，加大技能投入。我们坚定支持年轻人更好融入劳动力市场，包括鼓励创业。基于我们之前的承诺并考虑各国情况，我们同意到 2025 年实现将G20 各成员中最有可能被劳动力市场永久抛弃的年轻人比例降低 15%的目标。我们请经合组织和国际劳工组织协助监测该目标的实施进展。我们将继续监督落实就业计划、缩小男女劳动参与率差别、创造更安全和健康的工作环境，并融入可持续全球供应链。

8. 我们将应对好国际劳动力流动和人口老龄化等因素给劳动力市场带来的机遇和挑战。国内劳动力流动是一些G20 成员就业市场的重要问题。我们认识到并将继续探索发掘蓬勃发展的“银发经济”的潜力。我们要求劳动和就业部长在 2016 年向我们进一步汇报有关问题进展。

9. 为有力促进投资，特别是增加私人部门的参与，我们制定了富有雄心的国别投资战略，通过具体政策改善投资生态，促进高效率、高质量的基础设施投资，包括公共部门投资，并为中小企业提供支持，促进知识共享。经合组织的分析报告表明，这些战略将会使G20投资总额占GDP的比例到2018年前提高1个百分点。

10. 为改善投资的准备工作、优先排序和执行程序，我们提出了公共和社会资本合作（PPP）模式指南和良好实践。我们还研究了其他的替代性融资结构，包括基于资产的融资模式和简单透明的证券化，以更好地为中小企业和基础设施投资提供便利的中介渠道。下一步，我们要求部长们继续改善投资生态，促进长期融资，加强机构投资者参与，支持替代性资本市场工具和基于资产的融资模式的发展，并鼓励多边开发银行（MDBs）动员自身资源，优化资产负债表，吸引私人部门资金。我们正努力开发工具包，为各国基础设施项目的准备工作、优先排序和融资提供更多方法和途径。我们期待全球基础设施投资中心（GIH）在这方面做出重要贡献。为确保建立强有力的公司治理框架以支持私人投资，我们核准了《G20/OECD公司治理原则》。我们特别关注促进中小企业长期融资，我们欢迎《中小企业融资联合行动计划》、《G20/OECD中小企业融资高级别原则》等指导原则，同时欢迎建立私人部门主导的全球中小企业论坛。该论坛将作为一个全球性实体，促进中小企业为经济增长和就业做出贡献。

11. 全球贸易和投资依然是经济增长和发展的重要引擎，有助于创造就业、增进福利、促进包容性增长。我们注意到全球贸易增速依然低于危机前水平。这是周期性和结构性双重因素所致。为此，我们再次郑重承诺通过包括调整后的增长战略等措施，加强协调，推动贸易和投资。包容的全球价值链是世界贸易的重要驱动力。我们支持所有发展水平国家的各种规模企业，尤其是中小企业，参与并充分利用全球价值链，同时鼓励发展中国家更深参与并创造更多价值。我们进一步重申不采取新的贸易保护主义措施的承诺，并将保持谨慎，监督落实进展。为此，我们要求世贸组织、经合组织和联合国贸发会议继续报告贸易和投资限制措施。我们要求贸易部长定期举行会议，并同意建立支持性工作组。

12. 世贸组织是多边贸易体系基石，应继续在促进经济增长和发展方面发挥核心作用。我们继续承诺坚持一个强有力和高效的多边贸易体制，重申共同努力完善其运行的决心。我们致力于共同推动内罗毕贸易部长会议取得成功，在多哈发展回合等问题上取得一系列平衡成果，并为后内罗毕工作提供明确指导。我们还将加倍努力，落实包括农业、发展、公共粮食储备以及《贸易便利化协定》批准与实施等在内的巴厘一揽子协议全部内容。我们将继续努力，确保双边、区域和诸边贸易协定相互补充、透明、包容，与以世贸组织规则为基础的多边贸易体制保持一致，并为强化这一体制做出贡献。我们强调贸易在全球发展事业中的重要作用，将继续支持在需要能力建设援助的发展中国家中实施“促贸援助”等机制。

## 增强抗风险能力

13. 强化金融机构的抗风险能力，增强金融体系的稳定性对保持经济增长与发展至关重要。为加强全球金融体系的抗风险能力，我们已进一步完成金融改革议程的核心要素。特别是作为解决“大而不能倒”问题的关键一步，我们已最终确定全球系统重要性银行总损失吸收能力（TLAC）的共同国际标准。同时，我们就针对全球系统重要性保险公司的更高损失吸收能力要求的第一版达成一致意见。

14. 为了建立更加强大和抗风险能力更强的金融体系，仍有许多关键工作要做。特别是，我们期待继续就中央对手方抗风险能力、恢复计划和可处置性等领域开展相关工作。我们要求金融稳定理事会在我们下次会议时报告相关进展。我们将继续监测改革进展，并在必要情况下应对金融体系内以及银行部门以外的新出现的风险和脆弱性。我们将根据其带来的系统性风险，以合理的方式进一步加强对影子银行的监督和监管，确保基于市场的融资具备抗风险能力。在适当评估并解决往来银行业服务萎缩问题上，我们期待更多进展。我们将加快工作，在落实场外衍生品（OTC）改革方面取得更多进展，包括鼓励各辖区在符合圣彼得堡峰会宣言共识的情况下互相认可对方监管。下一步，我们将努力按照各方同意的时间表，全面、持续地实施全球金融监管框架，同时将继续监测各辖区的实施进展。我们将继续监测各项行动和决策的效果，以确保全球监管框架的强有力，并与可持续增长融资相适应。我们欢迎FSB发布的关于改革及其实施效果的第一个年度报告。我们将继续就保持全球金融监管框架的强有力进行审议，就改革的落实进展、效果及与我们总体目标的一致性进行监测和评估，包括解决未预料到的实质性影响，特别是对新兴市场和发展中国家的影响。

15. 为在全球范围内实现公平、现代化的国际税收体系，我们核准《G20/OECD税基侵蚀和利润转移（BEPS）项目行动计划》中的一系列措施。广泛、持续地落实行动计划是确保BEPS项目取得成效的关键，特别是在跨境税收裁定的情报交换方面。因此，我们强烈敦促按时落实BEPS项目，并鼓励包括发展中国家在内的所有国家和辖区参与。为在全球监测BEPS项目的落实情况，我们呼吁OECD在2016年初前建立一套包容性框架，该框架将在平等参与的基础上纳入感兴趣并致力于实施BEPS项目的非G20国家和辖区，包括发展中经济体。我们欢迎IMF、OECD、联合国和世界银行集团为感兴趣的发展中经济体提供适当的技术援助，帮助其应对国内资源动员方面的挑战，也包括BEPS方面的挑战。我们认识到，感兴趣的非G20发展中国家实施BEPS行动计划的时机可能与其他国家不同，期待OECD和其他国际组织能够确保该框架适当考虑发展中国家的情况。我们在加强税收体系透明度方面不断取得进展，我们重申此前承诺，将于2017年或2018年底同各成员国和其他国家就税收情报开展应要求交换和自动交换。我们邀请其他辖区共同参与。我们支持提高发展中经济体在国际税收议程中的参与度。

16. 为支持增长和抗风险议程，我们将继续有效落实《2015~2016年G20反腐败行动计划》，促进国际社会形成对腐败问题的零容忍环境。我们核准《G20私营部门廉洁透明高级别原则》，帮助企业遵守道德和反腐败全球标准。确保公共部门的廉洁和透明至关重要。为此，我们核准《G20反腐败公开数据原则》和《G20推动公共采购廉洁原则》，欢迎正在开展的资产披露框架有关工作。我们将视需并依据国内法律体系，进一步加强在民事和行政程序上的国际合作，以此作为有效打击贿赂、支持腐败资产返还、拒绝为腐败官员及造成官员腐败的人提供避罪港的重要工具。我们欢迎发布《受益人所有权透明度落实计划》，并将为此继续努力。

17. 我们对2010年IMF份额和治理改革共识始终未能落实深感失望。2010年改革方案仍是我们关于IMF的最优先工作。我们敦促美国尽快批准改革方案。考虑到2010年改革方案目标，我们要求IMF完成过渡方案，尽快并尽可能地使份额分配达到第14次份额检查所确定的水平。包括新的份额计算公式在内的第15次份额检查应以第14次份额检查为基础。我们重申维护一个强有力、以份额为基础、资源充足的IMF的承诺。我们重申对所有国际金融机构领导人和高级领导层均应经由公开、透明、择优的程序任命的共识，并重申国际金融机构加强职员多样性的重要性。我们重申，特别提款权货币篮子的构成应继续反映各国货币在全球贸易和金融系统中的作用，并期待完成对SDR估值方法的审议工作。

18. 我们欢迎在国际主权债券合同中加强集体行动条款和同权条款落实方面取得的进展。这将有利于提高主权债务重组的有序性和可预期性。我们要求IMF在征询其他相关方意见的基础上，继续促进上述条款的运用，并进一步探索采用市场化方式加快将上述条款加入到现有存量的未偿清国际主权债券中。我们期待即将开展的IMF和世界银行低收入国家债务可持续性框架审议。我们对以改善可持续融资实践为目标的现有倡议表示认可，这一目标在《亚的斯亚贝巴行动议程》也得到强调。我们也注意到巴黎论坛倡议。该倡议有利于加强主权债务国和债权国对话，进一步提高包容性。

## 支持可持续性

19. 2015年是可持续发展的关键之年，我们将继续致力于为实现包容和可持续发展做出贡献，包括在低收入国家和发展中国家。2030年可持续发展议程，包括可持续发展目标和《亚的斯亚贝巴行动议程》，为国际发展工作设定了一个转型、普遍、富有雄心的框架。我们积极承诺落实其各项成果，确保我们消除贫困的努力不使任何人被落下，为全人类创造一个包容、可持续的未来。我们核准《G20和低收入发展中国家框架》，以加强我们在发展领域的对话和参与。我们将在2016年制定行动计划，使我们的工作与2030年可持续发展议程更好衔接。

20. 我们今年的工作对可持续发展重点领域给予支持，例如能源可及性、粮食安全和营养、人力资源开发、高质量基础设施、普惠金融和国内资源动员。我们核可《G20粮食安全和可持续粮食系统行动计划》，强调将致力于提高全球粮食安全和营养，确保我们生产、消费和销售粮食的方式在经济、社会、环境等各方面的可持续性。我们仍将重视推动农业和粮食系统的负责任投资，提高市场透明度，增加收入和高质量就业，培育可持续的生产率增长。我们将会对小农、家庭农户、农村妇女和青年给予特别关注。今年我们也承诺降低全球粮食损失和浪费。我们欢迎米兰世博会以“给养地球，为生命加油”为主题。我们也欢迎G20农业部长做出决定，成立一个新平台，以推动G20和其他国家更好测算并减少粮食损失和浪费。

21. 私营部门在发展和消除贫困方面有很强作用。通过《G20包容性商业倡议》，我们强调所有相关方需要共同采取行动，帮助低收入人民和团体有更多机会作为购买者、供应者和消费者参与市场。我们今年制定的《G20国别侨汇计划》包含了降低全球平均侨汇成本至5%的具体行动，并同可持续发展目标和亚的斯亚贝巴行动议程相一致。我们正通过开放支付、储蓄、信贷和其他金融服务渠道的方式推动普惠金融。我们欢迎普惠金融全球伙伴关系在普惠金融领域持续开展的工作。

22. 我们高度关注《G20能源合作原则》，欢迎首届能源部长会召开。认识到超过11亿人电力缺乏及29亿人靠传统生物热源烹饪，我们支持《G20能源可及性行动计划：能源可及性自愿合作》。该计划第一阶段将重点提高问题最为严重的撒哈拉以南非洲电力可及性，旨在加强G20协调并建立可逐步适用于其他区域的长期自愿合作框架。在第一阶段，我们将在考虑各国需求和情况的基础上，同非洲国家和有关区域、国际组织在各方面开展合作，包括政策和监管环境、技术研发和应用、投资和融资、能力建设、区域一体化和合作等。

23. 我们认识到在能源领域采取行动，包括提高能效、增加清洁能源技术投入以及支持相关研发活动，对应对气候变化及其影响具有重要作用。我们核准《G20可再生能源开发自愿选择工具箱》。我们重视今年各参与国在推动能效合作方面所取得的进展，同意在自愿的基础上进一步支持今年各工作渠道的成果，包括汽车（尤其是重型载重卡车）能效及排放表现、联网设备、建筑、工业流程、发电和能效融资等领域所取得的成果。我们将继续发展包括天然气市场在内的透明、竞争和运转良好的能源市场。我们强调能源来源多样性和持续投资增强能源安全的重要性。我们重申致力于中期内逐步规范和取消低效的、鼓励浪费的化石燃料补贴，同时兼顾贫困者的需要。我们将努力推进有关进程力度，落实上述承诺。我们要求能源部长们在2016年再次报告能源合作进展，以及继续落实G20能源合作原则的情况。

24. 气候变化是我们当代面临的最严峻的挑战之一。我们认识到2015年是采取有效、强有力和集体行动应对气候变化及其影响的关键之年。我们重申《利马气候行动倡议》关于控制气温升幅低于2摄氏度的目标。我们确认，决心通过一项在《联合国气候变化框架公约》下具有法律效力并适用于各方的议定书、法律文件或达成一致的成果。我们的行动是为了支持增长和可持续发展。我们强调，巴黎协议应当公平、均衡、富有雄心、可持续和有活力。我们强调致力于在巴黎达成富有雄心的协议，反映共同但有区别和各自能力原则，同时考虑各国不同国情。我们重申《联合国气候变化框架公约》是气候变化谈判的主要国际政府间机制。我们欢迎包括所有G20成员在内的超过160个国家向《联合国气候变化框架公约》提交国家自主贡献，并鼓励其他国家在巴黎大会前提交。我们已准备好落实国家自主贡献。我们指示谈判代表在未来数日里建设性和灵活性地参与讨论有关关键问题，包括减缓、适应、资金、技术研发和转让以及透明度等，以便在我们到达巴黎时能有一个解决方案。我们承诺共同努力推动《联合国气候变化框架公约》缔约方第21次会议取得成功。

25. 当前难民危机的规模引起全球对其在人道主义、政治、社会和经济等方面影响的关注。需要采取协调和全面措施应对这一危机及其长期效应。我们将继续努力，对世界各地史无前例数量的难民和国内流离失所人员提供保护和支持，寻求长期解决方案。我们呼吁所有国家都为应对上述危机做出贡献，共担责任，包括采取难民安置及其他形式的人道主义收容、援助等方式，帮助难民获得服务、教育和生活机会。我们强调需要解决这一流离失所的根源。在这方面，我们强调政治解决冲突、增进发展合作的重要性。我们认识到保障难民和国内流离失所者安全和帮助其按照个人意志返回家园的重要性。我们将同其他国家一道，加强管理移民和难民流的长期准备和能力。我们邀请各国，根据自身能力，加大对相关国际组织的支持，强化其帮助受影响国家应对危机的能力。我们鼓励私人部门和个人参与应对难民危机的国际行动。

26. 我们生活的互联网经济时代给全球增长同时带来机遇和挑战。我们认识到信息通信技术及其使用对安全的威胁，这种威胁削弱我们通过互联网促进世界经济增长和发展的能力。我们致力于消除数字鸿沟。如同在其他环境中，在信息通信技术环境，国家负有特殊责任，促进安全、稳定，密切同其他国家的经济联系。为支持实现上述目标，我们强调任何国家不应当为获取公司或商业部门竞争优势，而采取或支持窃取信息通信技术知识产权，包括贸易秘密和其他商业机密。所有支持安全使用信息通信技术的国家都应尊重和保护自由原则，使其免受非法和任意干涉隐私所扰，包括在数字通信的情况下。我们同样注意到联合国在制定相关规则方面的关键作用并欢迎 2015 年联合国信息安全问题政府专家组达成的报告，确认国际法，特别是联合国宪章，适用于国家行为和信息通信技术运用，并承诺所有国家应当遵守进一步确认自愿和非约束性的在使用信息通信技术方面的负责任国家行为准则，并同 A/C.1/70/L.45 号决议相一致。我们将致力于维护环境，确保所有参与者均能享受安全使用信息通信技术的益处。

## 结论

27. 我们将继续坚定地通过集体行动提高各国经济的实际和潜在增长率，促进就业，增强抗风险能力，促进发展，加强政策包容性。我们对土耳其担任G20主席国并成功举办安塔利亚峰会表示感谢。我们期待着在中国担任主席国期间，于2016年9月在杭州再会。我们也期待在德国举行2017年峰会。

# 附录三
# 历届G20峰会承诺及兑现情况

| 主要承诺内容 | 是否兑现 | 备注 |
|---|---|---|
| **2008年G20华盛顿峰会** | | |
| 在保持有助于金融可持续性发展政策架构同时，利用财政措施刺激国内需求 | Y | 15个成员国已经推出相关的财政措施推动国内需求，其余5个成员国的有关措施也在筹备中 |
| 帮助新兴市场和发展中国家经济体在当前金融困难时期获得资金支持，其中包括流动性能力和项目支持 | | |
| 推进布雷顿森林机构改革，以便他们在全球经济中能够更加充分地反映不断变化的经济权数，提高其正确性和有效性<br>在这方面，新兴市场和发展中国家经济体，其中包括最贫穷国家，将有更多的话语权和代表权 | Y | 大多数成员国履行承诺，推出相关政策，支持国际货币基金组织份额改革 |
| 未来12个月，将反对抬高投资或货物及服务贸易新壁垒，反对设置出口新限定或实施有违世界贸易组织规定的措施来刺激出口 | Y | 超过一半的成员国履行承诺，没有抬高投资或货物及服务贸易新壁垒，没有设置出口新限定或实施有违世界贸易组织规定的措施来刺激出口 |
| **2009年G20伦敦峰会** | | |
| 创立一家全新的金融稳定委员会 | Y | 金融稳定委员会于2009年6月27日成立 |
| 下大力气巩固国际金融机构，尤其是国际货币基金组织。通过全球金融机构追加8500亿美元可用资金，这笔资金将用来为逆周期支出、银行资本充足、基础设施建设、贸易融资、支持国际收支平衡、新债替旧债和社会支持提供资金，从而支持新兴市场和发展中国家的增长 | Y | G20向国际货币基金组织提供了三倍的可利用资源 |
| 重申在华盛顿许下的承诺：不得针对投资或商品及服务贸易设置新的障碍，不对出口施加新的限制，不得推行违背世贸组织规则的措施来刺激出口 | Y | 超过一半的G20成员国没有抬高投资或货物及服务贸易新壁垒，没有设置出口新限定或实施有违世界贸易组织规定的措施来刺激出口 |

（续表）

| 主要承诺内容 | 是否兑现 | 备注 |
|---|---|---|
| 重申在千年发展目标会议上做出的历史性承诺：致力于履行G20各自的官方发展援助承诺，其中包括促进贸易援助、债务减免及格伦伊格斯会议上做出的承诺，特别是对撒哈拉以南非洲国家的承诺 | Y | 有一半的G20成员国履行承诺，为发展中国家提供援助 |
| 使最贫穷国家能获得社会保障所需的资源，其中包括向长期食品安全投资和志愿向世界银行的《脆弱性框架计划》——该计划包括基础设施危机基金和社会快速响应基金——提供双边性捐款 | N | 该承诺没有得到成员国全面和有效的落实 |
| 重申在化解气候不可逆变化威胁方面的承诺 | Y | 大多数成员国履行承诺，推出一系列措施遏制气候变化 |
| **2009年G20匹兹堡峰会** | | |
| 采取行动，共同提高标准，特此上升到国家级和世界级的高度，让各国政府能始终如一地依照全球统一的标准，以保证一个公平竞争的环境，从而避免市场崩溃，保护机制以及监管套利等行为<br>只要有需要，G20在处理受损资产以及鼓励追加资本方面的工作就会继续<br>如有必要，G20还会进行稳健与透明度的测试 | Y | 近一半的G20成员国提高了资本标准，推行全球统一的标准，并推动公平竞争环境的建设。另有一些G20成员国的也正在筹备或完善相关的工作 |
| 致力于在2010年底之前就一些规则达成国际共识，提高银行资产的质量和数量，缓和过量的杠杆效应。这些规则将在金融情况改善以及经济复苏确定时施行，目标是在2012年底之前施行 | | |
| 将部分定额向新兴市场及发展中国家转移，至少从那些过度代表的国家向那些代表性不足的国家转移5%的配额，公式还是采用IMF现行的定额公式 | Y | 部分成员国履行承诺，支持国际货币基金组织份额改革 |
| G20也承诺将保护IMF内落后地区的投票权。作为IMF配额重新审核的一部分，并以此为基础，G20将督促此项工作加快进行，并在2011年1月完成，获得成功结果作为重新审核工作的部分，G20同意必须同时兼顾一些其他关键事宜，包括IMF配额的增加幅度。这将和加速配额改变有关。再比如执行委员会组成及规模、委员会工作效率提高的方式，IMF基金管理者在战略监督方面的参与等。还必须加强雇员的多元化，作为综合改革计划的部分，G20同意采用公开，透明及择优的方式委派所有国际机构的负责人和高级领导成员<br>G20必需按照2008年4月达成的协议，尽快执行IMF配额及发言权的改革方案 | Y | 部分成员国履行承诺，支持国际货币基金组织份额改革 |

（续表）

| 主要承诺内容 | 是否兑现 | 备注 |
|---|---|---|
| 保证多边开发银行及其优惠借贷设施，尤其是国际开发署（IDA）和非洲开发基金，能够得到适当的注资 | Y | 采取一系列措施，使这些机构资本基础增加了85%，约合3500亿美元。并通过新增资本和重要的机制改革，使多边开发银行更有效，更高效，更易于问责<br>新增资本同仍在进行的重要改革共同发挥作用，将使这些机构更加透明、负责、有效，并加强它们对提高贫困人口生活水平、促进增长、应对气候变化和粮食安全的关注 |
| 加快发展和减少全球贫困是发展银行的重中之重。世界银行和其他多边发展银行也应该尽已所能，同心协力，解决诸如气候变化、粮食安全等等的全球性挑战，这需要全球共同的合作<br>世界银行，应该与各地区的发展银行以及其他国际组织一道，关注粮食安全，通过农业技术的改进，农业生产力的提高，以及与有关专业机构的密切台作，共同改善目前的粮食安全状况；关注人类发展、贫困人口的安全，以及最具挑战性的环境问题；支持民营经济的发展，为贫困人口，发展社会经济提供有利机会；为可持续清洁能源的生产和推广提供资金，以提高能源利用效率和气候适应能力，为绿色经济做贡献；这使得国家应将气候变化列为国家核心发展战略，改进国内政策，实现新型气候资源经济 | Y | 全球农业和粮食安全基金已批准向孟加拉国、卢旺达、海地、多哥和塞拉利昂提供总额为2.24亿美元的首笔赠款 |
| 为了确保世界银行的相关性，有效性以及合法性，将继续在管理，运作效率，和选举制度上加大改革力度 | Y | 成员国已向发展中国家和转轨国家转移4.59%的投票权，总投票权达到47.19% |
| 定期公布完整、准确和及时的石油生产、消费、炼化和库存水平数据，提高能源市场透明度和市场稳定性，计划每月公布一次并于2010年1月开始实施 | Y | 多数成员国定期提供并公布了有效的能源信息 |
| 合理调整并逐步取消鼓励浪费性消费的低效化石燃料补贴 | Y | 多数成员国履行承诺，取消鼓励浪费性消费的低效化石燃料补贴 |
| 推动对清洁能源、可再生能源和能源效率的投资，对发展中国家的上述项目提供资金和技术支持。<br>采取措施推广和转让上述清洁能源技术，这些措施包括执行联合研究和提高能力建设 | Y | 基本上所有的成员国都采取措施，并广泛合作，推动清洁能源的发展 |

（续表）

| 主要承诺内容 | 是否兑现 | 备注 |
| --- | --- | --- |
| 将与有关各方合作，加强努力，力争在联合国气候变化框架公约哥本哈根会议上达成协议<br>这样的协议必须包括减缓、适应、技术转让和融资等内容 | Y | 2009年哥本哈根世界气候大会通过了《哥本哈根协定》，在全球减排等气候和环境问题上达成重要协议 |
| 重申实现联合国千年发展目标的历史承诺和各自的官方发展援助承诺（ODA）（包括：关于贸易援助的承诺，减免债务），以及在格伦伊格尔斯（Gleneagles）会议上做出的，特别是针对撒哈拉以南非洲，到2010年及之后的承诺 | N | 大多数成员国并没有有效履行承诺 |
| 提高对贫困人口的财务扶持和金融服务。通过与世界银行扶贫咨商组织（CGAP）、国际金融公司（IFC）和其他国际性组织的合作，将建立一个二十国普惠金融专家小组<br>承诺将开展一场二十国中小企业金融（服务）攻势，召集私营企业界推选出其最佳的建议，来指导公共财政如何在可持续、可升级的基础上，最大化地对私营企业提供金融服务 | | 二十国普惠金融专家小组于2009年成立 |
| 将与世界银行的“发展中国家贪腐外逃流失资产追回项目”（StAR）开展合作，确保发展中国家贪腐外逃流失资产的追回，G20还将支持其他阻止非法资本流出的项目 | | |
| 提议采纳并执行针对跨国行受贿案件的相关法律，比如经济合作与发展组织的《反行贿公约》以及经过二十国峰会批准的《联合国反腐败公约》（UNCAC），采纳在多哈举行的第三回合谈判中涉及的为总结其执行情况而建立的“一个有效的透明的综合性的机制” | Y | 近一半的成员国批准了《联合国反腐败公约》和《反行贿公约》，并采取了措施建立有效机制。其余国家也正在完善有关方面的工作 |
| 继续推行行之有效的方案策略为那些体面的工作提供保障，帮助维护就业，并把就业增长作为首要目标<br>不仅如此，还应该继续为失业人员以及处于失业边缘的人群发放最低生活补助，提供社会保障以及各种培训支持 | | |

（续表）

| 主要承诺内容 | 是否兑现 | 备注 |
|---|---|---|
| 确保实现强劲、可持续性以及平衡的经济增长的基本框架。为实现这个目标，必须进行结构性的改革，以此建立更多具兼容性的劳动力市场、制定更为积极的劳动力市场政策方案、质量教育以及培训项目<br>G20每个国家都应该在其国内自有政策的基础上，增强就业人员对不断变化的市场需求的适应性，并保证他们充分享有新技术、清洁能源、环境、医疗以及基础设施革新和投资带来的实惠 | | |
| 继续保持市场的开放性、自主性，并重申在华盛顿和伦敦的承诺：防止在货物和服务投资、贸易领域内设置新的贸易障碍，对于某些国家设置的不符合世界贸易组织规定的措施而变相实施贸易保护主义的行为誓予以整顿<br>将把那些对国内政策中涉及投资和贸易领域的不良影响缩减到最低，包括采取各种财政政策以及对金融部门提供支持。绝不会再退回到以前贸易保护主义当中，特别是那些对发展中国家全球资本流动造成不良影响的措施 | Y | 接近一半的G20成员国没有抬高投资或货物及服务贸易新壁垒，没有设置出口新限定或实施有违世界贸易组织规定的措施来刺激出口 |
| 承诺将在未来继续推行自由贸易。将致力于在2010年的多哈回合贸易谈判（Doha Development Round）上达成一个均衡的协议 | N | 2010年多哈回合谈判未能完成 |
| **2010年G20多伦多峰会** | | |
| 发达经济体承诺在2013年前将财政赤字至少减半，在2016年前稳定或降低政府债务占GDP的比重 | Y | 成员国中的大多数发达经济体推出了紧缩的财政计划降低政府债务 |
| 发达赤字国应增加储蓄，同时保持市场开放并增强出口竞争力 | Y | 成员国中，除美国外的所有发达赤字国均已推出了相应措施；美国提出了相应措施增强出口竞争力并保持市场开放，但没有具体措施来增加国民储蓄 |
| 盈余经济体应实施改革，减少对外需的依赖，主要依靠内需拉动增长 | Y | 成员国中的大多数盈余经济体推行了相应的改革 |
| 承诺缩小发展差距，并充分考虑政策行动对低收入国家的影响。将继续支持发展融资，包括运用新手段鼓励通过公共和私有资源进行发展融资 | Y | 大多数成员国已经推出或正在推出相应政策，支持发展融资 |
| 将采取共同行动，按期或加速兑现华盛顿、伦敦和匹兹堡峰会关于改革金融部门的承诺。承诺开展国际评估和同行审议，确保所有决定得以全面落实 | | |

（续表）

| 主要承诺内容 | 是否兑现 | 备注 |
|---|---|---|
| 同意加强金融市场基础设施建设。加快实施强有力措施，以国际一致和非歧视方式，提高对冲基金、信用评级机构、场外衍生品市场的透明度和监管的力度。重申制定全球统一的高质量会计准则，以及落实金融稳定理事会稳健薪酬标准的重要性 | Y | 成员国中的大多数发达经济体已经采取措施提高金融市场的透明度和监管力度。其余成员国也采取了部分措施加强金融市场基础设施建设 |
| 重申对国际货币基金组织/世界银行的金融部门评估规划的承诺，并支持通过金融稳定理事会开展的强有力、透明的同行审议<br>在对避税天堂、反洗钱行动、恐怖主义融资及审慎标准执行进行全面、一致和透明的评估基础上，解决不合作辖区问题 | | |
| 承诺加强国际金融机构的合法性、可信度和有效性，使其成为未来更强有力的伙伴 | | |
| 将兑现承诺，使多边开发银行的优惠贷款窗口，特别是国际开发协会和非洲开发基金获得大幅增资 | | |
| 为落实匹兹堡峰会承诺，呼吁加快推进所需开展的大量工作，在首尔峰会前完成国际货币基金组织份额改革，同时兼顾其他治理结构改革 | Y | 基本上所有的成员国都批准或已经批准了国际货币基金组织份额改革的有关修正案 |
| 在先前承诺的基础上，致力于通过公开、透明、择优进程，遴选所有国际金融机构负责人和高层管理人员。<br>将在首尔峰会之前，在推动更广泛改革的大背景下，推进这一进程 | | |
| 欢迎启动全球农业和粮食安全基金，落实匹兹堡峰会有关粮食安全的承诺<br>承诺探讨面向创新、面向成果的机制，以运用私营部门开展农业革新。呼吁全面落实拉奎拉倡议，并推广其原则 | Y | 大多数的成员国已经部分落实了拉奎拉倡议，推动粮食安全 |
| 将原有承诺延长三年，至2013年底，包括：不提高投资和贸易（包括货物、服务）壁垒，不设置新壁垒，不设置新的出口限制，不执行违反世界贸易组织规则的出口刺激措施<br>G20承诺一旦违反上述措施将予纠正。将努力把各自国内政策举措，包括财政政策、扶持金融部门的行动等，对贸易和投资造成的负面影响降至最低。<br>要求世贸组织、经合组织、联合国贸发会议继续根据各自职责监督形势发展，每个季度公开报告上述承诺落实情况 | Y | 超过一般的成员国履行承诺，不提高投资和贸易壁垒，不设新壁垒，不设置新的出口限制，不执行违反世界贸易组织规则的出口刺激措施。但是包括美国在内的部分成员国没有有效履行承诺 |

（续表）

| 主要承诺内容 | 是否兑现 | 备注 |
|---|---|---|
| 承诺保持促贸援助的势头。要求包括世界银行和其他多边开发银行在内的国际机构，加强自身能力，支持贸易便利化，以推动全球贸易 | | |
| 呼吁所有G20成员批准并全面实施《联合国反腐败公约》，鼓励其他国家采取同样行动 | N | 该项承诺没有得到成员国全面和有效的落实 |
| 同意在匹兹堡峰会后所取得进展基础上建立一个反腐败问题工作组，就G20如何继续有效地为国际反腐败做出贡献和树立榜样等问题提出全面建议，供首尔峰会领导人讨论 | Y | G20反腐败工作组于2010年在多伦多成立 |
| 重申对实现绿色复苏和全球可持续增长的承诺。G20当中已具名支持《哥本哈根协议》的成员重申支持《协议》的落实，呼吁其他成员具名支持《协议》<br>承诺以《联合国气候变化框架公约》目标规定及共同但有区别的责任和各自能力等原则为基础，参与《公约》下的谈判<br>决心通过坎昆会议的包容性进程，确保取得成功结果 | | |
| **2010年G20首尔峰会** | | |
| 实施宏观经济政策、包括在必要时进行财政重整，确保实现不间断的复苏和可持续的增长，提高金融市场的稳定性，尤其是迈向更为市场化的汇率形成机制，令汇率变动能够反映内在的经济基本面，同时要避免各国货币的竞争性贬值<br>发达经济体，包括那些拥有储备货币的国家，将对汇率的过度波动和无序运动保持警惕 | Y | 大多数成员国都已采取有关措施进一步推动了汇率市场化 |
| 实施一系列的结构性改革来提升和维持全球需求，推动就业创造，提高经济增长潜力。强化“相互评估程序”来提高外部可持续能力<br>强化多边合作来提升外部可持续能力，采取方方面面的政策来降低过度失衡以及将经常账户失衡维持在可持续的水平 | Y | 大多数的成员国都推行了一系列的结构性改革，特别是利用结构性的财政改革来提振经济 |
| 打造一个现代化的国际货币基金组织，通过扩大活力充沛的新兴市场和发展中国家的代表权来反映世界经济的变化。 这些全面的配额和治理改革将提升国际货币基金组织的合法性、可信度和效率，让它成为一个更强大的国际机构来促进全球金融稳定和增长 | Y | 部分成员国支持国际货币基金组织的份额改革，但是改革进程缓慢 |

（续表）

| 主要承诺内容 | 是否兑现 | 备注 |
| --- | --- | --- |
| 运用工具来强化全球金融安全网，向各国提供克服国际资本流动突然转向的操作工具以帮助它们更好地应对金融波动 | | |
| 构筑一个新的金融监管框架，其核心成分包括银行资本和流动性标准，以及改善监管和有效解决具有系统性重要地位金融机构问题的措施，并辅之以更有效的监督和审查。以《首尔峰会文件》所详述的其他成绩作为补充，这一崭新框架将通过限制过去金融行业的过度行为和更好地服务于经济需要来确保金融体系具备更佳的弹性 | Y | 基本上所有的成员国推出或正在推出政策打造新的金融监管框架，设定银行资本和流动性的新标准 |
| 《增长共享的首尔发展共识》是G20发出的一项承诺，G20决定与其他发展中国家尤其是低收入国家携手一道，帮助他们提高生产能力，实现和最大化其增长潜能，从而为全球重新平衡做出贡献 | | |
| 坚定不移地引导谈判者参与跨国谈判，迅速将多哈发展议程带向一个成功的、雄心勃勃的以及全面和均衡的结论，令其实现多哈发展议程的使命、在已经取得的进展上再上一层楼 | N | 2010年多哈回合谈判未能完成 |
| **2011年G20戛纳峰会** | | |
| 发达经济体承诺采取政策构筑信心，支持经济增长，执行清晰、可靠和有针对性的措施来达成财政的巩固 | | |
| 考虑到各国不同的情况，公共财政状况依然良好的国家承诺让自动稳定机制产生作用，自由采取行动来支持国内需求，应对经济环境潜在的实质性恶化。拥有大量经常账结余的国家承诺进行改革，增强国内需求，并使汇率具有更大的灵活度<br>G20均承诺进行进一步的结构性改革，增加G20各自国家的产出。G20的货币政策将继续维持中期内的物价稳定，继续支持经济的复苏 | | |
| G20已决心增强全球化的社会涵盖范围。坚信就业和社会包容必须是恢复增长和信心行动及政策的核心点。因此决定建立一个G20工作组，它的工作将以青年人就业为重点 | Y | G20就业工作组于2011年成立 |

（续表）

| 主要承诺内容 | 是否兑现 | 备注 |
|---|---|---|
| G20重申将致力于更快速行动，构筑一个更由市场来决定的汇率系统，提升汇率的灵活度以体现经济的基本面状况，避免汇率长时间失准，限制通过低估币值来进行竞争。G20将采取行动，履行G20所达成的《增长和就业行动计划》中的汇率改革承诺，弥补短期内的经济增长弱点，恢复金融稳定，增强中期内经济增长的基础 | Y | 大多数成员国都采取措施推动汇率市场化并采取措施限制货币的竞争性贬值 |
| 决定设立针对影子银行的管理和监督机构。进一步推进对市场诚信和效率的监管，其中包括化解高频交易和黑暗流动性所产生的风险。G20已经授权国际证监会组织（IOSCO）评估信用违约掉期市场的作用 | N | 新的影子银行管理监督机构并没有成立，但是金融稳定委员会在G20的要求下，于2011年推出了影子银行体系的国际监管框架 |
| 决定遵照2011年6月各国农业部长达成的《稳定农产品价格共同行动计划》行动。尤其决定对农业生产进行投资和提供研发支持<br>G20推出了“农业市场信息系统”以增强农产品市场的透明性。为改善食品安全，承诺开发适宜的风险管理机制和人道主义紧急救助工具<br>决定对于联合国世界粮食计划署为非商业性人道主义救助目的进行的食品购买，不得施加出口限制或征收特别税 | Y | 所有的成员国都已经推出措施，对于联合国世界粮食计划署为非商业性人道主义救助目的进行的食品购买，撤销出口限制或特别税 |
| 决定提高能源市场的效能和透明性。G20承诺，改善JODI石油数据库的时效性、完善程度和可靠性，按照同样的原则改善JODI的天然气数据库 | | |
| 重申多伦多协议做出的承诺，直到2013年底前要遏制可能复活的任何新保护主义措施，其中包括新的出口限制、与世界贸易组织相抵触的刺激出口措施，同时要求世界贸易组织、经合组织、联合国贸发会议（UNCTAD）继续进行监管和公布半年报 | Y | 基本上所有的成员国都履行承诺，没有推出新保护主义的贸易措施 |
| 重申中期内合理化并逐步取消鼓励浪费性消费的无效化石燃料补贴，与此同时对最贫困人群提供定向支持 | Y | 基本上所有的成员国都履行承诺，取消无效化石燃料补贴，为最贫困人口提供支持 |
| **2012年G20洛斯卡洛斯峰会** | | |
| 承认持续的经济危机对发展中国家，特别是低收入国家的影响，G20将加强力度，创造更有利的发展环境，包括配套的基础设施投资 | Y | 基本上所有成员国为发展中国家提供必要的基础设施投资 |

（续表）

| 主要承诺内容 | 是否兑现 | 备注 |
| --- | --- | --- |
| G20所有成员国将采取必要的行动来加强全球经济增长和恢复信心<br>发达经济体将确保财政整顿的步伐是适当的以支持经济复苏，同时考虑到各国的具体情况，并根据多伦多峰会的承诺，解决中期财政可持续性问题。考虑到国情和当前的需求状况，有财政空间的发达和新兴经济体将让财政自动稳定运行<br>如果经济条件进一步显著恶化，有足够的财政空间的国家将做好准备协调和实施财政行动来支持国内需求 | Y | 除法国和意大利，其余G20发达成员国都推出了财政整顿的提案以刺激经济的增长 |
| 重申承诺，将更快的向市场决定的利率制度前进以反映基本面，避免持久的汇率失调，避免货币竞争性贬值 | Y | 大多数成员国都采取措施推动汇率市场化并采取措施限制货币的竞争性贬值 |
| 所有G20成员国都提出了结构改革的承诺，来加强并支持全球需求，促进创造就业机会，促进全球再平衡和提高增长潜力<br>这些措施包括产品市场的改革提高竞争力，采取措施稳定住房部门、劳动力市场的改革提高竞争力和就业，加强社会安全网，推进税制改革，提高基础设施投资，促进各国包容性绿色增长和可持续发展 | | |
| G20认可劳工与就业部长们的建议：立即通过适当的就业市场措施和培育新的工作岗位，尤其是针对年轻人和其他经济危机中的易失业人群，来与失业斗争 | Y | 大多数成员国采取措施通过特别是为年轻人提供适当的就业市场和培育新的工作岗位来遏制失业 |
| 再次确认对年轻人的承诺：为他们提供更多的有质量的工作机会以丰富他们的生活前景<br>也承诺将加强在教育、技能培训等方面的合作，包括实习机会以及在职培训。这将在学校与工作之间提供成功的过渡 | Y | 大多数成员国采取措施通过特别是为年轻人提供适当的就业市场和培育新的工作岗位来遏制失业 |
| 认识到了建立国家层面的社会保护网的重要性。G20将继续培育提高国家之间的政策一致性、协调性、合作性和信息共享以帮助低收入国家提高执行社会保护网的能力 | Y | 基本上所有的成员国都以双边或多边的方式帮助低收入国家提高执行社会保护网的能力 |
| 承诺采取具体措施削减女性参与经济社会活动的障碍，在G20国家中为女性提供更多的经济机会<br>再次表达G20在所有领域促进性别平等的承诺，包括技能培训、工资薪水、待遇和工作环境，以及关怀的责任 | Y | 大多数成员国采取具体措施削减女性参与经济社会活动的障碍，并在G20国家中为女性提供更多的经济机会 |

（续表）

| 主要承诺内容 | 是否兑现 | 备注 |
| --- | --- | --- |
| 确认投资对于促进经济增长的重要性，承诺保持一个支持投资者的商业环境 | | 所有成员国都履行承诺，构建一个支持投资者的商业环境 |
| 再次重申坚决抵制一切新贸易保护措施的立场，包括新的出口限制或与世界贸易组织原则相违背的出口刺激措施<br>支持世界贸易组织、经合组织和联合国对于贸易和投资的监管工作，并鼓励他们加强在这些领域的工作以达成他们的使命 | Y | 大多数成员国履行承诺，没有实行新的出口限制或与世界贸易组织原则相违背的出口刺激措施。但仍有部分成员国没有兑现承诺 |
| 与戛纳峰会宣言一致，赞成多哈发展议程并重申对于追求新的、可靠的贸易谈判途径来的承诺<br>将会继续推进多哈回合的结论制定，并在特定领域的尽可能去的成果，如贸易便利化和最不发达国家的其他问题。敦促世界贸易组织流程化贫穷国家入世进程 | | |
| 欢迎向国际货币基金组织增资的承诺。这是一个包括多数成员国在的共同努力而达成的广泛国际合作结果 | | |
| 承诺超过4500亿美元，不包括根据2010年改革后配额的增加。这些资源将面向国际货币基金组织的全体成员，并没有指定给任何特定地区<br>这些资源可以作为合格的储备资产，通过双边贷款或票据购买协议等已经由国际货币基金组织执行董事会已批准投资方式从国际货币基金组织总资源账户输出 | | |
| 重申对于完全实现2010年的份额及于2012年国际货币基金组织/世界银行年度会议达成一致的治理改革的承诺 | | |
| 这些改革对于提高IMF的合法性，针对性和有效性是至关重要的，并且将进一步加强基金组织监督，以确保国际货币基金组织有足够的资源发挥其系统性作用<br>作为改革的一部分，G20致力于2013年1月前全面完成全面份额公式的审查，以解决目前公式份额的不足。至2014年1月前完成下一次配额的全面审查。重申，份额分配应更好地反映IMF成员国在世界经济中的相对权重。重申继续保护最贫穷的成员国际货币基金组织中的发言权和代表性的重要性 | | |

（续表）

| 主要承诺内容 | 是否兑现 | 备注 |
|---|---|---|
| 欢迎公开对G20所有的金融改革建议的评估，并承诺采取一切必要行动追踪已确定实施政策，或者或执行政策困难的地区的进展情况 | | |
| G20尤其认识到金融稳定委员会指出的实行优先领域改革的重要性：包括巴塞尔资本和流动性框架；对全球系统性重要金融机构框架协议（G-SIFIs），决议制度，场外衍生工具的改革，影子银行，和高管奖金制度。G20承诺在这些重要领域实现全面改革 | Y | 所有的成员国都已经采取措施或宣布采取措施将新银行资产和流动性标准引进本国法律法规中，推动相关领域的全面改革 |
| 重申承诺，所有标准化的场外衍生工具合约交易必须在交易所或电子交易平台完成。在适当情况，2012年年底实施中央交易清算 | Y | 基本上所有的成员国都履行承诺，采取了有关措施强化场外衍生品市场的规范和监管 |
| 重申承诺，使G20成员国的决议制度与FSB有效决议制度的关键性相一致，以至于没有一家银行或金融机构因为“大而不能倒”<br>为此，G20也支持正在进行的对恢复和决议的计划以及具体机构跨境合作协议的细化 | | |
| G20重申承诺，将加强对SIFIs监督的力度和成效，并要求FSB在2012年11月20国集团财长和央行行长会议汇报在这一领域取得的进展和成果 | Y | 大多数成员国采取措施加强了对SIFIs监督 |
| 在税收方面，重申承诺，以加强透明度和信息的深入交换。G20赞赏全球论坛报告所取得的成果，并敦促所有国家实施完全符合标准的建议，特别是在审查过程中确定13个司法管辖区的框架，不允许他们有资格进入第二阶段 | | |
| 为了与饥饿作斗争，承诺继续努力采取措施，包括热带农业平台、农业风险管理、GEO全球农业监测、小麦、水稻和玉米的研究、快速反应论坛、区域紧急粮食储备、全球农业和粮食安全计划，以及对负责任农业投资原则的支持 | | |
| 重申承诺，取消世界粮食计划署（WFP）出于非商业人道主义目的购买粮食的出口限制和高额税收 | | |
| 认识到提高水和土壤的可持续利用的重要性。对此G20支持更多地利用了现有的技术改良农业，包括土壤肥力增强，少耕和农林业保护 | Y | 大多数成员国采取措施提高了水和土壤的可持续利用，并推广相关技术的利用 |
| 重申承诺，要增强透明度和避免滥用金融商品市场，包括场外交易，市场监管当局的有效干预的权力和适当的调控监管框架 | | |

（续表）

| 主要承诺内容 | 是否兑现 | 备注 |
|---|---|---|
| 重申对发展中国家的承诺，特别是低收入国家，并支持他们在实施国家推动政策和需要必要的优先次序。特别是千年发展目标（MDGs）规定的目标 | | |
| 承诺将通过适当的措施，继续帮助发展中国家维持和加强他们的发展，包括鼓励包容性绿色增长的举措 | | |
| 重申在2012年联合国可持续发展会议（里约+20峰会）上关于可持续发展的承诺<br>G20致力于维护对包容性绿色增长的关注，作为二十国集团议程的一部分，确认里约+20峰会和联合国气候变化公约（UNFCCC）的框架达成的协议 | Y | 基本上所有的成员国都采取措施帮助发展中国家实现包容性绿色增长 |
| 重申应对气候变化的承诺，欢迎联合国气候变化会议第17次缔约方会议的成果 | | |
| G20致力于全面实施坎昆会议和德班会议的成果，与卡塔尔协同合作，在第18次缔约方会议上取得成功和平衡的成果<br>强调结构转型的经济体需要在中期内走向经济又好的道路 | Y | 除了印度尼西亚和沙特阿拉伯，其余的成员国都宣布恪守联合国气候变化会议第17次缔约方会议的决议，并采取开始采取相关措施 |
| 重申对逐步取消补贴矿物燃料补贴的承诺，这些补贴鼓励中期内的浪费型消费，为贫困人口提供有针对性的支持 | Y | 基本上所有的成员国都采取措施削减或取消补贴矿物燃料补贴 |
| G20将推动首尔G20反腐败行动计划的全面实施取得重大进展，恪守戛纳监管报告的承诺<br>重申批准和全面执行联合国反腐败公约的承诺，在自愿基础上积极参与经合组织反贿赂工作组 | N | 该承诺没有得到成员国全面和有效的落实。大多数成员国的相关工作仍在进程中 |
| 承诺执行反腐败法规，将继续按照各国的法规，追捕那些接受或索取贿赂的罪犯以及行贿分子<br>为了促进G20国家和非G20国家在调查和起诉腐败方面的国际合作，G20将发布G20国家的司法互助指南，同时发布G20司法管辖区内追踪资产的信息 | Y | G20国家的司法互助指南和G20司法管辖区内追踪资产的信息已于2012年公布 |
| **2013年G20圣彼得堡峰会** | | |
| 强调强劲的多边贸易体制的重要性，并呼吁所有世界贸易组织成员显示必要灵活性，推动今年的多边贸易谈判取得成功<br>延长不采取贸易保护主义措施的承诺，增强贸易包括区域贸易协议的透明度 | | |

（续表）

| 主要承诺内容 | 是否兑现 | 备注 |
| --- | --- | --- |
| 跨境逃税避税侵蚀公共财政和民众对税收系统公平性的信任。承诺采取措施改善规则，以避免避税、恶意操作及恶意税收规划 | | |
| 承诺共同努力，应对气候变化和保护环境这些需要全球性解决方案的全球性问题 | | |
| 将继续研拟全面增长战略，在财政可持续的前提下，实现更强劲、更可持续、更平衡的增长 | | |
| 欧元区承诺巩固经济和货币联盟的基础，包括进一步改善银行收支平衡表、减少金融分割、坚决按时推动完成银行业联盟建设<br>二十国集团发达经济体承诺在实现公共财政可持续基础上，继续灵活实施财政战略<br>面对金融波动加剧，新兴市场经济体同意采取必要措施支持增长、保持稳定，包括采取措施巩固经济基本面、增强抗外部冲击能力以及加强金融体系 | | |
| 承诺合作以保证有关政策得以落实，以支持国内和全球增长、财政稳定以及管控对其他国家的外溢效应 | | |
| 承诺通过实施有雄心的和目标明确的改革以保证财政可持续性，促进投资，提高生产力和劳动力市场的参与程度，应对内外失衡，从而为加强长期增长奠定基础 | | |
| 各成员已承诺实施更广泛领域的改革，通过促进投资、解决基本面脆弱，提高生产力和竞争力，加强劳动力市场，改善金融稳定和信贷渠道，解决内外失衡，以加强强劲、可持续和平衡增长的基本面 | | |
| 这些改革是持续改善潜在增长、增加就业和需求再平衡的关键 | | |
| 决心采取进一步行动，实现基础更广泛的全球需求再平衡。 全球经常账户失衡的缓解部分反映了一些国家的重要改革措施，但上述进展很大部分源于需求抑制。在全球复苏的情况下，决心进一步调整政策以实现盈余国和赤字国的全球需求再平衡和内部再平衡。在此方面，大型盈余经济体有必要实现更强劲的国内需求增长，赤字国则需要增加储蓄和提高竞争力和实现更灵活的汇率政策。承诺在所有这些领域采取行动，并将定期评估进展 | | |

（续表）

| 主要承诺内容 | 是否兑现 | 备注 |
| --- | --- | --- |
| 为支持更高就业水平、促进创造就业岗位、使技能和就业机会更匹配而进行的政策改革是经济增长战略的中心。承诺根据各国国情，采取广泛措施来促进更多更好的就业岗位 | | |
| 要特别注意那些在求职或想保留工作方面面临巨大困难的群体，如青年、妇女、长期失业者、低技能工人、单身父母、残疾人、年长工人<br>因此，G20承诺为这些群体制定和增强有针对性的劳动力激活战略，包括结合给予失业者收入补贴，采取求职帮助、增加工作经验、公共就业项目、雇佣补贴、有条件的转移和培训以及减少就业障碍等符合各国国情的提高就业能力的措施<br>这些措施应和努力提供获得正式就业的更好机会相联系 | | |
| 承诺做实并推广一些做法，包括扩大数据库的规模，以在必要时创建各国自有的、反映国别特色的监控方法，并在制定各国自有的、反映国别特色的政策时使用该数据库 | | |
| 为通过增加高质量的投资促进经济和创造就业，承诺在布里斯班峰会前制定并开始落实一系列集体和国别措施，改善的国内投资环境，特别是对基础设施和中小企业的投资环境，使其更有利于长期投融资和推动更多项目得到落实。相关措施将列入各自的增长战略 | | |
| 认识到贸易保护主义导致的经济下行和贸易受损的风险，将不采取新贸易保护主义措施的承诺延长至2016年年底。G20致力于在取消全球贸易和投资壁垒方面取得更多进展，重申收回新的保护主义措施的承诺。强调通过世贸组织进一步抑制贸易保护主义的重要性，为此，将为第9次部长级会议取得成功而努力，使其成为成功结束多哈回合谈判的重要一步，成为制定路线图以实现上述目标的推动力 | | |
| 承诺及时遵守世贸组织通报要求，并通过世贸组织现有规则提高透明度 | | |
| 理解区域贸易协定的重要性以及其对贸易和投资自由化的贡献，承诺将保证区域贸易协定对多边贸易体制起到支持作用。承诺在世贸组织区域贸易协定问题上继续开展工作，并分享提高区域贸易协定透明度的做法 | | |

（续表）

| 主要承诺内容 | 是否兑现 | 备注 |
|---|---|---|
| G20希望定期报告《行动计划》中关于15项问题解决建议的落实进展，并承诺在尊重各国主权前提下，采取必要的单个或集体行动 | | |
| 承诺将自动情报交换作为新的全球标准，该标准必须保证秘密性和信息的正确使用，全力支持经合组织与G20一道，致力于2014年2月前提出一个新的全球标准，在2014年年中最终确定有效情报交换模型 | Y | 2014年2月，G20财长签署了“税务情报自动交换通用标准”（Common Reporting Standard for automatic exchange of tax information）；2014年7月，经济合作与发展组织公布了“金融账户情报自动交换标准”（Standard for Automatic Exchange of Financial Account Information in Tax Matters） |
| 重申之前承诺，以公式为基础的份额分配应更好地反映国际货币基金组织成员在全球经济中的相对权重。 考虑到富有活力的新兴经济体和发展中国家国内生产总值增长强劲，这一权重已发生明显变化。重申作为此次份额总检查的一部分，需保护国际货币基金组织最为贫穷的成员国的话语权和代表性 | N | 因为美国未能批准国际货币基金组织的改革方案，国际货币基金组织的未能推进改革 |
| 继续承诺将采取任何必要的改革措施，确保可能引发系统性问题的所有金融部门完全落实金融稳定理事会的《有效处置机制的关键要素》。G20将采取必要措施消除影响跨境处置的障碍。G20重申将保证监管机构拥有有力的监管职能、充足的资源和独立性以采取行动。呼吁金融稳定理事会在与标准制定机构协商的基础上，评估全球系统重要性金融机构在倒闭时吸收损失的能力，并在2014年底前制定相关建议 | | |
| 鼓励所有国家解决法人及法律安排不透明带来的风险，承诺采取措施保证达到了反洗钱特别行动工作组有关识别企业潜在所有者，以及识别信托等亦涉及税务因素的其他法律安排的潜在所有者的相关标准。将通过集中登记等方式，同时确保受托人知悉有关信托的受益所有者的信息，确保执法机构、税收机构和金融情报机构等其他有关机构可获得这一信息，以此来保证执法机构、税收机构和金融情报机构等其他有关机构能够及时获得相关信息 | | |
| 继续承诺加快实现千年发展目标，特别是通过落实发展议程和重点关注强劲、可持续、普惠和有韧性的增长 | | |

（续表）

| 主要承诺内容 | 是否兑现 | 备注 |
|---|---|---|
| 支持联合国正在进行的2015后发展议程制定进程。承诺积极参与这一进程，以及关于新框架方向、关键原则和内容的讨论，为按时完成这一进程做出有效贡献 | | |
| 为提高市场透明度和有效性，承诺完善“联合机构数据倡议”石油数据库，确保其更透明、数据更完整、获取更容易，并且提供能力建设支持 | | |
| 重申致力于应对气候变化的承诺，并欢迎联合国气候变化框架公约（UNFCCC）第18次缔约方大会的成果。G20致力于全面落实坎昆、德班和多哈会议的成果，G20将与下次会议东道国波兰一道，推动第十九次缔约方大会取得成功 | Y | 联合国气候变化框架公约（UNFCCC）第18次缔约方大会于2013年11月在波兰华沙召开，会议通过了关于德班平台、资金、损失损害补偿机制的一揽子决议 |
| 承诺率先垂范，在自愿基础上利用《联合国反腐败公约》审议机制的参考条款，提高《联合国反腐败公约》审议的透明度和包容性 | | |
| 重申保障司法独立、分享最佳实践和加强保护举报人立法的承诺，确保反腐败机构的有效性免受不当影响，确保政府官员廉洁 | | |
| 承诺继续并加强二十国集团反腐败工作组与二十国集团工商峰会、社会峰会的对话，并注意到这两个峰会提出的建议。尤其欢迎关于工商界加强反腐败共同行动和促进私营部门反腐败机制性安排的倡议 | | |
| 核可《圣彼得堡战略框架》以指导反腐败工作组的工作，并为行动计划提供基础。2014年，推进落实现有承诺并考虑在G20内就全球反腐败采取进一步行动 | | |

附录四

# G20 词典

【农产品市场信息系统】（Agricultural Market Information System; AMIS）

农产品市场信息系统是按照G20农业部长会议的要求而设立的，作为一个机构间平台，农产品市场信息系统旨在提高食品市场透明度，促进政策协调，以应对市场的不确定性。

【反腐败行动计划】（Anti-Corruption Action Plan）

自G20反腐工作组于2010年成立以来，在2010年G20首尔峰会上，第一份G20反腐败行动计划被签署实施，行动计划旨在应对制定行动措施以应对国际腐败问题。

【反腐工作组】（Anti-Corruption Working Group）

G20反腐工作组于2010年的G20多伦多峰会上成立，工作组旨在应对日益严峻的国际反腐局势。在2012年的G20洛斯卡沃斯峰会上，反腐工作组的授权延长至2014年11月。

【二十国商务领袖会议】（Business 20; G20）

G20是G20峰会的一个组成部分，作为一个表达国际商业社会共同声音的平台，G20为商业领袖以及商业组织探讨当前的商业议题，讨论G20峰会的有关承诺等提供了机会。

# 附录四

## G20词典

【二十国公民社会会议】（Civil Society 20; C20）

C20 是G20政治领导人与公民社会代表进行政策对话的会议，会议旨在促进与G20峰会议题相关的思想和观点的交流，同时也讨论与公民社会相关的议题，以促进有关政策的制定。

【发展工作组】（Development Working Group; DWG）

G20发展工作组是在2010年G20多伦多峰会中成立的。工作小组服务于G20的强劲、可持续和平衡增长框架。

【金融行动特别工作组】（Financial Action Task Force; FATF）

金融行动特别工作组是在1989的G7巴黎峰会上成立的，作为一个政府间的组织，金融行动特别工作组的目标是设定标准并促进法规和操作措施的有效实施，以应对洗钱和恐怖主义融资等的威胁。

【金融普惠行动计划】（Financial Inclusion Action Plan）

G20 金融普惠行动计划，是基于G20多伦多峰会以来取得的进展而形成的行动计划，该计划旨在提高金融的普惠性，为个人、家庭和中小微企业提供高级的金融普惠计划，并促进G20创新金融普惠原则的实施。

【普惠金融专家小组】（Financial Inclusion Experts Group; FIEG）

G20普惠金融专家小组是在2009年G20匹兹堡峰会中成立的，普惠金融专家小组旨在帮助中小企业的融资，帮助贫困人口扩大包括信贷在内的金融服务的获取通道，为融资途径规范、金融知识的普及和消费者保护提供政策措施和精确标准。

【金融稳定理事会】（Financial Stability Board; FSB）

金融稳定理事会，是由金融稳定论坛（FSF）发展而来，原本是七个发达国家（G7）为促进金融体系稳定而成立的合作组织。在新兴市场国家对全球经济增长与金融稳定影响日益显著的背景下，2009年的G20金融峰会决定，将FSB成员扩展至包括中国在内的所有G20成员国，并将其更名为金融稳定理事会。金融稳定理事会的任务是制订和实施促进金融稳定的监管政策和其他政策，解决金融脆弱性问题。

【强劲、可持续和平衡增长框架】（Framework for Strong，Sustainable and Balanced Growth）

强劲、可持续和平衡增长框架是在2009年G20匹兹堡峰会中提出的全球经济发展框架。构建强劲、可持续和平衡增长框架的核心是力促二十国推出一直的中长期政策框架以形成互利性的增长路径，避免未来的危机。

【八国集团】（Group 8; G8）

八国集团联盟是指八大工业国美国、英国、法国、德国、意大利、加拿大、日本及俄罗斯的联盟。20世纪70年代，为共同解决世界经济和货币危机，协调经济政策，重振西方经济，1975年法国首先倡议召开由法国、美国、日本、英国、西德和意大利六国参加的最高级首脑会议，后来加拿大、俄罗斯分别加入。八国集团成员国的国家元首每年召开一次会议，即8国集团首脑会。

【二十国集团】（Group 20; G20）

二十国集团是一个国际经济合作论坛，于1999年由八国集团的财长在华盛顿宣布成立，属于布雷顿森林体系框架内非正式对话的一种机制，由原八国集团以及其余十二个重要经济体组成。该组织的宗旨是为推动已工业化的发达国家和新兴市场国家之间就实质性问题进行开放及有建设性的讨论和研究，以寻求合作并促进国际金融稳定和经济的持续增长。

【二十国财长和央行行长会议】（G20 Finance Ministers and Central Bank Governors Meeting）

二十国集团财长和央行行长会议，由二十国集团以非正式的部长级会议形式运行，不设常设秘书处，主席采取轮换制。该集团的财长和央行行长会议每年举行一次。会议由主席国及一些国际机构和外部专家提供秘书服务和支持，并可根据需要成立工作小组，就一些重大问题进行评审和提出对策建议。首次会议于1999年在美国华盛顿召开，会议同意建立由主要发达国家和新兴市场经济国家组成的20国集团。

【二十国峰会】（G20 Summit）

二十国峰会全称是G20金融峰会，二十国峰会是二十国集团就全球金融经济合作举行的最高领导峰会。峰会提供共商全球金融经济的世界级平台，促进全球金融经济稳定持续增长。首届峰会于2008年在美国华盛顿召开，研究应对全球经济金融危机。

【二十国集团就业工作组】（G20 Task Force on Employment）

二十国集团就业工作组成立于2011年，作为G20关于就业问题的对话和信息分享平台，二十国集团就业工作组的重要目标是提高二十国的就业。工作小组由所有二十国和受邀国家的政府代表构成。

【二十国集团培训战略】（G20 Training Strategy）

二十国集团培训战略是2009年G20匹兹堡峰会要求国际劳工组织为支持创造就业而发展形成的培训战略，它由国际劳工组织协同经济合作与发展组织、联合国教科文组织等国际组织联合发起，旨在全球的教育培训与就业之间搭建桥梁。

【全球海洋环境保护倡议】（Global Marine Environment Protection Initiative; GMEP）

鉴于频发的海上钻井平台事故，G20成员国在2010年的多伦多峰会上提出了全球海洋环境保护倡议并成立相关工作小组。全球海洋环境保护倡议各国共同致力于海洋环境保护，创建分享和合作机制，以应对和处理由海上原油开采和海洋运输发展所带来的环境问题。

【农业、食品安全和营养全球性伙伴计划】（Global Partnership for Agriculture，Food Security and Nutrition）

为了应对2007~2008年的粮食危机，法国总统萨科齐在2008年6月提出了构建农业、食品安全和营养全球性伙伴关系计划，农业、食品安全和营养全球性伙伴关系依靠三大支柱：治理、知识和金融；倡议各国保证粮食安全政策的一致性，促进粮食安全的研究以及扭转下降的粮食安全基金的趋势。这项计划在2009年的G8拉奎拉峰会和2009年的G20匹兹堡峰会上被列为重要的议题而受到广泛的讨论。目前农业、食品安全和营养全球性伙伴关系计划在改革联合国粮食和农业组织时间粮食安全委员会、搭建粮食安全专家高端平台和提出拉奎拉粮食安全预算承诺方面均取得了重大的进展。

【金融包容全球合作计划】（Global Partnership for Financial Inclusion; GPFI）

金融包容全球合作计划是针对所有G20成员国、致力于构建全球普惠金融的非G20国家以及利益相关者的包容性平台。在2010年的G20首尔峰会上，普惠金融被列为全球发展的重要议题。为此，G20成员国领导人签署了普惠金融的行动计划，并宣布构建金融全球包容全球合作计划，以制度化普惠金融专家小组的工作。

【二十国工会领袖会议】（Labour 20; L20）

二十国工会领袖会议主要面向G20成员国的工会代表，代表了二十国工人的声音。第一次会议于2011年在法国戛纳召开。

【多年期发展行动计划】（Multi-Year Action Plan on Development）

多年期发展行动计划是在2010年G20首尔峰会上提出的，旨在解决全球经济发展瓶颈问题，并为此而制定中长期的行动计划。行动计划关注基础设施、人力资源发展、贸易、私人投资和创造就业、粮食安全、经济增速恢复、普惠金融、国内资源动员、知识分享九个领域的问题。行动计划由G20发展工作组负责监督实施。

【相互评估程序】（Mutual Assessment Process; MAP）

2009年G20匹兹堡峰会提出了强劲、可持续和平衡增长框架。相互评估程序框架的核心之一，通过相互评估程序，G20成员国可以确立全球经济的发展目标，同时确定相应的政策措施和发展进程。

【创新型金融包容性原则】（Principles for Innovative Financial Inclusion）

创新型金融包容性原则是由G20普惠金融专家小组于2010年提出，并在2010年的G20多伦多峰会上被签署通过。作为G20普惠金融的行动计划原则，创新型金融包容性原则包括了多样性、创新性、合作性等九项原则。

【首尔行动计划】（Seoul Action Plan）

首尔行动计划是在2010年G20首尔峰会上提出，通过行动计划，G20成员国同意采取综合措施以进一步实现共同目标。首尔行动计划承诺，将采取宏观经济政策，包括必要的财政健全措施，来确保经济的不断恢复和持续增长，提高金融市场的稳定性。

【首尔共识】（Seoul Development Consensus for Shared Growth ;Seoul Consensus）

首尔共识是为了帮助G20成员国和其他国际实体协同不发达国家共同促进经济发展，实现联合国千年发展计划目标而设定的原则和指导方针。首尔共识及其多年行动计划草案在2010年G20首尔峰会上被签署通过。

【中小企业金融挑战】（Small and Medium Enterprise Finance Challenge; SME Finance Challenge）

在2009年G20匹兹堡峰会上，二十国领导人呼吁成立中小企业金融挑战计划在以帮助中小企业的发展。挑战计划的目的在于在世界范围内为商业的公司合作关系提供最优模型从而助力中小企业的融资行为。

【二十国智库会议】（Think 20; T20）

二十国智库会议是为世界智库代表分享全球议题的观点，维系政府和学术圈关系而建立的国际高端平台，会议在为全球治理提供重要议题、促进G20工作进程以及提高经济的包容性发展方面形成了重要影响。首次二十国智库会议在2012年举行。

【二十国青年领袖会议】（Youth 20; Y20）

二十国青年领袖会议是由二十国青年领袖参与的国际高端会议。会议为成员国的青年与各国领导人交流青年人问题提供了一个平台。20国青年领袖会议不仅仅是G20系列峰会中的一个节目，还是一个为G20青年理解和参与G20议程的实践，更重要的是，它还为青年人解决青年人问题提供了框架。

附录五

# G20与G7组织框架对比

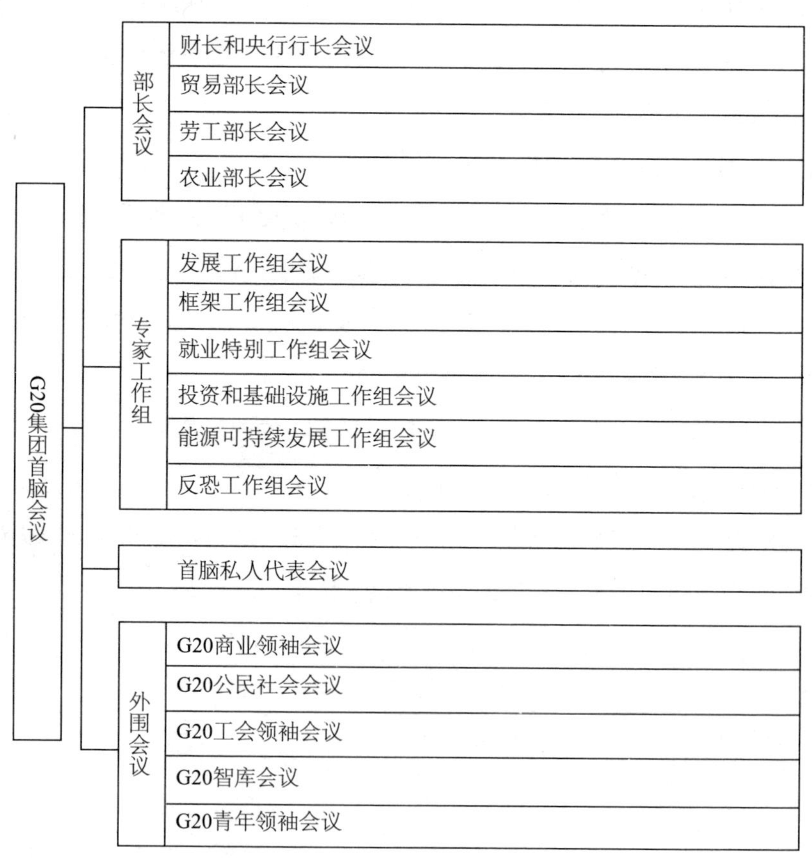

附录五

# G20与G7组织框架对比

- G7/G8集团首脑会议
  - 定期部长会议
    - 外长会议
    - 财长会议
    - 四方（美、日、加、欧美）部长会议
    - 环境部长会议
    - 就业问题部长会议
    - 全球信息社会部长会议
    - 反恐部长级会议
  - 特别部长会议
    - 援助俄罗斯财长和外长会议
    - 援助乌克兰部长会议
    - 司法和内政部长会议
    - 为中小企业服务的全球市场的部长会议
    - 峰会前八国集团财政和外交部长会议
    - 打击犯罪部长会议
    - 能源部长会议
    - 劳工部长会议
    - 毒品问题特别会议
    - 公共机构与私营部门电子空间安全和信任对话会议
    - 卫生部长会议
    - 发展部长会议
    - 教育部长会议
  - 专家工作组
    - 国际核能料循环评估小组
    - 国际能源技术小组
    - 援助撒哈拉以南非洲专家组
    - 资金行动工作组
    - 化学品行动工作组
    - 不扩散问题专家组
    - 援助俄罗斯常设工作组
    - 跨国有组织犯罪问题专家组
    - 部长会下属科技专家顾问组
    - 数码机遇工作组
    - 可再生能源工作组
    - 反恐行动小组
    - ……
  - 首脑私人代表会议
  - 外围会议
    - G7/G8商业领袖会议
    - G7/G8公民社会会议
    - G7/G8工会领袖会议
    - G7/G8智库会议
    - G7/G8青年领袖会议

附录六
国际智库对 2016 年中国 G20 峰会的建议

## 货币与金融体系改革

### 改革全球金融体系反映新兴经济体诉求[①]

在全球经济面临剧变的情形下，中国将在 2016 年主办 G20 首脑峰会。显而易见，新兴经济体在世界经济中的份额迅速增长，2014 年已达到了 57%。尽管自 2011 年以后增速下降，但新兴经济体增速仍然比发达经济体在危机前 2007 年的增速快 9 倍。然而，新兴经济体在制定宏观经济政策时面临许多障碍，例如控制资本流动的波动，制定和执行国内货币政策，深化国内金融市场改革，以及从更普遍来说，在全球贸易、投资和金融转型中熨平国内经济周期的波动。当前世界上针对国际银行体系、跨境资本流动、股票和债券市场的金融监管，不能适应全球背景下新兴经济体越来越重要的地位，新兴经济体面临的这些障碍很大一部分也正是由此产生。为了建设一个能够反映新兴经济体决策诉求的更稳定的国际金融体系，作为世界第二大经济体，中国有责任把这些问题纳入其主办的 G20 峰会议程。

① 建言者：苏姆卢 · 奥特格，土耳其科驰大学经济学教授，经济政策研究中心研究员，科驰大学 - 土耳其工商业协会经济研究论坛主任，土耳其。

## 让国际金融体系服务于发展需求①

当前国际金融体系各行其是的状态导致了全球发展停滞、经济和金融的动荡以及财富的过于集中。为了即将到来的全球金融重构，必须要让国际金融为发展服务。因此，有必要进行一次真正深入的国际金融体系改革。因此，推动这种改革的关键措施之一便是响应联合国倡议，建立新的主权债务重组机制，并限制“秃鹫基金”的运作。

这一新的架构应当既尊重国家主权，又不受过多的限制，力求消除避税天堂的存在，加强各国和各个区域开发银行的作用，并需要多边银行的通力合作。

建立G20 的主要原因正是要通力协作，努力建立一个更加稳定、安全、高效的金融体系，以便度过危机难关。而只有确保发展的成效、缩小国家发展差距并实现更大程度上的平等， G20 才能使之成为一个长效机制。因此，比起导致世界衰退的“紧缩性财政政策”，我们更要寻找一条新的路径，在更为民主和广泛参与的全球治理体系下，努力实现包容性经济建设。

## 消除国际金融机构改革的障碍②

随着 2008~2009 年全球经济危机的严峻后果大部分已经减弱，并淡出了世界媒体的热点话题，G20 领导人已不再关注他们此前做出的改革国际金融机构（特别是IMF）承诺。因此，也许 2016 年峰会应当探讨金融体系改革依然存在的障碍，以及如何进一步推动这种改革的进行。

① 建言者：格亚莫 · 维兹巴，阿根廷经济和金融发展中心主任，阿根廷；维罗妮卡 · 格隆多纳，阿根廷经济和金融发展中心研究员，阿根廷；乔治 · 加杰罗，阿根廷经济和金融发展中心研究员，阿根廷。

② 建言者：柳德米拉 · 库德亚科娃，俄罗斯科学院世界经济与国际关系研究所系主任，俄罗斯。

## 建立多币种的国际货币体系[①]

要想改变全球经济结构，需要同时改变全球货币储备体系。显而易见的是，许多发展中经济体在世界经济中所占比重越来越大，但是以美元为基础的单一货币体系仍然占据着主导地位。因此，如果全球金融体系能够建立在多元货币体系（涵盖范围更广的一篮子货币）的基础上，那么全球金融体系将会更强大。

## 建立新的国际金融市场稳定机制[②]

全球金融市场的紊乱可能会干扰全球贸易和投资活动的维持。受到缺少优质抵押品等各种因素的影响，流动性常常发生各种形式的紧缺，而在这种紧缺与汇率波动的共同作用下，全球贸易可能会发生暂时性或永久性的坍塌。这种现象不符合绝大多数国家的利益，无论发达国家还是发展中国家，G20 成员国或非 G20 国家，都是如此。金融市场的平稳运行将是维系国际贸易，并维护所有国家共同利益的大前提，但仅靠金融市场并不足以消除所有已确认的和潜在的障碍。通过增强现有金融机构的效率，以及设立新的机制，我们可以优化全球金融架构，消除全球贸易坍塌的风险，以此来增进全球福祉。

## 建立全球生态金融体系[③]

建设生态化国际金融体系是对健全经济政策和产业政策的一个必要补充，可促

---

① 建言者：谢尔盖 · 德罗贝舍夫斯基，俄罗斯G20 专家委员会常务董事，盖达尔研究所宏观经济与金融方向负责人，俄罗斯。

② 建言者：尤科赛尔 · 戈迈兹，土耳其中央银行，土耳其。

③ 建言者：马汉理，国际可持续发展研究院副院长兼欧洲区执行主任；谢孟哲，联合国环境规划署可持续金融体系设计研究项目联席主任。

进全球经济向高效利用自然资源、无污染、低碳化方向过渡。就此而言，目前在国际上已取得些许进展，但这些进展规模有限、不甚连贯且缺乏国际合作。而这种国际合作应强调财政和货币政策的作用，并通过金融法规和标准促使金融体系更加符合可持续发展的要求。中国金融体系的迅猛发展是一个机会，可以将生态金融纳入到金融市场改革的进程中。在生态化金融体系建设方面，最先进的政策研究当属近来与中国有关的一批工作成果，它们是由中国人民银行、国务院发展研究中心、中国人民大学，以及他们的合作伙伴联合国环境规划署可持续金融体系项目、国际可持续发展研究所，还有这些平台上的一批国际专家共同完成的。尽管如此，单纯依靠某国国内行动，所能斩获的成果是有限的，而应当通过国际协调行动来更加积极有效地推动生态化金融体系的建设。因此，2016 年中国主办的G20 会议将为参会国家提供一个机遇，可以设立一个前瞻性的议程，以此来描绘面向 21 世纪的金融与资本市场该如何发展。而这种发展应当满足一个动态、包容、且可持续的经济的融资需求。

## 为国际评级机构设立官方标准①

为国内和全球金融市场制定全球标准，首要的是为国际评级机构建立标准，并促进不同评级机构间的市场竞争以便提高评级质量和可靠性。

## 将私人资本流动纳入监测机制②

近来G20 国家已经开始关注在税基侵蚀和利润转移（BEPS）项目框架下增加

① 建言者：谢尔盖 · 德罗贝舍夫斯基，俄罗斯G20 专家委员会常务董事，盖达尔研究所宏观经济与金融方向负责人，俄罗斯。

② 建言者：谢尔盖 · 德罗贝舍夫斯基，俄罗斯G20 专家委员会常务董事，盖达尔研究所宏观经济与金融方向负责人，俄罗斯。

利润分享和税收支付的透明度问题。但是，由于企业巨头们频繁的跨国活动，以及连本土小企业金融管理都开始不透明化，相关的资本流动问题仍未得到妥善解决。新的BEPS-2 项目应该涉及更广泛的主题，包括资本流动的透明性问题和国家间关于私人资本的信息交换。

## 加强G20 与多边开发银行之间的协调①

一直以来，G20 从未考虑过各个多边开发银行之间合作的问题，尤其是多边开发银行与国家开发银行之间旨在促进投资和经济增长的合作。而 2016 年G20 正是改善这一情形的机遇，应当将所有的金融机构放在一起统筹协调，使它们能够像一个统一的工具一样发挥其促进发展的作用。

## 建立财政和货币政策的国际协调机制②

面对此次史上最具破坏力的全球经济危机，尽管各国央行与政府就共同对抗危机达成了共识，但是随着各国摒弃全球主义，转而诉诸地方主义与国家主义，其造成的阻碍让这种共识越来越难以维系。与此同时，IMF 协调各国救市计划的效率也大大降低。各国政府都有一种金融体系即将崩塌的预期，而不论这种预期能否成为现实，都促使这些政府采取了大规模的救市计划和经济刺激计划，从而使得财政赤字增加，让公共债务变成了难以承受的重担。当然，经济刺激政策的确能够确保危机过后的经济回升，但是越来越多的人认为，只有那些最富有的国家才能从这种回

① 建言者：谢尔盖 · 德罗贝舍夫斯基，俄罗斯G20 专家委员会常务董事，盖达尔研究所宏观经济与金融方向负责人，俄罗斯。

② 建言者：维塞尔 · 卡西姆利，阿塞拜疆总统战略研究中心经济分析和全球事务部主任，阿塞拜疆。

升之中得益。世上现存的对财政和货币政策效果的评估并不包括这些政策的国际影响，但问题在于，每个国家的财政和货币政策的影响总会直接或间接地蔓延出国境之外。从这个角度来看，即便是对国内具有积极作用的财政和货币政策，也可能会对其他国家产生消极影响（如用救市计划来保护本国市场）。

如果各国政府相互之间不能做出可信的承诺，无法共同协调各自中长期财政及货币政策的目标，又不能在必要时向独立于各个政府的国际组织让渡部分权力的话，那么就不可能使这些政策的效果得到持续改善。而他国货币与财政政策对本国所产生影响的大小又取决于本国的货币可自由兑换程度、经济规模、贸易开放度、国防力量等。

只顾及本国利益的保护主义宏观经济政策将会造成流动性过剩，而这种过剩则会被某些特定群体所吸收，从而吹起经济泡沫，造成资源配置扭曲，并最终导致经济失衡，降低产出能力。与之相反，如各国都能一起协力合作，那么生产能力将会获得迅猛增长，并带动经济复苏。

## 全球治理议程

### 应提出全球基础设施建设的“中国议程”[①]

基础设施对经济增长、发展、贸易和联通都至关重要，因此应该成为此次峰会议程的一个重要组成部分。中国应该强调基础设施的重要性，并提出措施以促进G20 在协调大规模基础设施项目中发挥作用，使这些项目符合国家、地区和全球利

① 建言者：乌尔夫 · 斯维德鲁普，挪威国际事务研究所主管、教授，挪威；奥莱 · 雅各布 · 撒丁，挪威国际事务研究所研究部主管，挪威。

益，从而为促进长期可持续发展做出贡献。

能源基础设施是一个极其重要的议题，这是因为能源市场正在由于技术创新、经济、人口和政治力量的改变而飞速地发生变化。中国可以促进G20 在能源领域缩小全球治理差距，处理供给端的不完全竞争背后深刻的政治和战略挑战，并解决需求端的公共产品供给短缺问题。

此外，中国可以通过制定更加规范的协议、加强监管机制以及确保良好的争端解决机制，来推动G20 进一步优化基础设施投资市场。这将有利于促进公共部门与私营部门的合作伙伴关系并吸引大量投资者、养老基金和主权财富基金投入到这个领域及发展合作项目。G20 还应该在促进亚洲基础设施投资银行和布雷顿森林体系之间的协调，以及改进其他非政府和私营部门使用的标准中发挥作用。对于基础设施建设议程和与能源治理相关的议题，中国和G20 也可以邀请非G20 成员国来报告他们的意见和关切。

## 设立增加基础设施投资的“1.5%”目标①

基础设施不足和老化几乎阻碍着所有G20 成员国的经济发展。但是预期低迷的全球需求和缓慢的世界GDP 增速，创造了增加基础设施投资的绝佳时机。因此，每个G20 成员国应该承诺，在未来 5 年（2017~2021 年），基础设施投资应该比过去 5 年（2012~2016 年）增加各国GDP 的 1.5%。从全球范围看，这将每年增加大约 2 万亿美元的基础设施支出。

① 建言者：加里 · 赫夫鲍尔，美国彼得森国际经济研究所高级研究员，美国。

## 改革全球能源融资体制，实现绿色发展[①]

能源体系对国家的发展和增长起着至关重要的作用。然而，由于三分之二的排放都与能源有关，因此现在再尝试高碳式增长只能是自取灭亡。从这点上来说，尽管全球能源需求根据预计仍将持续增长，但高碳能源却绝不能再增加了。因而2016年G20会议必须采取手段推动世界能源体系的转型。

高碳经济的种种风险，如气候变化等，都决定了必须对其进行快速和彻底的改变。世界总排放量应当以每年2.5%的速度减少，即从2010年的500亿吨降低到2050年的200亿吨以下。如果世界总产出以3%年增长率增长的话，那么就意味着每单位产出量对应的二氧化碳排放量必须以每年7%~8%的速率减少。这样剧烈的变革需要世界上的所有地区、所有经济部门都采取强有力的行动，同时还需要一场能源产业革命才能完成。尽管如此，向着低碳经济的转型同时也是非常有诱惑力的，因为如果我们以世界经济史为参照，就会发现这种转型可以促进动态的、有创造力的以及革新性的经济增长。

我们要控制排放，这就需要大量的投资才能完成。而接下来的15年对于下个世纪来说至关重要，因为据预计这一时期全球总共会进行90万亿的投资，而其中超过三分之二都会发生在发展中国家和新兴市场。在进行这些投资的时候，我们既可以随意为之，也可以时刻谨记低碳经济而谨慎进行。我们必须理解的是：这些投资的目的是为了持续的发展。

对能源转型融资有如下几个关键点：

• 融资方式的彻底改革：在决策机制里加入更多对于可持续发展与气候变化的考虑；

• 为了更有效地调动民间金融，需要更明确和可信的相关政策；

• 需要各开发银行促进转型进程；

① 建言者：尼古拉斯.斯特恩，伦敦政治经济学院教授、英国社会科学院院长，英国。

• 政府开发援助（ODA）以及“气候金融”应当对多方提供支持。

作为 2016 年 G20 轮值主席，中国有着宝贵的机会，可以与其合作伙伴一起整合气候变化中的经济因素，并为联合国可持续发展目标（SDG）设立金融与发展议程。中国还能促使 G20 采取措施，对这些进程中达成的种种承诺进行落实与推进，其中包括：可持续的基础设施融资、创新、能源效能标准以及碳定价等。

## 树立中国在“气候政治”中的领导者地位①

鉴于中国稳步迈入中等收入国家行列，这不仅为广大人民群众创造了财富，同时也引来对环境问题的担忧，这是经济发展中的一个典型现象。中国政府已经宣布了一系列措施来减少污染和提高本国的环境质量。这一立场使得中国在全球气候政策中占据重要地位。因此，保留气候这一议题作为中国举办 G20 峰会的议程之一是恰当的，这也将显示出强大的中国日益增长的全球责任感。

## 确立“后2015”的全球可持续发展目标②

2015 年，国际社会一直努力在两个重大国际进程上达成协议：其一是新的应对和适应气候变化的全球协议，其二是确定 2015 年后全球可持续发展的共同目标。尽管这两个全球主要挑战之间的内在关联已经众所周知，并且已被纳入当前谈判议程，但是仍然需要更好地理解减缓气候变化与适应行为之间的内在关联和社会经济影响。另一方面，也需要更好地理解通过提供能源、卫生、食品和教育等途径，实现可持续发展和减贫的具体措施。越来越多的国际基金呼吁相关经济政策研究，需

① 建言者：安德烈亚斯 · 弗莱塔格，耶拿大学经济学教授，德国。

② 建言者：安特耶 · 尤利格、丹尼尔 · 塔拉斯、阿斯特丽德 · 斯卡拉 · 库梅恩，德国国际合作机构（GIZ），德国。

要对这个课题进一步仔细分析，也需要发展具体的政策选项和解决方案，从而使不同生态和社会经济环境的国家能够履行这些方案。为了更有效地发挥协同作用，减少未来的取舍效应，德国国际合作机构（GIZ）和经济政策论坛（EPF）一直在积极参与这些课题，并对那些旨在制定具体建议以处理内在联系的研究给予支持。

## 使绿色发展与国际金融改革相对接[①]

在经历了几十年的快速经济增长之后，中国正在调整经济结构，以实现在社会、经济、环境方面更加可持续的发展。鉴于此，中国应优先考虑以下三点：第一，增加投资的速度和规模以维持经济增长；第二，更有效地使用公共资金，并更大程度地发挥私人投资者的作用；第三，投资清洁技术以应对环境污染，并实现低碳发展。

协调和平衡上述三个目标是一项复杂的工程，需要综合考虑目前一系列不相关的政策议程，包括将清洁能源、低碳基础设施和服务的政策与融资同金融改革相对接。政府如何运用公共资本分担风险以及国有银行在其中的作用将是成功的关键。

为此，我们提议G20 讨论双重主题：第一，新的亚洲基础设施投资银行如何利用其授权和重心来促进这一雄心勃勃的议程；第二，多方利益相关者间对话的价值，对话目的是把绿色金融的研究和进展与2030 年中国实现高质量、低碳增长的政策与金融支持相联系。

## G20 应纳入文化议题[②]

关于不同文化、宗教、社会规范能够或者应该在世界共存的方式，越来越令人

① 建言者：英格丽 · 福尔摩斯，英国第三代环保主义伦敦办事处副主任，英国。

② 建言者：卡罗琳 · 波斯特尔 · 维奈，巴黎政治学院国际研究中心高级研究员，法国。

担忧。这一问题可以作为G20 峰会上的一个讨论议题。虽然二十国集团是一个非决策机构，却实际上是首要的全球对话论坛，在过去几年中其议程范围的扩大有目共睹。有些人认为它应该仅限于最初的经济协调功能，另一些人则利用它来推动其他国际议题的进程。尽管关于G20 议题范围的辩论有其合理性，但是可以采取一种实用主义的路径，在全球治理的文化维度进行一些交流。

## 设立“5年内消除90% 关税税目”目标①

在过去的 10 年，世界贸易的增长已不再是世界经济增长的发动机。事实上，贸易增长只是跟上了经济增长的步伐，而在 1947 年到 2007 年的 60 年间，世界贸易增速基本每年高出世界GDP 增速 2%~4%，并因此促进世界经济经历了一段波澜壮阔的增长。作为激励贸易发展的措施之一，G20 国家应该致力于在 5 年内消除 90% 的税目（目前处在 6 位数水平）。同时取消关税应在无条件最惠国待遇的基础上实施。换句话说，从非G20 国家进口应享受与G20 国家之间一样的零关税待遇。

## 将可持续发展纳入多边贸易体制②

不论是发达国家还是发展中国家，贸易因素在各国经济政策制定的过程中的影响日益增大。为了协助各国政府开放本国经济、融入全球贸易体系，一套能够支持可持续发展的多边贸易体制变得比以往任何时候都更重要，而G20 可能是达到这一目标最合适的政策协调平台。我们必须意识到G20 面临的很多潜在的挑战都与可持续发展问题相关。这些问题可能包括全球气候变暖等环境问题与贸易的关系、贸易

① 建言者：加里 · 赫夫鲍尔，美国彼得森国际经济研究所高级研究员，美国。

② 建言者：蕾吉雅 · 莫拉 · 科斯塔，巴西圣保罗商业管理学院（FGV-EAESP）教授，巴西。

和能源的关系、提高生活水平、保证充分就业、世界资源的可持续利用等等。致力于可持续发展的好处非常明显。G20 协调多边贸易自由化与可持续发展的能力是决定其合法性的核心，也正因为如此，G20 能否进一步在全球范围内推进自由贸易是一个非常重要的问题。G20 峰会是推行可持续发展最合适的平台吗？ G20 成员国能否应对这些挑战？ G20 各成员国所需应对的难题正是重新定义这些挑战，并尽快研究出应对策略。

## 形成全球化的大众创业环境①

全球青年就业危机必须视为是与 2008 年全球金融危机同等重要的问题。青年失业数字众所周知，然而其经济和社会影响却并非如此。在欧盟，青年失业的经济机会成本高达每年 1530 亿欧元（G20 2014），相当于欧盟GDP 的 1.2%。随着不升学、不就业、不进修的青年（NEET 族）数量持续增加，长期生产力损失急剧增长。

解决这一危机的最佳途径是创造就业。前 5% 的高成长企业创造了 72% 的工作机会和 67% 的净收入增长（WEF，斯坦福和Endeavor 对全球 10 个国家 38 万家公司的研究结论）。创业企业雇佣了大量青年、妇女和少数族裔。他们也支付工资溢价，从而创造更高质量的工作。

虽然自就业不能解决问题，但是注重高增长创业的生态系统支持自就业和中小企业。因此，解决全球青年就业危机的措施是发展支持高成长创业企业的生态系统。

① 建言者：杰瑞米 · 利德尔，澳大利亚青年企业网络（ENYA）创业部主任，澳大利亚青年企业家联盟主席，澳大利亚。

## 设立每年新增4200 万人就业的机制①

虽然失业问题一直处于全球议程的优先位置，但在 2009 年全球经济危机后，这一问题已经变得更加重要。一些国家在危机后呈现出某些乐观的经济复苏，但根据预测，这些复苏迹象不足以平衡劳动力市场的供需。在 2014 年，失业人数高达 2.01 亿人，比 2012 年高出 500 万。更严重的是这一数字在 2018 年可能达到 2.15 亿。据调查，为满足日益增多的劳动力市场新军，每年需要新增 4200 多万个工作岗位。

这次全球性的经济减速也对年轻人产生重创。相关数据显示青年人失业的可能性比成年人高三倍。2013 年，青年失业率高达 13.1%，这意味着在全球范围有 7450 万的青年人（15~24 岁）失业。这一比率在 2012 年是 12.9%，2007 年是 11.6%。更为重要的是，青年失业问题几乎在全球各个地区都在恶化。一些地区的失业率甚至高达 50%（比如希腊、西班牙和南非）。除了青年失业问题之外，另一个应该被考虑的重要问题是不升学、不工作和不进修的青年（NEET 族）数量在近几年急剧上升。

鉴于这些原因，G20 和各国政府应该优先考虑青年失业以及 NEET 族问题。

## 将青年就业问题纳入贸易与投资议题②

在发达国家和发展中国家，青年有酬就业都是一个严峻的问题。有大量农业人口的国家存在着严重的劳动力转移，导致农村劳动力短缺，特别是在农业和农产品加工业领域。由这种人口转移加剧的城镇青年失业几乎是所有国家的普遍现象。从经济学角度看，这是对生产资源的严重浪费；从社会学角度看，无论在国内还是国

① 建言者：艾谢居尔 · 艾塔克，土耳其经济政策研究基金会 G20 研究中心副研究员，土耳其。

② 建言者：默罕默德 · 阿尔达，土耳其经济与外交政策中心执行董事，土耳其。

际这都可能诱发动荡。如果只关注城镇失业而忽视农村，那么人口内部迁移背后的拉动因素将会加剧。因此，政策执行既要减少城镇失业，同时又要统筹推动城乡发展，这成为当前的一个主要挑战。G20 议程应该包含这个关系全球稳定的重要议题，因为它不仅需要国内政策的支持，也需要涵括贸易、投资、移民和社会稳定的全球治理政策的支持。

## 延续土耳其G20 峰会对中东北非问题的关注①

在当今快速变化的世界，G20 有能力为实现有效的全球治理发挥至关重要的作用。地缘政治的紧张局势给全球治理进程带来直接和间接的挑战。就中东和北非（MENA）而言，这些不稳定效应是由世界能源市场的动荡引发的。因为G20 远不是一个采取集体和协调行动的组织，其机制结构并不能够处理地区军事冲突。但是其成员在国际组织如联合国的显著位置和他们丰富的经济资源使他们能够以调解者的身份干预冲突。没有一个和平的国际环境，就不可能实现G20 诸如可持续和稳定增长的目标。G20 全球议程中的“包容性”概念一定不能局限于那些通常被国内社会遗忘的领域，而是必须要扩展以包括世界所有正在整治、军事、经济困境中挣扎的地区。

MENA 原油和天然气储量占世界的份额最高。根据英国石油公司（BP）的能源统计，在 2013 年，中东占世界已探明原油储量的 47.8%，以及探明天然气储量的 42.3%。另外，根据BP 的能源统计，中东占世界原油和天然气产量的份额分别是 32.2% 和 16.8%。

中东和北非的冲突不仅危害了世界的能源贸易，而且也危害了其他商品和服务的贸易。此外，MENA 的武装冲突增加了不确定性和交易成本，导致了经济主体的非最优决策，不恰当的分配了稀少的世界资源。因此，为MENA的冲突找到解决措施符合G20 国家的最佳利益。但在短期内清除当前冲突的深刻根源是不可能的。

① 建言者：哈伦 · 奥兹图克勒，克勒克卡莱大学中东战略研究中心副教授，土耳其。

MENA的冲突原因可以分成两大类：民主和发展的主要长期原因，建立和平的主要猜测性原因。

因此，G20解决该地区问题的短期行动计划应该是在国际机构的协助下了解当前形势，进而迅速提供和平缔造方案。从中长期考虑，G20应该致力于促进本地区的民主和经济发展。G20成员国对该地区的态度将决定可能的行动路径。因此每个政府都应该意识到本地区的和平为经济发展带来的巨大红利。

总之，当今MENA地区的冲突是维护世界政治经济秩序的稳定和可持续发展所面临的最严峻的挑战。如果G20要成为一个全球治理机制，那么寻找该地区冲突的解决方案将会是最重要的考验。成立一个正式的秘书处（职责之一是解决冲突）是提高G20机制能力的一个重要步骤。在这方面，G20与国际及各国机构组织的合作至关重要。G20必须提出一套政策纲领以制止当前冲突，恢复日常生活中从经济到政治各个方面的正常进程，同时建立一个能够在该地区维持长期稳定、促进经济发展的架构。

## 建立“超区域贸易协定”间的联系机制①

改进现有多边体系以解决21世纪问题的努力受挫促使发达国家寻求“超区域”策略。与此同时，IMF、世界银行、经合组织和联合国贸发会议的总体调查显示，发展中国家超预期的强劲表现正在缩小工业化国家与其他国家的差距。2008年的金融危机在某种程度上加速了工业化国家之间的差异。由此带来的压力，特别是来自新兴经济体的压力，变得越来越明显。

上述因素的协同影响足以终结经过八轮关税暨贸易总协定谈判（直到1994年）才达成的基于规则的贸易体系。从那以后，多边体系在处理21世纪的复杂问题和新问题方面就止步不前。与此同时，乌拉圭回合以来发展中国家也越来越强烈地把

① 建言者：博兹库尔特·阿朗，土耳其经济政策研究基金会多边贸易研究中心主任，土耳其。

发展问题提到议程前列。

美国率先提出两个一致且相辅相成的重大倡议：跨太平洋伙伴协议（TPP）和跨大西洋贸易投资伙伴协议（TTIP）。这些促使工业化国家塑造新的“贸易规则”，由于发展中国家的反对，工业化国家不能通过多边体制正常通过这些“新规则”。但这两个超区域协议达成的可能性很高。

加入这两个协议的国家数量表明新的“贸易规则”将对多边贸易体制产生重大影响。预期TTIP将超越传统的贸易范畴并且规范多个领域，诸如标准、相互承认、数据跨界流动、农业、服务业、国内投资监管和保护外国直接投资等。新的断层正在形成?

## 让发展中国家的人民也能参与全球治理[①]

G20应旨在一个更加强大、民主和人道的全球秩序下进行国际与区域经济合作，主要是为了实现是以下目标：

1. 制定和实施新的2015年后的全球发展政策议程，包括可持续发展目标、减少失业和收入、财富分配的不平等，保证所有国家和所有社会群体享受稳定与公平，并承诺对欠发达国家提供官方发展援助；

2. 赋予新兴、相对贫穷和欠发达国家更多发言权（投票权）以加强全球经济治理；

3. 依托中国和金砖国家主导建立的“金砖国家开发银行”和“亚洲基础设施投资银行”，改革国际货币和金融体系以纠正不合理的储备货币秩序，重新分配收支平衡的盈余，由为富裕国家财政赤字提供资金转向为贫穷国家的发展提供资金，特别是投资于区域和区域间基础设施；

4. 在区域和区域间的基础设施投资合作，除了加强新兴国家和发展中国家的实体联系以外（如中国的新丝绸之路战略），还应投资于较贫穷国家的教育、健康医疗需求，同时加强双方的文化交流和联系以推动人权事业和社会福利的进步；

① 建言者：塔希尔·坎南，阿拉伯政策与研究中心（约旦）研究员，沙特阿拉伯。

5. 继续深化监管改革以增强监管部门的应变能力（如加强税务合作、改革国际金融治理机制、加快世界贸易组织多哈回合谈判、联合行动保护环境和应对气候变化）；

6. 改革计划的制定和实施不能只让政府参与，也应该让广大利益相关者参与，例如民间团体、智库、工商会协会、研究中心和高等学府等。

## G20 机制的创新与发展

### 建立G20与联合国互补的框架①

联合国已然在影响全球合作的种种问题上陷入僵局。面对这种局面，作为一个自封的非正式组织，G20 可以给联合国提供怎么样的协助呢？

若联合国气候变化框架公约不能于 2015 年 12 月份在巴黎达成一致，G20 可以做些什么？

若联合国 9 月份就 2015 年后国际发展议程的商讨未能形成一定数量的切实、可衡量目标，G20 要如何做？

## G20 是否应当涉足互联网治理问题

### 把G20 建成制度化的"全球指导委员会"②

随着金融危机逐步消退，除非G20 开始着手解决全球议程中现有的国际机制和对话未能很好解决的棘手问题，否则G20 将日益失去其重要性。G20 应该成为国际

① 建言者：巴瑞 · 卡林，加拿大国际治理创新中心高级研究员，加拿大。

② 建言者：安德烈 · 罗森塔尔，前墨西哥国际关系委员会创始人，墨西哥。

社会的“指导委员会”。

## 对全球治理盲区全面“查缺补漏”[①]

2008 年后兴起的G20 是全球金融危机的产物。当时国际合作已势在必行，协调政策解决方案的想法得到了所有人的支持。而在如今的经济平缓增长时期，过去国家利益的分歧和发展理念差异再次凸显，G20 必须重新确立自己的时代意义。

因此，为了更好地保证G20 的制度关联性，我们建议中国作为G20 主席国对现行全球经济治理机构的缺漏部分和重叠部分进行全面调查。

一旦不同国际机构治理目标的重合点得以确认，G20 便能更好地确定其经济治理协调者身份。G20 应当在庞大经济发展计划的管理中发挥作用，并最大限度地巩固和凝聚这些影响。这种作用虽然并不引人注目，但却是必不可少的。

而当G20 确认了全球发展议程中的缺漏，便可以根据这些缺漏来指导自己设定独立的增长议程。全球发展仍面临着大量挑战，但国际上已经采取合作来解决其中大部分问题。然而有些问题，如非洲资本市场的建设，仍缺乏足够的资源来进行有效解决。这为G20 提供了很大的空间，可以针对这些问题建立起有效且中肯的议程。

## 促进“全面、包容和可参与的发展”[②]

迄今为止，G20 峰会的目标不断变化，从金融机构到监管机制，从生态可持续到就业机会，但都没有取得显著成绩，这些问题往往被孤立地提出和考量。与此同

① 建言者：梅默里 · 杜比，南非国际事务研究所经济外交项目高级研究员，南非。

② 建言者：穆罕默德 · 萨奇布，印度中国经济文化促进会秘书长，印度。

时，各参与国总是优先考虑自身利益。

在孤立中是难以实现发展的。鉴于不同经济部门和不同社会群体之间的相互依存关系，成员国需要分析各自优势，使本国在活动、经验和资源的分享中获利。这种整体性变化可以通过积极调动政治、经济和社会参与者并将其聚集到同一个论坛里来实现。

## 合并“普惠金融”与“可持续发展”两大议程①

作为快速发展的新兴经济体，印度与中国都在积极寻求普惠金融与可持续发展这两大全球主要问题的解决办法，这两个问题也是2015年后可持续发展目标规划的一部分，并将在即将召开的气候变化峰会中提出讨论。关于这两大问题的对话应该与另一个我们共同关心的重要话题——全球金融机构的治理改革联系起来。中国可以在其主办的G20峰会中发挥串联这两大主题的关键作用，并让新兴经济体就这些问题在全球治理机构中掌握更多话语权。这将有助于我们合力推动世界其他国家，为以下悬而未决的问题寻求一个各方都能接受的解决方案。这个问题便是：如何为2015年后的可持续发展目标和气候融资构建合适的融资框架并形成约定责任？

## 细化G20轮值主办机制②

2011年G20法国戛纳峰会结束之际，大会做出了实行G20峰会轮值主席地区制并规定亚洲为第一个轮值主席地区。然而该决定一直未能得以践行。无论如何，关于G20治理的区域协调的建议不应该被丢弃，最起码应该对其利弊展开讨论。

---

① 建言者：拉汀 · 罗伊，印度公共财政与政策国立研究所所长，印度。

② 建言者：卡罗琳 · 波斯特尔 · 维奈，巴黎政治学院国际研究中心高级研究员，法国。

## 强化G20执行效果评估机制[①]

G20已经清楚地证明了其作为全球危机解决机制的能力。然而，我们即将进入后危机时代，当前全球治理最重要的挑战在于如何将G20从一个危机委员会转型成一个有效的工作指导组，成为一个更具实质性的全球治理团体而非一个“脱口秀”。就此而言，追踪和评估G20承诺的执行情况及其效果意义重大。2015年土耳其主办G20期间所设置的三个以“I”为首的优先议题是：包容性、执行和增长性投资。其中，执行是最重要也是最难的，但它对G20的未来具有非凡意义。针对此问题，土耳其主办的G20所提出的仅仅是一个命名和描述的机制（由于存在大量的问题以及空头承诺，因而可能性不大也难以发挥作用）。而我认为中国主办的G20会议则应明确关注，想办法解决如何进一步评估落实情况的问题（监控和评估G20所作承诺的执行情况及其效果）。此外，这将给以后的G20举办国的议程提供连续性，并能在总体上提升G20作为全球经济和金融问题的首要对话平台的声望。

## 设立“政策效果”评估项目[②]

由政府资助的经济和社会项目往往质量欠佳，要么达不到预期的目标，要么仅仅完成预期结果的一部分。决策者需要能够更好地体现这些项目所发挥作用的证据，他们也应该更加重视现有的证据。G20可以推行一个称作“政策效果”的项目，以确保对重点经济和社会项目的影响做出独立的评估，同时保证每当新项目启动之时，从现有的影响评估中提取的证据（及对这些评估的系统性评议）能够定期送到决策者手中。我们可以要求G20的每个成员国独立设定各自的目标，并由G20在

① 建言者：哈坎 · 穆罕梅提克，伊希克大学国际关系学院研究员，土耳其。

② 建言者：理查德 · 曼宁，牛津大学非洲经济研究中心经济学教授、发展研究所董事会主席及研究员，英国。

三到四年后评估其进展。G20 也可帮助低收入和中等收入国家建立起一套国际评估标准，以帮助这些国家对项目影响进行更加系统的评估。”

该国际影响评估计划可以为各国（包括中国）提供更严格、独立的公共项目评估。我认为，应当在这一方向上合力统筹，把各政府的政绩压力转化为建立评估机制的动力，而G20 正是进行此种统筹的最佳平台。

## 建立推进G20 政策执行的强力机制①

由于G20 不断完善自身发挥的作用，具有广泛的代表性，且相对非正式的体制能较少受官僚主义的羁绊，因而成为全球治理的核心部分。这种灵活的机制促使领导人和非政府组织积极提出应对全球挑战的计策，并且将计策化为提案以便对议程造成影响。而这些提案则通常围绕对“增长”的需求。

然而，如果往届G20 曾推进过的种种“改革提案”都能够彻底落实，那么实现强劲和可持续的增长也并非不可能。由中国主办的G20 峰会应着重关注机制建设，为业已提出的改革措施提供一个框架，使之能够顺利执行。

在中国轮值期间，G20 平台可以通过“中国方式”来对自身进行改变，从而带来更具操作性的改革方案。在进行改变之时，应当优先考量以下四个概念。第一，协同：即表明全球统一行动通常优于单个成员国行动的总和。第二，利益：比起各国各自的重要事项，更应关注对共同利益的重新界定。第三，非排斥：即在全球层面采取全面包容的措施。第四，恢复健全组织机制：并非要成立像国际组织那样的强力机关，而是建立一种可靠机制，对G20 议程进行跟进，确保其连续性。

① 建言者：赛义德 · 阿克曼，土耳其经济政策研究基金会多边贸易研究中心高级研究员，土耳其。

### 倡议“集体行动、风险共担”原则①

G20 应创造出更可靠的方法在全球治理体系的各个领域内维护共同愿景，推动集体行动，同时进行金融改革，包括货币制度的改革、贸易体系的监管、内部经济政策的协调、信息的交换与共享。大国也需要努力在合作与良性竞争之间维护和谐的关系。例如，中国和美国应该尽力保证各自牵头的多边经济合作机制（美国领导的“跨太平洋伙伴关系”和中国倡导的“东盟+3 自由贸易区”）互为补充。

为吸引发展中国家和欠发达国家的参与，让它们更加积极地与发达国家携手促进经济繁荣，G20 国家也应该关注“风险分担”机制。在实现共同可持续发展的道路上，全球经济的风险和变数仍然存在，其中包括石油价格、汇率、环境污染等。G20 必须仔细考量这些问题的解决办法。

## 创新驱动与全球增长

### 2016 年G20应关注“创新”主题②

土耳其G20 的主题是包容性、执行力与投资。有了前期的铺垫，当前G20 的工作正处在一个更具包容性的背景下，通过基于诸多有利因素来实现更大维度的全球协同。在 2 月 11~12 日召开的伊斯坦布尔T20 会议上，一项G20 应该关注“创新”的提议获得了很多的支持。该提案有望进入当前的G20 议程。这是因为创新、科技发展或知识经济的影响无处不在并且日益扩大，深刻地改变了世界经济。世界各国的合作需要迈上一个新的台阶，要利用知识经济的巨大潜力，同时减轻各经济体迅速增加过程中遗留的不平等问题。这个过程迫切需要一个更完善和明晰的全球

① 建言者：车斗铉，韩国国际交流财团执行副主席，韩国。

② 建言者：尤素夫 · 伊斯科，土耳其人民共和党总统顾问、经济学家，土耳其。

治理，G20 议程上罗列的当今世界的经济问题已经证明了这一点。因此 2016 年中国G20 主题也应该包括创新、知识经济和完善的全球治理。

## 让创新成为全球金融改革的驱动力[①]

G20 自成立以来已经突显出了其在预防和解决危机方面的重要性，G20 各国应该努力促进有效的、富有成果的讨论，承认各自存在的地位差异，坚持最终要达成共识并做出具体承诺的目标。从这个层面上来讲，国际金融机构的合作是极为重要的。因此，继续巩固和完善国际金融机构是必需的。我建议 2016 年中国G20 峰会的首要议题为“重大改革和创新”。通过新的机制来推动全球治理的创新，比如说亚洲基础设施投资银行、“一带一路”规划，以及强调区域机制的重要性。

具体的创新主题可分为：全球治理中的创新、国际金融架构的创新、在危机预防和危机解决中的创新、在国际货币体系中的创新以及创新重启增长。

## 应对技术创新带来的失业问题[②]

### 1.主题依据

公众对技术革新而产生的社会效果的评价通常是正面的。但与过去情形不同，由于低薪、甚至高薪工作的失业蔓延，发达国家（相对于发展中国家）更深刻地感受到了新技术的破坏性影响。过去从未以这样大的规模发生过这种问题，因此这个课题无论在理论上还是实践上都值得仔细研究。G20 与发达国家和工业发展中国家

① 建言者：马克 · 乌赞，新布雷顿森林体系委员会执行董事，法国。

② 建言者：凯末尔 · 伊南，萨班哲大学工程与自然科学系教授，土耳其。

都有密切联系，因此它是承担此必要任务最理想的平台。

### 2.破坏的本质

失业和不充分就业也许仅仅被认为技术革新导致的干扰的一个方面。其他也许包括干扰常规供应链或者导致战略资产的快速退化（或增加），例如特定原材料、能源资源、地理位置等。然而直接的案例表明，新经济的本质导致失业成为干扰的首要因素。例如：（1）自动化技术最初是代替日常工作，但之后相对教育水平较高的劳动者也被机器所替代了；（2）低廉的复制成本降低了边际成本，导致了一种少数寡头可以垄断大市场的结构。这两个因素导致了严重的结构性失业。

### 3.目的和预期结果

研究应该展示出一些技术性失业的清晰案例。短期内，应该以那些被信息和通信技术强烈影响的部门为例，在这些部门摩尔法则不断拓展着技术自动化的边界。长期看来，类似的情况会发生在分子工程领域（如纳米技术、生物）。

## 鼓励创造更多就业岗位的创新[①]

技术创新已经在经济学和工程学领域被讨论了几十年，技术创新发生在两个层面：集约边际（如升级现有的技术）和粗放边际（如创造突破性的新技术）。经济学的理论和实践表明，突破性的创新开辟了新的领域，有利于创造更多的就业机会，而升级现有的技术通常意味着生产自动化，以资本替代劳动，从而导致失业的产生。美国前财政部长拉里·萨默斯（Larry Summers）在最近的一次讲话中提到，机器人正在危害中产阶级工人的利益，而且教育不能使这一问题得到改观。除了美

① 建言者：古奈什·阿西克，土耳其经济政策研究基金会（TEPAV）首席经济学家，土耳其。

国，其他人口密集型的经济体，如中国、印度、土耳其这样中等规模的国家，都面临着相同的问题。G20 峰会的讨论应该围绕以下几个问题进行讨论：（1）制定如何确保创造就业岗位和促进突破性创新的政策；（2）高等教育体系与职业教育的角色定位；（3）制定新的措施以应对年龄、教育和性别引起的失业。

### 通过“全球开放经济”实现增长目标[①]

ICC（国际商会）相信，国际贸易和投资对G20 实现全球经济增长和创造就业的目标具有重大意义。ICC 也相信，G20 通过设定政策方向将促进更广泛的多边合作，从而有助于上述目标的实现。ICC相信中国在 2016 年G20 峰会上会对推动上述议题方面表现出足够的领导力。

### 在增长议程中提出“再平衡2.0”[②]

具体包括：

1. 跨期再平衡：寻找全球债务占 GDP 比重的合理水平，避免债务过度向后代转移，应对气候变化，有效利用和节约自然资源（包括能源），改革福利制度，探索白银经济的机遇。

2. 国际经济再平衡：经常账户失衡，资本的流动，贸易的流动，促进国际援助，应对腐败。

3. 机构再平衡：确保不断发展的国际金融架构的连贯性，明确通过提供“全球公共物品” 来定义各国共有的和分别的责任、义务，运用区域组织为全球稳定做出

① 建言者：斯特凡诺 · 贝尔塔西，国际商会政策与商业惯例部主管。

② 建言者：安东尼诺 · 维拉弗兰卡，意大利国际政治研究所副主任及欧洲项目主管，意大利。

贡献。

4. 国内经济再平衡：减少收入不平衡，促进投资和消费的平衡，弥合民族分歧，平衡劳动力市场性别比例。

## 用“包容性”原则改革布雷顿森林体系①

过去两年间，需求驱动型经济增长的缺乏拖累了世界经济。新兴市场和欧元区受之影响尤甚，汇率战也给全球增长的前景蒙上了一层阴影。因此，必须加强G20这样的治理平台，并改革布雷顿森林体系，使之成为一个更具包容性的治理结构，以便更有效地应对不同的挑战与问题。

① 建言者：萨迪克 · 乌内，土耳其政治经济社会研究基金会经济部部长，土耳其。

# 后记

## 为世界历史的“中国时刻”而辛勤工作

2016年的G20峰会将是中国首次主持与主导“全球治理顶层设计”的大会，这是中华文明伟大复兴中的里程碑事件，必将成为世界历史的“中国时刻”。

作为一所在国家战略和决策研究领域处于领先行列的大学，中国人民大学很早就积极投入到G20研究与中国主办G20峰会的筹备当中，以新型高校智库中国人民大学重阳金融研究院（人大重阳）为核心力量，在时任中国人民大学校长陈雨露教授的亲自领导下，中国人民大学为中国参与以国际经济与金融治理为核心的国际事务做了大量智力支持与公共外交工作。

2013年8月，由中国人民大学主办、中国人民大学重阳金融研究院承办的首届“20国智库研讨会”通过了全球第一份G20智库共同声明。

此后，人大重阳把G20作为重点智库项目，超过30名全职研究员、校内教授、国内外高级研究员投入研究，相关成果多次受到党和国家领导人的重要批示。2015年，人大重阳也正式成为2016年G20智库峰会（T20，Think Tank 20，G20配套智库合作机制）的三家共同牵头智库之一。中央、地方多个部门也为主办好G20峰会而与人大重阳建立了战略性的合作，其中包括中共中央办公厅、国务院办公厅、外交部、国家发改委、财政部、人社部、农业部、商务部、中国人民银行、中联部、全国妇联和浙江省政府等。

三年来，人大重阳已构建起全球G20研究智库网络，连续举办三届“20国智库论坛”年会，承办了2014年布里斯班G20峰会官方预热峰会；成为2015年安塔利亚G20峰会的唯一中国合作智库，全程参与了峰会的筹备进程，超过1000名各国著名专家学者参加过由人大重阳承办的G20智库活动。人大重阳还出版了三部G20研究蓝皮书，形成了日常研究产品《G20双周报》，并负责创建、管理2016年T20官方网站www.t20china.org。

当2014年布里斯班G20峰会上宣布中国将主办2016年G20峰会，我们的建议变成现实的时候，我们感到有必要编撰一本书，以此向更广的读者群介绍G20，展现我们更全面的研究成果，更丰满地突出中国崛起的伟大成就，希望能够助推2016年“G20热”的形成。然而，不在其中，不知其难，编书工作启动后，困难接踵而至。

难度首先来自著述工作与G20事务工作的交叉。G20是全球经济治理的最主要平台，其成果来自各国最顶尖谈判专家在最前沿专业领域折冲樽俎的过程，并以最圆熟的法律语言呈现。人大重阳只有约30名全职工作人员，还要承担大量其他工作，“超负荷”本就是常态。在G20领域，人大重阳需要参与决策支持与研究工作，要运筹每年主办的G20智库年会，还要协调300多家各国智库组成的网络、参加各国的相关谈判和会议，这都是要求以超高度的专注投入到“钻牛角尖”中的工作，像为了会议成果文件而使用外语与20多个国家智库代表进行外交家式的谈判到凌晨，是家常便饭。在这样的日常工作情境之余，要编撰一本兼顾“全面”“通俗”与“研究”却唯独不能“钻牛角尖”的书，不啻于让专业运动员比赛同时另起炉灶“兼项”写深度报道，还要在短时间内做到高质量。

难度其次来自大量的关系协调。图书撰写看似案头工作，实际上大部分精力却不得不花在沟通与协调。作为中国人民大学G20课题组和人大重阳全球G20研究智库网络三年来研究成果的概览，这本书不能是个人专著，而是要在来自课题组内外、全球数百名学者为人大重阳撰写的研究论文基础上，经过编著整理使之成为一本凝结全球智力的“多人专著”。这就带来了多种协调工作。一年当中，书稿三次被“推倒重来”，融入大量学者的意见与建议，其中辛苦难以言表。

最后，时间与质量的要求也无形中增加了难度。中国作为2016年G20峰会主办国，“接力棒”实际上在2015年11月15~16日土耳其安塔利亚G20领导人峰会后就接到手中，2015年12月中国G20的启动会就会召开。这就给本书的工作带来了巨大的时间压力。同时，作为中国第一本全面介绍G20情况与意义的专著，必须保证质量。时间紧、任务重，使得编撰者与统稿者不得不一再加班，放弃了2015年“五一”“中秋”“十一”等多个节假日以及休假机会，而出版社编辑也无怨无悔地付出了远超编辑工作的辛劳。为了这本书的诞生，还有许多人做出了大量艰辛、可敬的工作，包括各章节的作者、翻译者、审校者、课题组所有成员、书稿整理者和默默奉献的幕后支持者们。当然，由于多种原因，本书仍存在大量不尽人意之处，还望读者朋友海涵并不吝指教!

在此，真诚感谢为本书做出贡献的所有初稿作者和译者，以及付出辛勤劳动的编辑者、审校者，他们当中包括但不限于（排名不分先后）：张燕玲（国际商会执行董事、中国人民大学重阳金融研究院高级研究员、前中国银行副行长）；魏本华（中国人民大学重阳金融研究院高级研究员、前国家外汇管理局副局长）；时殷弘（国务院参事、中国人民大学国际关系学院教授）；刘志勤（中国人民大学重阳金融研究院高级研究员、前瑞士苏黎世银行驻华首代）；刘元春（中国人民大学科研处处长、教授）；金灿荣（中国人民大学国际关系学院副院长）；赵锡军（中国人民大学财政金融学院副院长）；张成思（中国人民大学财政金融学院教授、重阳金融研究院高级研究员）；迈克 · 卡拉汉（澳大利亚罗伊国际政策研究所G20研究中心主任）；约翰 · 科顿（加拿大多伦多大学20国集团研究项目主任、中国人民大学重阳金融研究院外籍高级研究员）；克里斯坦 · 德瑞格尔（德国经济研究所国际经济研究主任）；安德里亚斯 · 弗赖塔格（德国耶拿大学经济学教授）；彼特 · 德雷珀（南非国际事务研究所研究员）；萨普 · 卡尔坎（土耳其商会及商品交易所联合会会长、经济政策顾问)；安德里亚斯·沙尔（经济合作与发展组织G20/G8谈判代表办事处主管)；茉莉·埃尔金-科萨特（美国进步中心高级研究员)；李巍（中国人民大学国际关系学院副教授、中国人民大学重阳金融研究院客座研究员)；罗煜（中国人民大学财政金融学院讲师)；以及中国人民大学重阳金融研究院G20课题组的执笔团队成员王文、贾晋京、陈晓晨、胡玉玮、高望、卞永祖、李振、展腾、陈曦、张敏一、董展育、朱彩云、李晨阳、张晓娜、陈风等。全书最后由王文、贾晋京、胡玉玮、陈晓晨统稿，由王文、贾晋京审定。

在整个过程中，我们尤其要感谢中国人民大学的支持与信任。靳诺书记、时任校长陈雨露教授的长期领导、新任校长刘伟教授的继续支持，是中国人民大学G20项目得以全面推进取得成果的首要原因。我们还要深深感谢常务副校长王利明教授不辞辛劳亲自带队赴土耳其访问，为人民大学在安塔利亚G20峰会上的精彩表现奠定了基础；查显友副校长自创院伊始就兼任人大重阳执行理事，为全院排忧解难，保证了G20项目的高效运营；伊志宏副校长连续主持了三届在北京召开的G20智库峰会，还亲自带队赴安塔利亚G20峰会，发表重要演讲，直接促成了安塔利亚刮起“中国智库风”；张建明常务副书记、吴付来副书记、洪大用副校长、郑水泉校长助理等诸位人民大学校领导长期关心与支持人大重阳的发展，有求必应，也让我们感动不已。感谢学校办公室、国际交流处、宣传部、财务处、基金会等诸多校内部处、财政金融学院院长郭庆旺教授及院内诸位教授师长的支持。在中国人民大学工作，每天都能感受到集体的力量。

我们还要感谢上海重阳投资管理股份有限公司董事长裘国根先生的慷慨捐赠，以及人大重阳理事会阎庆民、王永昌、吴清、黄红元、章星、柯伟林、王庆等诸位前辈的长期指导，这使全院的工作长期拥有明确的方向和持续的动力。

人大重阳的一个明显优势是执行力强。这有赖于在幕后默默工作的执行团队，贾晋京领衔的研究团队兢兢业业，连续起草的高质量G20系列报告和内参是人大重阳研究进展的重要基础；杨清清领衔的人大重阳学术合作部具有丰富的国际合作经验，崔悦、杨凡欣、周小林、刘建平、郑妍等几位同志都为国际合作做出重要贡献；庄雪娇领衔的院办，是一个精干且吃苦耐劳的集体，李继红、贺飓、刘亚洁都是不可多得“女将”；信息中心胡海滨、高望、王敏、蒋黎黎、王娇、任巍、杨云涛等同志承担了信息传播、内参编辑、书籍出版的工作，任务重，但效果显著。

团结就是力量。三年来的G20工作像是中国进步正能量的一个缩影，体现了中国发展最积极、最正面、最健康的那一面；其中的艰辛则是折射了中国融入世界的不易。但能被这个时代抓了“壮丁”，是一件幸福的事情。

2016年马上就要来了，这是全球经济治理真正的“中国时刻”。

人大重阳准备好了。

王文

初稿于2015年12月3日清晨

巴黎

（赴OECD首轮2016年G20筹备研讨会前）

二稿于2016年1月13日

（参加中国G20峰会第一次协调人会议之前）